LA DAME AUX CAMÉLIAS

Fri 22nd
@ church 6:30
Thurs 21 @ 6:00
Shamees

ALEXANDRE DUMAS FILS

LA DAME
AUX CAMÉLIAS

LE ROMAN, LE DRAME, *LA TRAVIATA*

*Chronologie, introduction,
bibliographie, notices*
par Hans-Jörg NEUSCHÄFER
et Gilbert SIGAUX

GF Flammarion

© Flammarion, Paris, 1981
ISBN : 2-08-070381-1

CHRONOLOGIE

1824 : 27 juillet : Naissance d'Alexandre Dumas fils —
fils d'Alexandre Dumas (1802-1870) et de Marie-
Catherine-Laure Labay (Bruxelles 1793 - Paris 1868).
Mlle Labay (contrairement à ce qu'elle a prétendu
pendant un certain temps, elle n'a jamais été mariée)
était une couturière. Elle était voisine de palier
d'Alexandre Dumas, au 1 de la place des Italiens
(actuelle place Boieldieu) en face de l'Opéra-Comique.

1830 : Alexandre Dumas installe Catherine Labay et son
fils à Passy.

1831 : Alexandre Dumas reconnaît son fils le 17 mars.
Catherine Labay en fera autant le 21 avril de la même
année. A. D., à la suite d'un jugement, obtient la
garde de l'enfant. Celui-ci supporte mal de vivre avec
la maîtresse de son père, l'actrice Belle Krelsamer.

1833 : Il est mis en pension d'abord à l'Institution
Vauthier, rue de la Montagne-Sainte-Geneviève, puis à
la pension Saint-Victor (19, rue Blanche, à l'emplacement de l'actuel Théâtre de Paris). Cette pension avait
été fondée en 1820 et était dirigée par Prosper Goubaux
(1795-1859) qui avait collaboré avec Dumas père et
Beudin pour *Richard Darlington* (10 décembre 1831),
après avoir signé avec Victor Ducange un des mélodrames les plus célèbres de l'époque romantique :
Trente ans ou la vie d'un joueur (1827).
A la pension Saint-Victor, A. D. fils a comme condis-
ciple Edmond de Goncourt.

1839 : Il quitte la rue Blanche pour le collège Bourbon où il terminera ses études.

1841 : Fin des internats. A. D. fils passe quelques mois chez son père, qui, l'année précédente, a épousé une comédienne, Ida Ferrier (1811-1859), sa maîtresse depuis plusieurs années.
Puis il vit en jeune et brillant célibataire, accumulant les dettes.

1844 : A. D. fils rend souvent visite à son père qui habite la villa Médicis à Saint-Germain-en-Laye.
Il rencontre Alphonsine Plessis (demi-mondaine qui se fait appeler Marie Duplessis), qui est née le 15 janvier 1824.
Elle deviendra sa maîtresse et sera le modèle de Marguerite Gautier, l'héroïne de *La Dame aux camélias*.

1845 : A sa majorité, A. D. fils a 50 000 francs de dettes.
Il se met à écrire *Aventures de quatre femmes et d'un perroquet*, roman qui paraîtra en 1846-47. Il rompt avec Marie Duplessis (août).

1846 : Il devient l'amant d'Anaïs Liévenne, jeune actrice du Vaudeville. Il fait jouer un acte en vers : *Le Bijou de la reine* à l'hôtel de Castellane. Une seule représentation.
Au début d'octobre, il part pour l'Espagne et l'Afrique du Nord, accompagnant son père et deux amis de celui-ci : Louis Boulanger et Auguste Maquet.
18 octobre : De Madrid A. D. fils écrit à Marie Duplessis qu'il sait malade.

1847 : 15 janvier : Arrivée à Marseille.
3 février : Décès de Marie Duplessis qui est enterrée au cimetière Montmartre.
10 février : A. D. fils à Paris.
Il compose un poème (dédié à Théophile Gautier qui avait écrit un article sur Marie Duplessis au moment de sa mort) intitulé M. D. Il figure (p. 391-398) dans son recueil de vers : *Péchés de jeunesse*, publié cette année-là.

1848 : Publication de : *Le Roman d'une femme*, et de *La Dame aux camélias*.

10 août : *Atala*, scène lyrique en un acte, musique d'Alphonse Varney, au Théâtre-Historique fondé par A. D. père en 1847, en lever de rideau du *Chandelier* d'Alfred de Musset. Le texte est publié chez Michel Lévy frères.

1849 : Publication de : *Le Docteur Servans,* suivi de *La Fin de l'air* et de *Ce que l'on voit tous les jours ; Césarine ; Antonine.*

A. D. fils écrit la pièce *La Dame aux camélias*. A. D. père la verrait bien au Théâtre-Historique, mais ce dernier traverse une mauvaise passe.

1850 : A. D. fils publie *La Vie à vingt ans, Tristan le Roux* et *Trois hommes forts.*

La Dame aux camélias est reçue au théâtre du Vaudeville (place de la Bourse). Mais la censure met son veto, cette année-là et la suivante. Il faudra le coup d'État du 2 décembre 1851 et le remplacement du ministre de l'Intérieur Léon Faucher (1804-1854) par le duc de Morny pour que la pièce soit autorisée.

A. D. fils devient l'amant de la comtesse russe Lydie Nesselrode, belle-fille du ministre des Affaires étrangères du Tsar.

1851 : Publication du roman *Diane de Lys* (suivi de *Ce qu'on ne sait pas, Grangette* et *Une loge à Camille*) et de *Les Revenants* (dans le quotidien *Le Pays*) qui prendra en 1852, en librairie, le titre de *Le Régent Mustel.*

Réédition de *La Dame aux camélias* avec une préface de Jules Janin. Celle-ci a été reproduite dans la plupart des éditions ultérieures.

Mars-juin : A. D. fils voyage en Belgique, Allemagne et Pologne, à la suite (mais sans la rejoindre) de la comtesse Nesselrode. A la frontière de la Pologne russe, à Myslowitz, on lui interdit le passage. Il passe deux semaines à Myslowitz. Il a alors entre les mains, par un hasard (Louise Jedrzeiwicz, née Chopin, sœur du compositeur, habite Myslowitz) les lettres de

George Sand à Chopin. Il les rapportera à George Sand qui les brûlera. A. D. fils, à partir de cette date, sera un ami très proche et très fidèle de George Sand.

Décembre: Les Dumas à Bruxelles après le coup d'État, pour des raisons qui ne sont pas politiques: A. D. père a sur le dos des créanciers et des procès. Il ne reviendra à Paris qu'en 1853.

1852: 2 février: Création de *La Dame aux camélias* au théâtre du Vaudeville.

A. D. fils écrit *Diane de Lys*, drame en cinq actes, d'après son roman (voir 1851).

Il publie *Le Régent Mustel* (voir 1851).

Il devient l'amant d'une amie de Lydie Nesselrode, la princesse Nadejda Naryschkine (1826-1895), épouse du prince Alexandre Naryschkine. Celui-ci refusera le divorce (voir années 1860 et 1864).

1853: Publication d'un volume de *Contes et Nouvelles* qui contient: *Un paquet de lettres, Le Prix des pigeons, La Boîte d'argent, Le Pendu de la Piroche, Ce que l'on voit tous les jours, Césarine*. Publication de *La Dame aux Perles*, roman.

6 mars: Création, à Venise, au théâtre de la Fenice, de *La Traviata*, opéra en quatre actes de Giuseppe Verdi, livret de Francesco-Maria Piave (1810-1876). Échec. Dix représentations.

15 novembre: *Diane de Lys*. Au théâtre du Gymnase. La pièce a attendu huit mois l'autorisation de la censure.

1854: Publication de *Sophie Printems*, roman, et d'*Un cas de rupture*, nouvelle (qui sera réunie en 1856 au *Docteur Servans*).

6 mai: Reprise de *La Traviata*, à Venise, au théâtre San Benedetto. Triomphe.

1855: 20 mars: *Le Demi-monde*, comédie en cinq actes. Au théâtre du Gymnase.

1857: 31 janvier: *La Question d'argent*, comédie en cinq actes. Au théâtre du Gymnase.

1858 : 16 janvier : *Le Fils naturel,* comédie en cinq actes. Au théâtre du Gymnase.

1859 : 5 février : *Un mariage dans un chapeau,* bouffonnerie en un acte. Au théâtre du Gymnase. En collaboration avec Eugène Vivier. Ce dernier (1817-1900) était un célèbre corniste, mais aussi un chroniqueur — humoriste plein de talent.
Il publia plusieurs ouvrages. Il est à son meilleur dans *Réminiscences* (1899). Voir le texte de la pièce dans *Théâtre des autres,* tome I.
30 novembre : *Un père prodigue,* comédie en cinq actes. Au théâtre du Gymnase.

1860 : 20 novembre : Naissance de Marie-Alexandre Henriette dite plus tard Colette (1860-1907), fille d'A. D. fils et de la princesse Naryschkine. Elle sera la femme de Maurice Lippmann, puis d'un médecin roumain, Achille Matza.

1861 : 9 juillet-10 août : A. D. fils chez George Sand à Nohant. Il travaille au *Marquis de Villemer,* comédie en quatre actes, d'après le roman de George Sand. La pièce sera créée à l'Odéon le 29 février 1864, sous le seul nom de G. S.
15 septembre - 9 octobre : A. D. fils, Nadejda et Olga Naryschkine (fille du prince Naryschkine) à Nohant.

1864 : 5 mars : *L'Ami des femmes,* comédie en cinq actes, au théâtre du Gymnase. Il existe deux versions de la pièce, avec deux dénouements différents.
26 mai : mort du prince Naryschkine.
27 octobre : Première représentation à Paris, sur la scène du Théâtre Lyrique de *Violetta.* L'opéra de Verdi, car il s'agit de *La Traviata,* retrouvera bientôt le titre sous lequel il est connu.
31 décembre : Mariage d'A. D. fils et de la princesse Naryschkine, à Neuilly-sur-Seine. Le maire qui les unit est maître Ancelle, le tuteur de Baudelaire. Le même jour Colette est reconnue.

1865 : 20 avril : *Le Supplice d'une femme,* drame en trois actes, à la Comédie-Française. En collaboration avec

Émile de Girardin — voir *Théâtre des autres* (tome I) et *Entr'actes* (tome II).
Entre 1865 et 1897 la pièce aura 263 représentations.
Août : Les Dumas à Puys, près de Dieppe, où George Sand vient pour quelques jours.

1866 : Publication de *L'Affaire Clémenceau — Mémoire de l'accusé,* roman.
20 janvier : *Héloïse Paranquet,* pièce en quatre actes. Au théâtre du Gymnase. A. D. fils a entièrement refait *Mademoiselle de Breuil,* pièce en quatre actes d'Armand Durantin, à lui apportée par Montigny, directeur du Gymnase. Armand Durantin (1818-1891) a écrit des romans et des pièces qui n'eurent pas le succès d'*Héloïse Paranquet.* Voir dans *Théâtre des autres,* tome I, les pièces du dossier.

1867 : 16 mars : *Les Idées de Madame Aubray,* comédie en quatre actes. Au théâtre du Gymnase. Voir la *Lettre sur « Les Idées de Madame Aubray »* (*Entr'actes,* tome II).
3 mai : Naissance de Jeanine Dumas (1867-1943) qui sera l'épouse de l'historien Ernest d'Hauterive.
A. D. fils travaille à une édition collective de son théâtre.

1868 : Publication chez Michel Lévy de cette édition du *Théâtre complet* d'A. D. fils.
22 octobre : mort de Catherine Labay.

1869 : 7 mai : *Le Filleul de Pompignac,* comédie en quatre actes. Au théâtre du Gymnase. La pièce était signée Alphonse de Jalin, pseudonyme transparent pour qui se souvient que le personnage principal du *Demi-monde* se nommait Olivier de Jalin. L'associé d'A. D. fils était Alphonse François (1802-1883), maître des requêtes au Conseil d'État.

1870 : 5 décembre : Mort d'A. D. père dans la villa d'A. D. fils, à Puys, près de Dieppe.

1871 : A. D. fils publie *Une lettre sur les choses du jour. Nouvelle lettre de Junius à son ami A. D.* et *La Révo-*

lution plébéienne, essais pamphlets dictés par une réflexion sur l'actualité.
10 octobre : *Une visite de noces*, comédie en un acte.
Au théâtre du Gymnase.
2 décembre : *La Princesse Georges*, pièce en trois actes. Au théâtre du Gymnase.

1872 : Publication de *La Question de la femme* et de
L'Homme-femme.

1873 : 16 janvier : *La Femme de Claude*, pièce en trois
actes. Au théâtre du Gymnase. Échec.
26 novembre : *Monsieur Alphonse*, pièce en trois actes. Au théâtre du Gymnase.
Préface à une traduction de *Faust* par Bacharach.

1874 : A. D. fils est élu à l'Académie française au fauteuil de Pierre Lebrun (1785-1873), poète et auteur
dramatique.
8 mars : Mort d'Aimée Desclée, née en 1836. Grande
comédienne, amie et interprète d'A. D. fils qui prononce sur sa tombe un discours recueilli dans le
tome II d'*Entr'actes* (1878).
Entrée de *Le Demi-Monde* à la Comédie-Française. La
pièce aura 379 représentations entre cette date et 1920.

1875 : 11 février : A. D. fils est reçu à l'Académie française par le comte d'Haussonville.
Publication de *Thérèse*, recueil de nouvelles.

1876 : 8 janvier : *Les Danicheff*, comédie en quatre actes.
Au théâtre de l'Odéon. Pièce jouée sous le pseudonyme de Pierre Newski. L'auteur auquel A. D. fils
avait prêté son talent était M. Carvin Kroukoffskoi. Il
était le mari d'une comédienne, Stella Colas, qui joua à
la Comédie-Française (1856-1860) et au théâtre Michel
de Saint-Petersbourg (1861-1875). Voir le tome II de
Théâtre des autres.
14 février : *L'Étrangère*, comédie en cinq actes. A la
Comédie-Française. Entre cette date et 1905 la pièce
aura 242 représentations.
16 novembre : *La Comtesse Romani*, comédie en trois
actes. Au théâtre du Gymnase. Pièce jouée sous le

pseudonyme de Gustave de Jalin. L'associé d'A. D.
fils était Gustave Fould, fils du ministre Achille Fould.
Voir le tome II de *Théâtre des autres.*

1877 : 2 août : A. D. fils prononce à l'Institut un discours
sur les prix de vertu qui sera recueilli dans le tome III
d'*Entr'actes* (1879).

1878 : 18 mars : Première à l'Odéon de *Joseph Balsamo,*
drame en cinq actes et huit tableaux. Il n'eut pas de
succès et ne fut pas imprimé. Il s'agit d'une pièce
composée par A. D. père vers 1866, laissée inachevée
et complétée par A. D. fils.
5 octobre : Mort de Marie Dumas, née en 1831, fille
d'A. D. père et de Belle Krelsamer.
Publication (à cheval sur 1879) des trois volumes
d'*Entr'actes* qui réunissent des articles, essais et discours.

1879 : Publication de *La Question du divorce,* essai.

1880 : Publication de *Les Femmes qui tuent et les femmes
qui votent,* essai.
2 juin : Mariage de Colette Dumas avec Maurice
Lippmann (1844-1910).

1881 : 31 janvier : *La Princesse de Bagdad,* pièce en trois
actes. A la Comédie-Française.

1882 : Publication de *Lettre à M. Naquet* (à propos de la
loi sur le divorce).

1883 : Publication de *La Recherche de la paternité, lettre
à M. Rivet, député.*
3 novembre : Inauguration, place Malesherbes, de la
statue (dessinée par Gustave Doré) d'A. D. père.
Le soir on joue à la Comédie-Française *Mademoiselle
de Belle-Isle* (drame en cinq actes d'A. D. père, 1839).

1884 : 14 avril : Mort d'Adolphe de Leuven (né en 1800),
ami et collaborateur d'A. D. père, ami d'A. D. fils à
qui il lègue sa propriété de Marly.

1885 : 19 janvier : *Denise,* pièce en quatre actes. A la
Comédie-Française. Succès. Entre cette date et 1914,
il y aura 264 représentations.

Mort du comédien Régnier, père d'Henriette Escalier. Voir 1887.

1886: A. D. fils commence d'écrire *La Route de Thèbes* (la pièce a eu d'autres titres) (voir 1894).

1887: 17 janvier: *Francillon*, pièce en trois actes. A la Comédie-Française. Sur l'origine de l'œuvre voir les *Notes sur Francillon* placées après le texte de la pièce, dans le tome VII de la dernière édition du *Théâtre complet* d'A. D. fils. Calmann-Lévy, 1894.
13 avril: A. D. fils devient l'amant d'Henriette Escalier (1851-1934) épouse du peintre et architecte Félix Escalier dont elle divorcera en 1890 et fille du comédien Régnier (1807-1885). Voir 1895.

1890: Publication de *Nouveaux Entr'actes*, réunion d'articles et d'essais.
Publication par Armand d'Artois (1845-1912) d'une pièce en cinq actes à six tableaux d'après *L'Affaire Clémenceau*. Pièce non représentée.

1891: Nadine (Nadejda) Dumas, malade depuis plusieurs années, et torturée par la jalousie, quitte le domicile d'A. D. fils et va s'installer chez sa fille Colette.

1893: Entrée d'*Un père prodigue* à la Comédie-Française. Dans l'année la pièce aura 42 représentations.

1894: Publication de *Théâtre des autres* (2 vol.) qui réunit les pièces écrites en collaboration: *Un mariage dans un chapeau, Le Supplice d'une femme, Héloïse Paranquet, Le Filleul de Pompignac, Les Danicheff, La Comtesse Romani*.
A. D. fils travaille à deux pièces qu'il ne terminera pas: *La Route de Thèbes* (quatre actes écrits sur cinq) et *Les Nouvelles Couches* (un acte écrit). Il donne une lettre-préface à l'édition de luxe des *Trois Mousquetaires* publiée cette année-là par Calmann-Lévy.

1895: 2 avril: Mort de Nadine Dumas, avenue Niel, chez sa fille Colette. Elle est enterrée à Neuilly dans le caveau où repose déjà Catherine Labay.
26 juin: A. D. fils épouse Henriette Régnier.
27 juillet: Il rédige son testament.

28 novembre : Mort d'A. D. fils à Marly-le-Roi.
Il est enterré au cimetière Montmartre (sa seconde
femme l'y rejoindra en 1934) à quelques mètres de la
tombe de Marie Duplessis.

1896 : Publication de *Ilka*, recueil de nouvelles.

Gilbert SIGAUX.

INTRODUCTION

De *La Dame aux camélias* à *La Traviata* :
L'ÉVOLUTION D'UNE IMAGE BOURGEOISE DE
LA FEMME.

Parmi les sujets du XIXe siècle qui ont connu le plus
grand succès et la plus grande longévité et qui sont sans
cesse repris jusqu'à nos jours par le cinéma et la télévision, on compte « la Dame aux camélias », qui est probablement le mythe féminin le plus populaire de l'ère bourgeoise. Ce sont les textes essentiels de ce mythe qui
constituent l'objet de la présente édition ; ils y seront
présentés chronologiquement et interprétés dans l'introduction sur le plan de l'histoire et de l'esthétique de la
réception. La première version fut le roman d'Alexandre
Dumas fils, *La Dame aux camélias* (1848) ; au roman
succéda en 1852 le drame homonyme du même auteur.
C'est du drame que s'inspira *La Traviata,* opéra de Verdi
sur un livret de Francesco Maria Piave (1853-1854). La
série se termine par *A propos de la Dame aux camélias,*
essai relativement long que Dumas rédigea en 1867 en
guise de rétrospective et destiné à une édition complète de
ses œuvres de théâtre.

Le roman de 1848 et la médiation entre les attentes
libérales et les attentes conservatrices.

D'emblée, *La Dame aux camélias* apparaît comme un
exemple précoce de la technique des médias de masse,
qui vise avant tout à l' « engineering of consent », à

concilier les intérêts divergents de son public. Ce trait
ressort déjà du portrait du personnage principal :

> Il y avait dans cette femme quelque chose comme de la *candeur*.
> On voyait qu'elle en était encore à la *virginité du vice*. Sa marche
> assurée, sa taille souple, ses narines roses et ouvertes, ses grands yeux
> légèrement cerclés de bleu, dénotaient une de ces natures *ardentes* qui
> répandent autour d'elles un *parfum de volupté*, comme ces flacons
> d'Orient qui, si bien fermés qu'ils soient, laissent échapper le parfum de
> la liqueur qu'ils renferment.
> Enfin, soit nature, soit conséquence de son *état maladif*, il passait de
> temps en temps dans les yeux de cette femme des *éclairs de désirs* dont
> l'expansion eût été une *révélation* du ciel pour celui qu'elle eût aimé.
> *Mais ceux* qui avaient aimé Marguerite *ne se comptaient plus*, et ceux
> qu'elle avait aimés ne se comptaient pas encore.
> Bref, on reconnaissait dans cette fille *la vierge qu'un rien avait fait
> courtisane*, et la courtisane, dont *un rien eût fait la vierge la plus
> amoureuse et la plus pure*.

Ce portrait de la dame aux camélias, qui est extrait du
récit-cadre introductif, est caractérisé par son ambiguïté
et par ce que l'on pourrait appeler son caractère de
compromis : les expressions reproduites en italique montrent que la visée est de présenter la protagoniste comme un
être à la fois innocent et vicieux (« virginité du vice »), à la
fois pur (« candeur », « révélation du ciel ») et d'une sensualité voluptueuse (« ardentes », « parfum de volupté »,
« éclairs de désirs » ; toutes ces notations sont intensifiées
par l'« état maladif » et les hommes sans nombre victimes
des charmes de Marguerite). On voit donc que, s'il s'agit
bien, d'une part, du portrait d'une « véritable » courtisane,
dont la sensualité ne peut qu'exercer un attrait sur le
lecteur, l'auteur tente d'autre part de réduire au maximum
l'écart entre le « vice » et la « vertu », de concilier autant
que faire se peut la frivolité et la bienséance, bref de
gommer la contradiction entre la prostitution et la morale
bourgeoise. Cette tendance se manifeste surtout dans le
dernier paragraphe du portrait, où l'écart entre « vierge » et
« courtisane » n'est peut-être pas directement nié, mais
minimisé à deux reprises, réduit à « un rien », comme si la
vierge Marguerite était devenue inopinément une courtisane et comme si le chemin du retour à la vertu restait
toujours ouvert à la dame aux camélias.

La technique de la conciliation et de l'équilibre, l'estompage des oppositions, nous dirions presque la politique du juste milieu pratiqué par Dumas, est typique non seulement du roman, mais encore de toutes les autres versions du sujet. Technique compréhensible, quand on pense à quel public s'adresse *La Dame aux camélias* et à quelles attentes elle répond. On peut voir son véritable destinataire dans le milieu de la bourgeoisie possédante, ce qui ressort déjà de la constellation des personnages principaux : Armand Duval et son père, qui défend si énergiquement le point de vue de sa classe et les intérêts de sa famille, sont des bourgeois aisés, et Marguerite Gautier, la courtisane, n'est sympathique que dans la mesure où elle respecte l'ordre et la propriété bourgeois. La bourgeoisie du juste milieu, qui depuis 1830 s'était de plus en plus imposée comme classe dominante de la société française, absorbait aussi une portion toujours plus considérable de la littérature de divertissement, y compris le théâtre de boulevard et le roman feuilleton. Cette littérature vise à satisfaire le besoin de distraction du public bourgeois, mais aussi son besoin de se confirmer lui-même, sans oublier son désir inavoué de rassurer sa mauvaise conscience sociale.

La Dame aux camélias satisfait également à ces besoins, et cela d'une manière particulièrement réfléchie. Le choix du sujet répond au besoin de distraction : le milieu des courtisanes introduit le piquant du défendu et de l'illégitime ainsi qu'un soupçon de péché et de dépravation dans le monde utilitaire et bien rangé du bourgeois, mais il contente son besoin d'évasion de manière bien bourgeoise : dans *La Dame aux camélias,* le vieux thème « escapiste » de l'amour interdit ne se présente plus sous la forme d'une passion capricieuse et donc risquée, qui outrepasse la raison ainsi que les considérations sociales et économiques, mais sous la forme d'une liaison avec la prostitution qui est certes illégale, mais au fond tolérée par la société et dont les risques, dès le début, restent limités et calculables. Mais, en même temps, le sujet de la prostitution est mis à profit pour rassurer la conscience sociale : le sort « de ces pauvres créatures » en général, et celui de Marguerite la phtisique en particulier, est présenté de manière à apitoyer le lecteur. Enfin, le sujet répond au besoin d'autoconfirmation en compensant constamment la frivolité thématique par d'impressionnants témoignages de respect envers la morale bourgeoise et en rassurant le lecteur quant à la force de persuasion de la volonté d'ordre bourgeois, qui est toujours assez vigoureuse pour maîtriser le danger que fait encourir le vice. C'est pourquoi les Duval père et fils ne sont pas les seuls à faire prévaloir le point de vue bourgeois. Bien plus, il s'avère que la dame aux camélias elle-même a une propension évidente aux valeurs bourgeoises, qu'elle en a même une nostalgie insatisfaite.

La personnalité de Marguerite Gautier, qui se trouve à la frontière entre le monde des courtisanes et celui de la bourgeoisie et qui sert de médiation entre le monde dépourvu d'imagination des bourgeois bien rangés et la vie effrénée de ses frivoles collègues, se révèle être l'invention stratégique géniale d'Alexandre Dumas. Car avec une protagoniste de la qualité de Marguerite, il peut satisfaire à la fois au besoin de distraction et d'évasion de son public (Marguerite enchante le fils de bourgeois par sa sensualité) et à son besoin de confirmation (Marguerite respecte Duval père et fait de grands sacrifices à la morale bourgeoise). Si l'on tient compte du rapport au public, la dame aux camélias, que le bel canto de l'opéra a portée au faîte de la grandeur tragique, se révèle être tout d'abord un instrument bien rodé et s'adaptant aux désirs du lecteur ; cet instrument permet au gré de l'auteur de faire une incursion dans le domaine de l'érotisme — les bourgeois ne veulent-ils pas être divertis ? — ou de se retirer dans le domaine de la morale — car la bourgeoisie veut aussi voir son ordre respecté. Nous voyons donc plus nettement — pour revenir à notre point de départ — dans quel contexte d'ensemble s'insère le portrait ambigu de Marguerite, la structure du macrocontexte ne faisant que se reproduire dans le microcontexte : c'est une structure de la morale double, qui ne veut renoncer ni à l'attrait de la frivolité ni à l'acquis solide des bonnes mœurs bourgeoises et qui ne fait pas d'incursion dans l'illégitimité sans assurer ses arrières en s'appuyant sur la morale officielle.

C'est selon ce même principe d'assurance des arrières qu'est d'ailleurs construit le récit de *La Dame aux camélias* tout entier. Pour rendre la protagoniste acceptable aux yeux du public, elle est tout d'abord systématiquement «ennoblie» : peu à peu, elle renvoie tous ses autres amants pour appartenir au seul Armand. Ainsi se trouve éludé le problème qui devait choquer le plus un public bourgeois, à savoir la promiscuité sexuelle liée à la prostitution. Au milieu du roman, Armand et Marguerite vivent dans une idylle champêtre, bien loin de Paris et de ses péchés et presque comme un véritable couple de conjoints. Et c'est précisément à cet endroit que le roman arrive à un point critique. D'une part, la courtisane se trouve maintenant plus proche du public, elle lui a été rendue sympathique, mais, d'autre part, la suite logique de cette tendance à l'ennoblissement risque de mener au mariage de la bourgeoisie et de la prostitution, mariage qui ne peut plus être toléré dans l'intérêt de l'ordre établi. On a donc atteint un point où la poursuite de l'assimilation du paria constituerait un nouveau scandale. C'est surtout pour marquer ce tournant qu'est mis en scène le père d'Armand, qui arrive en hâte de la province pour remettre les choses en ordre. Il a été effarouché; il a été amené à entrer en jeu par la nouvelle alarmante l'avertissant que son fils aurait cédé l'usufruit de son héritage maternel à Marguerite pour lui revaloir ainsi sa généreuse renonciation à ses propres ressources. Il est intéressant de constater que le père intervient au moment précis où la liaison d'Armand avec Marguerite menace de porter atteinte à la propriété familiale. Lors d'une discussion dramatique, il réussit — contre toute vraisemblance psychologique — à persuader Marguerite qu'il faut renoncer et à l'amener à sacrifier son propre bonheur à l'intérêt de la famille bourgeoise. Marguerite reprend donc apparemment sa vie antérieure et trahit Armand. Celui-ci donne d'ailleurs dans le panneau, rompt avec elle et retourne chez les siens. Quant à Marguerite, encore plus affaiblie par cet effort d'abnégation, elle fait une rechute très grave et meurt.

Comme on le voit, l'histoire commence par une phase
ascendante, on pourrait dire aussi «libérale», lors de
laquelle Marguerite est élevée et rapprochée du milieu
bourgeois, sinon assimilée à lui. Ici, l'égalité du paria
entre temporairement dans le domaine du possible, ainsi
qu'une conception morale généreuse qui ne se préoccupe
pas des «antécédents» de la femme. Mais lorsque l'élé-
vation menace d'aller trop loin, le père entre en scène au
titre de gardien des intérêts des possédants et de la morale
bourgeoise. Il a pour fonction de définir les limites :
jusqu'ici et pas plus loin! L'apparition du père marque
simultanément la péripétie de l'action d'où part la seconde et dernière phase du roman, la phase descendante,
pour ainsi dire «conservatrice». Dans cette phase, la
protagoniste est de nouveau abandonnée ; cependant sa
rechute n'est plus considérée comme un déshonneur,
mais comme un sacrifice et par là comme la véritable
preuve de sa noblesse de caractère qui, à ce moment
seulement, lui vaut la sympathie définitive de *tous* les
lecteurs. Le libéralisme de la première partie du roman,
où le dépassement du statu quo social et moral semblait
imaginable un instant, est donc compensé par la régression conservatrice de la deuxième partie, où ce même
statu quo est rétabli.

*Pourquoi le roman a-t-il pu malgré tout choquer le
public contemporain?*

Ce qui au premier abord apparaît à l'observation moderne comme simple médiation entre les attentes libérales
et les attentes conservatrices, ne fut pas ressenti de la
même façon par tous les lecteurs contemporains. Au
contraire, la première partie du roman fit sur certains une
impression si choquante que même la deuxième partie ne
put pas la corriger entièrement.

Tout d'abord, certaines portions du public contemporain ressentaient comme un scandale qu'une prostituée
pût dégager une telle fascination et que, de surcroît, la
personne en question pût se produire avec tant d'assu-

rance. Effectivement, dans la première partie du roman, Marguerite se présente avec une étonnante conscience de soi. Certes, elle est une «femme déshonorée», mais dans le roman, elle dispose d'elle-même beaucoup plus souverainement que les femmes «honnêtes»; elle peut également s'adonner plus librement à sa sensualité que celles-ci, et enfin, avec son activité professionnelle, si hors de la normale qu'elle soit, elle subvient elle-même à ses besoins financiers. C'est là que réside d'ailleurs la raison de la jalousie considérable qu'éprouvent les femmes respectables envers les demi-mondaines et dont le premier chapitre de *La Dame aux camélias* constitue un éloquent témoignage.

De surcroît et d'entrée de jeu, Marguerite ne laisse planer aucun doute sur ce point que les rapports quasi matrimoniaux ne sont pas synonymes pour elle de soumission. Dès la «scène des fiançailles» (chapitre X), elle répond aux exigences de possession d'Armand en revendiquant liberté et indépendance. Elle déclare en substance qu'elle n'a pas de comptes à lui rendre sur sa vie antérieure; il doit accepter qu'elle ne soit plus vierge et elle ne peut approuver qu'un homme, qui, à l'instant encore, languissait après le moindre témoignage d'amour, veuille disposer de la personne tout entière, à peine ce témoignage obtenu. Au contraire, elle exige de l'homme à qui elle donne son amour non seulement qu'il lui concède d'avoir son propre «passé», mais encore qu'il la laisse disposer librement de son présent et de son avenir. Elle revendique expressément ce droit à l'autodétermination lors de sa rencontre avec le comte de G., à l'occasion de laquelle elle commet une infidélité temporaire envers Armand; elle arrive à s'imposer contre la volonté de celui-ci parce qu'elle veut financer leur séjour à la campagne. Certes, Armand menace de la quitter, il lui écrit même une lettre d'adieu humiliante, mais, finalement, il doit reconnaître le bien-fondé de ses arguments, lui demander pardon et accepter ses conditions. Ce rituel de la soumission se répète plusieurs fois dans la première partie du roman et cette récurrence montre bien qu'entre Armand et Marguerite il s'agit aussi d'une lutte pour la domination, lutte dont c'est elle qui sort victorieuse. Ce combat est bien mis en évidence par le motif de la clef (qui est la clef de son appartement, mais aussi de sa confiance et de son amour); elle la remet à Armand en prononçant ces mots: « Eh bien garde-la; mais je te préviens qu'il ne dépend que de moi que cette clef ne te serve à rien » (p. 134). Il est curieux de constater que c'est sur une femme entretenue et déshonorée que sont projetées des idées d'indépendance qui restaient dans une large mesure interdites aux femmes de la « bonne société ». Manifestement, la morale bourgeoise avait réussi à refouler si radicalement ces conceptions qu'elles ne pouvaient plus s'exprimer que dans le domaine de l'illégalité.

Nous retiendrons donc que dans la première partie de *La Dame aux camélias,* c'est précisément le personnage d'une hétaïre, d'une fille publique, d'une femme qui fait ouvertement commerce de sa personne et de son amour, qui vient illustrer l'indépendance de la femme, tant sur le plan personnel que sur le plan professionnel. Certes, cette image est encore soumise à une double censure. D'une part, Marguerite, qui est si supérieure à Armand, le jeune bourgeois, réintègre immédiatement son rang subordonné lorsque entre en scène le père, véritable personnage patriarcal; la conscience qu'elle a d'elle-même reste donc limitée. D'autre part, cette image revêt *a priori* une valeur négative parce qu'elle est liée à la prostitution, c'est-à-dire à l'immoralisme, considéré du point de vue de la norme. On voit donc poindre dans cette partie du texte des visions libérales, au sens large du terme, et plus précisément, des visions d'émancipation de la femme qui vont assez loin; mais on remarque aussi que ces visions font l'objet d'une censure qui les déclare limitées et immorales. C'était probablement le prix qu'il fallait payer pour avoir le droit de les exprimer.

La deuxième critique adressée au roman, c'était qu'il chiffrât si exactement les conditions de vie du personnage principal, notamment ses sources de revenus, et que de cette puissance financière de Marguerite découlât un motif de la supériorité de sa personne. Effectivement, l'étonnante assurance de Marguerite la demi-mondaine et l'incertitude de son partenaire bourgeois ont de toute évidence des raisons économiques. Marguerite livre la preuve éclatante que la prostitution n'était pas seulement paupérisante, mais qu'elle permettait aussi de gravir l'échelle sociale. Notamment les chapitres X, XIII, XIV et XVI montrent avec insistance ce que gagne Marguerite et ce qu'elle met en jeu si elle s'engage dans une liaison quasi matrimoniale avec Armand : elle risque rien moins que son indépendance financière — qu'elle a conquise de haute lutte — et obtient en retour la protection bien problématique d'un homme qui dépend encore lui-même des subventions de son père. *Avant* la liaison avec Armand, Marguerite dispose d'un revenu annuel de 100 000 francs. Au même moment, Armand n'a qu'une maigre traite annuelle de 8 000 francs, qui ne suffit même pas à entretenir sa calèche, comme le remarque Prudence, l'amie de Marguerite (chapitre XIII). Et quand, face à ces réalités et compte tenu de sa propre faiblesse économique, Armand ne se déclare pas satisfait de son rôle de simple amant et qu'il exige la fidélité absolue, faisant ainsi valoir une prérogative de propriété exclusive, il se trouve *a priori* en porte-à-faux, pour ne pas dire dans une situation ridicule. En tout cas, le rôle de protecteur qu'il aimerait tant jouer, le rôle du jeune patriarche qui domine une faible femme, repose chez lui sur une illusion pure et simple. En vérité, c'est lui qui est protégé et pour ainsi dire entretenu par elle, notamment et surtout pendant le séjour à la campagne, où Marguerite ne commet plus de « faux-pas », mais où l'on vit en commun sur son acquis financier à elle. Certes, Armand discerne parfois la véritable situation dans des moments de lucidité : « au lieu de me trouver trop heureux qu'elle partageât avec moi, je voulais avoir tout à moi seul, et la contraindre à briser d'un coup les relations de son passé qui étaient les revenus de son avenir. Qu'avais-je à lui reprocher ? Rien. » (p. 155) Mais il ne réussit pas à s'accommoder de cette distribution des rôles, qui au fond fait de lui la femme et d'elle l'homme, et c'est là le véritable motif du désaccord permanent entre Marguerite l'économiquement forte et Armand l'économiquement faible.

Nous constatons donc que dans la première partie du roman, la femme apparaît comme la plus forte sur le plan économique, bien plus, que sa supériorité se fonde sur cette base économique. Cet état de choses n'était pas peu choquant pour le public bourgeois conservateur, car la femme financièrement indépendante ne cadre pas avec le système de la famille bourgeoise, où l'homme s'occupe seul des affaires tandis que la femme se consacre au foyer. Et voilà que soudain se présente une « petite entrepreneuse », certes mal famée, qui semble avoir assimilé la leçon de la monarchie de Juillet selon laquelle la valeur suprême, ce n'est plus la vertu, mais l'argent, et qui par conséquent peut se permettre de se gausser d'un jeune bourgeois qui revendique le droit de propriété sur une femme sans rien posséder lui-même. Ici, le roman apporte une leçon de désillusion, que la seconde partie vient certes atténuer, une leçon qui montre que le système patriarcal ne repose pas, comme on pourrait le faire accroire, sur une supériorité naturelle de l'homme, mais uniquement sur une base économique, et qu'il se réduit à rien là où cette base fait défaut.

Enfin, et c'était là le troisième point de la critique, certains lecteurs ont été manifestement gênés par le fait que les représentants de la bourgeoisie ne font pas précisément figure de parangons d'humanité. Duval père ne peut faire prévaloir son point de vue qu'en cessant d'être la figure paternelle idéale : tout d'abord, il soumet Marguerite à un chantage moral en règle, puis, selon la devise « la fin justifie les moyens », il donne le change à son fils d'une manière qui ne le cède en rien à celle des intrigants de mélodrame ou de roman feuilleton. Quant à Armand, il se désavoue lui-même en « croyant » si vite à l'infidélité de Marguerite, qui n'est que simulée, tandis qu'il voue une confiance aveugle à son père qui, lui, l'a vraiment trompé : sa fatuité, son égoïsme et ses préjugés bourgeois se révèlent finalement plus forts que ses bonnes intentions de solidarité. De plus, il est partiellement responsable de la mort de Marguerite, parce que désormais il l'humilie constamment, même en public, afin de se venger d'elle, et parce que la santé ébranlée de Marguerite ne peut pas résister à de telles épreuves. D'ailleurs, la fin de la version romanesque est beaucoup plus crue que celle des versions ultérieures, drame et opéra : dans le roman, Marguerite, qui est abandonnée par son amant bourgeois et qui s'est vue consoler par son père au moyen d'un cadeau en espèces plutôt déshonorant, Marguerite meurt solitaire et misérable comme une paria et on ne la pleure sur le mode larmoyant qu'*après* sa mort.

On voit donc que la version romanesque dans l'ensemble, malgré la tendance conciliante qu'apporte la seconde partie, contenait une matière suffisamment explosive pour irriter un public conservateur. L'irritation venait et de ce que la « femme de mauvaise vie » relevait trop impudemment la tête, même si finalement elle pliait l'échine pour se soumettre à la morale bourgeoise, et du comportement des personnages bourgeois, qui n'était pas moins irritant. Cela est confirmé également par les versions suivantes du sujet de la dame aux camélias, dans lesquelles l'image de marque bourgeoise est nettement rehaussée. Plus généralement, on peut observer que désormais le sujet s'embourgeoise visiblement et que les positions contraires aux normes ébauchées dans le roman sont remplacées par des compromis plus conformistes. Ce processus d'harmonisation accrue s'annonce dès la version dramatique qui va être présentée maintenant.

Comment Dumas réagit dans la version dramatique aux critiques formulées contre le roman.

La version dramatique de *La Dame aux camélias* parut en 1852, quatre ans après le roman, et confirma le succès que celui-ci avait obtenu auprès du public. Pour l'essentiel, le drame se calque sur l'action du roman et prend pour thème les mêmes problèmes. Cependant ceux-ci vont être fortement atténués, ce que nous nous proposons de montrer. Les différences essentielles par rapport au roman, sur les plans de la structure et du contenu, ne sont pas longues à énumérer : d'une part, le drame contient une série de scènes gaies, surtout aux premier et qua-

trième actes, Dumas s'adaptant ainsi aux exigences du
théâtre de boulevard (création au Vaudeville, reprises au
Gymnase). D'autre part, Dumas ajoute une action secon-
daire, à savoir l'amour qui mène au mariage entre Gustave, le jeune avocat, et Nichette, la grisette, ancienne
collègue, restée vertueuse, de Marguerite (dont le passé
devient ainsi plus nettement «honorable» que dans le
roman). Enfin, l'entretien décisif, qui entraîne le revire-
ment, entre Marguerite et Duval père n'a plus lieu,
comme dans le roman, tout à la fin et n'est plus connu
indirectement, par le truchement du journal de Marguerite ; il est placé au troisième acte, c'est-à-dire au centre
du drame.

Ce déplacement montre également quel principe de
stylisation préside à la dramatisation du sujet : à l'exposition romanesque indirecte, parce que rétrospective, et
personnelle (narration à la première personne) se substi-
tue la présentation directe d'un nombre restreint de scènes
principales à effet. Au premier acte, les deux amants font
connaissance pendant que bat son plein une fête déver-
gondée du demi-monde ; au deuxième acte, la discussion
entre Armand et Marguerite à propos du financement du
séjour à la campagne sert de prétexte pour évoquer un
contraste accusé entre la nostalgie romantique et la réalité
économique ; au troisième acte, se produit la discussion
déjà mentionnée entre Marguerite et le père qui aboutit à
la péripétie ; au quatrième acte, qui réunit de nouveau le
demi-monde, cette fois au jeu, on en arrive à l'éclat
public entre Armand assoiffé de vengeance et la dame
aux camélias qui s'est engagée à garder le silence ; et le
cinquième acte se limite entièrement à la mort de Marguerite ; on y voit se dérouler «en direct» pour ainsi dire,
devant un public nombreux tant dans la salle que sur la
scène elle-même, ce qui restait caché dans le roman. Par
rapport au roman, le drame présente donc une publicité
plus prononcée, et la présence constante de témoins et
d'observateurs sur la scène permet de démontrer avec
plus d'insistance comment l'inclination personnelle et la
norme sociale s'entravent réciproquement.

Si le drame porte à la surface ce qui restait caché dans

le roman, cela ne veut nullement dire que le drame soit plus problématique ; bien au contraire, il devient aussi plus « superficiel ». De toute évidence, les conceptions, qui en soi sont identiques dans les deux versions, perdent inévitablement de leur virulence dans le drame dans la mesure où elles se manifestent ouvertement. Le drame étant beaucoup plus exposé au public que le roman, il est soumis à un contrôle renforcé ainsi qu'à une pression plus forte de la norme et de la censure. Dumas lui-même, qui a très nettement distingué le problème, a trouvé une belle formule pour résumer la différence entre le roman et le drame quant à leur publicité : « La scène ne pourra jamais dire tout ce que dira le livre, pas plus qu'on ne peut toujours, quand on est trois, dire et faire tout ce qu'on peut dire quand on est deux. Au théâtre, on est toujours trois. » (Préface à *L'Étrangère*.) Il savait de quoi il parlait, car effectivement ce tiers est intervenu tout de suite, à savoir l'État, dès qu'on sut que Dumas avait l'intention de porter son roman à la scène. Formulant des réserves et des contraintes sans cesse renouvelées, il a très longtemps retardé le lancement de la pièce, qui devait à l'origine suivre immédiatement le roman. Mais ces faits confirment d'ailleurs qu'effectivement le roman n'a pas été compris uniquement comme un compromis réussi et montrent que la précensure du drame doit être également considérée comme une *post*censure du roman. Et ils signifient encore que les atténuations du drame constituent à la fois une réaction à la réception du roman.

Ces atténuations sont effectivement décelables à bien des endroits ; nous nous contenterons d'en souligner les plus importantes, surtout l'action de Nichette, qui est surajoutée. Elle a manifestement pour fonction d'opposer à Marguerite, « qui a fauté », la solution de la vertu en la personne de Nichette, « qui reste honnête », suggérant ainsi « qu'il y a d'autres voies ». Marguerite en perd un peu du nimbe de la femme maudite qui l'auréolait encore dans le roman. Mais il lui est aussi de quelque réconfort de savoir que la moralité, qu'elle a malheureusement commencé trop tard à pratiquer, finit bien par trouver sa récompense. Cette morale donne aussi un sens supplémentaire à son propre sacrifice. L'action de Nichette ajoute sans aucun doute un élément de conciliation et d'embourgeoisement, ce qui est bien dans le droit fil du drame, qui opère un retrait systématique par rapport aux positions plus avancées et plus osées du roman, à moins qu'il ne les annule même : la conscience de soi de Marguerite, qui, dans la première partie du roman, était le signe d'une certaine autonomie féminine, est sensiblement minimisée dans le drame ; il en va de même pour l'exposition de sa situation financière, bien que ces deux éléments ne soient pas encore entièrement bannis du drame. On n'y retrouve pas la nuit passée avec le comte de G., grâce à laquelle Marguerite finance le séjour à la campagne, ni la tendre récidive avec Armand après que les deux amants ont déjà rompu. Le drame passe discrètement sous silence la manœuvre du père qui doit donner le change à son fils s'il veut que sa convention avec Marguerite aboutisse ; et le fils n'a pas besoin de lutter contre Marguerite pour la domination, si bien que son infériorité n'est plus aussi éclatante. Sans aucun doute, Dumas s'efforce dans le drame de faire faire meilleure figure au camp bourgeois, sans pour autant dévaloriser Marguerite. L'exemple le plus net de cette stratégie de conciliation est le dernier acte, qui abonde en compensations pour *tous*, surtout pour Marguerite. Tandis que dans le roman, Marguerite mourait délaissée de tous, dès la première scène du dernier acte, elle reçoit la visite de Gaston, qui l'aide avec désintéressement. Le médecin s'occupe d'elle avec un dévouement touchant et Nanine ne quitte pas son chevet. De scène en scène, un nombre croissant de gens entrent sur le plateau, si bien qu'avant la fin de l'acte, l'impression du roman est ostensiblement inversée : Marguerite ne meurt plus solitaire, mais littéralement enveloppée dans les soins aimants de nombreux amis. Il n'est plus question non plus de la vente aux enchères de ses biens qui, dans le roman, commence alors qu'elle est encore à l'agonie.

Le retour d'Armand constitue certainement le point culminant du dernier acte ; dans le roman, Armand cherche à oublier en voyageant à l'étranger, il revient seulement après la mort de Marguerite, pour remarquer trop tard qu'il l'avait méconnue et ne lui avait pas rendu justice ; dans le drame, il arrive à temps parce que son père en personne lui a ouvert les yeux sur la véritable vertu de Marguerite. Ici, le père ne joue donc pas seulement le rôle de séparateur, à la fin il fait aussi figure de réconciliateur. Marguerite connaît une satisfaction qui lui était refusée dans le roman : Armand en personne la prie de lui pardonner, au lieu de regretter après sa mort, et il lui promet de ne plus la quitter, promesse approuvée par son père. Certes, elle a pleinement conscience que seule sa mort certaine a poussé le père à faire ce geste de conciliation : « Si ma mort n'eût été certaine, ton père ne t'eût pas écrit de revenir... » (p. 408). Mais il n'en reste pas moins que Marguerite meurt consolée et que l'atmosphère d'attention mutuelle lui donne la force d'apporter elle-même le réconfort : elle lègue à Armand un médaillon renfermant son portrait et le prie d'en faire cadeau « à la belle jeune fille » qu'il épousera « comme cela doit être » (p. 409).

Ce geste introduit un changement fondamental par rapport au roman. Dans le roman, Armand était en proie à un grave complexe de culpabilité, précisément parce qu'il était arrivé trop tard et qu'il avait méconnu Marguerite. Et c'est justement sa mauvaise conscience qui l'avait amené à raconter sa liaison à un auditeur qui était Dumas. Cette narration était en même temps un genre de confession, sans cesse interrompue par des réflexions scrupuleuses et contenant l'aveu que le narrateur doutait fortement de la moralité de son comportement. En revanche, dans le drame, la mauvaise conscience d'Armand est acquittée par Marguerite elle-même ; il n'a plus de reproches à se faire, on lui accorde l'absolution. Dans le même temps, ses anciens liens sont rompus « en bonne et due forme » et il est habilité à en contracter de nouveaux, presque comme un veuf. Finalement, un pont se trouve jeté entre les rapports légaux à venir (le mariage qu'on peut escompter) et les rapports illégaux du passé, auxquels le legs de Marguerite et le geste conciliant du père confèrent après coup une apparence de légalité. Cette apparence est corroborée par l'apparition de Nichette et de Gustave, les jeunes mariés, qui ont le dernier mot du drame, le plaçant ainsi sous le signe de la réconciliation et de l'apaisement.

Tandis que dans le roman, le monde de Marguerite et le monde bourgeois restaient finalement inconciliables *de facto*, malgré la technique de l'équilibre qu'on pouvait déjà y observer, le drame se termine par un compromis, même sur le plan extérieur : c'est maintenant seulement que la victime des intérêts bourgeois est devenue définitivement une «bourgeoise d'honneur», si l'on ose dire, mais une «bourgeoise d'honneur» à laquelle — ceci ne fait aucun doute — sa distinction n'est pas vraiment conférée «honoris causa», mais en fin de compte simplement «mortis causa». Vu à partir du drame, on distingue nettement pour la première fois ce qu'il pouvait y avoir encore de choquant dans le roman et on en voit le *pourquoi*. Ce qui choquait, ce n'était pas seulement que Marguerite fût trop sûre d'elle-même dans la première partie. Les circonstances de sa mort étaient choquantes aussi, une mort qui laissait chez le jeune héros bourgeois trop de sentiments irréconciliables et trop de doutes sur sa personne. Cette composante autocritique est presque totalement éliminée du drame — et c'est là la différence essentielle d'avec le roman — la mauvaise conscience n'a pratiquement pas l'occasion de faire entendre sa voix. Il fallait cette transformation pour que l'histoire de la dame aux camélias perdît ses effets choquants pour le public bourgeois et devînt un objet de jouissance esthétique. Effectivement, l'opéra vient bien confirmer une évolution dans ce sens.

La Traviata et *l'esthétisation du sujet de la dame aux camélias.*

L'opéra de Verdi connut en quelque sorte deux créations : la première, le 6 mars 1853, au grand théâtre de la Fenice à Venise, fut un four ; Verdi apporta quelques retouches et la seconde représentation, qui eut lieu le

6 mai 1854, également à Venise, mais au théâtre San
Benedetto qui était plus petit, marqua le début d'un succès mondial. Le livret avait été écrit en quelques semaines par Francesco Maria Piave, qui a collaboré de longues années avec Verdi. Nous le reproduisons ici dans
l'adaptation française due au chanteur Edouard Duprez.

Naturellement, ce livret produit au premier abord un
effet décevant, lorsqu'on le *lit* sans tenir compte de la
musique. Pour l'essentiel, il suit le drame, mais en réduit
la multitude de personnages aux dimensions d'une pièce
intime qui, en dehors des personnages principaux, Violetta (la Marguerite de Dumas), Rodolphe et Georges
d'Orbel (Armand et son père) ne met en scène que des
comparses. (Dans la version originale en italien, les protagonistes s'appellent Violetta, Alfred et Germont.)
L'action de Nichette est supprimée. Les cinq actes sont
réduits à quatre : cette réduction concerne le deuxième
acte qui est précisément la partie où le drame continue à
problématiser les rapports entre le fils de bourgeois et la
demi-mondaine et où la jeune femme faisait montre d'un
reste d'assurance. Par contre, le rôle du père est renforcé
et par là valorisé ; non seulement il a la discussion déjà
mentionnée avec Violetta, mais il a la parole même au
dernier acte, à deux reprises et assez longuement : la
première fois, indirectement, lorsque Violetta lit sa lettre
tout haut, et la seconde fois, directement lorsqu'en présence de Violetta il regrette son attitude intransigeante et
l'excuse à la fois en invoquant son devoir paternel. Et
Violetta lui pardonne à lui aussi :

D'Orbel :   Oui, le remords m'accable ;
            Oui, je comprends combien je fus coupable !
            Mon orgueil fut implacable,
            Quelle était mon erreur ?
            J'ai méconnu son cœur.
            Maudissez-moi ! Mais, hélas ! j'étais père.

Violetta *(lui tendant la main)* : J'ai pardonné.

Ainsi l'opéra va jusqu'à faire rentrer en scène le père
lui-même au dernier acte, si bien que le camp bourgeois,
qui était absent dans le roman, se retrouve au complet et

que la tendance à l'harmonisation est encore renforcée par rapport au drame. Quant à Violetta, elle est encore plus transfigurée par le livret que par le drame; par contre, dans le même temps, la toile de fond sociale de son existence et les motifs de son action sont presque complètement escamotés. Il ne reste plus que sa nostalgie de l'amour pur, son esprit de sacrifice face aux barrières sociales, et la mort, dans laquelle sa noble nature se réalise. Aussi le livret apparaît-il au premier abord comme un degré réduit du drame ou comme une régression dans le sentimentalisme romantique, d'autant plus que ce texte est passablement fade et médiocre.

On est d'autant plus étonné d'apprendre que l'opéra lui aussi a rencontré d'abord une vive résistance, pas tant pour des raisons musicales et pas seulement parce que l'actrice principale de la création fut la risée du public en raison de son obésité, peu compatible avec la phtisie de l'héroïne. Non, l'opéra choqua surtout par son sujet « osé », c'est-à-dire par son livret. Cependant il faut savoir ici que l'histoire de l'opéra italien se situait dans un autre contexte que l'histoire du drame en France, pour lequel un sujet tiré du demi-monde n'avait plus rien d'extraordinaire dès l'époque de Dumas. Sur la scène de l'opéra italien cependant, le choix d'un tel sujet était d'autant plus provocant que l'action se déroulait de surcroît dans le présent immédiat. Jusqu'alors, les opéras avaient toujours traité d'un passé lointain, comme c'était le cas encore pour les œuvres que Verdi avait composées juste avant, *Le Trouvère* et *Rigoletto*. Le choix d'un sujet contemporain et « interlope » constituait donc une double infraction aux normes, ce qui explique que le livret, « fade » selon les critères du théâtre de boulevard parisien, apparaisse plutôt « hardi » dans l'optique de l'histoire de l'opéra italien et que, peut-être, il n'ait guère *pu* aller plus loin. Il est intéressant de constater qu'après le scandale de la création, Verdi a dû accepter de draper ses acteurs dans des costumes historiques; la version française du livret reproduite ici situe encore l'action « au commencement du règne de Louis XV ».

Dans l'histoire de l'*opéra, La Traviata* constitue donc

certainement un jalon important sur la voie du progrès, d'autant plus que c'est la musique qui vient insuffler la vie à un texte bien médiocre. Par contre, dans l'histoire du *sujet*, l'opéra de Verdi et Piave marque un point final mélancolique. Cela vient de ce que l'opéra réduit fortement l'action au cours de laquelle on échange des arguments et on règle des conflits ; l'histoire est présupposée connue du public et donc inaltérable. En revanche, le lyrisme du sujet, les sentiments et les résonances affectives, bref, l'intériorité des protagonistes sont intensifiés à l'extrême. Or, l'intériorisation de l'histoire signifie aussi toujours qu'on en a accepté les données et qu'on renonce à y apporter une modification. Dans le roman, ce n'était pas encore du tout le cas ; nous avons pu y relever une sorte de remise en question de la morale bourgeoise et de ses contraintes. Jusqu'à la fin, il subsistait des doutes sur la légitimité de la norme, qui se reflétaient même dans la forme narrative (confession). Dans le drame déjà, ces doutes étaient largement réprimés ou atténués (cf. la scène finale conciliante, avec une Marguerite qui donne l'absolution). Dans l'opéra, qui se fonde sur l'évidence des événements extérieurs, ces doutes n'existent pratiquement plus ou ils sont noyés dans une atmosphère générale de deuil ; c'est la résignation qui s'étale, le renoncement devenant le fondement d'une harmonie qui embrasse tout. Si l'opéra présente parfois encore des dissonances, celles-ci ne font que mettre davantage en valeur la richesse mélodique voluptueuse et accroître la jouissance. Avec *La Traviata*, l'histoire de la dame aux camélias devient définitivement un mythe de la soumission de la sensualité à la légitimité de la morale bourgeoise. Certes, la Violetta de l'opéra domine ses comparses encore plus que dans le roman et dans le drame, surtout au plan musical, mais ce qui est mis en vedette ici, ce n'est plus le dépassement de la limite des normes par le sentiment ; au contraire, c'est la subordination du sentiment à la raison, qui le domestique. De ce point de vue, *La Traviata* est comme un chant du cygne, comparée à la version romanesque de 1848.

A propos de la Dame aux camélias : comment Dumas
conclut sur le demi-monde et aborde le sujet du fémi-
nisme.

Le plus tardif des textes présentés ici, *A propos de la*
Dame aux camélias de Dumas, n'a été rédigé qu'en 1867
pour une édition du théâtre complet et constitue une
manière de conclusion rétrospective qui va déjà au-delà
du problème des prostituées. Il n'est plus question des
courtisanes que dans la première partie du texte. Dumas y
tente de situer le phénomène de la prostitution au
XIXᵉ siècle dans la perspective de l'histoire sociale. Il
distingue parmi les courtisanes, d'une part, les femmes
galantes, c'est-à-dire des femmes qui, provenant de mi-
lieux jadis aisés, furent déclassées socialement à l'ère
post-révolutionnaire et cherchent une compensation financière dans la prostitution ; d'autre part, les grisettes,
femmes du quart état qui tentent de gravir l'échelle sociale en faisant commerce de leur corps ; selon Dumas,
ces deux catégories de femmes sont excusables, pour
autant qu'à une époque où seul l'argent constitue une
valeur et où la prostitution est généralisée, la vertu ne
rapporte rien : «En refusant à la vertu le droit d'être un
capital, vous avez donné au vice le droit d'en être
un» (p. 507).
Dans la seconde partie de son exposé, et occasionnel-
lement dès la première, Dumas en vient à parler d'une
tout autre classe de femmes, les adultères. Il voit en elles
les véritables «prostituées», car elles ne se donnent pas
par nécessité, mais uniquement par ennui, par contrariété
ou pour la recherche du plaisir. Dumas trouve leur faute
inexcusable. Il apparaît alors qu'*A propos de la Dame*
aux camélias ne traite plus uniquement du problème de la
prostitution, mais encore du féminisme en général et par
là des fondements du légitimisme bourgeois. Dans *A*
propos..., celui-ci obéit à trois principes. Premièrement,
les valeurs de la génération, de la famille, du travail, du
devoir et de la morale (p. 508). Deuxièmement, la
conception selon laquelle la femme est un être assigné et
subordonné à l'homme, qui sert ses seuls intérêts et qui

n'a pas le droit d'avoir les siens propres, bref, qui lui
« appartient » en quelque sorte : « Notre femme c'est notre
nom, notre amour, notre plaisir, notre confident, la mère
de nos enfants, la dépositaire de nos secrets, de nos
faiblesses, de nos espérances, notre propriété enfin (voilà
le vrai mot) » (p. 521). Troisièmement, la conviction que
le « petit acte spasmodique » a une importance si insigni-
fiante parmi les droits de la femme qu'il n'est permis en
aucun cas de trahir pour lui les obligations d'une maternité légitime : « Mais il n'y a aucun enchaînement admissible entre vos douleurs, vos jalousies, vos déceptions,
vos désespoirs, et le petit acte spasmodique qui constitue
l'adultère, qui est si peu dans vos droits et qui n'est que
libertinage, puisque la maternité en est violemment arrachée » (p. 523).

Ces thèses viennent confirmer la tendance au refoule-
ment des pulsions que nous avons pu relever dès la
version romanesque ; cette tendance se généralise tout en
devenant prédominante : d'une part, les femmes « honnêtes » se voient contester le droit d'exprimer leurs besoins sexuels propres ; en d'autres termes, les femmes ne
font figure d'honnêtes que lorsque leur sexualité reste une
simple fonction asservie à un objectif supérieur, à savoir
celui de la maternité dans le cadre de relations matrimoniales légitimes. D'autre part, la sexualité en tant que
« jouissance » ou « fin en soi » est bannie du domaine de la
légitimité pour être refoulée dans celui de l'illégitimité,
où elle incombe à une catégorie de spécialistes qui, justement *parce qu'*elles offrent la sexualité « en tant que
telle » sont condamnées éternellement à une existence de
parias. De toute évidence, la sexualité féminine est res-
sentie par Dumas et son public comme un phénomène
inquiétant, d'autant plus inquiétant qu'il approche du
domaine de la légitimité bourgeoise. Contrairement à
Manon Lescaut, à laquelle Armand ne cesse de la comparer à tort, Marguerite doit mourir non pas parce qu'elle
ne peut pas réprimer ses instincts, mais parce qu'elle est
en passe de démontrer qu'une femme « autonome » sur le
plan sexuel peut être vertueuse quand même. Dans Manon Lescaut, le sexualité et la vertu chez la femme s'ex-

cluaient encore mutuellement. Voilà qu'elles semblent
conciliables un instant et cette conciliation temporaire
constitue précisément l'ébauche d'émancipation que
contient le mythe de la dame aux camélias. Mais d'autre
part, cette ébauche semble impliquer des conséquences si
terrifiantes qu'il faut se hâter d'y mettre le holà; si l'on
poursuivait, cela reviendrait ni plus ni moins à reconnaître une véritable égalité entre les sexes et à renoncer aux
prérogatives du patriarcat, auxquelles Dumas s'accroche
encore en fin de compte, ainsi que l'ont montré les
dernières citations.

Dans leur *Histoire du féminisme français*, Maïté Albistur et Daniel Armogathe ont en effet constaté pour le
second Empire un nouveau «raidissement du pouvoir
patriarcal», tendance confirmée par *A propos...* Dumas
faisait encore preuve d'indulgence pour les prostituées,
parce que, finalement, elles confirment le patriarcat, mais
il ne peut garder cette attitude envers la femme adultère,
parce que celle-ci au contraire le remet en question. Aussi
ne s'étonnera-t-on plus que Dumas exige des peines dra-
coniennes pour les femmes adultères («les châtiments les
plus sévères», (p. 522). On s'étonne à la rigueur que ses
réactions deviennent de plus en plus menaçantes et bru-
tales au fur et à mesure qu'il avance en âge. Dès la fin de
A propos..., il imagine toutes sortes de mesures de coer-
cition, qui vont de la maison de correction à la déporta-
tion, afin de se rendre maître de l'anarchie sexuelle qu'il
croit voir se propager. Dans un essai écrit plus tard,
L'homme-femme (1872), il concède même au mari
trompé le droit de mort dans certains cas; dans la pièce *La
Femme de Claude* (1873), ce droit est exercé sur la protagoniste principale, qui est présentée comme une véritable diablesse. Les dates de ces réactions radicales révèlent cependant que Dumas ne raidissait pas son attitude en
raison de son âge, mais au fur et à mesure que le mouvement féministe trouvait désormais un écho en France et
que le débat public et finalement la législation tendaient à
une certaine libéralisation (allégement de la séparation
sous le second Empire, introduction du divorce sous la
Troisième République, depuis 1884).

Arrivé au terme de nos interprétations, nous pouvons donc replacer l'histoire du mythe de la dame aux camélias dans un contexte plus large. Comme nombre d'auteurs importants du XIXe siècle, Dumas a réagi aux débuts de la lutte pour l'égalité de la femme d'une manière très sensible et par des doutes croissants quant au caractère incontestable de la domination patriarcale. Dès la version romanesque de *La Dame aux camélias,* nous avons enregistré en effet des signes évidents de faiblesse chez «l'homme» et de force chez «la femme». Cependant, ces doutes ont été encore une fois apaisés, puisque Marguerite finit par se soumettre volontairement, quoique de manière inattendue. Mais dans *A propos...,* où il ne s'agit plus seulement des prostituées, mais aussi de «violatrices des lois» issues de sa propre classe, la bourgeoisie, où la violation de la loi le touche donc de beaucoup plus près, Dumas manifeste une sorte de peur panique face au renversement des valeurs et à la menace qui pèse sur un ordre du monde masculin. Cette peur s'exprime par son agressivité déjà mentionnée envers les adultères ainsi que par l'idée cauchemardesque d'une révolution sexiste qui condamne l'homme à l'impuissance et le livre au ridicule.

Il y a longtemps que la femme se plaint, qu'elle crie, qu'elle appelle au secours. Personne ne lui a répondu. Elle fait enfin sa révolution, en plein soleil, avec les armes qu'elle a reçues de la nature, la Ruse et la Beauté. Elle a retourné l'autel pour en faire une alcôve. Elle a remplacé le dieu par je ne sais quelle guillotine dorée, et elle exécute l'homme au milieu des rires et des danses (p. 517).

Comme on le voit, l'œuvre tardive d'Alexandre Dumas fils, qui est relativement peu connue, n'est pas elle non plus dépourvue d'intérêt. Le rapport s'impose avec Ibsen, Strindberg, mais également avec Barbey d'Aurevilly. L'œuvre tardive permet également de voir sous un jour nouveau les textes de jeunesse traitant des courtisanes, notamment ceux de *La Dame aux camélias.* Cette histoire n'apparaît plus uniquement comme un traitement croustillant du demi-monde, ce qu'elle reste naturellement en superficie. En profondeur, *La Dame aux Camélias* se révèle être également une prise de position sur le féminisme en général, dans le sens d'une idéalisation de la soumission féminine et d'une confirmation du patriarcat. En tout cas, le succès durable de *La Dame aux camélias* ne peut guère s'expliquer par l'attrait du demi-monde, lequel n'existe plus sous cette forme aujourd'hui. Par contre, Marguerite peut toujours être considérée comme l'incarnation d'un désir masculin, manifestement inextirpable, qui d'une part imagine la femme comme partenaire, voire comme initiatrice dans le seul domaine *privé* des sentiments et de la sensualité, et qui d'autre part se complaît à se la dépeindre soumise et pleine d'abnégation dès le moment où entrent en jeu les prérogatives *sociales* du monde patriarcal. Mais comme depuis la Déclaration des droits de l'homme de 1789, qui a été rédigée par des hommes, le principe de l'égalité vaut également pour le rapport entre les sexes, continuer à en priver les femmes ne peut qu'éveiller la mauvaise conscience précisément de ceux qui, comme Dumas, reconnaissent «théoriquement» ce principe. En étudiant les versions romanesque et dramatique, nous avons déjà constaté dans quelle mesure *La Dame aux camélias* peut être interprété comme un document de la mauvaise conscience de son auteur, y compris dans le domaine social; on peut même aller jusqu'à dire que la mauvaise conscience a été le ressort puissant qui a créé ce mythe.

Hans-Jörg NEUSCHÄFER.

BIBLIOGRAPHIE

I

LE ROMAN

1. *La Dame aux camélias*. Paris, Alexandre Cadot, 1848, 2 vol. in-8° de 340 et 362 pages.
   En 1851 paraît chez le même éditeur une édition en 1 vol. préfacée par Jules Janin.
2. En 1852 paraît chez Michel Lévy une édition « entièrement revue et corrigée » avec la préface de Jules Janin. C'est ce texte qu'ont suivi les innombrables éditions ultérieures, dont certaines ont été illustrées : par Gavarni (Havard, 1858), par Gavarni et Alphonse de Neuville (Librairie Illustrée, 1875), par A. Lynch (Quantin, 1886). Cette dernière édition comprend le texte de Jules Janin et une préface de l'auteur.

II

LA PIÈCE

La Dame aux camélias, pièce en cinq actes mêlée de chants. Paris, D. Giraud et L. Dagneau, 1852, in-12 de 105 pages. Édition originale. Une autre édition parut la même année avec une préface de l'auteur. En 1882, *Le Figaro* donna une édition hors commerce tirée à trente exemplaires, en souvenir de la représentation organisée par ce journal le 25 mai 1882.

La pièce figure depuis 1868 dans les éditions successives du *Théâtre complet* d'Alexandre Dumas fils, à savoir :

1. *Théâtre complet.* Calmann-Lévy, 1868-1892, 7 volumes.
2. *Théâtre complet.* Éditions des comédiens, Calmann-Lévy, 1882-1893, 7 vol. Édition tirée à quatre-vingt-dix-neuf exemplaires. Avec des *notes* qui seront reprises dans les éditions en 8 volumes — dont elles forment naturellement le tome 8 et dernier.
3. Éditions suivantes, chez le même éditeur dont : en 1890-1893 pour une édition de luxe illustrée par Robaudi, et en 1923 une édition en 10 volumes in-18 comprenant les 7 volumes du théâtre proprement dit, le volume de *Notes* et deux volumes du *Théâtre des autres.*
4. Le livret de l'opéra *La Traviata* est en vente à la Librairie Théâtrale, 3, rue de Marivaux, Paris. Il n'a subi aucun changement depuis l'édition originale de 1865.

III

SUR LA DAME AUX CAMÉLIAS

Nombreux sont les ouvrages qui, partant du roman, de la pièce et de la vie d'Alphonsine Plessis dite Marie Duplessis, s'attachent à définir la personnalité de celle-ci. Et parmi ces ouvrages, nombreux sont ceux qui brodent et romancent en prétendant découvrir ou révéler la « vérité » sur la dame aux camélias. Il s'agit très souvent de l'exploitation d'un mythe, donnant lieu à des rhapsodies répétitives.

Ainsi les trois premiers :

LAPOMMERAYE (Henri de), *Histoire du début d'Alexandre Dumas fils, ou les Tribulations de la Dame aux camélias.* Michel Lévy, 1873.

ROMAIN-VIENNE (Frédéric), *La Vérité sur la Dame aux camélias*. Ollendorff, 1884.

SOREAU (Georges), *La Vie de la Dame aux camélias. Revue de France,* 1898.

GROS (Johannès), *Alexandre Dumas et Marie Duplessis*. Louis Conard, 1923.

Du même : *Une courtisane romantique : Marie Duplessis*. Cabinet du Livre, 1929.

Ces deux ouvrages sont différents. Ensemble ils sont les meilleurs.

Et, plus près de nous :

LYONNET (Henry), *La Dame aux camélias de Dumas fils*. Collection « Les Grands Événements littéraires ». Malfère, 1930. Excellente étude d'histoire littéraire.

SAUNDERS (Edith), *La Dame aux camélias et les Dumas,* traduit de l'anglais par Lola Tranec. Corrêa, 1954.

BARTHES (Roland), *Mythologies,* pages 202-204. Éditions du Seuil, 1957.

ROBICHEZ (Jacques), *« La Dame aux camélias ». Revue des Sciences Humaines,* n° 104, 1961.

PRASTEAU (Jean), *C'était la Dame aux camélias*. Librairie Académique Perrin, 1963.

KOWZAN (Tadeusz), *« Le Mythe de la Dame aux camélias ; du mélodrame au mélodramatisme ». Revue des Sciences Humaines,* n° 162, 1976.

POIROT-DELPECH (Bertrand), *La Dame aux camélias. Une vie romancée,* Ramsay, 1981.

ISSARTEL (Christiane), *Les Dames aux camélias. De l'histoire à la légende*. Préface de Claude Imbert. Chêne-Hachette, 1981.

IV

SUR DUMAS FILS

Il n'existe pas de bonne étude d'ensemble sur la vie et l'œuvre d'Alexandre Dumas fils. La biographie est traitée avec pertinence dans *Les Trois Dumas* d'André Maurois (Hachette, 1957).

On pourra consulter toutefois :

HÖRNER, Richard : *Die Erstlingsdramen des jüngeren Dumas*, Tübingen, 1910.

NOËL, C.M. : *Les Idées sociales dans le théâtre de Dumas*, Paris, 1912.

ALLARD, Louis : *La Comédie de mœurs en France au XIXe siècle*, 2 tomes, Paris, 1923.

LAMY, Pierre : *Le Théâtre d'Alexandre Dumas fils*, Paris, 1928.

GHEORGHIU, O. : *Le Théâtre de Dumas fils et la société contemporaine*, Nancy, 1931.

TAYLOR, F.A. : *The Theatre of Alexandre Dumas fils*, Oxford, 1937.

DESCOTES, Maurice : *Le Public de théâtre et son histoire*, Paris, 1964.

LEBOIS, A. : *Le dossier « Tue-la »*, Avignon, 1969.

LEBOIS, A. : *Alexandre Dumas fils*, Paris, 1969.

NEUSCHÄFER, Hans-Jörg : *Populärromane im 19. Jahrhundert*, München, 1976.

ALBISTUR, Maité/ARMOGATHE, Daniel : *Histoire du féminisme français*, Paris, 1977.

Gilbert SIGAUX.

LA DAME AUX CAMÉLIAS
Roman

I

Mon avis est qu'on ne peut créer des personnages que lorsque l'on a beaucoup étudié les hommes, comme on ne peut parler une langue qu'à la condition de l'avoir sérieusement apprise.

N'ayant pas encore l'âge où l'on invente, je me contente de raconter.

J'engage donc le lecteur à être convaincu de la réalité de cette histoire dont tous les personnages, à l'exception de l'héroïne, vivent encore.

D'ailleurs, il y a à Paris des témoins de la plupart des faits que je recueille ici, et qui pourraient les confirmer, si mon témoignage ne suffisait pas. Par une circonstance particulière, seul je pouvais les écrire, car seul j'ai été le confident des derniers détails sans lesquels il eût été impossible de faire un récit intéressant et complet.

Or, voici comment ces détails sont parvenus à ma connaissance. — Le 12 du mois de mars 1847, je lus, dans la rue Laffitte, une grande affiche jaune annonçant une vente de meubles et de riches objets de curiosité. Cette vente avait lieu après décès. L'affiche ne nommait pas la personne morte, mais la vente devait se faire rue d'Antin, n° 9, le 16, de midi à cinq heures.

L'affiche portait en outre que l'on pourrait, le 13 et le 14, visiter l'appartement et les meubles.

J'ai toujours été amateur de curiosités. Je me promis de ne pas manquer cette occasion, sinon d'en acheter, du moins d'en voir.

Le lendemain, je me rendis rue d'Antin, n° 9. Il était de bonne heure, et cependant il y avait déjà dans l'appartement des visiteurs et même des visiteuses, qui, quoique vêtues de velours, couvertes de cachemires et attendues à la porte par leurs élégants coupés, regardaient avec étonnement, avec admiration même, le luxe qui s'étalait sous leurs yeux.

Plus tard je compris cette admiration et cet étonnement, car m'étant mis aussi à examiner, je reconnus aisément que j'étais dans l'appartement d'une femme entretenue. Or, s'il y a une chose que les femmes du monde désirent voir, et il y avait là des femmes du monde, c'est l'intérieur de ces femmes, dont les équipages éclaboussent chaque jour le leur, qui ont, comme elles et à côté d'elles, leur loge à l'Opéra et aux Italiens, et qui étalent, à Paris, l'insolente opulence de leur beauté, de leurs bijoux et de leurs scandales.

Celle chez qui je me trouvais était morte : les femmes les plus vertueuses pouvaient donc pénétrer jusque dans sa chambre. La mort avait purifié l'air de ce cloaque splendide, et d'ailleurs elles avaient pour excuse, s'il en était besoin, qu'elles venaient à une vente sans savoir chez qui elles venaient. Elles avaient lu des affiches, elles voulaient visiter ce que ces affiches promettaient et faire leur choix à l'avance ; rien de plus simple ; ce qui ne les empêchait pas de chercher, au milieu de toutes ces merveilles, les traces de cette vie de courtisane dont on leur avait fait, sans doute, de si étranges récits.

Malheureusement les mystères étaient morts avec la déesse, et, malgré toute leur bonne volonté, ces dames ne surprirent que ce qui était à vendre depuis le décès, et rien de ce qui se vendait du vivant de la locataire.

Du reste, il y avait de quoi faire des emplettes. Le mobilier était superbe. Meubles de bois de rose et de Boule, vases de Sèvres et de Chine, statuettes de Saxe, satin, velours et dentelle, rien n'y manquait.

Je me promenai dans l'appartement et je suivis les nobles curieuses qui m'y avaient précédé. Elles entrèrent dans une chambre tendue d'étoffe perse, et j'allais y entrer aussi, quand elles en sortirent presque aussitôt en souriant et comme si elles eussent eu honte de cette nouvelle curiosité. Je n'en désirai que plus vivement pénétrer dans cette chambre. C'était le cabinet de toilette, revêtu de ses plus minutieux détails, dans lesquels paraissait s'être développée au plus haut point la prodigalité de la morte.

Sur une grande table, adossée au mur, table de trois pieds de large sur six de long, brillaient tous les trésors d'Aucoc et d'Odiot. C'était là une magnifique collection, et pas un de ces mille objets, si nécessaires à la toilette d'une femme comme celle chez qui nous étions, n'était en autre métal qu'or ou argent. Cependant cette collection n'avait pu se faire que peu à peu, et ce n'était pas le même amour qui l'avait complétée.

Moi qui ne m'effarouchais pas à la vue du cabinet de toilette d'une femme entretenue, je m'amusais à en examiner les détails, quels qu'ils fussent, et je m'aperçus que tous ces ustensiles magnifiquement ciselés portaient des initiales variées et des couronnes différentes.

Je regardais toutes ces choses dont chacune me représentait une prostitution de la pauvre fille, et je me disais que Dieu avait été clément pour elle, puisqu'il n'avait pas permis qu'elle en arrivât au châtiment ordinaire, et qu'il l'avait laissée mourir dans son luxe et sa beauté, avant la vieillesse, cette première mort des courtisanes.

En effet, quoi de plus triste à voir que la vieillesse du vice, surtout chez la femme ? Elle ne renferme aucune dignité et n'inspire aucun intérêt. Ce repentir éternel, non pas de la mauvaise route suivie, mais des calculs mal faits et de l'argent mal employé, est une des plus attristantes choses que l'on puisse entendre. J'ai connu une ancienne femme galante à qui il ne restait plus de son passé qu'une fille presque aussi belle que, au dire de ses contemporains, avait été sa mère. Cette pauvre enfant à qui sa mère n'avait jamais dit : Tu es ma fille, que pour lui ordonner de nourrir sa vieillesse comme elle-même avait nourri son enfance, cette pauvre créature se nommait Louise, et, obéissant à sa mère, elle se livrait sans volonté, sans passion, sans plaisir, comme elle eût fait un métier si l'on eût songé à lui en apprendre un.

La vue continuelle de la débauche, une débauche précoce, alimentée par l'état continuellement maladif de
cette fille, avaient éteint en elle l'intelligence du mal et du
bien que Dieu lui avait donnée peut-être, mais qu'il
n'était venu à l'idée de personne de développer.

Je me rappellerai toujours cette jeune fille, qui passait
sur les boulevards presque tous les jours à la même heure.
Sa mère l'accompagnait sans cesse, aussi assidûment
qu'une vraie mère eût accompagné sa vraie fille. J'étais
bien jeune alors, et prêt à accepter pour moi la facile
morale de mon siècle. Je me souviens cependant que la
vue de cette surveillance scandaleuse m'inspirait le mépris et le dégoût.

Joignez à cela que jamais visage de vierge n'eut un
pareil sentiment d'innocence, une pareille expression de
souffrance mélancolique.

On eût dit une figure de la Résignation.

Un jour, le visage de cette fille s'éclaira. Au milieu des
débauches dont sa mère tenait le programme, il sembla à
la pécheresse que Dieu lui permettait un bonheur. Et
pourquoi, après tout, Dieu qui l'avait faite sans force,
l'aurait-il laissée sans consolation, sous le poids douloureux de sa vie ? Un jour donc, elle s'aperçut qu'elle était
enceinte, et ce qu'il y avait en elle de chaste encore
tressaillit de joie. L'âme a d'étranges refuges. Louise
courut annoncer à sa mère cette nouvelle qui la rendait si
joyeuse. C'est honteux à dire, cependant nous ne faisons
pas ici de l'immoralité à plaisir, nous racontons un fait
vrai, que nous ferions peut-être mieux de taire, si nous ne
croyions qu'il faut de temps en temps révéler les martyres
de ces êtres, que l'on condamne sans les entendre, que
l'on méprise sans les juger ; c'est honteux, disons-nous,
mais la mère répondit à sa fille qu'elles n'avaient déjà pas
trop pour deux et qu'elles n'auraient pas assez pour trois ;
que de pareils enfants sont inutiles et qu'une grossesse est
du temps perdu.

Le lendemain, une sage-femme, que nous signalons
seulement comme l'amie de la mère, vint voir Louise qui
resta quelques jours au lit, et s'en releva plus pâle et plus
faible qu'autrefois.

Trois mois après, un homme se prit de pitié pour elle et entreprit sa guérison morale et physique ; mais la dernière secousse avait été trop violente, et Louise mourut des suites de la fausse couche qu'elle avait faite.

La mère vit encore : comment ? Dieu le sait.

Cette histoire m'était revenue à l'esprit pendant que je contemplais les nécessaires d'argent, et un certain temps s'était écoulé, à ce qu'il paraît, dans ces réflexions, car il n'y avait plus dans l'appartement que moi et un gardien qui, de la porte, examinait avec attention si je ne dérobais rien.

Je m'approchai de ce brave homme à qui j'inspirais de si graves inquiétudes.

— Monsieur, lui dis-je, pourriez-vous me dire le nom de la personne qui demeurait ici ?

— Mlle Marguerite Gautier.

Je connaissais cette fille de nom et de vue.

— Comment ! dis-je au gardien, Marguerite Gautier est morte ?

— Oui, monsieur.

— Et quand cela ?

— Il y a trois semaines, je crois.

— Et pourquoi laisse-t-on visiter l'appartement ?

— Les créanciers ont pensé que cela ne pouvait que faire monter la vente. Les personnes peuvent voir d'avance l'effet que font les étoffes et les meubles ; vous comprenez, cela encourage à acheter.

— Elle avait donc des dettes ?

— Oh ! monsieur, en quantité.

— Mais la vente les couvrira sans doute ?

— Et au-delà.

— A qui reviendra le surplus, alors ?

— A sa famille.

— Elle a donc une famille ?

— A ce qu'il paraît.

— Merci, monsieur.

Le gardien, rassuré sur mes intentions, me salua, et je sortis.

— Pauvre fille ! me disais-je en rentrant chez moi, elle a dû mourir bien tristement, car, dans son monde, on n'a

d'amis qu'à la condition qu'on se portera bien. Et malgré
moi je m'apitoyais sur le sort de Marguerite Gautier.

Cela paraîtra peut-être ridicule à bien des gens, mais
j'ai une indulgence inépuisable pour les courtisanes, et je
ne me donne même pas la peine de discuter cette indulgence.

Un jour, en allant prendre un passeport à la préfecture,
je vis dans une des rues adjacentes une fille que deux
gendarmes emmenaient. J'ignore ce qu'avait fait cette
fille, tout ce que je puis dire, c'est qu'elle pleurait à
chaudes larmes en embrassant un enfant de quelques mois
dont son arrestation la séparait. Depuis ce jour, je n'ai
plus su mépriser une femme à première vue.

II

La vente était pour le 16.

Un jour d'intervalle avait été laissé entre les visites et
la vente pour donner aux tapissiers le temps de déclouer
les tentures, rideaux, etc.

A cette époque, je revenais de voyage. Il était assez
naturel que l'on ne m'eût pas appris la mort de Marguerite comme une de ces grandes nouvelles que ses amis
apprennent toujours à celui qui revient dans la capitale
des nouvelles. Marguerite était jolie, mais autant la vie
recherchée de ces femmes fait de bruit, autant leur mort
en fait peu. Ce sont de ces soleils qui se couchent comme
ils se sont levés, sans éclat. Leur mort, quand elles
meurent jeunes, est apprise de tous leurs amants en même
temps, car à Paris presque tous les amants d'une fille
connue vivent en intimité. Quelques souvenirs s'échan-
gent à son sujet, et la vie des uns et des autres continue
sans que cet incident la trouble même d'une larme.

Aujourd'hui quand on a vingt-cinq ans, les larmes
deviennent une chose si rare qu'on ne peut les donner à la
première venue. C'est tout au plus si les parents qui
payent pour être pleurés le sont en raison du prix qu'ils y
mettent.

Quant à moi, quoique mon chiffre ne se retrouvât sur

aucun des nécessaires de Marguerite, cette indulgence instinctive, cette pitié naturelle que je viens d'avouer tout à l'heure me faisaient songer à sa mort plus longtemps qu'elle ne méritait peut-être que j'y songeasse.

Je me rappelais avoir rencontré Marguerite très souvent aux Champs-Élysées, où elle venait assidûment, tous les jours, dans un petit coupé bleu attelé de deux magnifiques chevaux bais, et avoir alors remarqué en elle une distinction peu commune à ses semblables, distinction que rehaussait encore une beauté vraiment exceptionnelle.

Ces malheureuses créatures sont toujours, quand elles sortent, accompagnées on ne sait de qui.

Comme aucun homme ne consent à afficher publiquement l'amour nocturne qu'il a pour elles, comme elles ont horreur de la solitude, elles emmènent ou celles qui, moins heureuses, n'ont pas de voiture, ou quelques-unes de ces vieilles élégantes dont rien ne motive l'élégance, et à qui l'on peut s'adresser sans crainte, quand on veut avoir quelques détails que ce soient sur la femme qu'elles accompagnent.

Il n'en était pas ainsi pour Marguerite. Elle arrivait aux Champs-Élysées toujours seule, dans sa voiture, où elle s'effaçait le plus possible, l'hiver enveloppée d'un grand cachemire, l'été vêtue de robes fort simples ; et quoiqu'il y eût sur sa promenade favorite bien des gens qu'elle connût, quand par hasard elle leur souriait, le sourire était visible pour eux seuls, et une duchesse eût pu sourire ainsi.

Elle ne se promenait pas du rond-point à l'entrée des Champs-Élysées, comme le font et le faisaient toutes ses collègues. Ses deux chevaux l'emportaient rapidement au Bois. Là, elle descendait de voiture, marchait pendant une heure, remontait dans son coupé, et rentrait chez elle au grand trot de son attelage.

Toutes ces circonstances, dont j'avais quelquefois été le témoin, repassaient devant moi et je regrettais la mort de cette fille comme on regrette la destruction totale d'une belle œuvre.

Or, il était impossible de voir une plus charmante beauté que celle de Marguerite.

Grande et mince jusqu'à l'exagération, elle possédait au suprême degré l'art de faire disparaître cet oubli de la nature par le simple arrangement des choses qu'elle revêtait. Son cachemire, dont la pointe touchait à terre, laissait échapper de chaque côté les larges volants d'une robe de soie, et l'épais manchon qui cachait ses mains et qu'elle appuyait contre sa poitrine, était entouré de plis si habilement ménagés, que l'œil n'avait rien à redire, si exigeant qu'il fût, au contour des lignes.

La tête, une merveille, était l'objet d'une coquetterie particulière. Elle était toute petite, et sa mère, comme dirait de Musset, semblait l'avoir faite ainsi pour la faire avec soin.

Dans un ovale d'une grâce indescriptible, mettez des yeux noirs surmontés de sourcils d'un arc si pur qu'il semblait peint ; voilez ces yeux de grands cils qui, lorsqu'ils s'abaissaient, jetaient de l'ombre sur la teinte rose des joues ; tracez un nez fin, droit, spirituel, aux narines un peu ouvertes par une aspiration ardente vers la vie sensuelle ; dessinez une bouche régulière, dont les lèvres s'ouvraient gracieusement sur des dents blanches comme du lait ; colorez la peau de ce velouté qui couvre les pêches qu'aucune main n'a touchées, et vous aurez l'ensemble de cette charmante tête.

Les cheveux noirs comme du jais, ondés naturellement ou non, s'ouvraient sur le front en deux larges bandeaux, et se perdaient derrière la tête, en laissant voir un bout des oreilles, auxquelles brillaient deux diamants d'une valeur de quatre à cinq mille francs chacun.

Comment sa vie ardente laissait-elle au visage de Marguerite l'expression virginale, enfantine même qui le caractérisait, c'est ce que nous sommes forcé de constater sans le comprendre.

Marguerite avait d'elle un merveilleux portrait fait par Vidal, le seul homme dont le crayon pouvait la reproduire. J'ai eu depuis sa mort ce portrait pendant quelques jours à ma disposition, et il était d'une si étonnante ressemblance qu'il m'a servi à donner les renseignements pour lesquels ma mémoire ne m'eût peut-être pas suffi.

Parmi les détails de ce chapitre, quelques-uns ne me

sont parvenus que plus tard, mais je les écris tout de suite pour n'avoir pas à y revenir, lorsque commencera l'histoire anecdotique de cette femme.

Marguerite assistait à toutes les premières représentations et passait toutes ses soirées au spectacle ou au bal. Chaque fois que l'on jouait une pièce nouvelle, on était sûr de l'y voir, avec trois choses qui ne la quittaient jamais, et qui occupaient toujours le devant de sa loge de rez-de-chaussée : sa lorgnette, un sac de bonbons et un bouquet de camélias.

Pendant vingt-cinq jours du mois, les camélias étaient blancs, et pendant cinq ils étaient rouges ; on n'a jamais su la raison de cette variété de couleurs, que je signale sans pouvoir l'expliquer et que les habitués des théâtres où elle allait le plus fréquemment et ses amis avaient remarquée comme moi.

On n'avait jamais vu à Marguerite d'autres fleurs que des camélias. Aussi chez Mme Barjon, sa fleuriste, avait-on fini par la surnommer la Dame aux Camélias, et ce surnom lui était resté.

Je savais en outre, comme tous ceux qui vivent dans un certain monde, à Paris, que Marguerite avait été la maîtresse des jeunes gens les plus élégants, qu'elle le disait hautement, et qu'eux-mêmes s'en vantaient, ce qui prouvait qu'amants et maîtresse étaient contents l'un de l'autre.

Cependant, depuis trois ans environ, depuis un voyage à Bagnères, elle ne vivait plus, disait-on, qu'avec un vieux duc étranger, énormément riche et qui avait essayé de la détacher le plus possible de sa vie passée, ce que du reste elle avait paru se laisser faire d'assez bonne grâce.

Voici ce qu'on m'a raconté à ce sujet.

Au printemps de 1842, Marguerite était si faible, si changée que les médecins lui ordonnèrent les eaux, et qu'elle partit pour Bagnères.

Là, parmi les malades, se trouvait la fille de ce duc, laquelle avait non seulement la même maladie, mais encore le même visage que Marguerite, au point qu'on eût pu les prendre pour les deux sœurs. Seulement la jeune duchesse était au troisième degré de la phtisie, et peu de jours après l'arrivée de Marguerite elle succombait.

Un matin le duc, resté à Bagnères comme on reste sur le sol qui ensevelit une partie du cœur, aperçut Marguerite au détour d'une allée.

Il lui sembla voir passer l'ombre de son enfant, et, marchant vers elle, il lui prit les mains, l'embrassa en pleurant, et, sans lui demander qui elle était, implora la permission de la voir et d'aimer en elle l'image vivante de sa fille morte.

Marguerite, seule à Bagnères avec sa femme de chambre, et d'ailleurs n'ayant aucune crainte de se compromettre, accorda au duc ce qu'il lui demandait.

Il se trouvait à Bagnères des gens qui la connaissaient, et qui vinrent officiellement avertir le duc de la véritable position de Mlle Gautier. Ce fut un coup pour le vieillard, car là cessait la ressemblance avec sa fille, mais il était trop tard. La jeune femme était devenue un besoin de son cœur et son seul prétexte, sa seule excuse de vivre encore.

Il ne lui fit aucun reproche, il n'avait pas le droit de lui en faire, mais il lui demanda si elle se sentait capable de changer sa vie, lui offrant en échange de ce sacrifice toutes les compensations qu'elle pourrait désirer. Elle promit.

Il faut dire qu'à cette époque, Marguerite, nature enthousiaste, était malade. Le passé lui apparaissait comme une des causes principales de sa maladie, et une sorte de superstition lui fit espérer que Dieu lui laisserait la beauté et la santé, en échange de son repentir et de sa conversion.

En effet, les eaux, les promenades, la fatigue naturelle et le sommeil l'avaient à peu près rétablie quand vint la fin de l'été.

Le duc accompagna Marguerite à Paris, où il continua de venir la voir comme à Bagnères.

Cette liaison, dont on ne connaissait ni la véritable origine, ni le véritable motif, causa une grande sensation ici, car le duc, connu par sa grande fortune, se faisait connaître maintenant par sa prodigalité.

On attribua au libertinage, fréquent chez les vieillards riches, ce rapprochement du vieux duc et de la jeune femme. On supposa tout, excepté ce qui était.

Cependant le sentiment de ce père pour Marguerite avait une cause si chaste, que tout autre rapport que des rapports de cœur avec elle lui eût semblé un inceste, et jamais il ne lui avait dit un mot que sa fille n'eût pu entendre.

Loin de nous la pensée de faire de notre héroïne autre chose que ce qu'elle était. Nous dirons donc que tant qu'elle était restée à Bagnères, la promesse faite au duc n'avait pas été difficile à tenir, et qu'elle avait été tenue ; mais une fois de retour à Paris, il avait semblé à cette fille habituée à la vie dissipée, aux bals, aux orgies même, que sa solitude, troublée seulement par les visites périodiques du duc, la ferait mourir d'ennui, et les souffles brûlants de sa vie d'autrefois passaient à la fois sur sa tête et sur son cœur.

Ajoutez que Marguerite était revenue de ce voyage plus belle qu'elle n'avait jamais été, qu'elle avait vingt ans, et que la maladie endormie, mais non vaincue, continuait à lui donner ces désirs fiévreux qui sont presque toujours le résultat des affections de poitrine.

Le duc eut donc une grande douleur le jour où ses amis, sans cesse aux aguets pour surprendre un scandale de la part de la jeune femme avec laquelle il se compromettait, disaient-ils, vinrent lui dire et lui prouver qu'à l'heure où elle était sûre de ne pas le voir venir, elle recevait des visites, et que ces visites se prolongeaient souvent jusqu'au lendemain.

Interrogée, Marguerite avoua tout au duc, lui conseillant, sans arrière-pensée, de cesser de s'occuper d'elle, car elle ne se sentait pas la force de tenir les engagements pris, et ne voulait pas recevoir plus longtemps les bienfaits d'un homme qu'elle trompait.

Le duc resta huit jours sans paraître, ce fut tout ce qu'il put faire, et, le huitième jour, il vint supplier Marguerite de l'admettre encore, lui promettant de l'accepter telle qu'elle serait, pourvu qu'il la vît, et lui jurant que, dût-il mourir, il ne lui ferait jamais un reproche.

Voilà où en étaient les choses trois mois après le retour de Marguerite, c'est-à-dire en novembre ou décembre 1842.

III

Le 16, à une heure, je me rendis rue d'Antin.

De la porte cochère on entendait crier les commissaires-priseurs.

L'appartement était plein de curieux.

Il y avait là toutes les célébrités du vice élégant, sournoisement examinées par quelques grandes dames qui avaient pris encore une fois le prétexte de la vente, pour avoir le droit de voir de près des femmes avec qui elles n'auraient jamais eu occasion de se retrouver, et dont elles enviaient peut-être en secret les faciles plaisirs.

Mme la duchesse de F... coudoyait Mlle A..., une des plus tristes épreuves de nos courtisanes modernes; Mme la marquise de T... hésitait pour acheter un meuble sur lequel enchérissait Mme D..., la femme adultère la plus élégante et la plus connue de notre époque; le duc d'Y... qui passe à Madrid pour se ruiner à Paris, à Paris pour se ruiner à Madrid, et qui, somme toute, ne dépense même pas son revenu, tout en causant avec Mme M..., une de nos plus spirituelles conteuses qui veut bien de temps en temps écrire ce qu'elle dit et signer ce qu'elle écrit, échangeait des regards confidentiels avec Mme de N..., cette belle promeneuse des Champs-Élysées, presque toujours vêtue de rose ou de bleu et qui fait traîner sa voiture par deux grands chevaux noirs, que Tony lui a vendus dix mille francs et... qu'elle lui a payés; enfin Mlle R... qui se fait avec son seul talent le double de ce que les femmes du monde se font avec leur dot, et le triple de ce que les autres se font avec leurs amours, était, malgré le froid, venue faire quelques emplettes, et ce n'était pas elle qu'on regardait le moins.

Nous pourrions citer encore les initiales de bien des gens réunis dans ce salon, et bien étonnés de se trouver ensemble; mais nous craindrions de lasser le lecteur.

Disons seulement que tout le monde était d'une gaieté

folle, et que parmi toutes celles qui se trouvaient là beaucoup avaient connu la morte, et ne paraissaient pas s'en souvenir.

On riait fort; les commissaires criaient à tue-tête; les marchands qui avaient envahi les bancs disposés devant les tables de vente essayaient en vain d'imposer silence, pour faire leurs affaires tranquillement. Jamais réunion ne fut plus variée, plus bruyante.

Je me glissai humblement au milieu de ce tumulte attristant quand je songeais qu'il avait lieu près de la chambre où avait expiré la pauvre créature dont on vendait les meubles pour payer les dettes. Venu pour examiner plus que pour acheter, je regardais les figures des fournisseurs qui faisaient vendre, et dont les traits s'épanouissaient chaque fois qu'un objet arrivait à un prix qu'ils n'eussent pas espéré.

Honnêtes gens qui avaient spéculé sur la prostitution de cette femme, qui avaient gagné cent pour cent sur elle, qui avaient poursuivi de papiers timbrés les derniers moments de sa vie, et qui venaient après sa mort recueillir les fruits de leurs honorables calculs en même temps que les intérêts de leur honteux crédit.

Combien avaient raison les anciens qui n'avaient qu'un même Dieu pour les marchands et pour les voleurs!

Robes, cachemires, bijoux se vendaient avec une rapidité incroyable. Rien de tout cela ne me convenait, et j'attendais toujours.

Tout à coup j'entendis crier:

— Un volume, parfaitement relié, doré sur tranche, *intitulé*: Manon Lescaut. *Il y a quelque chose d'écrit sur la première page*. Dix francs.

— Douze, dit une voix après un silence assez long.

— Quinze, dis-je.

Pourquoi? Je n'en savais rien. Sans doute pour ce *quelque chose d'écrit*.

— Quinze, répéta le commissaire-priseur.

— Trente, fit le premier enchérisseur d'un ton qui semblait défier qu'on mît davantage.

Cela devenait une lutte.

— Trente-cinq! criai-je alors du même ton.

— Quarante.
— Cinquante.
— Soixante.
— Cent.

J'avoue que si j'avais voulu faire de l'effet, j'aurais complètement réussi, car à cette enchère un grand silence se fit, et l'on me regarda pour savoir quel était ce monsieur qui paraissait si résolu à posséder ce volume.

Il paraît que l'accent donné à mon dernier mot avait convaincu mon antagoniste : il préféra donc abandonner un combat qui n'eût servi qu'à me faire payer ce volume dix fois sa valeur, et, s'inclinant, il me dit fort gracieusement, quoique un peu tard :

— Je cède, monsieur.

Personne n'ayant plus rien dit, le livre me fut adjugé.

Comme je redoutais un nouvel entêtement que mon amour-propre eût peut-être soutenu, mais dont ma bourse se fût certainement trouvée très mal, je fis inscrire mon nom, mettre de côté le volume, et je descendis. Je dus donner beaucoup à penser aux gens qui, témoins de cette scène, se demandèrent sans doute dans quel but j'étais venu payer cent francs un livre que je pouvais avoir partout pour dix ou quinze francs au plus.

Une heure après j'avais envoyé chercher mon achat.

Sur la première page était écrite à la plume, et d'une écriture élégante, la dédicace du donataire de ce livre. Cette dédicace portait ces seuls mots :

Manon à Marguerite,
Humilité.

Elle était signée : Armand Duval.

Que voulait dire ce mot : Humilité ?

Manon reconnaissait-elle dans Marguerite, par l'opinion de ce M. Armand Duval, une supériorité de débauche ou de cœur ?

La seconde interprétation était la plus vraisemblable, car la première n'eût été qu'une impertinente franchise que n'eût pas acceptée Marguerite, malgré son opinion sur elle-même.

Je sortis de nouveau et je ne m'occupai plus de ce livre que le soir lorsque je me couchai.

Certes, *Manon Lescaut* est une touchante histoire dont pas un détail ne m'est inconnu, et cependant lorsque je trouve ce volume sous ma main, ma sympathie pour lui m'attire toujours, je l'ouvre et pour la centième fois je revis avec l'héroïne de l'abbé Prévost. Or, cette héroïne est tellement vraie, qu'il me semble l'avoir connue. Dans ces circonstances nouvelles, l'espèce de comparaison faite entre elle et Marguerite donnait pour moi un attrait inattendu à cette lecture, et mon indulgence s'augmenta de pitié, presque d'amour pour la pauvre fille à l'héritage de laquelle je devais ce volume. Manon était morte dans un désert, il est vrai, mais dans les bras de l'homme qui l'aimait avec toutes les énergies de l'âme, qui, morte, lui creusa une fosse, l'arrosa de ses larmes et y ensevelit son cœur ; tandis que Marguerite, pécheresse comme Manon, et peut-être convertie comme elle, était morte au sein d'un luxe somptueux, s'il fallait en croire ce que j'avais vu, dans le lit de son passé, mais aussi au milieu de ce désert du cœur, bien plus aride, bien plus vaste, bien plus impitoyable que celui dans lequel avait été enterrée Manon.

Marguerite, en effet, comme je l'avais appris de quelques amis informés des dernières circonstances de sa vie, n'avait pas vu s'asseoir une réelle consolation à son chevet, pendant les deux mois qu'avait duré sa lente et douloureuse agonie.

Puis de Manon et de Marguerite ma pensée se reportait sur celles que je connaissais et que je voyais s'acheminer en chantant vers une mort presque toujours invariable.

Pauvres créatures ! Si c'est un tort de les aimer, c'est bien le moins qu'on les plaigne. Vous plaignez l'aveugle qui n'a jamais vu les rayons du jour, le sourd qui n'a jamais entendu les accords de la nature, le muet qui n'a jamais pu rendre la voix de son âme, et, sous un faux prétexte de pudeur, vous ne voulez pas plaindre cette cécité du cœur, cette surdité de l'âme, ce mutisme de la conscience qui rendent folle la malheureuse affligée et qui la font malgré elle incapable de voir le bien, d'entendre le Seigneur et de parler la langue pure de l'amour et de la foi.

Hugo a fait *Marion de Lorme*, Musset a fait *Bernerette*, Alexandre Dumas a fait *Fernande*, les penseurs et les poètes de tous les temps ont apporté à la courtisane l'offrande de leur miséricorde, et quelquefois un grand homme les a réhabilitées de son amour et même de son nom. Si j'insiste ainsi sur ce point, c'est que parmi ceux qui vont me lire, beaucoup peut-être sont déjà prêts à rejeter ce livre, dans lequel ils craignent de ne voir qu'une apologie du vice et de la prostitution, et l'âge de l'auteur contribue sans doute encore à motiver cette crainte. Que ceux qui penseraient ainsi se détrompent, et qu'ils continuent, si cette crainte seule les retenait.

Je suis tout simplement convaincu d'un principe qui est que : Pour la femme à qui l'éducation n'a pas enseigné le bien, Dieu ouvre presque toujours deux sentiers qui l'y ramènent ; ces sentiers sont la douleur et l'amour. Ils sont difficiles ; celles qui s'y engagent s'y ensanglantent les pieds, s'y déchirent les mains, mais elles laissent en même temps aux ronces de la route les parures du vice et arrivent au but avec cette nudité dont on ne rougit pas devant le Seigneur.

Ceux qui rencontrent ces voyageuses hardies doivent les soutenir et dire à tous qu'ils les ont rencontrées, car en le publiant ils montrent la voie.

Il ne s'agit pas de mettre tout bonnement à l'entrée de la vie deux poteaux, portant l'un cette inscription : *Route du bien*, l'autre cet avertissement : *Route du mal*, et de dire à ceux qui se présentent : Choisissez ; il faut, comme le Christ, montrer des chemins qui ramènent de la seconde route à la première ceux qui s'étaient laissé tenter par les abords ; et il ne faut pas surtout que le commencement de ces chemins soit trop douloureux, ni paraisse trop impénétrable.

Le christianisme est là avec sa merveilleuse parabole de l'enfant prodigue pour nous conseiller l'indulgence et le pardon. Jésus était plein d'amour pour ces âmes blessées par les passions des hommes, et dont il aimait à panser les plaies en tirant le baume qui devait les guérir des plaies elles-mêmes. Ainsi, il disait à Madeleine : « Il te sera beaucoup remis parce que tu as beaucoup aimé », sublime pardon qui devait éveiller une foi sublime.

Pourquoi nous ferions-nous plus rigides que le Christ ? Pourquoi, nous en tenant obstinément aux opinions de ce monde qui se fait dur pour qu'on le croie fort, rejetterions-nous avec lui des âmes saignantes souvent de blessures par où, comme le mauvais sang d'un malade, s'épanche le mal de leur passé, et n'attendant qu'une main amie qui les panse et leur rende la convalescence du cœur ?

C'est à ma génération que je m'adresse, à ceux pour qui les théories de M. de Voltaire n'existent heureusement plus, à ceux qui, comme moi, comprennent que l'humanité est depuis quinze ans dans un de ses plus audacieux élans. La science du bien et du mal est à jamais acquise ; la foi se reconstruit, le respect des choses saintes nous est rendu, et si le monde ne se fait pas tout à fait bon, il se fait du moins meilleur. Les efforts de tous les hommes intelligents tendent au même but, et toutes les grandes volontés s'attellent au même principe : soyons bons, soyons jeunes, soyons vrais ! Le mal n'est qu'une vanité, ayons l'orgueil du bien, et surtout ne désespérons pas. Ne méprisons pas la femme qui n'est ni mère, ni sœur, ni fille, ni épouse. Ne réduisons pas l'estime à la famille, l'indulgence à l'égoïsme. Puisque le ciel est plus en joie pour le repentir d'un pécheur que pour cent justes qui n'ont jamais péché, essayons de réjouir le ciel. Il peut nous le rendre avec usure. Laissons sur notre chemin l'aumône de notre pardon à ceux que les désirs terrestres ont perdus, que sauvera peut-être une espérance divine, et, comme disent les bonnes vieilles femmes quand elles conseillent un remède de leur façon, si cela ne fait pas de bien, cela ne peut pas faire de mal.

Certes, il doit paraître bien hardi à moi de vouloir faire sortir ces grands résultats du mince sujet que je traite ; mais je suis de ceux qui croient que tout est dans peu. L'enfant est petit, et il renferme l'homme ; le cerveau est étroit, et il abrite la pensée ; l'œil n'est qu'un point, et il embrasse des lieues.

IV

Deux jours après, la vente était complètement terminée. Elle avait produit cent cinquante mille francs.

Les créanciers s'en étaient partagé les deux tiers, et la famille, composée d'une sœur et d'un petit-neveu, avait hérité du reste.

Cette sœur avait ouvert de grands yeux quand l'homme d'affaires lui avait écrit qu'elle héritait de cinquante mille francs.

Il y avait six ou sept ans que cette jeune fille n'avait vu sa sœur, laquelle avait disparu un jour sans que l'on sût, ni par elle ni par d'autres, le moindre détail sur sa vie depuis le moment de sa disparition.

Elle était donc arrivée en toute hâte à Paris, et l'étonnement de ceux qui connaissaient Marguerite avait été grand quand ils avaient vu que son unique héritière était une grosse et belle fille de campagne qui jusqu'alors n'avait jamais quitté son village.

Sa fortune se trouva faite d'un seul coup, sans qu'elle sût même de quelle source lui venait cette fortune inespérée.

Elle retourna, m'a-t-on dit depuis, à sa campagne, emportant de la mort de sa sœur une grande tristesse que compensait néanmoins le placement à quatre et demi qu'elle venait de faire.

Toutes ces circonstances répétées dans Paris, la ville mère du scandale, commençaient à être oubliées et j'oubliais même à peu près en quoi j'avais pris part à ces événements, quand un nouvel incident me fit connaître toute la vie de Marguerite et m'apprit des détails si touchants, que l'envie me prit d'écrire cette histoire et que je l'écris.

Depuis trois ou quatre jours l'appartement, vide de tous ses meubles vendus, était à louer, quand on sonna un matin chez moi.

Mon domestique, ou plutôt mon portier qui me servait de domestique, alla ouvrir et me rapporta une carte, en

me disant que la personne qui la lui avait remise désirait
me parler.

Je jetai les yeux sur cette carte et j'y lus ces deux mots :
Armand Duval.

Je cherchai où j'avais déjà vu ce nom, et je me rappelai
la première feuille du volume de *Manon Lescaut*.

Que pouvait me vouloir la personne qui avait donné ce
livre à Marguerite ? Je dis de faire entrer tout de suite
celui qui attendait.

Je vis alors un jeune homme blond, grand, pâle, vêtu
d'un costume de voyage qu'il semblait ne pas avoir quitté
depuis quelques jours et ne s'être même pas donné la
peine de brosser en arrivant à Paris, car il était couvert de
poussière.

M. Duval, fortement ému, ne fit aucun effort pour
cacher son émotion, et ce fut des larmes dans les yeux et
un tremblement dans la voix qu'il me dit :

— Monsieur, vous excuserez, je vous prie, ma visite
et mon costume ; mais outre qu'entre jeunes gens on ne se
gêne pas beaucoup, je désirais tant vous voir aujourd'hui,
que je n'ai pas même pris le temps de descendre à l'hôtel
où j'ai envoyé mes malles et je suis accouru chez vous,
craignant encore, quoiqu'il soit de bonne heure, de ne pas
vous rencontrer.

Je priai M. Duval de s'asseoir auprès du feu, ce qu'il
fit tout en tirant de sa poche un mouchoir avec lequel il
cacha un moment sa figure.

— Vous ne devez pas comprendre, reprit-il en soupi-
rant tristement, ce que vous veut ce visiteur inconnu, à
pareille heure, dans une pareille tenue et pleurant comme
il le fait. Je viens tout simplement, monsieur, vous demander un grand service.

— Parlez, monsieur, je suis tout à votre disposition.

— Vous avez assisté à la vente de Marguerite Gautier ?

A ce mot, l'émotion dont ce jeune homme avait triom-
phé un instant fut plus forte que lui, et il fut forcé de
porter les mains à ses yeux.

— Je dois vous paraître bien ridicule, ajouta-t-il, excusez-moi encore pour cela, et croyez que je n'oublierai

jamais la patience avec laquelle vous voulez bien
m'écouter.

— Monsieur, répliquai-je, si le service que je parais
pouvoir vous rendre doit calmer un peu le chagrin que
vous éprouvez, dites-moi vite à quoi je puis vous être
bon, et vous trouverez en moi un homme heureux de vous
obliger.   .

La douleur de M. Duval était sympathique, et malgré
moi j'aurais voulu lui être agréable.

Il me dit alors:

— Vous avez acheté quelque chose à la vente de
Marguerite?

— Oui, monsieur, un livre.

— *Manon Lescaut?*

— Justement.

— Avez-vous encore ce livre?

— Il est dans ma chambre à coucher.

Armand Duval, à cette nouvelle, parut soulagé d'un
grand poids et me remercia comme si j'avais déjà commencé à lui rendre un service en gardant ce volume.

Je me levai alors, j'allai dans ma chambre prendre le
livre et je le lui remis.

— C'est bien cela, fit-il en regardant la dédicace de la
première page et en feuilletant, c'est bien cela.

Et deux grosses larmes tombèrent sur les pages.

— Eh bien, monsieur, dit-il en relevant la tête sur
moi, en n'essayant même plus de me cacher qu'il avait
pleuré et qu'il était près de pleurer encore, tenez-vous
beaucoup à ce livre?

— Pourquoi, monsieur?

— Parce que je viens vous demander de me le céder.

— Pardonnez-moi ma curiosité, dis-je alors; mais
c'est donc vous qui l'avez donné à Marguerite Gautier?

— C'est moi-même.

— Ce livre est à vous, monsieur, reprenez-le, je suis
heureux de pouvoir vous le rendre.

— Mais, reprit M. Duval avec embarras, c'est bien
le moins que je vous en donne le prix que vous l'avez
payé.

— Permettez-moi de vous l'offrir. Le prix d'un seul

volume dans une vente pareille est une bagatelle, et je ne me rappelle plus combien j'ai payé celui-ci.

— Vous l'avez payé cent francs.

— C'est vrai, fis-je embarrassé à mon tour, comment le savez-vous ?

— C'est bien simple, j'espérais arriver à Paris à temps pour la vente de Marguerite, et je ne suis arrivé que ce matin. Je voulais absolument avoir un objet qui vînt d'elle et je courus chez le commissaire-priseur lui demander la permission de visiter la liste des objets vendus et des noms des acheteurs. Je vis que ce volume avait été acheté par vous, je me résolus à vous prier de me le céder, quoique le prix que vous y aviez mis me fît craindre que vous n'eussiez attaché vous-même un souvenir quelconque à la possession de ce volume.

En parlant ainsi, Armand paraissait évidemment craindre que je n'eusse connu Marguerite comme lui l'avait connue.

Je m'empressai de le rassurer.

— Je n'ai connu Mlle Gautier que de vue, lui dis-je ; sa mort m'a fait l'impression que fait toujours sur un jeune homme la mort d'une jolie femme qu'il avait du plaisir à rencontrer. J'ai voulu acheter quelque chose à sa vente et je me suis entêté à renchérir sur ce volume, je ne sais pourquoi, pour le plaisir de faire enrager un monsieur qui s'acharnait dessus et semblait me défier de l'avoir. Je vous le répète donc, monsieur, ce livre est à votre disposition, et je vous prie de nouveau de l'accepter pour que vous ne le teniez pas de moi comme je le tiens d'un commissaire-priseur, et pour qu'il soit entre nous l'engagement d'une connaissance plus longue et de relations plus intimes.

— C'est bien, monsieur, me dit Armand en me tendant la main et en serrant la mienne, j'accepte et je vous serai reconnaissant toute ma vie.

J'avais bien envie de questionner Armand sur Marguerite, car la dédicace du livre, le voyage du jeune homme, son désir de posséder ce volume piquaient ma curiosité ; mais je craignais en questionnant mon visiteur de paraître n'avoir refusé son argent que pour avoir le droit de me mêler de ses affaires.

On eût dit qu'il devinait mon désir, car il me dit :

— Vous avez lu ce volume ?

— En entier.

— Qu'avez-vous pensé des deux lignes que j'ai écrites ?

— J'ai compris tout de suite qu'à vos yeux la pauvre fille à qui vous aviez donné ce volume sortait de la catégorie ordinaire, car je ne voulais pas ne voir dans ces lignes qu'un compliment banal.

— Et vous aviez raison, monsieur. Cette fille était un ange. Tenez, me dit-il, lisez cette lettre.

Et il me tendit un papier qui paraissait avoir été relu bien des fois.

Je l'ouvris, voici ce qu'il contenait :

« Mon cher Armand, j'ai reçu votre lettre, vous êtes resté bon et j'en remercie Dieu. Oui, mon ami, je suis malade, et d'une de ces maladies qui ne pardonnent pas ; mais l'intérêt que vous voulez bien prendre encore à moi diminue beaucoup ce que je souffre. Je ne vivrai sans doute pas assez longtemps pour avoir le bonheur de serrer la main qui a écrit la bonne lettre que je viens de recevoir et dont les paroles me guériraient, si quelque chose pouvait me guérir. Je ne vous verrai pas, car je suis tout près de la mort, et des centaines de lieues vous séparent de moi. Pauvre ami ! votre Marguerite d'autrefois est bien changée, et il vaut peut-être mieux que vous ne la revoyiez plus que de la voir telle qu'elle est. Vous me demandez si je vous pardonne ; oh ! de grand cœur, ami, car le mal que vous avez voulu me faire n'était qu'une preuve de l'amour que vous aviez pour moi. Il y a un mois que je suis au lit, et je tiens tant à votre estime que chaque jour j'écris le journal de ma vie, depuis le moment où nous nous sommes quittés jusqu'au moment où je n'aurai plus la force d'écrire.

« Si l'intérêt que vous prenez à moi est réel, Armand, à votre retour, allez chez Julie Duprat. Elle vous remettra ce journal. Vous y trouverez la raison et l'excuse de ce qui s'est passé entre nous. Julie est bien bonne pour moi ; nous causons souvent de vous ensemble. Elle était là quand votre lettre est arrivée, nous avons pleuré en la lisant.

« Dans le cas où vous ne m'auriez pas donné de vos nouvelles, elle était chargée de vous remettre ces papiers à votre arrivée en France. Ne m'en soyez pas reconnaissant. Ce retour quotidien sur les seuls moments heureux de ma vie me fait un bien énorme, et si vous devez trouver dans cette lecture l'excuse du passé, j'y trouve, moi, un continuel soulagement.

« Je voudrais vous laisser quelque chose qui me rappelât toujours à votre esprit, mais tout est saisi chez moi, et rien ne m'appartient.

« Comprenez-vous, mon ami ? je vais mourir, et de ma chambre à coucher j'entends marcher dans le salon le gardien que mes créanciers ont mis là pour qu'on n'emporte rien et qu'il ne me reste rien dans le cas où je ne mourrais pas. Il faut espérer qu'ils attendront la fin pour vendre.

« Oh ! les hommes sont impitoyables ! ou plutôt, je me trompe, c'est Dieu qui est juste et inflexible.

« Eh bien, cher aimé, vous viendrez à ma vente, et vous achèterez quelque chose, car si je mettais de côté le moindre objet pour vous et qu'on l'apprît, on serait capable de vous attaquer en détournement d'objets saisis.

« Triste vie que celle que je quitte !

« Que Dieu serait bon, s'il permettait que je vous revisse avant de mourir ! Selon toutes probabilités, adieu, mon ami ; pardonnez-moi si je ne vous en écris pas plus long, mais ceux qui disent qu'ils me guériront m'épuisent de saignées, et ma main se refuse à écrire davantage.

Marguerite GAUTIER. »

En effet, les derniers mots étaient à peine lisibles.

Je rendis cette lettre à Armand qui venait de la relire sans doute dans sa pensée comme moi je l'avais lue sur le papier, car il me dit en la reprenant :

— Qui croirait jamais que c'est une fille entretenue qui a écrit cela !

Et tout ému de ses souvenirs, il considéra quelque temps l'écriture de cette lettre qu'il finit par porter à ses lèvres.

— Et quand je pense, reprit-il, que celle-ci est morte sans que j'aie pu la revoir et que je ne la reverrai jamais ; quand je pense qu'elle a fait pour moi ce qu'une sœur n'eût pas fait, je ne me pardonne pas de l'avoir laissée mourir ainsi. Morte ! morte ! en pensant à moi, en écrivant et en disant mon nom, pauvre chère Marguerite !

Et Armand, donnant un libre cours à ses pensées et à ses larmes, me tendait la main et continuait :

— On me trouverait bien enfant, si l'on me voyait me lamenter ainsi sur une pareille morte ; c'est que l'on ne saurait pas ce que je lui ai fait souffrir à cette femme, combien j'ai été cruel, combien elle a été bonne et résignée. Je croyais qu'il m'appartenait de lui pardonner, et aujourd'hui je me trouve indigne du pardon qu'elle m'accorde. Oh ! je donnerais dix ans de ma vie pour pleurer une heure à ses pieds.

Il est toujours difficile de consoler une douleur que l'on ne connaît pas, et cependant j'étais pris d'une si vive sympathie pour ce jeune homme, il me faisait avec tant de franchise le confident de son chagrin, que je crus que ma parole ne lui serait pas indifférente, et je lui dis :

— N'avez-vous pas des parents, des amis ? espérez, voyez-les, et ils vous consoleront, car moi je ne puis que vous plaindre.

— C'est juste, dit-il en se levant et en se promenant à grands pas dans ma chambre, je vous ennuie. Excusez-moi, je ne réfléchissais pas que ma douleur doit vous importer peu, et que je vous importune d'une chose qui ne peut et ne doit vous intéresser en rien.

— Vous vous trompez au sens de mes paroles, je suis tout à votre service ; seulement je regrette mon insuffisance à calmer votre chagrin. Si ma société et celle de mes amis peuvent vous distraire, si enfin vous avez besoin de moi en quoi que ce soit, je veux que vous sachiez bien tout le plaisir que j'aurai à vous être agréable.

— Pardon, pardon, me dit-il, la douleur exagère les sensations. Laissez-moi rester quelques minutes encore, le temps de m'essuyer les yeux, pour que les badauds de la rue ne regardent pas comme une curiosité ce grand garçon qui pleure. Vous venez de me rendre bien heureux en me donnant ce livre ; je ne saurai jamais comment reconnaître ce que je vous dois.

— En m'accordant un peu de votre amitié, dis-je à Armand, et en me disant la cause de votre chagrin. On se console en racontant ce qu'on souffre.

— Vous avez raison ; mais aujourd'hui j'ai trop besoin de pleurer, et je ne vous dirais que des paroles sans suite. Un jour, je vous ferai part de cette histoire, et vous verrez si j'ai raison de regretter la pauvre fille. Et maintenant, ajouta-t-il en se frottant une dernière fois les yeux et en se regardant dans la glace, dites-moi que vous ne me trouvez pas trop niais, et permettez-moi de revenir vous voir.

Le regard de ce jeune homme était bon et doux ; je fus au moment de l'embrasser.

Quant à lui, ses yeux commençaient de nouveau à se voiler de larmes ; il vit que je m'en apercevais, et il détourna son regard de moi.

— Voyons, lui dis-je, du courage.

— Adieu, me dit-il alors.

En faisant un effort inouï pour ne pas pleurer, il se sauva de chez moi plutôt qu'il n'en sortit.

Je soulevai le rideau de ma fenêtre, et je le vis remonter dans le cabriolet qui l'attendait à la porte ; mais à peine y était-il qu'il fondit en larmes et cacha son visage dans son mouchoir.

V

Un assez long temps s'écoula sans que j'entendisse parler d'Armand, mais en revanche il avait souvent été question de Marguerite.

Je ne sais pas si vous l'avez remarqué, il suffit que le nom d'une personne qui paraissait devoir vous rester inconnue ou tout au moins indifférente soit prononcé une fois devant vous, pour que des détails viennent peu à peu se grouper autour de ce nom, et pour que vous entendiez

alors tous vos amis vous parler d'une chose dont ils ne
vous avaient jamais entretenu auparavant. Vous décou-
vrez alors que cette personne vous touchait presque, vous
vous apercevez qu'elle a passé bien des fois dans votre
vie sans être remarquée; vous trouvez dans les événements que l'on vous raconte une coïncidence, une affinité
réelles avec certains événements de votre propre existence. Je n'en étais pas positivement là avec Marguerite,
puisque je l'avais vue, rencontrée, et que je la connaissais
de visage et d'habitudes; cependant, depuis cette vente,
son nom était revenu si fréquemment à mes oreilles, et
dans la circonstance que j'ai dite au dernier chapitre,
ce nom s'était trouvé mêlé à un chagrin si profond, que
mon étonnement en avait grandi, en augmentant ma curiosité.

Il en était résulté que je n'abordais plus mes amis
auxquels je n'avais jamais parlé de Marguerite, qu'en
disant:

— Avez-vous connu une nommée Marguerite Gautier?

— La Dame aux Camélias?

— Justement.

— Beaucoup!

Ces: Beaucoup! étaient quelquefois accompagnés de
sourires incapables de laisser aucun doute sur leur signifi-
cation.

— Eh bien, qu'est-ce que c'était que cette fille-là?
continuais-je.

— Une bonne fille.

— Voilà tout?

— Mon Dieu! oui, plus d'esprit et peut-être un peu
plus de cœur que les autres.

— Et vous ne savez rien de particulier sur elle?

— Elle a ruiné le baron de G...

— Seulement?

— Elle a été la maîtresse du vieux duc de ...

— Était-elle bien sa maîtresse?

— On le dit: en tout cas, il lui donnait beaucoup
d'argent.

Toujours les mêmes détails généraux.

Cependant j'aurais été curieux d'apprendre quelque chose sur la liaison de Marguerite et d'Armand.

Je rencontrai un jour un de ceux qui vivent continuellement dans l'intimité des femmes connues. Je le questionnai.

— Avez-vous connu Marguerite Gautier?

Le même *beaucoup* me fut répondu.

— Quelle fille était-ce?

— Belle et bonne fille. Sa mort m'a fait une grande peine.

— N'a-t-elle pas eu un amant nommé Armand Duval?

— Un grand blond?

— Oui.

— C'est vrai.

— Qu'est-ce que c'était que cet Armand?

— Un garçon qui a mangé avec elle le peu qu'il avait, je crois, et qui a été forcé de la quitter. On dit qu'il en a été fou.

— Et elle?

— Elle l'aimait beaucoup aussi, dit-on toujours, mais comme ces filles-là aiment. Il ne faut pas leur demander plus qu'elles ne peuvent donner.

— Qu'est devenu Armand?

— Je l'ignore. Nous l'avons très peu connu. Il est resté cinq ou six mois avec Marguerite, mais à la campagne. Quand elle est revenue, il est parti.

— Et vous ne l'avez pas revu depuis?

— Jamais.

Moi non plus je n'avais pas revu Armand. J'en étais arrivé à me demander si, lorsqu'il s'était présenté chez moi, la nouvelle récente de la mort de Marguerite n'avait pas exagéré son amour d'autrefois et par conséquent sa douleur, et je me disais que peut-être il avait déjà oublié avec la morte la promesse faite de revenir me voir.

Cette supposition eût été assez vraisemblable à l'égard d'un autre, mais il y avait eu dans le désespoir d'Armand des accents sincères, et passant d'un extrême à l'autre, je me figurai que le chagrin s'était changé en maladie, et que si je n'avais pas de ses nouvelles, c'est qu'il était malade et peut-être bien mort.

Je m'intéressais malgré moi à ce jeune homme. Peut-être dans cet intérêt y avait-il de l'égoïsme; peut-être avais-je entrevu sous cette douleur une touchante histoire de cœur, peut-être enfin mon désir de la connaître était-il pour beaucoup dans le souci que je prenais du silence d'Armand.

Puisque M. Duval ne revenait pas chez moi, je résolus d'aller chez lui. Le prétexte n'était pas difficile à trouver; malheureusement je ne savais pas son adresse, et parmi tous ceux que j'avais questionnés, personne n'avait pu me la dire.

Je me rendis rue d'Antin. Le portier de Marguerite savait peut-être où demeurait Armand. C'était un nouveau portier. Il l'ignorait comme moi. Je m'informai alors du cimetière où avait été enterrée Mlle Gautier. C'était le cimetière Montmartre.

Avril avait reparu, le temps était beau, les tombes ne devaient plus avoir cet aspect douloureux et désolé que leur donne l'hiver; enfin, il faisait déjà assez chaud pour que les vivants se souvinssent des morts et les visitassent. Je me rendis au cimetière, en me disant: A la seule inspection de la tombe de Marguerite, je verrai bien si la douleur d'Armand existe encore, et j'apprendrai peut-être ce qu'il est devenu.

J'entrai dans la loge du gardien, et je lui demandai si le 22 du mois de février une femme nommée Marguerite Gautier n'avait pas été enterrée au cimetière Montmartre.

Cet homme feuilleta un gros livre où sont inscrits et numérotés tous ceux qui entrent dans ce dernier asile, et me répondit qu'en effet, le 22 février, à midi, une femme de ce nom avait été inhumée.

Je le priai de me faire conduire à la tombe, car il n'y a pas moyen de se reconnaître, sans cicerone, dans cette ville des morts qui a ses rues comme la ville des vivants. Le gardien appela un jardinier à qui il donna les indications nécessaires et qui l'interrompit en disant: « Je sais, je sais... Oh! la tombe est bien facile à reconnaître », continua-t-il en se tournant vers moi.

— Pourquoi? lui dis-je.

— Parce qu'elle a des fleurs bien différentes des autres.

— C'est vous qui en prenez soin?

— Oui, monsieur, et je voudrais que tous les parents eussent soin des décédés comme le jeune homme qui m'a recommandé celle-là.

Après quelques détours, le jardinier s'arrêta et me dit:

— Nous y voici.

En effet, j'avais sous les yeux un carré de fleurs qu'on n'eût jamais pris pour une tombe, si un marbre blanc portant un nom ne l'eût constaté.

Ce marbre était posé droit, un treillage de fer limitait le terrain acheté, et ce terrain était couvert de camélias blancs.

— Que dites-vous de cela? me dit le jardinier.

— C'est très beau.

— Et chaque fois qu'un camélia se fane, j'ai ordre de le renouveler.

— Et qui vous a donné cet ordre?

— Un jeune homme qui a bien pleuré, la première fois qu'il est venu; un ancien à la morte, sans doute, car il paraît que c'était une gaillarde, celle-là. On dit qu'elle était très jolie. Monsieur l'a-t-il connue?

— Oui.

— Comme l'autre, me dit le jardinier avec un sourire malin.

— Non, je ne lui ai jamais parlé.

— Et vous venez la voir ici; c'est bien gentil de votre part, car ceux qui viennent voir la pauvre fille n'encombrent pas le cimetière.

— Personne ne vient donc?

— Personne, excepté ce jeune monsieur qui est venu une fois.

— Une seule fois?

— Oui, monsieur.

— Et il n'est pas revenu depuis?

— Non, mais il reviendra à son retour.

— Il est donc en voyage?

— Oui.

— Et vous savez où il est?

— Il est, je crois, chez la sœur de Mlle Gautier.

— Et que fait-il là?

— Il va lui demander l'autorisation de faire exhumer la morte, pour la faire mettre autre part.

— Pourquoi ne la laisserait-il pas ici?

— Vous savez, monsieur, que pour les morts on a des idées. Nous voyons cela tous les jours, nous autres. Ce terrain n'est acheté que pour cinq ans, et ce jeune homme veut une concession à perpétuité et un terrain plus grand; dans le quartier neuf ce sera mieux.

— Qu'appelez-vous le quartier neuf?

— Les terrains nouveaux que l'on vend maintenant, à gauche. Si le cimetière avait toujours été tenu comme maintenant, il n'y en aurait pas un pareil au monde; mais il y a encore bien à faire avant que ce soit tout à fait comme ce doit être. Et puis les gens sont si drôles.

— Que voulez-vous dire?

— Je veux dire qu'il y a des gens qui sont fiers jusqu'ici. Ainsi, cette demoiselle Gautier, il paraît qu'elle a fait un peu la vie, passez-moi l'expression. Maintenant, la pauvre demoiselle, elle est morte; et il en reste autant que de celles dont on n'a rien à dire et que nous arrosons tous les jours; eh bien, quand les parents des personnes qui sont enterrées à côté d'elle ont appris qui elle était, ne se sont-ils pas imaginé de dire qu'ils s'opposeraient à ce qu'on la mît ici, et qu'il devait y avoir des terrains à part pour ces sortes de femmes comme pour les pauvres? A-t-on jamais vu cela? Je les ai joliment relevés, moi; des gros rentiers qui ne viennent pas quatre fois l'an visiter leurs défunts, qui apportent leurs fleurs eux-mêmes, et voyez quelles fleurs! qui regardent à un entretien pour ceux qu'ils disent pleurer, qui écrivent sur leurs tombes des larmes qu'ils n'ont jamais versées, et qui viennent faire les difficiles pour le voisinage. Vous me croirez si vous voulez, monsieur, je ne connaissais pas cette demoiselle, je ne sais pas ce qu'elle a fait; eh bien, je l'aime, cette pauvre petite, et j'ai soin d'elle, et je lui passe les camélias au plus juste prix. C'est ma morte de prédilection. Nous autres, monsieur, nous sommes bien forcés d'aimer les morts, car nous sommes si occupés, que nous n'avons presque pas le temps d'aimer autre chose.

Je regardais cet homme, et quelques-uns de mes lecteurs comprendront, sans que j'aie besoin de le leur expliquer, l'émotion que j'éprouvais à l'entendre.

Il s'en aperçut sans doute, car il continua :

— On dit qu'il y avait des gens qui se ruinaient pour cette fille-là, et qu'elle avait des amants qui l'adoraient ; eh bien, quand je pense qu'il n'y en a pas un qui vienne lui acheter une fleur seulement, c'est cela qui est curieux et triste. Et encore, celle-ci n'a pas à se plaindre, car elle a sa tombe, et s'il n'y en a qu'un qui se souvienne d'elle, il fait les choses pour les autres. Mais nous avons ici de pauvres filles du même genre et du même âge qu'on jette dans la fosse commune, et cela me fend le cœur quand j'entends tomber leurs pauvres corps dans la terre. Et pas un être ne s'occupe d'elles, une fois qu'elles sont mortes ! Ce n'est pas toujours gai, le métier que nous faisons, surtout tant qu'il nous reste un peu de cœur. Que voulez-vous ? c'est plus fort que moi. J'ai une belle grande fille de vingt ans, et quand on apporte ici une morte de son âge je pense à elle, et, que ce soit une grande dame ou une vagabonde, je ne peux pas m'empêcher d'être ému. Mais je vous ennuie sans doute avec mes histoires et ce n'est pas pour les écouter que vous voilà ici. On m'a dit de vous amener à la tombe de Mlle Gautier, vous y voilà ; puis-je vous être bon encore à quelque chose ?

— Savez-vous l'adresse de M. Armand Duval ? demandai-je à cet homme.

— Oui, il demeure rue de... c'est là du moins que je suis allé toucher le prix de toutes les fleurs que vous voyez.

— Merci, mon ami.

Je jetai un dernier regard sur cette tombe fleurie, dont malgré moi j'eusse voulu sonder les profondeurs pour voir ce que la terre avait fait de la belle créature qu'on lui avait jetée, et je m'éloignai tout triste.

— Est-ce que monsieur veut voir M. Duval ? reprit le jardinier qui marchait à côté de moi.

— Oui.

— C'est que je suis bien sûr qu'il n'est pas encore de
retour, sans quoi je l'aurais déjà vu ici.

— Vous êtes donc convaincu qu'il n'a pas oublié
Marguerite?

— Non seulement j'en suis convaincu, mais je parie-
rais que son désir de la changer de tombe n'est que le
désir de la revoir.

— Comment cela?

— Le premier mot qu'il m'a dit en venant au cimetière
a été : Comment faire pour la voir encore? Cela ne pouvait avoir lieu que par le changement de tombe, et je l'ai
renseigné sur toutes les formalités à remplir pour obtenir
ce changement, car vous savez que pour transférer les
morts d'un tombeau dans un autre, il faut les reconnaître,
et la famille seule peut autoriser cette opération à laquelle
doit présider un commissaire de police. C'est pour avoir
cette autorisation que M. Duval est allé chez la sœur de
Mlle Gautier et sa première visite sera évidemment pour
nous.

Nous étions arrivés à la porte du cimetière ; je remerciai
de nouveau le jardinier en lui mettant quelques pièces de
monnaie dans la main et je me rendis à l'adresse qu'il
m'avait donnée.

Armand n'était pas de retour.

Je laissai un mot chez lui, le priant de me venir voir dès
son arrivée, ou de me faire dire où je pourrais le trouver.

Le lendemain, au matin, je reçus une lettre de Duval,
qui m'informait de son retour, et me priait de passer chez
lui, ajoutant qu'épuisé de fatigue, il lui était impossible
de sortir.

VI

Je trouvai Armand dans son lit.

En me voyant il me tendit sa main brûlante.

— Vous avez la fièvre, lui dis-je.

— Ce ne sera rien, la fatigue d'un voyage rapide,
voilà tout.

— Vous venez de chez la sœur de Marguerite?

— Oui, qui vous l'a dit?

— Je le sais, et vous avez obtenu ce que vous vouliez?

— Oui encore; mais qui vous a informé du voyage et du but que j'avais en le faisant?

— Le jardinier du cimetière.

— Vous avez vu la tombe?

C'est à peine si j'osais répondre, car le ton de cette phrase me prouvait que celui qui me l'avait dite était toujours en proie à l'émotion dont j'avais été le témoin, et que chaque fois que sa pensée ou la parole d'un autre le reporterait sur ce douloureux sujet, pendant longtemps encore cette émotion trahirait sa volonté.

Je me contentai donc de répondre par un signe de tête.

— Il en a eu bien soin? continua Armand.

Deux grosses larmes roulèrent sur les joues du malade qui détourna la tête pour me les cacher. J'eus l'air de ne pas les voir et j'essayai de changer la conversation.

— Voilà trois semaines que vous êtes parti, lui dis-je.

Armand passa la main sur ses yeux et me répondit:

— Trois semaines juste.

— Votre voyage a été long.

— Oh! je n'ai pas toujours voyagé, j'ai été malade quinze jours, sans quoi je fusse revenu depuis longtemps; mais à peine arrivé là-bas, la fièvre m'a pris et j'ai été forcé de gardé la chambre.

— Et vous êtes reparti sans être bien guéri.

— Si j'étais resté huit jours de plus dans ce pays, j'y serais mort.

— Mais maintenant que vous voilà de retour, il faut vous soigner; vos amis viendront vous voir. Moi, tout le premier, si vous me le permettez.

— Dans deux heures je me lèverai.

— Quelle imprudence!

— Il le faut.

— Qu'avez-vous donc à faire de si pressé?

— Il faut que j'aille chez le commissaire de police.

— Pourquoi ne chargez-vous pas quelqu'un de cette mission qui peut vous rendre plus malade encore?

— C'est la seule chose qui puisse me guérir. Il faut que je la voie. Depuis que j'ai appris sa mort, et surtout depuis que j'ai vu sa tombe, je ne dors plus. Je ne peux pas me figurer que cette femme que j'ai quittée si jeune et si belle est morte. Il faut que je m'en assure par moi-même. Il faut que je voie ce que Dieu a fait de cet être que j'ai tant aimé, et peut-être le dégoût du spectacle rempla-cera-t-il le désespoir du souvenir; vous m'accompagne-rez, n'est-ce pas... si cela ne vous ennuie pas trop?

— Que vous a dit sa sœur?

— Rien. Elle a paru fort étonnée qu'un étranger voulût acheter un terrain et faire faire une tombe à Marguerite, et elle m'a signé tout de suite l'autorisation que je lui de-mandais.

— Croyez-moi, attendez pour cette translation que vous soyez bien guéri.

— Oh! je serai fort, soyez tranquille. D'ailleurs je deviendrais fou, si je n'en finissais au plus vite avec cette résolution dont l'accomplissement est devenu un besoin de ma douleur. Je vous jure que je ne puis être calme que lorsque j'aurai vu Marguerite. C'est peut-être une soif de la fièvre qui me brûle, un rêve de mes insomnies, un résultat de mon délire; mais dussé-je me faire trappiste, comme M. de Rancé, après avoir vu, je verrai.

— Je comprends cela, dis-je à Armand, et je suis tout à vous; avez-vous vu Julie Duprat?

— Oui. Oh! je l'ai vue le jour même de mon premier retour.

— Vous a-t-elle remis les papiers que Marguerite lui avait-il laissés pour vous?

— Les voici.

Armand tira un rouleau de dessous son oreiller, et l'y replaça immédiatement.

— Je sais par cœur ce que ces papiers renferment, me dit-il. Depuis trois semaines je les ai relus dix fois par jour. Vous les lirez aussi, mais plus tard, quand je serai plus calme et quand je pourrai vous faire comprendre tout ce que cette confession révèle de cœur et d'amour. Pour le moment, j'ai un service à réclamer de vous.

— Lequel?

— Vous avez une voiture en bas?

— Oui.

— Eh bien, voulez-vous prendre mon passeport et aller demander à la poste restante s'il y a des lettres pour moi? Mon père et ma sœur ont dû m'écrire à Paris, et je suis parti avec une telle précipitation que je n'ai pas pris le temps de m'en informer avant mon départ. Lorsque vous reviendrez, nous irons ensemble prévenir le commissaire de police de la cérémonie de demain.

Armand me remit son passeport, et je me rendis rue Jean-Jacques-Rousseau.

Il y avait deux lettres au nom de Duval, je les pris et je revins.

Quand je reparus, Armand était tout habillé et prêt à sortir.

— Merci, me dit-il en prenant ses lettres. Oui, ajouta-t-il après avoir regardé les adresses, oui, c'est de mon père et de ma sœur. Ils ont dû ne rien comprendre à mon silence.

Il ouvrit les lettres, et les devina plutôt qu'il ne les lut, car elles étaient de quatre pages chacune, et au bout d'un instant il les avait repliées.

— Partons, me dit-il, je répondrai demain.

Nous allâmes chez le commissaire de police, à qui Armand remit la procuration de la sœur de Marguerite.

Le commissaire lui donna en échange une lettre d'avis pour le gardien du cimetière; il fut convenu que la translation aurait lieu le lendemain, à dix heures du matin, que je viendrais le prendre une heure auparavant, et que nous nous rendrions ensemble au cimetière.

Moi aussi, j'étais curieux d'assister à ce spectacle, et j'avoue que la nuit je ne dormis pas.

A en juger par les pensées qui m'assaillirent, ce dut être une longue nuit pour Armand.

Quand le lendemain à neuf heures j'entrai chez lui, il était horriblement pâle, mais il paraissait calme.

Il me sourit et me tendit la main.

Ses bougies étaient brûlées jusqu'au bout, et, avant de sortir, Armand prit une lettre fort épaisse, adressée à son père, et confidente sans doute de ses impressions de la nuit.

Une demi-heure après nous arrivions à Montmartre. Le commissaire nous attendait déjà.

On s'achemina lentement dans la direction de la tombe de Marguerite. Le commissaire marchait le premier, Armand et moi nous le suivions à quelques pas.

De temps en temps je sentais tressaillir convulsivement le bras de mon compagnon, comme si des frissons l'eussent parcouru tout à coup. Alors, je le regardais; il comprenait mon regard et me souriait, mais depuis que nous étions sortis de chez lui, nous n'avions pas échangé une parole.

Un peu avant la tombe, Armand s'arrêta pour essuyer son visage qu'inondaient de grosses gouttes de sueur.

Je profitai de cette halte pour respirer, car moi-même j'avais le cœur comprimé comme dans un étau.

D'où vient le douloureux plaisir qu'on prend à ces sortes de spectacles! Quand nous arrivâmes à la tombe, le jardinier avait retiré tous les pots de fleurs, le treillage de fer avait été enlevé, et deux hommes piochaient la terre.

Armand s'appuya contre un arbre et regarda.

Toute sa vie semblait être passée dans ses yeux.

Tout à coup une des deux pioches grinça contre une pierre.

A ce bruit Armand recula comme à une commotion électrique, et me serra la main avec une telle force qu'il me fit mal.

Un fossoyeur prit une large pelle et vida peu à peu la fosse; puis, quand il n'y eut plus que les pierres dont on couvre la bière, il les jeta dehors une à une.

J'observais Armand, car je craignais à chaque minute que ses sensations qu'il concentrait visiblement ne le brisassent; mais il regardait toujours; les yeux fixes et ouverts comme dans la folie, et un léger tremblement des joues et des lèvres prouvait seul qu'il était en proie à une violente crise nerveuse.

Quant à moi, je ne puis dire qu'une chose, c'est que je regrettais d'être venu.

Quand la bière fut tout à fait découverte, le commissaire dit aux fossoyeurs:

— Ouvrez.

Ces hommes obéirent, comme si c'eût été la chose du monde la plus simple.

La bière était en chêne, et ils se mirent à dévisser la paroi supérieure qui faisait couvercle. L'humidité de la terre avait rouillé les vis et ce ne fut pas sans efforts que la bière s'ouvrit. Une odeur infecte s'en exhala, malgré les plantes aromatiques dont elle était semée.

— O mon Dieu! mon Dieu! murmura Armand, et il pâlit encore.

Les fossoyeurs eux-mêmes se reculèrent.

Un grand linceul blanc couvrait le cadavre dont il dessinait quelques sinuosités. Ce linceul était presque complètement mangé à l'un des bouts, et laissait passer un pied de la morte.

J'étais bien près de me trouver mal, et à l'heure où j'écris ces lignes, le souvenir de cette scène m'apparaît encore dans son imposante réalité.

— Hâtons-nous, dit le commissaire.

Alors un des deux hommes étendit la main, se mit à découdre le linceul, et le prenant par le bout, découvrit brusquement le visage de Marguerite.

C'était terrible à voir, c'est horrible à raconter.

Les yeux ne faisaient plus que deux trous, les lèvres avaient disparu, et les dents blanches étaient serrées les unes contre les autres. Les longs cheveux noirs et secs étaient collés sur les tempes et voilaient un peu les cavités vertes des joues, et cependant je reconnaissais dans ce visage le visage blanc, rose et joyeux que j'avais vu si souvent.

Armand, sans pouvoir détourner son regard de cette figure, avait porté son mouchoir à sa bouche et le mordait.

Pour moi, il me sembla qu'un cercle de fer m'étreignait la tête, un voile couvrit mes yeux, des bourdonnements m'emplirent les oreilles, et tout ce que je pus faire fut d'ouvrir un flacon que j'avais apporté à tout hasard et de respirer fortemement les sels qu'il renfermait.

Au milieu de cet éblouissement, j'entendis le commissaire dire à M. Duval:

— Reconnaissez-vous?

— Oui, répondit sourdement le jeune homme.

— Alors fermez et emportez, dit le commissaire. Les fossoyeurs rejetèrent le linceul sur le visage de la morte, fermèrent la bière, la prirent chacun par un bout et se dirigèrent vers l'endroit qui leur avait été désigné.

Armand ne bougeait pas. Ses yeux étaient rivés à cette fosse vide ; il était pâle comme le cadavre que nous venions de voir... On l'eût dit pétrifié.

Je compris ce qui allait arriver lorsque la douleur diminuerait par l'absence du spectacle, et par conséquent ne le soutiendrait plus.

Je m'approchai du commissaire.

— La présence de monsieur, lui dis-je en montrant Armand, est-elle nécessaire encore ?

— Non, me dit-il, et même je vous conseille de l'emmener, car il paraît malade.

— Venez, dis-je alors à Armand en lui prenant le bras.

— Quoi ? fit-il en me regardant comme s'il ne m'eût pas reconnu.

— C'est fini, ajoutai-je, il faut vous en aller, mon ami, vous êtes pâle, vous avez froid, vous vous tuerez avec ces émotions-là.

— Vous avez raison, allons-nous-en, répondit-il machinalement, mais sans faire un pas.

Alors je le saisis par le bras et je l'entraînai.

Il se laissait conduire comme un enfant, murmurant seulement de temps à autre :

— Avez-vous vu les yeux ?

Et il se retournait comme si cette vision l'eût rappelé.

Cependant sa marche devint saccadée ; il semblait ne plus avancer que par secousses ; ses dents claquaient, ses mains étaient froides, une violente agitation nerveuse s'emparait de toute sa personne.

Je lui parlai, il ne me répondit pas.

Tout ce qu'il pouvait faire, c'était de se laisser conduire.

A la porte nous retrouvâmes une voiture. Il était temps.

A peine y eut-il pris place, que le frisson augmenta et qu'il eut une véritable attaque de nerfs, au milieu de laquelle la crainte de m'effrayer lui faisait murmurer en me pressant la main :

— Ce n'est rien, ce n'est rien, je voudrais pleurer.

Et j'entendais sa poitrine se gonfler, et le sang se portait à ses yeux, mais les larmes n'y venaient pas.

Je lui fis respirer le flacon qui m'avait servi, et quand nous arrivâmes chez lui, le frisson seul se manifestait encore.

Avec l'aide du domestique, je le couchai, je fis allumer un grand feu dans sa chambre, et je courus chercher mon médecin à qui je racontai ce qui venait de se passer.

Il accourut.

Armand était pourpre, il avait le délire, et bégayait des mots sans suite, à travers lesquels le nom seul de Marguerite se faisait entendre distinctement.

— Eh bien? dis-je au docteur quand il eut examiné le malade.

— Eh bien, il a une fièvre cérébrale ni plus ni moins, et c'est bien heureux, car je crois, Dieu me pardonne, qu'il serait devenu fou. Heureusement la maladie physique tuera la maladie morale, et dans un mois il sera sauvé de l'une et de l'autre peut-être.

VII

Les maladies comme celle dont Armand avait été atteint on cela d'agréable qu'elles tuent sur le coup ou se laissent vaincre très vite.

Quinze jours après les événements que je viens de raconter, Armand était en pleine convalescence, et nous étions liés d'une étroite amitié. A peine si j'avais quitté sa chambre tout le temps qu'avait duré sa maladie.

Le printemps avait semé à profusion ses fleurs, ses feuilles, ses oiseaux, ses chansons, et la fenêtre de mon ami s'ouvrait gaiement sur son jardin dont les saines exhalaisons montaient jusqu'à lui.

Le médecin avait permis qu'il se levât, et nous restions souvent à causer, assis auprès de la fenêtre ouverte à l'heure où le soleil est le plus chaud, de midi à deux heures.

Je me gardais bien de l'entretenir de Marguerite, crai-

gnant toujours que ce nom ne réveillât un triste souvenir
endormi sous le calme apparent du malade; mais Armand, au contraire, semblait prendre plaisir à parler
d'elle, non plus comme autrefois, avec des larmes dans
les yeux, mais avec un doux sourire qui me rassurait sur
l'état de son âme.

J'avais remarqué que, depuis sa dernière visite au cimetière, depuis le spectacle qui avait déterminé en lui
cette crise violente, la mesure de la douleur morale semblait avoir été comblée par la maladie, et que la mort de
Marguerite ne lui apparaissait plus sous l'aspect du passé.
Une sorte de consolation était résultée de la certitude
acquise, et pour chasser l'image sombre qui se représentait souvent à lui, il s'enfonçait dans les souvenirs heureux de sa liaison avec Marguerite, et ne semblait plus
vouloir accepter que ceux-là.

Le corps était trop épuisé par l'atteinte et même par la
guérison de la fièvre pour permettre à l'esprit une émotion violente, et la joie printanière et universelle dont
Armand était entouré reportait malgré lui sa pensée aux
images riantes.

Il s'était toujours obstinément refusé à informer sa
famille du danger qu'il courait, et lorsqu'il avait été
sauvé, son père ignorait encore sa maladie.

Un soir, nous étions restés à la fenêtre plus tard que de
coutume; le temps avait été magnifique et le soleil s'en-
dormait dans un crépuscule éclatant d'azur et d'or. Quoique nous fussions dans Paris, la verdure qui nous entou-
rait semblait nous isoler du monde, et à peine si de temps
en temps le bruit d'une voiture troublait notre conversation.

— C'est à peu près à cette époque de l'année et le soir
d'un jour comme celui-ci que je connus Marguerite, me
dit Armand, écoutant ses propres pensées et non ce que je
lui disais.

Je ne répondis rien.

Alors, il se retourna vers moi, et me dit:

— Il faut pourtant que je vous raconte cette histoire;
vous en ferez un livre auquel on ne croira pas, mais qui
sera peut-être intéressant à faire.

— Vous me conterez cela plus tard, mon ami, lui dis-je, vous n'êtes pas encore assez bien rétabli.

— La soirée est chaude, j'ai mangé mon blanc de poulet, me dit-il en souriant ; je n'ai pas la fièvre, nous n'avons rien à faire, je vais tout vous dire.

— Puisque vous le voulez absolument, j'écoute.

— C'est une bien simple histoire, ajouta-il alors, et que je vous raconterai en suivant l'ordre des événements. Si vous en faites quelque chose plus tard, libre à vous de la conter autrement.

Voici ce qu'il me raconta, et c'est à peine si j'ai changé quelques mots à ce touchant récit.

— Oui, reprit Armand, en laissant retomber sa tête sur le dos de son fauteuil, oui, c'était par une soirée comme celle-ci ! J'avais passé ma journée à la campagne avec un de mes amis, Gaston R... Le soir nous étions revenus à Paris, et ne sachant que faire, nous étions entrés au théâtre des Variétés.

Pendant un entracte nous sortîmes, et, dans le corridor, nous vîmes passer une grande femme que mon ami salua.

— Qui saluez-vous donc là ? lui demandai-je.

— Marguerite Gautier, me dit-il.

— Il me semble qu'elle est bien changée, car je ne l'ai pas reconnue, dis-je avec une émotion que vous comprendrez tout à l'heure.

— Elle a été malade ; la pauvre fille n'ira pas loin.

Je me rappelle ces paroles comme si elles m'avaient été dites hier.

Il faut que vous sachiez, mon ami, que depuis deux ans la vue de cette fille, lorsque je la rencontrais, me causait une impression étrange.

Sans que je susse pourquoi, je devenais pâle et mon cœur battait violemment. J'ai un de mes amis qui s'occupe de sciences occultes, et qui appellerait ce que j'éprouvais l'affinité des fluides ; moi, je crois tout simplement que j'étais destiné à devenir amoureux de Marguerite, et que je le pressentais.

Toujours est-il qu'elle me causait une impression réelle, que plusieurs de mes amis en avaient été témoins, et qu'ils avaient beaucoup ri en reconnaissant de qui cette impression me venait.

La première fois que je l'avais vue, c'était place de la Bourse, à la porte de Susse. Une calèche découverte y stationnait, et une femme vêtue de blanc en était descendue. Un murmure d'admiration avait accueilli son entrée dans le magasin. Quant à moi, je restai cloué à ma place, depuis le moment où elle entra jusqu'au moment où elle sortit. A travers les vitres, je la regardai choisir dans la boutique ce qu'elle venait y acheter. J'aurais pu entrer, mais je n'osais. Je ne savais quelle était cette femme, et je craignais qu'elle ne devinât la cause de mon entrée dans le magasin et ne s'en offensât. Cependant je ne me croyais pas appelé à la revoir.

Elle était élégamment vêtue; elle portait une robe de mousseline tout entourée de volants, un châle de l'Inde carré aux coins brodés d'or et de fleurs de soie, un chapeau de paille d'Italie et un unique bracelet, grosse chaîne d'or dont la mode commençait à cette époque.

Elle remonta dans sa calèche et partit.

Un des garçons du magasin resta sur la porte, suivant des yeux la voiture de l'élégante acheteuse. Je m'approchai de lui et le priai de me dire le nom de cette femme.

— C'est Mlle Marguerite Gautier, me répondit-il.

Je n'osai pas lui demander l'adresse, et je m'éloignai.

Le souvenir de cette vision, car c'en était une véritable, ne me sortit pas de l'esprit comme bien des visions que j'avais eues déjà, et je cherchais partout cette femme blanche si royalement belle.

A quelques jours de là, une grande représentation eut lieu à l'Opéra-Comique. J'y allai. La première personne que j'aperçus dans une loge d'avant-scène de la galerie fut Marguerite Gautier.

Le jeune homme avec qui j'étais la reconnut aussi, car il me dit, en me la nommant:

— Voyez donc cette jolie fille.

En ce moment, Marguerite lorgnait de notre côté; elle aperçut mon ami, lui sourit et lui fit signe de venir lui faire visite.

— Je vais lui dire bonsoir, me dit-il, et je reviens dans un instant.

Je ne pus m'empêcher de lui dire : « Vous êtes bien heureux ! »

— De quoi ?

— D'aller voir cette femme.

— Est-ce que vous en êtes amoureux ?

— Non, dis-je en rougissant, car je ne savais vraiment pas à quoi m'en tenir là-dessus ; mais je voudrais bien la connaître.

— Venez avec moi, je vous présenterai.

— Demandez-lui-en d'abord la permission.

— Ah ! pardieu, il n'y a pas besoin de se gêner avec elle ; venez.

Ce qu'il disait là me faisait peine. Je tremblais d'acquérir la certitude que Marguerite ne méritait pas ce que j'éprouvais pour elle.

Il y a dans un livre d'Alphonse Karr, intitulé : *Am Rauchen,* un homme qui suit, le soir, une femme très élégante, et dont, à la première vue, il est devenu amoureux, tant elle est belle. Pour baiser la main de cette femme, il se sent la force de tout entreprendre, la volonté de tout conquérir, le courage de tout faire. A peine s'il ose regarder le bas de jambe coquet qu'elle dévoile pour ne pas souiller sa robe au contact de la terre. Pendant qu'il rêve à tout ce qu'il ferait pour posséder cette femme, elle l'arrête au coin d'une rue et lui demande s'il veut monter chez elle.

Il détourne la tête, traverse la rue et rentre tout triste chez lui.

Je me rappelais cette étude, et moi qui aurais voulu souffrir pour cette femme, je craignais qu'elle ne m'acceptât trop vite et ne me donnât trop promptement un amour que j'eusse voulu payer d'une longue attente ou d'un grand sacrifice. Nous sommes ainsi, nous autres hommes ; et il est bien heureux que l'imagination laisse cette poésie aux sens, et que les désirs du corps fassent cette concession aux rêves de l'âme.

Enfin, on m'eût dit : Vous aurez cette femme ce soir, et vous serez tué demain, j'eusse accepté. On m'eût dit :

Donnez dix louis, et vous serez son amant, j'eusse refusé
et pleuré, comme un enfant qui voit s'évanouir au réveil
le château entrevu la nuit.

Cependant, je voulais la connaître ; c'était un moyen, et
même le seul, de savoir à quoi m'en tenir sur son compte.

Je dis donc à mon ami que je tenais à ce qu'elle lui
accordât la permission de me présenter, et je rôdai dans
les corridors, me figurant qu'à partir de ce moment elle
allait me voir, et que je ne saurais quelle contenance
prendre sous son regard.

Je tâchais de lier à l'avance les paroles que j'allais lui
dire.

Quel sublime enfantillage que l'amour !

Un instant après mon ami redescendit.

— Elle nous attend, me dit-il.

— Est-elle seule ? demandai-je.

— Avec une autre femme.

— Il n'y a pas d'hommes ?

— Non.

— Allons.

Mon ami se dirigea vers la porte du théâtre.

— Eh bien, ce n'est pas par là, lui dis-je.

— Nous allons chercher des bonbons. Elle m'en a
demandé.

Nous entrâmes chez un confiseur du passage de
l'Opéra.

J'aurais voulu acheter toute la boutique, et je regardais
même de quoi l'on pouvait composer le sac, quand mon
ami demanda :

— Une livre de raisins glacés.

— Savez-vous si elle les aime ?

— Elle ne mange jamais d'autres bonbons, c'est
connu. Ah ! continua-t-il quand nous fûmes sortis, savez-
vous à quelle femme je vous présente ? Ne vous figurez
pas que c'est à une duchesse, c'est tout simplement à une
femme entretenue, tout ce qu'il y a de plus entretenue,
mon cher ; ne vous gênez donc pas, et dites tout ce qui
vous passera par la tête.

— Bien, bien, balbutiai-je, et je le suivis, en me disant
que j'allais me guérir de ma passion.

Quand j'entrai dans la loge, Marguerite riait aux éclats. J'aurais voulu qu'elle fût triste.

Mon ami me présenta. Marguerite me fit une légère inclination de tête, et dit :

— Et mes bonbons ?

— Les voici.

En les prenant elle me regarda. Je baissai les yeux, je rougis.

Elle se pencha à l'oreille de sa voisine, lui dit quelques mots tout bas, et toutes deux éclatèrent de rire.

Bien certainement j'étais la cause de cette hilarité ; mon embarras en redoubla. A cette époque, j'avais pour maîtresse une petite bourgeoise fort tendre et fort sentimentale, dont le sentiment et les lettres mélancoliques me faisaient rire. Je compris le mal que j'avais dû lui faire par celui que j'éprouvais, et pendant cinq minutes, je l'aimai comme jamais on n'aima une femme.

Marguerite mangeait ses raisins sans plus s'occuper de moi.

Mon introducteur ne voulut pas me laisser dans cette position ridicule.

— Marguerite, fit-il, il ne faut pas vous étonner si M. Duval ne vous dit rien, vous le bouleversez tellement qu'il ne trouve pas un mot.

— Je crois plutôt que monsieur vous a accompagné ici parce que cela vous ennuyait d'y venir seul.

— Si cela était vrai, dis-je à mon tour, je n'aurais pas prié Ernest de vous demander la permission de me présenter.

— Ce n'était peut-être qu'un moyen de retarder le moment fatal.

Pour peu que l'on ait vécu avec les filles du genre de Marguerite, on sait le plaisir qu'elles prennent à faire de l'esprit à faux et à taquiner les gens qu'elles voient pour la première fois. C'est sans doute une revanche des humiliations qu'elles sont souvent forcées de subir de la part de ceux qu'elles voient tous les jours.

Aussi faut-il pour leur répondre une certaine habitude de leur monde, habitude que je n'avais pas ; puis, l'idée que je m'étais faite de Marguerite m'exagéra sa plaisan-

terie. Rien ne m'était indifférent de la part de cette
femme. Aussi je me levai en lui disant, avec une altération de voix qu'il me fut impossible de cacher complètement :

— Si c'est là ce que vous pensez de moi, madame, il
ne me reste plus qu'à vous demander pardon de mon
indiscrétion, et à prendre congé de vous en vous assurant
qu'elle ne se renouvellera pas.

Là-dessus, je saluai et je sortis.

A peine eus-je fermé la porte, que j'entendis un troisième éclat de rire. J'aurais bien voulu que quelqu'un me
coudoyât en ce moment.

Je retournai à ma stalle.

On frappa le lever de la toile.

Ernest revint auprès de moi.

— Comme vous y allez ! me dit-il en s'asseyant ; elles
vous croient fou.

— Qu'a dit Marguerite, quand j'ai été parti ?

— Elle a ri, et m'a assuré qu'elle n'avait jamais
rien vu d'aussi drôle que vous. Mais il ne faut pas vous
tenir pour battu ; seulement ne faites pas à ces filles-là
l'honneur de les prendre au sérieux. Elles ne savent pas
ce que c'est que l'élégance et la politesse ; c'est
comme les chiens auxquels on met des parfums, ils trouvent que cela sent mauvais et vont se rouler dans le
ruisseau.

— Après tout, que m'importe ? dis-je en essayant de
prendre un ton dégagé, je ne reverrai jamais cette femme,
et si elle me plaisait avant que je la connusse, c'est bien
changé maintenant que je la connais.

— Bah ! je ne désespère pas de vous voir un jour dans
le fond de sa loge, et d'entendre dire que vous vous
ruinez pour elle. Du reste, vous aurez raison, elle est mal
élevée, mais c'est une jolie maîtresse à avoir.

Heureusement, on leva le rideau et mon ami se tut.
Vous dire ce que l'on jouait me serait impossible. Tout ce
que je me rappelle, c'est que de temps en temps je levais
les yeux sur la loge que j'avais si brusquement quittée, et
que des figures de visiteurs nouveaux s'y succédaient à
chaque instant.

Cependant, j'étais loin de ne plus penser à Marguerite. Un autre sentiment s'emparait de moi. Il me semblait que j'avais son insulte et mon ridicule à faire oublier; je me disais que, dussé-je y dépenser ce que je possédais, j'aurais cette fille et prendrais de droit la place que j'avais abandonnée si vite.

Avant que le spectacle fût terminé, Marguerite et son amie quittèrent leur loge.

Malgré moi, je quittai ma stalle.

— Vous vous en allez? me dit Ernest.

— Oui.

— Pourquoi?

En ce moment, il s'aperçut que la loge était vide.

— Allez, allez, dit-il, et bonne chance, ou plutôt meilleure chance.

Je sortis.

J'entendis dans l'escalier des frôlements de robes et des bruits de voix. Je me mis à l'écart et je vis passer, sans être vu, les deux femmes et les deux jeunes gens qui les accompagnaient.

Sous le péristyle du théâtre se présenta à elles un petit domestique.

— Va dire au cocher d'attendre à la porte du café Anglais, dit Marguerite, nous irons à pied jusque-là.

Quelques minutes après, en rôdant sur le boulevard, je vis à une fenêtre d'un des grands cabinets du restaurant, Marguerite, appuyée sur le balcon, effeuillant un à un les camélias de son bouquet.

Un des deux hommes était penché sur son épaule et lui parlait tout bas.

J'allai m'installer à la Maison-d'Or, dans les salons du premier étage, et je ne perdis pas de vue la fenêtre en question.

A une heure du matin, Marguerite remontait dans sa voiture avec ses trois amis.

Je pris un cabriolet et je la suivis.

La voiture s'arrêta rue d'Antin, n° 9.

Marguerite en descendit et rentra seule chez elle.

C'était sans doute un hasard, mais ce hasard me rendit bien heureux.

A partir de ce jour, je rencontrai souvent Marguerite au spectacle, aux Champs-Élysées. Toujours même gaieté chez elle, toujours même émotion chez moi.

Quinze jours se passèrent cependant sans que je la revisse nulle part. Je me trouvai avec Gaston à qui je demandai de ses nouvelles.

— La pauvre fille est bien malade, me répondit-il.

— Qu'a-t-elle donc?

— Elle a qu'elle est poitrinaire, et que, comme elle a fait une vie qui n'est pas destinée à la guérir, elle est dans son lit et qu'elle se meurt.

Le cœur est étrange; je fus presque content de cette maladie.

J'allai tous les jours savoir des nouvelles de la malade, sans cependant m'inscrire, ni laisser ma carte. J'appris ainsi sa convalescence et son départ pour Bagnères.

Puis, le temps s'écoula, l'impression, sinon le souvenir, parut s'effacer peu à peu de mon esprit. Je voyageai; des liaisons, des habitudes, des travaux prirent la place de cette pensée, et lorsque je songeais à cette première aventure, je ne voulais voir ici qu'une de ces passions comme on en a lorsque l'on est tout jeune, et dont on rit peu de temps après.

Du reste, il n'y aurait pas eu de mérite à triompher de ce souvenir, car j'avais perdu Marguerite de vue depuis son départ, et, comme je vous l'ai dit, quand elle passa près de moi, dans le corridor des Variétés, je ne la reconnus pas.

Elle était voilée, il est vrai; mais si voilée qu'elle eût été, deux ans plus tôt, je n'aurais pas eu besoin de la voir pour la reconnaître : je l'aurais devinée.

Ce qui n'empêcha pas mon cœur de battre quand je sus que c'était elle; et les deux années passées sans la voir et les résultats que cette séparation avait paru amener s'évanouirent dans la même fumée au seul toucher de sa robe.

VIII

Cependant, continua Armand après une pause, tout en comprenant que j'étais encore amoureux, je me sentais plus fort qu'autrefois, et dans mon désir de me retrouver avec Marguerite, il y avait aussi la volonté de lui faire voir que je lui étais devenu supérieur.

Que de route prend et que de raisons se donne le cœur pour en arriver à ce qu'il veut !

Aussi, je ne pus rester longtemps dans les corridors, et je retournai prendre ma place à l'orchestre, en jetant un coup d'œil rapide dans la salle, pour voir dans quelle loge elle était.

Elle était dans l'avant-scène du rez-de-chaussée, et toute seule. Elle était changée, comme je vous l'ai dit, je ne retrouvais plus sur sa bouche son sourire indifférent. Elle avait souffert, elle souffrait encore.

Quoiqu'on fût déjà en avril, elle était encore vêtue comme en hiver et toute couverte de velours.

Je la regardais si obstinément que mon regard attira le sien.

Elle me considéra quelques instants, prit sa lorgnette pour mieux me voir, et crut sans doute me reconnaître sans pouvoir positivement dire qui j'étais, car lorsqu'elle reposa sa lorgnette, un sourire, ce charmant salut des femmes, erra sur ses lèvres, pour répondre au salut qu'elle avait l'air d'attendre de moi ; mais je n'y répondis point, comme pour prendre barres sur elle et paraître avoir oublié, quand elle se souvenait.

Elle crut s'être trompée et détourna la tête.

On leva le rideau.

J'ai vu bien des fois Marguerite au spectacle, je ne l'ai jamais vue prêter la moindre attention à ce qu'on jouait.

Quant à moi, le spectacle m'intéressait aussi fort peu, et je ne m'occupais que d'elle, mais en faisant tous mes efforts pour qu'elle ne s'en aperçût pas.

Je la vis ainsi échanger des regards avec la personne occupant la loge en face de la sienne ; je portai mes yeux sur cette loge, et je reconnus dedans une femme avec qui j'étais assez familier.

Cette femme était une ancienne femme entretenue, qui avait essayé d'entrer au théâtre, qui n'y avait pas réussi, et qui, comptant sur ses relations avec les élégantes de Paris, s'était mise dans le commerce et avait pris un magasin de modes.

Je vis en elle un moyen de me rencontrer avec Marguerite, et je profitai d'un moment où elle regardait de mon côté pour lui dire bonsoir de la main et des yeux.

Ce que j'avais prévu arriva, elle m'appela dans sa loge.

Prudence Duvernoy, c'était l'heureux nom de la modiste, était une de ces grosses femmes de quarante ans avec lesquelles il n'y a pas besoin d'une grande diplomatie pour leur faire dire ce que l'on veut savoir, surtout quand ce que l'on veut savoir est aussi simple que ce que j'avais à lui demander.

Je profitai d'un moment où elle recommençait ses correspondances avec Marguerite pour lui dire :

— Qui regardez-vous ainsi ?

— Marguerite Gautier.

— Vous la connaissez ?

— Oui ; je suis sa modiste, et elle est ma voisine.

— Vous demeurez donc rue d'Antin ?

— N° 7. La fenêtre de son cabinet de toilette donne sur la fenêtre du mien.

— On dit que c'est une charmante fille.

— Vous ne la connaissez pas ?

— Non, mais je voudrais bien la connaître.

— Voulez-vous que je lui dise de venir dans notre loge ?

— Non, j'aime mieux que vous me présentiez à elle.

— Chez elle ?

— Oui.

— C'est plus difficile.

— Pourquoi ?

— Parce qu'elle est protégée par un vieux duc très jaloux.

— *Protégée* est charmant.

— Oui, protégée, reprit Prudence. Le pauvre vieux, il serait bien embarrassé d'être son amant.

Prudence me raconta alors comment Marguerite avait fait connaissance du duc à Bagnères.

— C'est pour cela, continuai-je, qu'elle est seule ici ?

— Justement.

— Mais, qui la reconduira ?

— Lui.

— Il va donc venir la prendre ?

— Dans un instant.

— Et vous, qui vous reconduit ?

— Personne.

— Je m'offre.

— Mais vous êtes avec un ami, je crois.

— Nous nous offrons alors.

— Qu'est-ce que c'est que votre ami ?

— C'est un charmant garçon, fort spirituel, et qui sera enchanté de faire votre connaissance.

— Eh bien, c'est convenu, nous partirons tous les quatre après cette pièce, car je connais la dernière.

— Volontiers, je vais prévenir mon ami.

— Allez… Ah ! me dit Prudence au moment où j'allais sortir, voilà le duc qui entre dans la loge de Marguerite.

Je regardai.

Un homme de soixante-dix ans, en effet, venait de s'asseoir derrière la jeune femme et lui remettait un sac de bonbons dans lequel elle puisa aussitôt en souriant, puis elle l'avança sur le devant de sa loge en faisant à Prudence un signe qui pouvait se traduire par :

— En voulez-vous ?

— Non, fit Prudence.

Marguerite reprit le sac et, se retournant, se mit à causer avec le duc.

Le récit de tous ces détails ressemble à de l'enfantillage, mais tout ce qui avait rapport à cette fille est si présent à ma mémoire, que je ne puis m'empêcher de le rappeler aujourd'hui.

Je descendis prévenir Gaston de ce que je venais d'arranger pour lui et pour moi.

Il accepta.

Nous quittâmes nos stalles pour monter dans la loge de Mme Duvernoy.

A peine avions-nous ouvert la porte des orchestres que nous fûmes forcés de nous arrêter pour laisser passer Marguerite et le duc qui s'en allaient.

J'aurais donné dix ans de ma vie pour être à la place de ce vieux bonhomme.

Arrivé sur le boulevard, il lui fit prendre place dans un phaéton qu'il conduisait lui-même, et ils disparurent emportés au trot de deux superbes chevaux.

Nous entrâmes dans la loge de Prudence.

Quand la pièce fut finie, nous descendîmes prendre un simple fiacre qui nous conduisit rue d'Antin n° 7. A la porte de sa maison, Prudence nous offrit de monter chez elle pour nous faire voir ses magasins que nous ne connaissions pas et dont elle paraissait être très fière. Vous jugez avec quel empressement j'acceptai.

Il me semblait que je me rapprochais peu à peu de Marguerite. J'eus bientôt fait retomber la conversation sur elle.

— Le vieux duc est chez votre voisine? dis-je à Prudence.

— Non pas; elle doit être seule.

— Mais elle va s'ennuyer horriblement, dit Gaston.

— Nous passons presque toutes nos soirées ensemble, ou lorsqu'elle rentre, elle m'appelle. Elle ne se couche jamais avant deux heures du matin. Elle ne peut pas dormir plus tôt.

— Pourquoi?

— Parce qu'elle est malade de la poitrine et qu'elle a presque toujours la fièvre.

— Elle n'a pas d'amants? demandai-je.

— Je ne vois jamais personne rester quand je m'en vais; mais je ne réponds pas qu'il ne vient personne quand je suis partie; souvent je rencontre chez elle, le soir, un certain comte de N... qui croit avancer ses affaires en faisant ses visites à onze heures, en lui envoyant des bijoux tant qu'elle en veut; mais elle ne peut pas le voir en peinture. Elle a tort, c'est un garçon très riche. J'ai beau lui dire de temps en temps: Ma chère enfant, c'est l'homme qu'il vous faut ! Elle qui m'écoute assez ordinairement, elle me tourne le dos et me répond qu'il est trop bête. Qu'il soit bête, j'en conviens ; mais ce serait pour elle une position, tandis que ce vieux duc peut mourir d'un jour à l'autre. Les vieillards sont égoïstes ; sa famille lui reproche sans cesse son affection pour Marguerite : voilà deux raisons pour qu'il ne lui laisse rien. Je lui fais de la morale, à laquelle elle répond qu'il sera toujours temps de prendre le comte à la mort du duc. Cela n'est pas toujours drôle, continua Prudence, de vivre comme elle vit. Je sais bien, moi, que cela ne m'irait pas et que j'enverrais bien vite promener le bonhomme. Il est insipide, ce vieux ; il l'appelle sa fille, il a soin d'elle comme d'un enfant, il est toujours sur son dos. Je suis sûre qu'à cette heure un de ses domestiques rôde dans la rue pour voir qui sort, et surtout qui entre.

— Ah ! cette pauvre Marguerite ! dit Gaston en se mettant au piano et en jouant une valse, je ne savais pas cela, moi. Cependant je lui trouvais l'air moins gai depuis quelque temps.

— Chut ! dit Prudence en prêtant l'oreille.

Gaston s'arrêta.

— Elle m'appelle, je crois.

Nous écoutâmes.

En effet, une voix appelait Prudence.

— Allons, messieurs, allez-vous-en, nous dit Mme Duvernoy.

— Ah ! c'est comme cela que vous entendez l'hospitalité, dit Gaston en riant, nous nous en irons quand bon nous semblera.

— Pourquoi nous en irions-nous ?

— Je vais chez Marguerite.

— Nous attendrons ici.

— Cela ne se peut pas.

— Alors, nous irons avec vous.

— Encore moins.

— Je connais Marguerite, moi, fit Gaston, je puis bien aller lui faire une visite.

— Mais Armand ne la connaît pas.

— Je le présenterai.

— C'est impossible.

Nous entendîmes de nouveau la voix de Marguerite appelant toujours Prudence.

Celle-ci courut à son cabinet de toilette. Je l'y suivis avec Gaston. Elle ouvrit la fenêtre.

Nous nous cachâmes de façon à ne pas être vus du dehors.

— Il y a dix minutes que je vous appelle, dit Marguerite de sa fenêtre et d'un ton presque impérieux.

— Que me voulez-vous?

— Je veux que vous veniez tout de suite.

— Pourquoi?

— Parce que le comte de N... est encore là et qu'il m'ennuie à périr.

— Je ne peux pas maintenant.

— Qui vous en empêche?

— J'ai chez moi deux jeunes gens qui ne veulent pas s'en aller.

— Dites-leur qu'il faut que vous sortiez.

— Je le leur ai dit.

— Eh bien, laissez-les chez vous; quand ils vous verront sortir, ils s'en iront.

— Après avoir mis tout sens dessus dessous!

— Mais qu'est-ce qu'ils veulent?

— Ils veulent vous voir.

— Comment se nomment-ils?

— Vous en connaissez un, M. Gaston R...

— Ah! oui, je le connais; et l'autre?

— M. Armand Duval. Vous ne le connaissez pas?

— Non; mais amenez-les toujours, j'aime mieux tout que le comte. Je vous attends, venez vite.

Marguerite referma sa fenêtre, Prudence la sienne.

Marguerite, qui s'était un instant rappelé mon visage, ne se rappelait pas mon nom. J'aurais mieux aimé un souvenir à mon désavantage que cet oubli.

— Je savais bien, dit Gaston, qu'elle serait enchantée de nous voir.

— Enchantée n'est pas le mot, répondit Prudence en mettant son châle et son chapeau, elle vous reçoit pour faire partir le comte. Tâcher d'être plus aimables que lui, ou, je connais Marguerite, elle se brouillera avec moi.

Nous suivîmes Prudence qui descendait.

Je tremblais ; il me semblait que cette visite allait avoir une grande influence sur ma vie.

J'étais encore plus ému que le soir de ma présentation dans la loge de l'Opéra-Comique.

En arrivant à la porte de l'appartement que vous connaissez, le cœur me battait si fort que la pensée m'échappait.

Quelques accords de piano arrivaient jusqu'à nous.

Prudence sonna.

Le piano se tut.

Une femme qui avait plutôt l'air d'une dame de compagnie que d'une femme de chambre vint nous ouvrir.

Nous passâmes dans le salon, du salon dans le boudoir qui était à cette époque ce que vous l'avez vu depuis.

Un jeune homme était appuyé contre la cheminée.

Marguerite, assise devant son piano, laissait courir ses doigts sur les touches, et commençait des morceaux qu'elle n'achevait pas.

L'aspect de cette scène était l'ennui, résultant pour l'homme de l'embarras de sa nullité, pour la femme de la visite de ce lugubre personnage.

A la voix de Prudence, Marguerite se leva, et venant à nous après avoir échangé un regard de remerciements avec Mme Duvernoy, elle nous dit :

— Entrez, messieurs, et soyez les bienvenus.

IX

— Bonsoir, mon cher Gaston, dit Marguerite à mon compagnon, je suis bien aise de vous voir. Pourquoi n'êtes-vous pas entré dans ma loge aux Variétés ?

— Je craignais d'être indiscret.

— Les amis, et Marguerite appuya sur ce mot, comme si elle eût voulu faire comprendre à ceux qui étaient là que malgré la façon familière dont elle l'accueillait, Gaston n'était et n'avait toujours été qu'un ami, les amis ne sont jamais indiscrets.

— Alors, vous me permettez de vous présenter M. Armand Duval ?

— J'avais déjà autorisé Prudence à le faire.

— Du reste, madame, dis-je alors en m'inclinant et en parvenant à rendre des sons à peu près intelligibles, j'ai déjà eu l'honneur de vous être présenté.

L'œil charmant de Marguerite sembla chercher dans son souvenir, mais elle ne se souvint point, ou parut ne point se souvenir.

— Madame, repris-je alors, je vous suis reconnaissant d'avoir oublié cette première présentation, car j'y fus très ridicule et dus vous paraître très ennuyeux. C'était, il y a deux ans, à l'Opéra-Comique ; j'étais avec Ernest de ***.

— Ah ! je me rappelle ! reprit Marguerite avec un sourire. Ce n'est pas vous qui étiez ridicule, c'est moi qui étais taquine, comme je le suis encore un peu, mais moins cependant. Vous m'avez pardonné, monsieur ?

Et elle me tendit sa main que je baisai.

— C'est vrai, reprit-elle. Figurez-vous que j'ai la mauvaise habitude de vouloir embarrasser les gens que je vois pour la première fois. C'est très sot. Mon médecin dit que c'est parce que je suis nerveuse et toujours souffrante : croyez mon médecin.

— Mais vous paraissez très bien portante.

— Oh ! j'ai été bien malade.

— Je le sais.

— Qui vous l'a dit ?

— Tout le monde le savait ; je suis venu souvent savoir de vos nouvelles, et j'ai appris avec plaisir votre convalescence.

— On ne m'a jamais remis votre carte.

— Je ne l'ai jamais laissée.

— Serait-ce vous ce jeune homme qui venait tous les jours s'informer de moi pendant ma maladie, et qui n'a jamais voulu dire son nom ?

— C'est moi.

— Alors vous êtes plus qu'indulgent, vous êtes généreux. Ce n'est pas vous, comte, qui auriez fait cela, ajouta-t-elle en se tournant vers M. de N..., et après avoir

jeté sur moi un de ces regards par lesquels les femmes
complètent leur opinion sur un homme.

— Je ne vous connais que depuis deux mois, répliqua
le comte.

— Et monsieur qui ne me connaît que depuis cinq
minutes. Vous répondez toujours des niaiseries.

Les femmes sont impitoyables avec les gens qu'elles
n'aiment pas.

Le comte rougit et se mordit les lèvres.

J'eus pitié de lui, car il paraissait être amoureux
comme moi, et la dure franchise de Marguerite devait le
rendre bien malheureux, surtout en présence de deux
étrangers.

— Vous faisiez de la musique quand nous sommes
entrés, dis-je alors pour changer la conversation, ne me
ferez-vous pas le plaisir de me traiter en vieille connaissance, et ne continuerez-vous pas?

— Oh! fit-elle en se jetant sur le canapé et en nous
faisant signe de nous y asseoir, Gaston sait bien quel
genre de musique je fais. C'est bon quand je suis seule
avec le comte, mais je ne voudrais pas vous faire endurer
pareil supplice.

— Vous avez cette préférence pour moi? répliqua
M. de N... avec un sourire qu'il essaya de rendre fin et
ironique.

— Vous avez tort de me la reprocher; c'est la seule.

Il était décidé que ce pauvre garçon ne dirait pas un
mot. Il jeta sur la jeune femme un regard vraiment suppliant.

— Dites donc, Prudence, continua-t-elle, avez-vous
fait ce que je vous avais priée de faire?

— Oui.

— C'est bien, vous me conterez cela plus tard. Nous
avons à causer, vous ne vous en irez pas sans que je vous
parle.

— Nous sommes sans doute indiscrets, dis-je alors, et
maintenant que nous avons ou plutôt que j'ai obtenu une
seconde présentation pour faire oublier la première, nous
allons nous retirer, Gaston et moi.

— Pas le moins du monde; ce n'est pas pour vous

que je dis cela. Je veux au contraire que vous restiez.

Le comte tira une montre fort élégante, à laquelle il regarda l'heure :

— Il est temps que j'aille au club, dit-il.

Marguerite ne répondit rien.

Le comte quitta alors la cheminée, et venant à elle :

— Adieu, madame.

Marguerite se leva.

— Adieu, mon cher comte, vous vous en allez déjà ?

— Oui, je crains de vous ennuyer.

— Vous ne m'ennuyez pas plus aujourd'hui que les autres jours. Quand vous verra-t-on ?

— Quand vous le permettrez.

— Adieu, alors !

C'était cruel, vous l'avouerez.

Le comte avait heureusement une fort bonne éducation et un excellent caractère. Il se contenta de baiser la main que Marguerite lui tendait assez nonchalamment, et de sortir après nous avoir salués.

Au moment où il franchissait la porte, il regarda Prudence.

Celle-ci leva les épaules d'un air qui signifiait :

— Que voulez-vous, j'ai fait tout ce que j'ai pu.

— Nanine ! cria Marguerite, éclaire M. le comte.

Nous entendîmes ouvrir et fermer la porte.

— Enfin ! s'écria Marguerite en reparaissant, le voilà parti ; ce garçon-là me porte horriblement sur les nerfs.

— Ma chère enfant, dit Prudence, vous êtes vraiment trop méchante avec lui, lui qui est si bon et si prévenant pour vous. Voilà encore sur votre cheminée une montre qu'il vous a donnée, et qui lui a coûté au moins mille écus, j'en suis sûre.

Et Mme Duvernoy, qui s'était approchée de la cheminée, jouait avec le bijou dont elle parlait, et jetait dessus des regards de convoitise.

— Ma chère, dit Marguerite en s'asseyant à son piano, quand je pèse d'un côté ce qu'il me donne et de l'autre ce qu'il me dit, je trouve que je lui passe ses visites bon marché.

— Ce pauvre garçon est amoureux de vous.

— S'il fallait que j'écoutasse tous ceux qui sont amoureux de moi, je n'aurais seulement pas le temps de dîner.

Et elle fit courir ses doigts sur le piano, après quoi se retournant elle nous dit :

— Voulez-vous prendre quelque chose ? moi, je boirais bien un peu de punch.

— Et moi, je mangerais bien un peu de poulet, dit Prudence ; si nous soupions ?

— C'est cela, allons souper, dit Gaston.

— Non, nous allons souper ici.

Elle sonna. Nanine parut.

— Envoie chercher à souper.

— Que faut-il prendre ?

— Ce que tu voudras, mais tout de suite, tout de suite.

Nanine sortit.

— C'est cela, dit Marguerite en sautant comme une enfant, nous allons souper. Que cet imbécile de comte est ennuyeux !

Plus je voyais cette femme, plus elle m'enchantait. Elle était belle à ravir. Sa maigreur même était une grâce.

J'étais en contemplation.

Ce qui se passait en moi, j'aurais peine à l'expliquer. J'étais plein d'indulgence pour sa vie, plein d'admiration pour sa beauté. Cette preuve de désintéressement qu'elle donnait en n'acceptant pas un homme jeune, élégant et riche, tout prêt à se ruiner pour elle, excusait à mes yeux toutes ses fautes passées.

Il y avait dans cette femme quelque chose comme de la candeur.

On voyait qu'elle en était encore à la virginité du vice. Sa marche assurée, sa taille souple, ses narines roses et ouvertes, ses grands yeux légèrement cerclés de bleu, dénotaient une de ces natures ardentes qui répandent autour d'elles un parfum de volupté, comme ces flacons d'Orient qui, si bien fermés qu'ils soient, laissent échapper le parfum de la liqueur qu'ils renferment.

Enfin, soit nature, soit conséquence de son état maladif, il passait de temps en temps dans les yeux de cette femme des éclairs de désirs dont l'expansion eût été une révélation du ciel pour celui qu'elle eût aimé. Mais ceux qui avaient aimé Marguerite ne se comptaient plus, et ceux qu'elle avait aimés ne se comptaient pas encore.

Bref, on reconnaissait dans cette fille la vierge qu'un rien avait faite courtisane, et la courtisane dont un rien eût fait la vierge la plus amoureuse et la plus pure. Il y avait encore chez Marguerite de la fierté et de l'indépendance : deux sentiments qui, blessés, sont capables de faire ce que fait la pudeur. Je ne disais rien, mon âme semblait être passée toute dans mon cœur et mon cœur dans mes yeux.

— Ainsi, reprit-elle tout à coup, c'est vous qui veniez savoir de mes nouvelles quand j'étais malade ?

— Oui.

— Savez-vous que c'est très beau, cela ! Et que puis-je faire pour vous remercier ?

— Me permettre de venir de temps en temps vous voir.

— Tant que vous voudrez, de cinq heures à six, de onze heures à minuit. Dites donc, Gaston, jouez-moi l'*Invitation à la valse*.

— Pourquoi ?

— Pour me faire plaisir d'abord, et ensuite parce que je ne puis pas arriver à la jouer seule.

— Qu'est-ce qui vous embarrasse donc ?

— La troisième partie, le passage en dièse.

Gaston se leva, se mit au piano et commença cette merveilleuse mélodie de Weber, dont la musique était ouverte sur le pupitre.

Marguerite, une main appuyée sur le piano, regardait le cahier, suivait des yeux chaque note qu'elle accompagnait tout bas de la voix, et quand Gaston en arriva au passage qu'elle lui avait indiqué, elle chantonna en faisant aller ses doigts sur le dos du piano :

— Ré, mi, ré, do, ré, fa, mi, ré, voilà ce que je ne puis faire. Recommencez.

Gaston recommença, après quoi Marguerite lui dit :

— Maintenant laissez-moi essayer.

Elle prit sa place et joua à son tour ; mais ses doigts

rebelles se trompaient toujours sur l'une des notes que nous venons de dire.

— Est-ce incroyable, dit-elle avec une véritable intonation d'enfant, que je ne puisse pas arriver à jouer ce passage ! Croiriez-vous que je reste quelquefois jusqu'à deux heures du matin dessus ! Et quand je pense que cet imbécile de comte le joue sans musique et admirablement, c'est cela qui me rend furieuse contre lui, je crois.

Et elle recommença, toujours avec les mêmes résultats.

— Que le diable emporte Weber, la musique et les pianos ! dit-elle en jetant le cahier à l'autre bout de la chambre ; comprend-on que je ne puisse pas faire huit dièses de suite ?

Et elle se croisait les bras en nous regardant et en frappant du pied.

Le sang lui monta aux joues et une toux légère entrouvrit ses lèvres.

— Voyons, voyons, dit Prudence, qui avait ôté son chapeau et qui lissait ses bandeaux devant la glace, vous allez encore vous mettre en colère et vous faire mal ; allons souper, cela vaudra mieux ; moi, je meurs de faim.

Marguerite sonna de nouveau, puis elle se remit au piano et commença à demi-voix une chanson libertine, dans l'accompagnement de laquelle elle ne s'embrouilla point.

Gaston savait cette chanson, et ils en firent une espèce de duo.

— Ne chantez donc pas ces saletés-là, dis-je familièrement à Marguerite et avec un ton de prière.

— Oh ! comme vous êtes chaste ! me dit-elle en souriant et en me tendant la main.

— Ce n'est pas pour moi, c'est pour vous.

Marguerite fit un geste qui voulait dire : Oh ! il y a longtemps que j'en ai fini, moi, avec la chasteté.

En ce moment Nanine parut.

— Le souper est-il prêt ? demanda Marguerite.

— Oui, madame, dans un instant.

— A propos, me dit Prudence, vous n'avez pas vu l'appartement ; venez, que je vous le montre.

Vous le savez, le salon était une merveille.

Marguerite nous accompagna un peu, puis elle appela
Gaston et passa avec lui dans la salle à manger pour voir
si le souper était prêt.

— Tiens, dit tout haut Prudence en regardant sur une
étagère et en y prenant une figure de Saxe, je ne vous
connaissais pas ce petit bonhomme-là!

— Lequel?

— Un petit berger qui tient une cage avec un oiseau.

— Prenez-le, s'il vous fait plaisir.

— Ah! mais je crains de vous en priver.

— Je voulais le donner à ma femme de chambre, je le
trouve hideux; mais puisqu'il vous plaît, prenez-le.

Prudence ne vit que le cadeau et non la manière dont il
était fait. Elle mit son bonhomme de côté, et m'emmena
dans le cabinet de toilette, où me montrant deux minia-
tures qui se faisaient pendant, elle me dit:

— Voilà le comte de G... qui a été très amoureux de
Marguerite; c'est lui qui l'a lancée. Le connaissez-vous?

— Non. Et celui-ci? demandai-je en montrant l'autre
miniature.

— C'est le petit vicomte de L... Il a été forcé de partir.

— Pourquoi?

— Parce qu'il était à peu près ruiné. En voilà un qui
aimait Marguerite!

— Et elle l'aimait beaucoup sans doute.

— C'est une si drôle de fille, on ne sait jamais à quoi
s'en tenir. Le soir du jour où il est parti, elle était au
spectacle, comme d'habitude, et cependant elle avait
pleuré au moment du départ.

En ce moment Nanine parut, nous annonçant que le
souper était servi.

Quand nous entrâmes dans la salle à manger, Marguerite était appuyée contre le mur, et Gaston, lui tenant les
mains, lui parlait tout bas.

— Vous êtes fou, lui répondait Marguerite, vous savez bien que je ne veux pas de vous. Ce n'est pas au bout
de deux ans que l'on connaît une femme comme moi,
qu'on lui demande à être son amant. Nous autres, nous
nous donnons tout de suite ou jamais. Allons, messieurs,
à table.

Et s'échappant des mains de Gaston, Marguerite le fit asseoir à sa droite, moi à sa gauche, puis elle dit à Nanine :

— Avant de t'asseoir, recommande à la cuisine que l'on n'ouvre pas si l'on vient sonner.

Cette recommandation était faite à une heure du matin.

On rit, on but et l'on mangea beaucoup à ce souper. Au bout de quelques instants, la gaieté était descendue aux dernières limites, et ces mots qu'un certain monde trouve plaisants et qui salissent toujours la bouche qui les dit éclataient de temps à autre, aux grandes acclamations de Nanine, de Prudence et de Marguerite. Gaston s'amusait franchement ; c'était un garçon plein de cœur, mais dont l'esprit avait été un peu faussé par les premières habitudes. Un moment, j'avais voulu m'étourdir, faire mon cœur et ma pensée indifférents au spectacle que j'avais sous les yeux et prendre ma part de cette gaieté qui semblait un des mets du repas ; mais peu à peu, je m'étais isolé de ce bruit, mon verre était resté plein, et j'étais devenu presque triste en voyant cette belle créature de vingt ans, boire, parler comme un portefaix, et rire d'autant plus que ce que l'on disait était plus scandaleux.

Cependant cette gaieté, cette façon de parler et de boire, qui me paraissaient chez les autres convives les résultats de la débauche, de l'habitude ou de la force, me semblaient chez Marguerite un besoin d'oublier, une fièvre, une irritabilité nerveuse. A chaque verre de vin de Champagne, ses joues se couvraient d'un rouge fiévreux, et une toux, légère au commencement du souper, était devenue à la longue assez forte pour la forcer à renverser sa tête sur le dos de sa chaise et à comprimer sa poitrine dans ses mains toutes les fois qu'elle toussait.

Je souffrais du mal que devaient faire à cette frêle organisation ces excès de tous les jours.

Enfin, arriva une chose que j'avais prévue et que je redoutais. Vers la fin du souper, Marguerite fut prise d'un accès de toux plus fort que tous ceux qu'elle avait eus depuis que j'étais là. Il me sembla que sa poitrine se déchirait intérieurement. La pauvre fille devint pourpre, ferma les yeux sous la douleur et porta à ses lèvres sa

serviette qu'une goutte de sang rougit. Alors elle se leva
et courut dans son cabinet de toilette.

— Qu'a donc Marguerite ? demanda Gaston.

— Elle a qu'elle a trop ri et qu'elle crache le sang, fit
Prudence. Oh ! ce ne sera rien, cela lui arrive tous les
jours. Elle va revenir. Laissons-la seule, elle aime mieux
cela.

Quant à moi, je ne pus y tenir, et au grand ébahisse-
ment de Prudence et de Nanine qui me rappelaient, j'allai
rejoindre Marguerite.

                              X

La chambre où elle s'était réfugiée n'était éclairée que
par une seule bougie posée sur une table. Renversée sur
un grand canapé, sa robe défaite, elle tenait une main sur
son cœur et laissait pendre l'autre. Sur la table il y avait
une cuvette d'argent à moitié pleine d'eau ; cette eau était
marbrée de filets de sang.

Marguerite, très pâle et la bouche entrouverte, essayait
de reprendre haleine. Par moments, sa poitrine se gonflait
d'un long soupir qui, exhalé, paraissait la soulager un
peu, et la laissait pendant quelques secondes dans un
sentiment de bien-être.

Je m'approchai d'elle, sans qu'elle fît un mouvement,
je m'assis et pris celle de ses mains qui reposait sur le
canapé.

— Ah ! c'est vous ? me dit-elle avec un sourire.

Il paraît que j'avais la figure bouleversée, car elle
ajouta :

— Est-ce que vous êtes malade aussi ?

— Non ; mais vous, souffrez-vous encore ?

— Très peu ; et elle essuya avec son mouchoir les
larmes que la toux avait fait venir à ses yeux ; je suis
habituée à cela maintenant.

— Vous vous tuez, madame, lui dis-je alors d'une
voix émue ; je voudrais être votre ami, votre parent, pour
vous empêcher de vous faire mal ainsi.

— Ah ! cela ne vaut vraiment pas la peine que vous

vous alarmiez, répliqua-t-elle d'un ton un peu amer ; voyez si les autres s'occupent de moi : c'est qu'ils savent bien qu'il n'y a rien à faire à ce mal-là.

Après quoi elle se leva et, prenant la bougie, elle la mit sur la cheminée et se regarda dans la glace.

— Comme je suis pâle ! dit-elle en rattachant sa robe et en passant ses doigts sur ses cheveux délissés. Ah ! bah ! allons nous remettre à table. Venez-vous ?

Mais j'étais assis et je ne bougeais pas.

Elle comprit l'émotion que cette scène m'avait causée, car elle s'approcha de moi et, me tendant la main, elle me dit :

— Voyons, venez.

Je pris sa main, je la portai à mes lèvres en la mouillant malgré moi de deux larmes longtemps contenues.

— Eh bien, mais êtes-vous enfant ! dit-elle en se rasseyant auprès de moi ; voilà que vous pleurez ! Qu'avez-vous ?

— Je dois vous paraître bien niais, mais ce que je viens de voir m'a fait un mal affreux.

— Vous êtes bien bon ! Que voulez-vous ? je ne puis pas dormir, il faut bien que je me distraie un peu. Et puis des filles comme moi, une de plus ou de moins, qu'est-ce que cela fait ? Les médecins me disent que le sang que je crache vient des bronches ; j'ai l'air de les croire, c'est tout ce que je puis faire pour eux.

— Écoutez, Marguerite, dis-je alors avec une expansion que je ne pus retenir, je ne sais pas l'influence que vous devez prendre sur ma vie, mais ce que je sais, c'est qu'à l'heure qu'il est, il n'y a personne, pas même ma sœur, à qui je m'intéresse comme à vous. C'est ainsi depuis que je vous ai vue. Eh bien, au nom du ciel, soignez-vous, et ne vivez plus comme vous le faites.

— Si je me soignais, je mourrais. Ce qui me soutient, c'est la vie fiévreuse que je mène. Puis, se soigner, c'est bon pour les femmes du monde qui ont une famille et des amis ; mais nous, dès que nous ne pouvons plus servir à la vanité ou au plaisir de nos amants, ils nous abandonnent, et les longues soirées succèdent aux longs jours. Je le sais bien, allez, j'ai été deux mois dans mon lit; au bout de trois semaines, personne ne venait plus me voir.

— Il est vrai que je ne vous suis rien, repris-je, mais si vous le vouliez je vous soignerais comme un frère, je ne vous quitterais pas, et je vous guérirais. Alors, quand vous en auriez la force, vous reprendriez la vie que vous menez, si bon vous semblait; mais j'en suis sûr, vous aimeriez mieux une existence tranquille qui vous ferait plus heureuse et vous garderait jolie.

— Vous pensez comme cela ce soir, parce que vous avez le vin triste, mais vous n'auriez pas la patience dont vous vous vantez.

— Permettez-moi de vous dire, Marguerite, que vous avez été malade pendant deux mois, et que, pendant ces deux mois, je suis venu tous les jours savoir de vos nouvelles.

— C'est vrai; mais pourquoi ne montiez-vous pas?

— Parce que je ne vous connaissais pas alors.

— Est-ce qu'on se gêne avec une fille comme moi?

— On se gêne toujours avec une femme; c'est mon avis du moins.

— Ainsi, vous me soigneriez?

— Oui.

— Vous resteriez tous les jours auprès de moi?

— Oui.

— Et même toutes les nuits?

— Tout le temps que je ne vous ennuierais pas.

— Comment appelez-vous cela?

— Du dévouement.

— Et d'où vient ce dévouement?

— D'une sympathie irrésistible que j'ai pour vous.

— Ainsi vous êtes amoureux de moi? dites-le tout de suite, c'est bien plus simple.

— C'est possible; mais si je dois vous le dire un jour, ce n'est pas aujourd'hui.

— Vous ferez mieux de ne me le dire jamais.

— Pourquoi?

— Parce qu'il ne peut résulter que deux choses de cet aveu.

— Lesquelles?

— Ou que je ne vous accepte pas, alors vous m'en voudrez, ou que je vous accepte, alors vous aurez une triste maîtresse ; une femme nerveuse, malade, triste, ou gaie d'une gaieté plus triste que le chagrin, une femme qui crache le sang et qui dépense cent mille francs par an, c'est bon pour un vieux richard comme le duc, mais c'est bien ennuyeux pour un jeune homme comme vous, et la preuve, c'est que tous les jeunes amants que j'ai eus m'ont bien vite quittée.

Je ne répondais rien : j'écoutais. Cette franchise qui tenait presque de la confession, cette vie douloureuse que j'entrevoyais sous le voile doré qui la couvrait, et dont la pauvre fille fuyait la réalité dans la débauche, l'ivresse et l'insomnie, tout cela m'impressionnait tellement que je ne trouvais pas une seule parole.

— Allons, continua Marguerite, nous disons là des enfantillages. Donnez-moi la main et rentrons dans la salle à manger. On ne doit pas savoir ce que notre absence veut dire.

— Rentrez, si bon vous semble, mais je vous demande la permission de rester ici.

— Pourquoi ?

— Parce que votre gaieté me fait trop de mal.

— Eh bien, je serai triste.

— Tenez, Marguerite, laissez-moi vous dire une chose que l'on vous a dite souvent sans doute, et à laquelle l'habitude de l'entendre vous empêchera peut-être d'ajouter foi, mais qui n'en est pas moins réelle, et que je ne vous répéterai jamais.

— C'est ?... dit-elle avec le sourire que prennent les jeunes mères pour écouter une folie de leur enfant.

— C'est que depuis que je vous ai vue, je ne sais comment ni pourquoi, vous avez pris une place dans ma vie, c'est que j'ai eu beau chasser votre image de ma pensée, elle y est toujours revenue, c'est qu'aujourd'hui quand je vous ai rencontrée, après être resté deux ans sans vous voir, vous avez pris sur mon cœur et mon esprit un ascendant plus grand encore, c'est qu'enfin, maintenant que vous m'avez reçu, que je vous connais, que je sais tout ce qu'il y a d'étrange en vous, vous m'êtes devenue

indispensable, et que je deviendrai fou, non pas seulement si vous ne m'aimez pas, mais si vous ne me laissez
pas vous aimer.

— Mais, malheureux que vous êtes, je vous dirai ce
que disait Mme D... : vous êtes donc bien riche ! Mais
vous ne savez donc pas que je dépense six ou sept mille
francs par mois, et que cette dépense est devenue nécessaire à ma vie ; mais vous ne savez donc pas, mon pauvre
ami, que je vous ruinerais en un rien de temps, et que
votre famille vous ferait interdire pour vous apprendre à
vivre avec une créature comme moi. Aimez-moi bien,
comme un bon ami, mais pas autrement. Venez me voir,
nous rirons, nous causerons, mais ne vous exagérez
pas ce que je vaux, car je ne vaux pas grand-chose.
Vous avez un bon cœur, vous avez besoin d'être aimé,
vous êtes trop jeune et trop sensible pour vivre
dans notre monde. Prenez une femme mariée. Vous
voyez que je suis une bonne fille et que je vous parle
franchement.

— Ah çà ! que diable faites-vous là ? cria Prudence que
nous n'avions pas entendue venir, et qui apparaissait sur
le seuil de la chambre avec ses cheveux à moitié défaits et
sa robe ouverte. Je reconnaissais dans ce désordre la main
de Gaston.

— Nous parlons raison, dit Marguerite, laissez-nous
un peu, nous vous rejoindrons tout à l'heure.

— Bien, bien, causez mes enfants, dit Prudence en
s'en allant et en fermant la porte comme pour ajouter
encore au ton dont elle avait prononcé ces dernières
paroles.

— Ainsi, c'est convenu, reprit Marguerite, quand
nous fûmes seuls, vous ne m'aimerez plus.

— Je partirai.

— C'est à ce point-là ?

J'étais trop avancé pour reculer, et d'ailleurs cette fille
me bouleversait. Ce mélange de gaieté, de tristesse, de
candeur, de prostitution, cette maladie même qui devait
développer chez elle la sensibilité des impressions
comme l'irritabilité des nerfs, tout me faisait comprendre
que si, dès la première fois, je ne prenais pas d'empire sur

cette nature oublieuse et légère, elle était perdue pour moi.

— Voyons, c'est donc sérieux ce que vous dites! fit-elle.

— Très sérieux.

— Mais pourquoi ne m'avez-vous pas dit cela plus tôt?

— Quand vous l'aurais-je dit?

— Le lendemain du jour où vous m'avez été présenté à l'Opéra-Comique.

— Je crois que vous m'auriez fort mal reçu, si j'étais venu vous voir.

— Pourquoi?

— Parce que j'avais été stupide la veille.

— Cela, c'est vrai. Mais cependant vous m'aimiez déjà à cette époque.

— Oui.

— Ce qui ne vous a pas empêché d'aller vous coucher et de dormir bien tranquillement après le spectacle. Nous savons ce que sont ces grands amours-là.

— Eh bien, c'est ce qui vous trompe. Savez-vous ce que j'ai fait le soir de l'Opéra-Comique?

— Non.

— Je vous ai attendue à la porte du café Anglais. J'ai suivi la voiture qui vous a emmenés, vous et vos trois amis, et quand je vous ai vue descendre seule et rentrer seule chez vous, j'ai été bien heureux.

Marguerite se mit à rire.

— De quoi riez-vous?

— De rien.

— Dites-le-moi, je vous en supplie, ou je vais croire que vous vous moquez encore de moi.

— Vous ne vous fâcherez pas?

— De quel droit me fâcherais-je?

— Eh bien, il y avait une bonne raison pour que je rentrasse seule.

— Laquelle?

— On m'attendait ici.

Elle m'eût donné un coup de couteau qu'elle ne m'eût pas fait plus de mal. Je me levai, et, lui tendant la main:

— Adieu, lui dis-je.

— Je savais bien que vous vous fâcheriez, dit-elle.
Les hommes ont la rage de vouloir apprendre ce qui doit
leur faire de la peine.

— Mais je vous assure, ajoutai-je d'un ton froid,
comme si j'avais voulu prouver que j'étais à jamais guéri
de ma passion, je vous assure que je ne suis pas fâché. Il
était tout naturel que quelqu'un vous attendît, comme il
est tout naturel que je m'en aille à trois heures du matin.

— Est-ce que vous avez aussi quelqu'un qui vous
attend chez vous ?

— Non, mais il faut que je parte.

— Adieu, alors.

— Vous me renvoyez ?

— Pas le moins du monde.

— Pourquoi me faites-vous de la peine ?

— Quelle peine vous ai-je faite ?

— Vous me dites que quelqu'un vous attendait.

— Je n'ai pas pu m'empêcher de rire à l'idée que vous
aviez été si heureux de me voir rentrer seule, quand il y
avait une si bonne raison pour cela.

— On se fait souvent une joie d'un enfantillage, et il
est méchant de détruire cette joie, quand, en la laissant
subsister, on peut rendre plus heureux encore celui qui la
trouve.

— Mais à qui croyez-vous donc avoir affaire ? Je ne
suis ni une vierge ni une duchesse. Je ne vous connais que
d'aujourd'hui et ne vous dois pas compte de mes actions.
En admettant que je devienne un jour votre maîtresse, il
faut que vous sachiez bien que j'ai eu d'autres amants que
vous. Si vous me faites déjà des scènes de jalousie avant,
qu'est-ce que ce sera donc après, si jamais l'après existe !
Je n'ai jamais vu un homme comme vous.

— C'est que personne ne vous a jamais aimée comme
je vous aime.

— Voyons, franchement, vous m'aimez donc bien ?

— Autant qu'il est possible d'aimer, je crois.

— Et cela dure depuis… ?

— Depuis un jour que je vous ai vue descendre de
calèche et entrer chez Susse, il y a trois ans.

— Savez-vous que c'est très beau? Eh bien, que faut-il que je fasse pour reconnaître ce grand amour?

— Il faut m'aimer un peu, dis-je avec un battement de cœur qui m'empêchait presque de parler; car, malgré les sourires demi-moqueurs dont elle avait accompagné toute cette conversation, il me semblait que Marguerite commençait à partager mon trouble, et que j'approchais de l'heure attendue depuis si longtemps.

— Eh bien, et le duc?

— Quel duc?

— Mon vieux jaloux.

— Il n'en saura rien.

— Et s'il le sait?

— Il vous pardonnera.

— Hé non! il m'abandonnera, et qu'est-ce que je deviendrai?

— Vous risquez bien cet abandon pour un autre.

— Comment le savez-vous?

— Par la recommandation que vous avez faite de ne laisser entrer personne cette nuit.

— C'est vrai; mais celui-là est un ami sérieux.

— Auquel vous ne tenez guère, puisque vous lui faites défendre votre porte à pareille heure.

— Ce n'est pas à vous de me le reprocher, puisque c'était pour vous recevoir, vous et votre ami.

Peu à peu je m'étais rapproché de Marguerite, j'avais passé mes mains autour de sa taille et je sentais son corps souple peser légèrement sur mes mains jointes.

— Si vous saviez comme je vous aime! lui disais-je tout bas.

— Bien vrai?

— Je vous jure.

— Eh bien, si vous me promettez de faire toutes mes volontés sans dire un mot, sans me faire une observation, sans me questionner, je vous aimerai peut-être.

— Tout ce que vous voudrez!

— Mais je vous en préviens, je veux être libre de faire ce que bon me semblera, sans vous donner le moindre détail sur ma vie. Il y a longtemps que je cherche un amant jeune, sans volonté, amoureux sans défiance, aimé

sans droits. Je n'ai jamais pu en trouver un. Les hommes,
au lieu d'être satisfaits qu'on leur accorde longtemps ce
qu'ils eussent à peine espéré obtenir une fois, demandent
à leur maîtresse compte du présent, du passé et de l'avenir même. A mesure qu'ils s'habituent à elle, ils veulent
la dominer, et ils deviennent d'autant plus exigeants
qu'on leur donne tout ce qu'ils veulent. Si je me décide à
prendre un nouvel amant maintenant, je veux qu'il ait
trois qualités bien rares, qu'il soit confiant, soumis et
discret.

— Eh bien, je serai tout ce que vous voudrez.

— Nous verrons.

— Et quand verrons-nous?

— Plus tard.

— Pourquoi?

— Parce que, dit Marguerite en se dégageant de mes
bras et en prenant dans un gros bouquet de camélias
rouges apporté le matin un camélia qu'elle passa à ma
boutonnière, parce qu'on ne peut pas toujours exécuter
les traités le jour où on les signe.

C'est facile à comprendre.

— Et quand vous reverrai-je? dis-je en la pressant
dans mes bras.

— Quand ce camélia changera de couleur.

— Et quand changera-t-il de couleur?

— Demain, de onze heures à minuit. Êtes-vous
content? ·

— Vous me le demandez?

— Pas un mot de tout cela ni à votre ami, ni à Prudence, ni à qui que ce soit.

— Je vous le promets.

— Maintenant, embrassez-moi et rentrons dans la
salle à manger.

Elle me tendit ses lèvres, lissa de nouveau ses cheveux,
et nous sortîmes de cette chambre, elle en chantant, moi à
moitié fou.

Dans le salon elle me dit tout bas, en s'arrêtant:

— Cela doit vous paraître étrange que j'aie l'air d'être
prête à vous accepter ainsi tout de suite; savez-vous d'où
cela vient? Cela vient, continua-t-elle en prenant ma

main et en la posant contre son cœur dont je sentis les palpitations violentes et répétées, cela vient de ce que, devant vivre moins longtemps que les autres, je me suis promis de vivre plus vite.

— Ne me parlez plus de la sorte, je vous en supplie.

— Oh! consolez-vous, continua-t-elle en riant. Si peu de temps que j'aie à vivre, je vivrai plus longtemps que vous ne m'aimerez.

Et elle entra en chantant dans la salle à manger.

— Où est Nanine? dit-elle en voyant Gaston et Prudence seuls.

— Elle dort dans votre chambre, en attendant que vous vous couchiez, répondit Prudence.

— La malheureuse! Je la tue! Allons, messieurs, retirez-vous, il est temps.

Dix minutes après, Gaston et moi nous sortions. Marguerite me serrait la main en me disant adieu et restait avec Prudence.

— Eh bien, me demanda Gaston, quand nous fûmes dehors, que dites-vous de Marguerite?

— C'est un ange, et j'en suis fou.

— Je m'en doutais; le lui avez-vous dit?

— Oui.

— Et vous a-t-elle promis de vous croire?

— Non.

— Ce n'est pas comme Prudence.

— Elle vous l'a promis?

— Elle a fait mieux, mon cher! On ne le croirait pas, elle est encore très bien, cette grosse Duvernoy!

XI

En cet endroit de son récit, Armand s'arrêta.

— Voulez-vous fermer la fenêtre? me dit-il, je commence à avoir froid. Pendant ce temps, je vais me coucher.

Je fermai la fenêtre. Armand, qui était très faible encore, ôta sa robe de chambre et se mit au lit, laissant pendant quelques instants reposer sa tête sur l'oreiller comme un homme fatigué d'une longue course ou agité de pénibles souvenirs.

— Vous avez peut-être trop parlé, lui dis-je, voulez-vous que je m'en aille et que je vous laisse dormir ? vous me raconterez un autre jour la fin de cette histoire.

— Est-ce qu'elle vous ennuie ?

— Au contraire.

— Je vais continuer alors ; si vous me laissiez seul, je ne dormirais pas.

— Quand je rentrai chez moi, reprit-il, sans avoir besoin de se recueillir, tant tous ces détails étaient encore présents à sa pensée, je ne me couchai pas ; je me mis à réfléchir sur l'aventure de la journée. La rencontre, la présentation, l'engagement de Marguerite vis-à-vis de moi, tout avait été si rapide, si inespéré, qu'il y avait des moments où je croyais avoir rêvé. Cependant ce n'était pas la première fois qu'une fille comme Marguerite se promettait à un homme pour le lendemain du jour où il le lui demandait.

J'avais beau me faire cette réflexion, la première impression produite par ma future maîtresse sur moi avait été si forte qu'elle subsistait toujours. Je m'entêtais encore à ne pas voir en elle une fille semblable aux autres, et avec la vanité si commune à tous les hommes, j'étais prêt à croire qu'elle partageait invinciblement pour moi l'attraction que j'avais pour elle.

Cependant j'avais sous les yeux des exemples bien contradictoires, et j'avais entendu dire souvent que l'amour de Marguerite était passé à l'état de denrée plus ou moins chère, selon la saison.

Mais comment aussi, d'un autre côté, concilier cette réputation avec les refus continuels faits au jeune comte que nous avions trouvé chez elle ? Vous me direz qu'il lui déplaisait et que, comme elle était splendidement entretenue par le duc, pour faire tant que de prendre un autre amant, elle aimait mieux un homme qui lui plût. Alors, pourquoi ne voulait-elle pas de Gaston, charmant, spirituel, riche, et paraissait-elle vouloir de moi qu'elle avait trouvé si ridicule la première fois qu'elle m'avait vu ?

Il est vrai qu'il y a des incidents d'une minute qui font plus qu'une cour d'une année.

De ceux qui se trouvaient au souper, j'étais le seul qui se fût inquiété en la voyant quitter la table. Je l'avais suivie, j'avais été ému à ne pouvoir le cacher, j'avais pleuré en lui baisant la main. Cette circonstance, réunie à mes visites quotidiennes pendant les deux mois de sa maladie, avait pu lui faire voir en moi un autre homme que ceux connus jusqu'alors, et peut-être s'était-elle dit qu'elle pouvait bien faire pour un amour exprimé de cette façon ce qu'elle avait fait tant de fois, que cela n'avait déjà plus de conséquence pour elle.

Toutes ces suppositions, comme vous le voyez, étaient assez vraisemblables ; mais quelle que fût la raison à son consentement, il y avait une chose certaine, c'est qu'elle avait consenti.

Or, j'étais amoureux de Marguerite, j'allais l'avoir, je ne pouvais rien lui demander de plus. Cependant, je vous le répète, quoique ce fût une fille entretenue, je m'étais tellement, peut-être pour la poétiser, fait de cet amour un amour sans espoir, que plus le moment approchait où je n'aurais même plus besoin d'espérer, plus je doutais.

Je ne fermai pas les yeux de la nuit.

Je ne me reconnaissais pas. J'étais à moitié fou. Tantôt je ne me trouvais ni assez beau, ni assez riche, ni assez élégant pour posséder une pareille femme, tantôt je me sentais plein de vanité à l'idée de cette possession : puis je me mettais à craindre que Marguerite n'eût pour moi qu'un caprice de quelques jours, et, pressentant un malheur dans une rupture prompte, je ferais peut-être mieux, me disais-je, de ne pas aller le soir chez elle, et de partir en lui écrivant mes craintes. De là, je passais à des espérances sans limites, à une confiance sans bornes. Je faisais des rêves d'avenir incroyables ; je me disais que cette fille me devrait sa guérison physique et morale, que je passerais toute ma vie avec elle, et que son amour me rendrait plus heureux que les plus virginales amours.

Enfin, je ne pourrais vous répéter les mille pensées qui montaient de mon cœur à ma tête et qui s'éteignirent peu à peu dans le sommeil qui me gagna au jour.

Quand je me réveillai, il était deux heures. Le temps était magnifique. Je ne me rappelle pas que la vie m'ait jamais paru aussi belle et aussi pleine. Les souvenirs de la veille se représentaient à mon esprit, sans ombres, sans obstacles et gaiement escortés des espérances du soir. Je m'habillai à la hâte. J'étais content et capable des meilleures actions. De temps en temps mon cœur bondissait de joie et d'amour dans ma poitrine. Une douce fièvre m'agitait. Je ne m'inquiétais plus des raisons qui m'avaient préoccupé avant que je m'endormisse. Je ne voyais que le résultat, je ne songeais qu'à l'heure où je devais revoir Marguerite.

Il me fut impossible de rester chez moi. Ma chambre me semblait trop petite pour contenir mon bonheur; j'avais besoin de la nature entière pour m'épancher.

Je sortis.

Je passai par la rue d'Antin. Le coupé de Marguerite l'attendait à sa porte; je me dirigeai du côté des Champs-Élysées. J'aimais, sans même les connaître, tous les gens que je rencontrais.

Comme l'amour rend bon!

Au bout d'une heure que je me promenais des chevaux de Marly au rond-point et du rond-point aux chevaux de Marly, je vis de loin la voiture de Marguerite; je ne la reconnus pas, je la devinai.

Au moment de tourner l'angle des Champs-Élysées, elle se fit arrêter, et un grand jeune homme se détacha d'un groupe où il causait pour venir causer avec elle.

Ils causèrent quelques instants; le jeune homme rejoignit ses amis, les chevaux repartirent, et moi, qui m'étais approché du groupe, je reconnus dans celui qui avait parlé à Marguerite ce comte de G... dont j'avais vu le portrait et que Prudence m'avait signalé comme celui à qui Marguerite devait sa position.

C'était à lui qu'elle avait fait défendre sa porte, la veille; je supposai qu'elle avait fait arrêter sa voiture pour lui donner la raison de cette défense, et j'espérai qu'en même temps elle avait trouvé quelque nouveau prétexte pour ne pas le recevoir la nuit suivante.

Comment le reste de la journée se passa, je l'ignore; je

marchai, je fumai, je causai, mais de ce que je dis, de ceux que je rencontrai, à dix heures du soir, je n'avais aucun souvenir.

Tout ce que je me rappelle, c'est que je rentrai chez moi, que je passai trois heures à ma toilette, et que je regardai cent fois ma pendule et ma montre, qui malheureusement allaient l'une comme l'autre.

Quand dix heures et demie sonnèrent, je me dis qu'il était temps de partir.

Je demeurais à cette époque rue de Provence : je suivis la rue du Mont-Blanc, je traversai le boulevard, pris la rue Louis-le-Grand, la rue de Port-Mahon, et la rue d'Antin. Je regardai aux fenêtres de Marguerite.

Il y avait de la lumière.

Je sonnai.

Je demandai au portier si Mlle Gautier était chez elle.

Il me répondit qu'elle ne rentrait jamais avant onze heures ou onze heures un quart.

Je regardai ma montre.

J'avais cru venir tout doucement, je n'avais mis que cinq minutes pour venir de la rue de Provence chez Marguerite.

Alors, je me promenai dans cette rue sans boutiques, et déserte à cette heure

Au bout d'une demi-heure Marguerite arriva. Elle descendit de son coupé en regardant autour d'elle comme si elle eût cherché quelqu'un.

La voiture repartit au pas, les écuries et la remise n'étant pas dans la maison. Au moment où Marguerite allait sonner, je m'approchai et lui dis :

— Bonsoir.

— Ah ! c'est vous ? me dit-elle d'un ton peu rassurant sur le plaisir qu'elle avait à me trouver là.

— Ne m'avez-vous pas permis de venir vous faire visite aujourd'hui ?

— C'est juste ; je l'avais oublié.

Ce mot renversait toutes mes réflexions du matin, toutes mes espérances de la journée. Cependant, je commençais à m'habituer à ces façons et je ne m'en allai pas, ce que j'eusse évidemment fait autrefois.

Nous entrâmes.

Nanine avait ouvert la porte d'avance.

— Prudence est-elle rentrée ? demanda Marguerite.

— Non, madame.

— Va dire que dès qu'elle rentrera elle vienne. Auparavant, éteins la lampe du salon, et, s'il vient quelqu'un, réponds que je ne suis pas rentrée et que je ne rentrerai pas.

C'était bien là une femme préoccupée de quelque chose et peut-être ennuyée d'un importun. Je ne savais quelle figure faire ni que dire. Marguerite se dirigea du côté de sa chambre à coucher ; je restai où j'étais.

— Venez, me dit-elle.

Elle ôta son chapeau, son manteau de velours et les jeta sur son lit, puis se laissa tomber dans un grand fauteuil, auprès du feu qu'elle faisait faire jusqu'au commencement de l'été, et me dit en jouant avec la chaîne de sa montre :

— Eh bien, que me conterez-vous de neuf ?

— Rien, sinon que j'ai eu tort de venir ce soir.

— Pourquoi ?

— Parce que vous paraissez contrariée et que sans doute je vous ennuie.

— Vous ne m'ennuyez pas ; seulement je suis malade, j'ai souffert toute la journée, je n'ai pas dormi et j'ai une migraine affreuse.

— Voulez-vous que je me retire pour vous laisser mettre au lit ?

— Oh ! vous pouvez rester, si je veux me coucher je me coucherai bien devant vous.

En ce moment on sonna.

— Qui vient encore ? dit-elle avec un mouvement d'impatience.

Quelques instants après on sonna de nouveau.

— Il n'y a donc personne pour ouvrir ; il va falloir que j'ouvre moi-même.

En effet, elle se leva en me disant :

— Attendez ici.

Elle traversa l'appartement, et j'entendis ouvrir la porte d'entrée. — J'écoutai.

Celui à qui elle avait ouvert s'arrêta dans la salle à manger. Aux premiers mots, je reconnus la voix du jeune comte de N...

— Comment vous portez-vous ce soir ? disait-il.

— Mal, répondit sèchement Marguerite.

— Est-ce que je vous dérange ?

— Peut-être.

— Comme vous me recevez ! Que vous ai-je fait, ma chère Marguerite ?

— Mon cher ami, vous ne m'avez rien fait. Je suis malade, il faut que je me couche, ainsi vous allez me faire le plaisir de vous en aller. Cela m'assomme de ne pas pouvoir rentrer le soir sans vous voir apparaître cinq minutes après. Qu'est-ce que vous voulez ? Que je sois votre maîtresse ? Eh bien, je vous ai déjà dit cent fois que non, que vous m'agacez horriblement, et que vous pouvez vous adresser autre part. Je vous le répète aujourd'hui pour la dernière fois : Je ne veux pas de vous, c'est bien convenu ; adieu. Tenez, voici Nanine qui rentre ; elle va vous éclairer. Bonsoir.

Et sans ajouter un mot, sans écouter ce que balbutiait le jeune homme, Marguerite revint dans sa chambre et referma violemment la porte, par laquelle Nanine, à son tour, rentra presque immédiatement.

— Tu m'entends, lui dit Marguerite, tu diras toujours à cet imbécile que je n'y suis pas ou que je ne veux pas le recevoir. Je suis lasse, à la fin, de voir sans cesse des gens qui viennent me demander la même chose, qui me payent et qui se croient quittes avec moi. Si celles qui commencent notre honteux métier savaient ce que c'est, elles se feraient plutôt femmes de chambre. Mais non ; la vanité d'avoir des robes, des voitures, des diamants nous entraîne ; on croit à ce que l'on entend, car la prostitution a sa foi, et l'on use peu à peu son cœur, son corps, sa beauté ; on est redoutée comme une bête fauve, méprisée comme un paria, on n'est entourée que de gens qui vous prennent toujours plus qu'ils ne vous donnent, et on s'en va un beau jour crever comme un chien, après avoir perdu les autres et s'être perdue soi-même.

— Voyons, Madame, calmez-vous, dit Nanine, vous avez mal aux nerfs ce soir.

— Cette robe me gêne, reprit Marguerite en faisant sauter les agrafes de son corsage, donne-moi un peignoir. Eh bien, et Prudence ?

— Elle n'était pas rentrée, mais on l'enverra à Madame dès qu'elle rentrera.

— En voilà encore une, continua Marguerite en ôtant sa robe et en passant un peignoir blanc, en voilà encore une qui sait bien me trouver quand elle a besoin de moi, et qui ne peut pas me rendre un service de bonne grâce. Elle sait que j'attends cette réponse ce soir, qu'il me la faut, que je suis inquiète, et je suis sûre qu'elle est allée courir sans s'occuper de moi.

— Peut-être a-t-elle été retenue.

— Fais-nous donner le punch.

— Vous allez encore vous faire du mal, dit Nanine.

— Tant mieux. Apporte-moi aussi des fruits, du pâté ou une aile de poulet, quelque chose tout de suite, j'ai faim.

Vous dire l'impression que cette scène me causait, c'est inutile ; vous le devinez, n'est-ce pas ?

— Vous allez souper avec moi, me dit-elle ; en attendant, prenez un livre, je vais passer un instant dans mon cabinet de toilette.

Elle alluma les bougies d'un candélabre, ouvrit une porte au pied de son lit et disparut.

Pour moi, je me mis à réfléchir sur la vie de cette fille, et mon amour s'augmenta de pitié.

Je me promenais à grands pas dans cette chambre, tout en songeant, quand Prudence entra.

— Tiens, vous voilà ? me dit-elle : où est Marguerite ?

— Dans son cabinet de toilette.

— Je vais l'attendre. Dites donc, elle vous trouve charmant ; saviez-vous cela ?

— Non.

— Elle ne vous l'a pas dit un peu ?

— Pas du tout.

— Comment êtes-vous ici ?

— Je viens lui faire une visite.

— A minuit ?

— Pourquoi pas ?

— Farceur !

— Elle m'a même très mal reçu.

— Elle va mieux vous recevoir.

— Vous croyez ?

— Je lui apporte une bonne nouvelle.

— Il n'y a pas de mal ; ainsi elle vous a parlé de moi ?

— Hier au soir, ou plutôt cette nuit, quand vous avez été parti avec votre ami... A propos, comment va-t-il, votre ami ? c'est Gaston R..., je crois, qu'on l'appelle ?

— Oui, dis-je, sans pouvoir m'empêcher de sourire en me rappelant la confidence que Gaston m'avait faite, et en voyant que Prudence savait à peine son nom.

— Il est gentil, ce garçon-là ; qu'est-ce qu'il fait ?

— Il a vingt-cinq mille francs de rente.

— Ah ! vraiment ! eh bien, pour en revenir à vous, Marguerite m'a questionnée sur votre compte ; elle m'a demandé qui vous étiez, ce que vous faisiez, quelles avaient été vos maîtresses ; enfin tout ce qu'on peut demander sur un homme de votre âge. Je lui ai dit tout ce que je sais, en ajoutant que vous êtes un charmant garçon, et voilà.

— Je vous remercie ; maintenant, dites-moi donc de quelle commission elle vous avait chargée hier.

— D'aucune ; c'était pour faire partir le comte, ce qu'elle disait, mais elle m'en a chargée d'une pour aujourd'hui, et c'est la réponse que je lui apporte ce soir.

En ce moment Marguerite sortit de son cabinet de toilette, coquettement coiffée de son bonnet de nuit orné de touffes de rubans jaunes, appelées techniquement des choux.

Elle était ravissante ainsi.

Elle avait ses pieds nus dans des pantoufles de satin, et achevait la toilette de ses ongles.

— Eh bien, dit-elle en voyant Prudence, avez-vous vu le duc ?

— Parbleu !

— Et que vous a-t-il dit ?

— Il m'a donné.

— Combien?

— Six mille.

— Vous les avez?

— Oui.

— A-t-il eu l'air contrarié?

— Non.

— Pauvre homme!

Ce pauvre homme! fut dit d'un ton impossible à rendre. Marguerite prit les six billets de mille francs.

— Il était temps, dit-elle. Ma chère Prudence, avez-vous besoin d'argent?

— Vous savez, mon enfant, que c'est dans deux jours le 15, si vous pouviez me prêter trois ou quatre cents francs, vous me rendriez service.

— Envoyez demain matin, il est trop tard pour faire changer.

— N'oubliez pas.

— Soyez tranquille. Soupez-vous avec nous?

— Non, Charles m'attend chez moi.

— Vous en êtes donc toujours folle?

— Toquée, ma chère! A demain. Adieu, Armand.

Mme Duvernoy sortit.

Marguerite ouvrit son étagère et jeta dedans les billets de banque.

— Vous permettez que je me couche? dit-elle en souriant et en se dirigeant vers son lit.

— Non seulement je vous le permets, mais encore je vous en prie.

Elle rejeta sur le pied de son lit la guipure qui le couvrait et se coucha.

— Maintenant, dit-elle, venez vous asseoir près de moi et causons.

Prudence avait raison : la réponse qu'elle avait apportée à Marguerite l'égayait.

— Vous me pardonnez ma mauvaise humeur de ce soir? me dit-elle en me prenant la main.

— Je suis prêt à vous en pardonner bien d'autres.

— Et vous m'aimez?

— A en devenir fou.

— Malgré mon mauvais caractère?

— Malgré tout.

— Vous me le jurez ?

— Oui, lui dis-je tout bas.

Nanine entra alors portant des assiettes, un poulet froid, une bouteille de bordeaux, des fraises et deux couverts.

— Je ne vous ai pas fait faire du punch, dit Nanine, le bordeaux est meilleur pour vous. N'est-ce pas, Monsieur ?

— Certainement, répondis-je, tout ému encore des dernières paroles de Marguerite et les yeux ardemment fixés sur elle.

— Bien, dit-elle, mets tout cela sur la petite table, approche-la du lit ; nous nous servirons nous-mêmes. Voilà trois nuits que tu passes, tu dois avoir envie de dormir, va te coucher ; je n'ai plus besoin de rien.

— Faut-il fermer la porte à double tour ?

— Je le crois bien ! et surtout dis qu'on ne laisse entrer personne demain avant midi.

XII

A cinq heures du matin, quand le jour commença à paraître à travers les rideaux, Marguerite me dit :

— Pardonne-moi si je te chasse, mais il le faut. Le duc vient tous les matins ; on va lui répondre que je dors, quand il va venir, et il attendra peut-être que je me réveille.

Je pris dans mes mains la tête de Marguerite, dont les cheveux défaits ruisselaient autour d'elle, et je lui donnai un dernier baiser, en lui disant :

— Quand te reverrai-je ?

— Écoute, reprit-elle, prends cette petite clef dorée qui est sur la cheminée, va ouvrir cette porte ; rapporte la clef ici et va-t'en. Dans la journée, tu recevras une lettre et mes ordres, car tu sais que tu dois obéir aveuglément.

— Oui, et si je demandais déjà quelque chose ?

— Quoi donc ?

— Que tu me laissasses cette clef.

— Je n'ai jamais fait pour personne ce que tu me demandes là.

— Eh bien, fais-le pour moi, car je te jure que moi, je ne t'aime pas comme les autres t'aimaient.

— Eh bien, garde-la ; mais je te préviens qu'il ne dépend que de moi que cette clef ne te serve à rien.

— Pourquoi ?

— Il y a des verrous en dedans de la porte.

— Méchante !

— Je les ferai ôter.

— Tu m'aimes donc un peu ?

— Je ne sais pas comment cela se fait, mais il me semble que oui. Maintenant va-t'en ; je tombe de sommeil.

Nous restâmes quelques secondes dans les bras l'un de l'autre et je partis.

Les rues étaient désertes, la grande ville dormait encore, une douce fraîcheur courait dans ces quartiers que le bruit des hommes allait envahir quelques heures plus tard.

Il me sembla que cette ville endormie m'appartenait ; je cherchais dans mon souvenir les noms de ceux dont j'avais jusqu'alors envié le bonheur ; et je ne m'en rappelais pas un sans me trouver plus heureux que lui.

Être aimé d'une jeune fille chaste, lui révéler le premier cet étrange mystère de l'amour, certes, c'est une grande félicité, mais c'est la chose du monde la plus simple. S'emparer d'un cœur qui n'a pas l'habitude des attaques, c'est entrer dans une ville ouverte et sans garnison. L'éducation, le sentiment des devoirs et la famille sont de très fortes sentinelles, mais il n'y a sentinelles si vigilantes que ne trompe une fille de seize ans, à qui, par la voix de l'homme qu'elle aime, la nature donne ces premiers conseils d'amour qui sont d'autant plus ardents qu'ils paraissent plus purs.

Plus la jeune fille croit au bien, plus elle s'abandonne facilement, sinon à l'amant, du moins à l'amour, car étant sans défiance elle est sans force, et se faire aimer d'elle est un triomphe que tout homme de vingt-cinq ans pourra se donner quand il voudra. Et cela est si vrai que

voyez comme on entoure les jeunes filles de surveillance
et de remparts ! Les couvents n'ont pas de murs assez
hauts, les mères de serrures assez fortes, la religion de
devoirs assez continus pour renfermer tous ces charmants
oiseaux dans leur cage, sur laquelle on ne se donne même
pas la peine de jeter des fleurs. Aussi comme elles doivent désirer ce monde qu'on leur cache, comme elles
doivent croire qu'il est tentant, comme elles doivent
écouter la première voix qui, à travers les barreaux, vient
leur en raconter les secrets, et bénir la main qui lève, la
première, un coin du voile mystérieux.

Mais être réellement aimé d'une courtisane, c'est une
victoire bien autrement difficile. Chez elles, le corps a
usé l'âme, les sens ont brûlé le cœur, la débauche a
cuirassé les sentiments. Les mots qu'on leur dit, elles les
savent depuis longtemps, les moyens que l'on emploie,
elles les connaissent, l'amour même qu'elles inspirent,
elles l'ont vendu. Elles aiment par métier et non par
entraînement. Elles sont mieux gardées par leurs calculs
qu'une vierge par sa mère et son couvent ; aussi ont-elles
inventé le mot caprice pour ces amours sans trafic qu'elles se donnent de temps en temps comme repos, comme
excuse, ou comme consolation ; semblables à ces usuriers
qui rançonnent mille individus, et qui croient tout rache-
ter en prêtant un jour vingt francs à quelque pauvre diable
qui meurt de faim, sans exiger d'intérêt et sans lui demander de reçu.

Puis, quand Dieu permet l'amour à une courtisane, cet
amour, qui semble d'abord un pardon, devient presque
toujours pour elle un châtiment. Il n'y a pas d'absolution
sans pénitence. Quand une créature, qui a tout son passé à
se reprocher, se sent tout à coup prise d'un amour profond, sincère, irrésistible, dont elle ne se fût jamais crue
capable ; quand elle a avoué cet amour, comme l'homme
aimé ainsi la domine ! Comme il se sent fort avec ce droit
cruel de lui dire : Vous ne faites pas plus pour de l'amour
que vous n'avez fait pour de l'argent.

Alors elles ne savent quelles preuves donner. Un enfant, raconte la fable, après s'être longtemps amusé dans
un champ à crier : Au secours ! pour déranger des travail-

leurs, fut dévoré un beau jour par un ours, sans que ceux qu'il avait trompés si souvent crussent cette fois aux cris réels qu'il poussait. Il en est de même de ces malheureuses filles, quand elles aiment sérieusement. Elles ont menti tant de fois qu'on ne veut plus les croire, et elles sont, au milieu de leurs remords, dévorées par leur amour.

De là, ces grands dévouements, ces austères retraites dont quelques-unes ont donné l'exemple.

Mais quand l'homme qui inspire cet amour rédempteur a l'âme assez généreuse pour l'accepter sans se souvenir du passé, quand il s'y abandonne, quand il aime enfin, comme il est aimé, cet homme épuise d'un coup toutes les émotions terrestres, et après cet amour son cœur sera fermé à tout autre.

Ces réflexions, je ne les faisais pas le matin où je rentrais chez moi. Elles n'eussent pu être que le pressentiment de ce qui allait m'arriver, et malgré mon amour pour Marguerite, je n'entrevoyais pas de semblables conséquences; aujourd'hui je les fais. Tout étant irrévocablement fini, elles résultent naturellement de ce qui a eu lieu.

Mais revenons au premier jour de cette liaison. Quand je rentrai, j'étais d'une gaieté folle. En songeant que les barrières placées par mon imagination entre Marguerite et moi avaient disparu, que je la possédais, que j'occupais un peu sa pensée, que j'avais dans ma poche la clef de son appartement et le droit de me servir de cette clef, j'étais content de la vie, fier de moi, et j'aimais Dieu qui permettait tout cela.

Un jour un jeune homme passe dans une rue, il y coudoie une femme, il la regarde, il se retourne, il passe. Cette femme, il ne la connaît pas, elle a des plaisirs, des chagrins, des amours où il n'a aucune part. Il n'existe pas pour elle, et peut-être, s'il lui parlait se moquerait-elle de lui comme Marguerite avait fait de moi. Des semaines, des mois, des années s'écoulent, et tout à coup, quand ils ont suivi chacun leur destinée dans un ordre différent, la logique du hasard les ramène en face l'un de l'autre. Cette femme devient la maîtresse de cet homme et l'aime.

Comment? pourquoi? leurs deux existences n'en font plus qu'une; à peine l'intimité existe-t-elle, qu'elle leur semble avoir existé toujours, et tout ce qui a précédé s'efface de la mémoire des deux amants. C'est curieux, avouons-le.

Quant à moi, je ne me rappelais plus comment j'avais vécu avant la veille. Tout mon être s'exaltait en joie au souvenir des mots échangés pendant cette première nuit. Ou Marguerite était habile à tromper, ou elle avait pour moi une de ces passions subites qui se révèlent dès le premier baiser, et qui meurent quelquefois, du reste, comme elles sont nées.

Plus j'y réfléchissais, plus je me disais que Marguerite n'avait aucune raison de feindre un amour qu'elle n'aurait pas ressenti, et je me disais aussi que les femmes ont deux façons d'aimer qui peuvent résulter l'une de l'autre: elles aiment avec le cœur ou avec les sens. Souvent une femme prend un amant pour obéir à la seule volonté de ses sens, et apprend sans s'y être attendue le mystère de l'amour immatériel et ne vit plus que par son cœur; souvent une jeune fille ne cherchant dans le mariage que la réunion de deux affections pures, reçoit cette soudaine révélation de l'amour physique, cette énergique conclusion des plus chastes impressions de l'âme.

Je m'endormis au milieu de ces pensées. Je fus réveillé par une lettre de Marguerite, lettre contenant ces mots:

« Voici mes ordres: Ce soir au Vaudeville. Venez pendant le troisième entracte.   M. G. »

Je serrai ce billet dans un tiroir, afin d'avoir toujours la réalité sous la main, dans le cas où je douterais, comme cela m'arrivait par moments.

Elle ne me disait pas de l'aller voir dans le jour, je n'osai me présenter chez elle; mais j'avais un si grand désir de la rencontrer avant le soir que j'allai aux Champs-Élysées, où, comme la veille, je la vis passer et redescendre.

A sept heures, j'étais au Vaudeville.

Jamais je n'étais entré si tôt dans un théâtre.

Toutes les loges s'emplirent les unes après les autres. Une seule restait vide : l'avant-scène du rez-de-chaussée.

Au commencement du troisième acte, j'entendis ouvrir la porte de cette loge, sur laquelle j'avais presque constamment les yeux fixés, Marguerite parut.

Elle passa tout de suite sur le devant, chercha à l'orchestre, m'y vit et me remercia du regard.

Elle était merveilleusement belle ce soir-là.

Étais-je la cause de cette coquetterie ? M'aimait-elle assez pour croire que, plus je la trouverais belle, plus je serais heureux ? Je l'ignorais encore ; mais si telle avait été son intention, elle réussissait, car lorsqu'elle se montra, les têtes ondulèrent les unes vers les autres, et l'acteur alors en scène regarda lui-même celle qui troublait ainsi les spectateurs par sa seule apparition.

Et j'avais la clef de l'appartement de cette femme, et dans trois ou quatre heures elle allait de nouveau être à moi.

On blâme ceux qui se ruinent pour des actrices et des femmes entretenues ; ce qui m'étonne, c'est qu'ils ne fassent pas pour elles vingt fois plus de folies. Il faut avoir vécu, comme moi, de cette vie-là, pour savoir combien les petites vanités de tous les jours qu'elles donnent à leur amant soudent fortement dans le cœur, puisque nous n'avons pas d'autre mot, l'amour qu'il a pour elle.

Prudence prit place ensuite dans la loge, et un homme que je reconnus pour le comte de G... s'assit au fond.

A sa vue, un froid me passa sur le cœur.

Sans doute Marguerite s'apercevait de l'impression produite sur moi par la présence de cet homme dans sa loge, car elle me sourit de nouveau, et tournant le dos au comte, elle parut fort attentive à la pièce. Au troisième entracte, elle se retourna, dit deux mots ; le comte quitta la loge, et Marguerite me fit signe de venir la voir.

— Bonsoir, me dit-elle quand j'entrai, et elle me tendit la main.

— Bonsoir, répondis-je en m'adressant à Marguerite et à Prudence.

— Asseyez-vous.

— Mais je prends la place de quelqu'un. Est-ce que M. le comte de G... ne va pas revenir?

— Si; je l'ai envoyé me chercher des bonbons pour que nous puissions causer seuls un instant. Mme Duvernoy est dans la confidence.

— Oui, mes enfants, dit celle-ci; mais soyez tranquilles, je ne dirai rien.

— Qu'avez-vous donc ce soir? dit Marguerite en se levant et en venant dans l'ombre de la loge m'embrasser sur le front.

— Je suis un peu souffrant.

— Il faut aller vous coucher, reprit-elle avec cet air ironique si bien fait pour sa tête fine et spirituelle.

— Où?

— Chez vous.

— Vous savez bien que je n'y dormirai pas.

— Alors, il ne faut pas venir nous faire la moue ici parce que vous avez vu un homme dans ma loge.

— Ce n'est pas pour cette raison.

— Si fait, je m'y connais, et vous avez tort; ainsi ne parlons plus de cela. Vous viendrez après le spectacle chez Prudence, et vous y resterez jusqu'à ce que je vous appelle. Entendez-vous?

— Oui.

Est-ce que je pouvais désobéir?

— Vous m'aimez toujours? reprit-elle.

— Vous me le demandez!

— Vous avez pensé à moi?

— Tout le jour.

— Savez-vous que je crains décidément de devenir amoureuse de vous? Demandez plutôt à Prudence.

— Ah! répondit la grosse fille, c'en est assommant.

— Maintenant, vous allez retourner à votre stalle; le comte va rentrer, et il est inutile qu'il vous trouve ici.

— Pourquoi?

— Parce que cela vous est désagréable de le voir.

— Non; seulement si vous m'aviez dit désirer venir au Vaudeville ce soir, j'aurais pu vous envoyer cette loge aussi bien que lui.

— Malheureusement, il me l'a apportée sans que je la

lui demande, en m'offrant de m'accompagner. Vous le savez très bien, je ne pouvais pas refuser. Tout ce que je pouvais faire, c'était de vous écrire où j'allais pour que vous me vissiez, et parce que moi-même j'avais du plaisir à vous revoir plus tôt; mais puisque c'est ainsi que vous me remerciez, je profite de la leçon.

— J'ai tort, pardonnez-moi.

— A la bonne heure, retournez gentiment à votre place, et surtout ne faites plus le jaloux.

Elle m'embrassa de nouveau, et je sortis.

Dans le couloir, je rencontrai le comte qui revenait.

Je retournai à ma stalle.

Après tout, la présence de M. de G... dans la loge de Marguerite était la chose la plus simple. Il avait été son amant, il lui apportait une loge, il l'accompagnait au spectacle, tout cela était fort naturel, et du moment où j'avais pour maîtresse une fille comme Marguerite, il me fallait bien accepter ses habitudes.

Je n'en fus pas moins très malheureux le reste de la soirée, et j'étais fort triste en m'en allant, après avoir vu Prudence, le comte et Marguerite monter dans la calèche qui les attendait à la porte.

Et cependant un quart d'heure après j'étais chez Prudence. Elle rentrait à peine.

XIII

— Vous êtes venu presque aussi vite que nous, me dit Prudence.

— Oui, répondis-je machinalement. Où est Marguerite?

— Chez elle.

— Toute seule?

— Avec M. de G...

Je me promenai à grands pas dans le salon.

— Eh bien, qu'avez-vous?

— Croyez-vous que je trouve drôle d'attendre ici que M. de G... sorte de chez Marguerite?

— Vous n'êtes pas raisonnable non plus. Comprenez

donc que Marguerite ne peut pas mettre le comte à la porte. M. de G... a été longtemps avec elle, il lui a toujours donné beaucoup d'argent; il lui en donne encore. Marguerite dépense plus de cent mille francs par an; elle a beaucoup de dettes. Le duc lui envoie ce qu'elle lui demande, mais elle n'ose pas toujours lui demander tout ce dont elle a besoin. Il ne faut pas qu'elle se brouille avec le comte qui lui fait une dizaine de mille francs par an au moins. Marguerite vous aime bien, mon cher ami, mais votre liaison avec elle, dans son intérêt et dans le vôtre, ne doit pas être sérieuse. Ce n'est pas avec vos sept ou huit mille francs de pension que vous soutiendrez le luxe de cette fille-là; ils ne suffiraient pas à l'entretien de sa voiture. Prenez Marguerite pour ce qu'elle est, pour une bonne fille spirituelle et jolie; soyez son amant pendant un mois, deux mois; donnez-lui des bouquets, des bonbons et des loges; mais ne vous mettez rien de plus en tête, et ne lui faites pas des scènes de jalousie ridicule. Vous savez bien à qui vous avez affaire; Marguerite n'est pas une vertu. Vous lui plaisez, vous l'aimez bien, ne vous inquiétez pas du reste. Je vous trouve charmant de faire le susceptible! vous avez la plus agréable maîtresse de Paris! Elle vous reçoit dans un appartement magnifique, elle est couverte de diamants, elle ne vous coûtera pas un sou, si vous le voulez, et vous n'êtes pas content. Que diable! vous en demandez trop.

— Vous avez raison, mais c'est plus fort que moi, l'idée que cet homme est son amant me fait un mal affreux.

— D'abord, reprit Prudence, est-il encore son amant? C'est un homme dont elle a besoin, voilà tout. Depuis deux jours, elle lui fait fermer sa porte; il est venu ce matin, elle n'a pas pu faire autrement que d'accepter sa loge et de le laisser l'accompagner. Il l'a reconduite, il monte un instant chez elle, il n'y reste pas, puisque vous attendez ici. Tout cela est bien naturel, il me semble. D'ailleurs vous acceptez bien le duc?

— Oui, mais celui-là est un vieillard, et je suis sûr que Marguerite n'est pas sa maîtresse. Puis, on peut souvent accepter une liaison et n'en pas accepter deux. Cette facilité ressemble trop à un calcul et rapproche l'homme qui y consent, même par amour, de ceux qui, un étage plus bas, font un métier de ce consentement et un profit de ce métier.

— Ah! mon cher, que vous êtes arriéré! combien en ai-je vus, et des plus nobles, des plus élégants, des plus riches, faire ce que je vous conseille, et cela, sans efforts, sans honte, sans remords! Mais cela se voit tous les jours. Mais comment voudriez-vous que les femmes entretenues de Paris fissent pour soutenir le train qu'elles mènent, si elles n'avaient pas trois ou quatre amants à la fois? Il n'y a pas de fortune, si considérable qu'elle soit, qui puisse subvenir seule aux dépenses d'une femme comme Marguerite. Une fortune de cinq cent mille francs de rente est une fortune énorme en France; eh bien, mon cher ami, cinq cent mille francs de rente n'en viendraient pas à bout, et voici pourquoi : Un homme qui a un pareil revenu a une maison montée, des chevaux, des domestiques, des voitures, des chasses, des amis; souvent il est marié, il a des enfants, il fait courir, il joue, il voyage, que sais-je, moi! Toutes ces habitudes sont prises de telle façon qu'il ne peut s'en défaire sans passer pour être ruiné et sans faire scandale. Tout compte fait, avec cinq cent mille francs par an, il ne peut pas donner à une femme plus de quarante ou cinquante mille francs dans l'année, et encore c'est beaucoup. Eh bien, d'autres amours complètent la dépense annuelle de la femme. Avec Marguerite, c'est encore plus commode; elle est tombée par un miracle du ciel sur un vieillard riche à dix millions, dont la femme et la fille sont mortes, qui n'a plus que des neveux riches eux-mêmes, qui lui donne tout ce qu'elle veut sans rien lui demander en échange; mais elle ne peut pas lui demander plus de soixante-dix mille francs par an, et je suis sûre que si elle lui en demandait davantage, malgré sa fortune et l'affection qu'il a pour elle, il le lui refuserait. Tous ces jeunes gens ayant vingt ou trente mille livres de rente à Paris, c'est-à-dire à peine de quoi vivre dans le monde qu'ils fréquentent, savent très bien, quand ils sont les amants d'une femme comme Marguerite, qu'elle ne pourrait pas seulement payer son appartement

et ses domestiques avec ce qu'ils lui donnent. Ils ne lui
disent pas qu'ils le savent, ils ont l'air de ne rien voir, et
quand ils en ont assez ils s'en vont. S'ils ont la vanité de
suffire à tout, ils se ruinent comme des sots et vont se
faire tuer en Afrique après avoir laissé cent mille francs
de dettes à Paris. Croyez-vous que la femme leur en soit
reconnaissante ? Pas le moins du monde. Au contraire,
elle dit qu'elle leur a sacrifié sa position et que pendant
qu'elle était avec eux, elle perdait de l'argent. Ah ! vous
trouvez tous ces détails honteux, n'est-ce pas ? ils sont
vrais. Vous êtes un charmant garçon, que j'aime de tout
mon cœur, je vis depuis vingt ans parmi les femmes
entretenues, je sais ce qu'elles sont et ce qu'elles valent,
et je ne voudrais pas vous voir prendre au sérieux le
caprice qu'une jolie fille a pour vous. Puis, outre cela,
admettons, continua Prudence, que Marguerite vous aime
assez pour renoncer au comte et au duc, dans le cas où
celui-ci s'apercevrait de votre liaison et lui dirait de
choisir entre vous et lui, le sacrifice qu'elle vous ferait
serait énorme, c'est incontestable. Quel sacrifice égal
pourriez-vous lui faire, vous ? quand la satiété serait venue, quand vous n'en voudriez plus enfin, que feriez-
vous pour la dédommager de ce que vous lui auriez fait
perdre ! Rien. Vous l'auriez isolée du monde dans lequel
étaient sa fortune et son avenir, elle vous aurait donné ses
plus belles années, et elle serait oubliée. Ou vous seriez
un homme ordinaire, alors, lui jetant son passé à la face,
vous lui diriez qu'en la quittant vous ne faites qu'agir
comme ses autres amants, et vous l'abandonneriez à une
misère certaine ; ou vous seriez un honnête homme, et
vous croyant forcé de la garder auprès de vous, vous vous
livreriez vous-même à un malheur inévitable, car cette
liaison, excusable chez le jeune homme, ne l'est plus
chez l'homme mûr. Elle devient un obstacle à tout, elle
ne permet ni la famille, ni l'ambition, ces secondes et
dernières amours de l'homme. Croyez-m'en donc, mon
ami, prenez les choses pour ce qu'elles valent, les femmes pour ce qu'elles sont, et ne donnez pas à une fille
entretenue le droit de se dire votre créancière en quoi que
ce soit.

C'était sagement raisonné et d'une logique dont j'aurais cru Prudence incapable. Je ne trouvai rien à lui répondre, sinon qu'elle avait raison ; je lui donnai la main et la remerciai de ses conseils.

— Allons, allons, me dit-elle, chassez-moi ces mauvaises théories, et riez ; la vie est charmante, mon cher, c'est selon le verre par lequel on la regarde. Tenez, consultez votre ami Gaston, en voilà un qui me fait l'effet de comprendre l'amour comme je le comprends. Ce dont il faut que vous soyez convaincu, sans quoi vous deviendrez un garçon insipide, c'est qu'il y a à côté d'ici une belle fille qui attend impatiemment que l'homme qui est chez elle s'en aille, qui pense à vous, qui vous garde sa nuit et qui vous aime, j'en suis certaine. Maintenant venez vous mettre à la fenêtre avec moi, et regardons partir le comte qui ne va pas tarder à nous laisser la place.

Prudence ouvrit une fenêtre, et nous nous accoudâmes à côté l'un de l'autre sur le balcon.

Elle regardait les rares passants, moi je rêvais.

Tout ce qu'elle m'avait dit me bourdonnait dans la tête, et je ne pouvais m'empêcher de convenir qu'elle avait raison ; mais l'amour réel que j'avais pour Marguerite avait peine à s'accommoder de cette raison-là. Aussi poussais-je de temps en temps des soupirs qui faisaient retourner Prudence, et lui faisaient hausser les épaules comme un médecin qui désespère d'un malade.

«Comme on s'aperçoit que la vie doit être courte, disais-je en moi-même, par la rapidité des sensations ! Je ne connais Marguerite que depuis deux jours, elle n'est ma maîtresse que depuis hier, et elle a déjà tellement envahi ma pensée, mon cœur et ma vie, que la visite de ce comte de G... est un malheur pour moi.»

Enfin le comte sortit, remonta dans sa voiture et disparut. Prudence ferma sa fenêtre.

Au même moment Marguerite nous appelait.

— Venez vite, on met la table, disait-elle, nous allons souper.

Quand j'entrai chez elle, Marguerite courut à moi, me sauta au cou et m'embrassa de toutes ses forces.

— Sommes-nous toujours maussade ? me dit-elle.

— Non, c'est fini, répondit Prudence, je lui ai fait de la morale, et il a promis d'être sage.

— A la bonne heure !

Malgré moi, je jetai les yeux sur le lit, il n'était pas défait : quant à Marguerite, elle était déjà en peignoir blanc.

On se mit à table.

Charme, douceur, expansion, Marguerite avait tout, et j'étais bien forcé de temps en temps de reconnaître que je n'avais pas le droit de lui demander autre chose ; que bien des gens seraient heureux à ma place, et que, comme le berger de Virgile, je n'avais qu'à jouir des loisirs qu'un dieu ou plutôt qu'une déesse me faisait.

J'essayai de mettre en pratique les théories de Prudence et d'être aussi gai que mes deux compagnes ; mais ce qui chez elles était nature, chez moi était effort, et le rire nerveux que j'avais, et auquel elles se trompèrent, touchait de bien près aux larmes.

Enfin le souper cessa, et je restai seul avec Marguerite. Elle alla, comme elle en avait l'habitude, s'asseoir sur son tapis devant le feu et regarder d'un air triste la flamme du foyer.

Elle songeait ! A quoi ? je l'ignore ; moi, je la regardais avec amour et presque avec terreur en pensant à ce que j'étais prêt à souffrir pour elle.

— Sais-tu à quoi je pensais ?

— Non.

— A une combinaison que j'ai trouvée.

— Et quelle est cette combinaison ?

— Je ne puis pas encore te la confier, mais je puis te dire ce qui en résulterait. Il en résulterait que dans un mois d'ici je serais libre, je ne devrais plus rien, et nous irions passer ensemble l'été à la campagne.

— Et vous ne pouvez pas me dire par quel moyen ?

— Non, il faut seulement que tu m'aimes comme je t'aime, et tout réussira.

— Et c'est vous seule qui avez trouvé cette combinaison ?

— Oui.

— Et vous l'exécuterez seule ?

— Moi seule aurai les ennuis, me dit Marguerite avec un sourire que je n'oublierai jamais, mais nous partagerons les bénéfices.

Je ne pus m'empêcher de rougir à ce mot de bénéfices ; je me rappelai Manon Lescaut mangeant avec Des Grieux l'argent de M. de B...

Je répondis d'un ton un peu dur et en me levant :

— Vous me permettrez, ma chère Marguerite, de ne partager les bénéfices que des entreprises que je conçois et que j'exploite moi-même.

— Qu'est-ce que cela signifie ?

— Cela signifie que je soupçonne fort M. le comte de G... d'être votre associé dans cette heureuse combinaison dont je n'accepte ni les charges ni les bénéfices.

— Vous êtes un enfant. Je croyais que vous m'aimiez, je me suis trompée, c'est bien.

Et, en même temps, elle se leva, ouvrit son piano et se remit à jouer l'*Invitation à la valse,* jusqu'à ce fameux passage en majeur qui l'arrêtait toujours.

Était-ce par habitude, ou pour me rappeler le jour où nous nous étions connus ? Tout ce que je sais, c'est qu'avec cette mélodie les souvenirs me revinrent, et, m'approchant d'elle, je lui pris la tête entre mes mains et l'embrassai.

— Vous me pardonnez ? lui dis-je.

— Vous le voyez bien, me répondit-elle ; mais remarquez que nous n'en sommes qu'au second jour, et que déjà j'ai quelque chose à vous pardonner. Vous tenez bien mal vos promesses d'obéissance aveugle.

— Que voulez-vous, Marguerite, je vous aime trop, et je suis jaloux de la moindre de vos pensées. Ce que vous m'avez proposé tout à l'heure me rendrait fou de joie, mais le mystère qui précède l'exécution de ce projet me serre le cœur.

— Voyons, raisonnons un peu, reprit-elle en me prenant les deux mains et en me regardant avec un charmant sourire auquel il m'était impossible de résister ; vous m'aimez, n'est-ce pas, et vous seriez heureux de passer trois ou quatre mois à la campagne avec moi seule ; moi aussi, je serais heureuse de cette solitude à deux, non

seulement j'en serais heureuse, mais j'en ai besoin pour
ma santé. Je ne puis quitter Paris pour un si long temps
sans mettre ordre à mes affaires, et les affaires d'une
femme comme moi sont toujours très embrouillées; eh
bien, j'ai trouvé le moyen de tout concilier, mes affaires
et mon amour pour vous, oui, pour vous, ne riez pas,
j'ai la folie de vous aimer! et voilà que vous prenez
vos grands airs et me dites des grands mots. Enfant,
trois fois enfant, rappelez-vous seulement que je vous
aime, et ne vous inquiétez de rien. — Est-ce convenu,
voyons?

— Tout ce que vous voulez est convenu, vous le savez
bien.

— Alors, avant un mois, nous serons dans quelque
village, à nous promener au bord de l'eau et à boire du
lait. Cela vous semble étrange que je parle ainsi, moi,
Marguerite Gautier; cela vient, mon ami, de ce que
quand cette vie de Paris, qui semble me rendre si heureuse, ne me brûle pas, elle m'ennuie, et alors j'ai des
aspirations soudaines vers une existence plus calme qui
me rappellerait mon enfance. On a toujours eu une enfance, quoi que l'on soit devenue. Oh! soyez tranquille,
je ne vais pas vous dire que je suis la fille d'un colonel en
retraite et que j'ai été élevée à Saint-Denis. Je suis une
pauvre fille de la campagne, et je ne savais pas écrire mon
nom il y a six ans. Vous voilà rassuré, n'est-ce pas?
Pourquoi est-ce vous le premier à qui je m'adresse pour
partager la joie du désir qui m'est venu? Sans doute parce
que j'ai reconnu que vous m'aimiez pour moi et non pour
vous, tandis que les autres ne m'ont jamais aimée que
pour eux. J'ai été bien souvent à la campagne, mais
jamais comme j'aurais voulu y aller. C'est sur vous que je
compte pour ce bonheur facile, ne soyez donc pas méchant et accordez-le-moi. Dites-vous ceci: Elle ne doit
pas vivre vieille, et je me repentirais un jour de n'avoir
pas fait pour elle la première chose qu'elle m'a demandée, et qu'il était si facile de faire.

Que répondre à de pareilles paroles, surtout avec le
souvenir d'une première nuit d'amour, et dans l'attente
d'une seconde?

Une heure après, je tenais Marguerite dans mes bras, et elle m'eût demandé de commettre un crime que je lui eusse obéi.

A six heures du matin je partis, et avant de partir je lui dis :

— A ce soir ?

Elle m'embrassa plus fort, mais elle ne me répondit pas.

Dans la journée, je reçus une lettre qui contenait ces mots :

« Cher enfant, je suis un peu souffrante, et le médecin m'ordonne le repos. Je me coucherai de bonne heure ce soir et ne vous verrai pas. Mais, pour vous récompenser, je vous attendrai demain à midi. Je vous aime. »

Mon premier mot fut : Elle me trompe !

Une sueur glacée passa sur mon front, car j'aimais déjà trop cette femme pour que ce soupçon ne me bouleversât point.

Et cependant je devais m'attendre à cet événement presque tous les jours avec Marguerite, et cela m'était arrivé souvent avec mes autres maîtresses, sans que je m'en préoccupasse fort. D'où venait donc l'empire que cette femme prenait sur ma vie ?

Alors je songeai, puisque j'avais la clef de chez elle, à aller la voir comme de coutume. De cette façon je saurais bien vite la vérité, et si je trouvais un homme, je le souffletterais.

En attendant j'allai aux Champs-Élysées. J'y restai quatre heures. Elle ne parut pas. Le soir, j'entrai dans tous les théâtres où elle avait l'habitude d'aller. Elle n'était dans aucun.

A onze heures, je me rendis rue d'Antin.

Il n'y avait pas de lumière aux fenêtres de Marguerite. Je sonnai néanmoins.

Le portier me demanda où j'allais.

— Chez Mlle Gautier, lui dis-je.

— Elle n'est pas rentrée.

— Je vais monter l'attendre.

— Il n'y a personne chez elle.

Évidemment c'était là une consigne que je pouvais forcer puisque j'avais la clef, mais je craignais un esclande ridicule, et je sortis.

Seulement, je ne rentrai pas chez moi, je ne pouvais quitter la rue, et ne perdais pas des yeux la maison de Marguerite. Il me semblait que j'avais encore quelque chose à apprendre, ou du moins que mes soupçons allaient se confirmer.

Vers minuit, un coupé que je connaissais bien s'arrêta vers le numéro 9.

Le comte de G... en descendit et entra dans la maison, après avoir congédié sa voiture.

Un moment j'espérai que, comme à moi, on allait lui dire que Marguerite n'était pas chez elle, et que j'allais le voir sortir; mais à quatre heures du matin j'attendais encore.

J'ai bien souffert depuis trois semaines, mais ce n'est rien, je crois, en comparaison de ce que je souffris cette nuit-là.

XIV

Rentré chez moi, je me mis à pleurer comme un enfant. Il n'y a pas d'homme qui n'ait été trompé au moins une fois, et qui ne sache ce que l'on souffre.

Je me dis, sous le poids de ces résolutions de la fièvre que l'on croit toujours avoir la force de tenir, qu'il fallait rompre immédiatement avec cet amour, et j'attendis le jour avec impatience pour aller retenir ma place, retourner auprès de mon père et de ma sœur, double amour dont j'étais certain, et qui ne me tromperait pas, lui.

Cependant je ne voulais pas partir sans que Marguerite sût bien pourquoi je partais. Seul, un homme qui n'aime décidément plus sa maîtresse la quitte sans lui écrire.

Je fis et refis vingt lettres dans ma tête.

J'avais eu affaire à une fille semblable à toutes les filles entretenues, je l'avais beaucoup trop poétisée, elle m'avait traité en écolier, en employant, pour me tromper, une ruse d'une simplicité insultante, c'était clair. Mon amour-propre prit alors le dessus. Il fallait quitter cette femme sans lui donner la satisfaction de savoir ce que cette rupture me faisait souffrir, et voici ce que je lui écrivis de mon écriture la plus élégante, et des larmes de rage et de douleur dans les yeux :

« Ma chère Marguerite,

« J'espère que votre indisposition d'hier aura été peu de chose. J'ai été, à onze heures du soir, demander de vos nouvelles, et l'on m'a répondu que vous n'étiez pas rentrée. M. de G... a été plus heureux que moi, car il s'est présenté quelques instants après, et à quatre heures du matin il était encore chez vous.

« Pardonnez-moi les quelques heures ennuyeuses que je vous ai fait passer, et soyez sûre que je n'oublierai jamais les moments heureux que je vous dois.

« Je serais bien allé savoir de vos nouvelles aujourd'hui, mais je compte retourner près de mon père.

« Adieu, ma chère Marguerite ; je ne suis ni assez riche pour vous aimer comme je le voudrais, ni assez pauvre pour vous aimer comme vous le voudriez. Oublions donc, vous, un nom qui doit vous être à peu près indifférent, moi, un bonheur qui me devient impossible.

« Je vous renvoie votre clef, qui ne m'a jamais servi et qui pourra vous être utile, si vous êtes souvent malade comme vous l'étiez hier. »

Vous le voyez, je n'avais pas eu la force de finir cette lettre sans une impertinente ironie, ce qui prouvait combien j'étais encore amoureux.

Je lus et relus dix fois cette lettre, et l'idée qu'elle ferait de la peine à Marguerite me calma un peu. J'essayai de m'enhardir dans les sentiments qu'elle affectait, et quand, à huit heures, mon domestique entra chez moi, je la lui remis pour qu'il la portât tout de suite.

— Faudra-t-il attendre une réponse ? me demanda Joseph (mon domestique s'appelait Joseph, comme tous les domestiques).

— Si l'on vous demande s'il y a une réponse, vous direz que vous n'en savez rien et vous attendrez.

Je me rattachais à cette espérance qu'elle allait me répondre.

Pauvres et faibles que nous sommes !

Tout le temps que mon domestique resta dehors, je fus dans une agitation extrême. Tantôt me rappelant comment Marguerite s'était donnée à moi, je me demandais de quel droit je lui écrivais une lettre impertinente, quand elle pouvait me répondre que ce n'était pas M. de G... qui me trompait, mais moi qui trompais M. de G...; raisonnement qui permet à bien des femmes d'avoir plusieurs amants. Tantôt, me rappelant les serments de cette fille, je voulais me convaincre que ma lettre était trop douce encore et qu'il n'y avait pas d'expressions assez fortes pour flétrir une femme qui se riait d'un amour aussi sincère que le mien. Puis, je me disais que j'aurais mieux fait de ne pas lui écrire, d'aller chez elle dans la journée, et que, de cette façon, j'aurais joui des larmes que je lui aurais fait répandre.

Enfin, je me demandais ce qu'elle allait me répondre, déjà prêt à croire l'excuse qu'elle me donnerait.

Joseph revint.

— Eh bien ? lui dis-je.

— Monsieur, me répondit-il, madame était couchée et dormait encore, mais dès qu'elle sonnera, on lui remettra la lettre, et s'il y a une réponse on l'apportera.

Elle dormait !

Vingt fois je fus sur le point de renvoyer chercher cette lettre, mais je me disais toujours :

— On la lui a peut-être déjà remise, et j'aurais l'air de me repentir.

Plus l'heure à laquelle il était vraisemblable qu'elle me répondît approchait, plus je regrettais d'avoir écrit.

Dix heures, onze heures, midi sonnèrent.

A midi, je fus au moment d'aller au rendez-vous, comme si rien ne s'était passé. Enfin, je ne savais qu'imaginer pour sortir du cercle de fer qui m'étreignait.

Alors, je crus, avec cette superstition des gens qui attendent, que, si je sortais un peu, à mon retour je trouverais une réponse. Les réponses impatiemment attendues arrivent toujours quand on n'est pas chez soi.

Je sortis sous prétexte d'aller déjeuner.

Au lieu de déjeuner au café Foy, au coin du boulevard, comme j'avais l'habitude de le faire, je préférai aller déjeuner au Palais-Royal et passer par la rue d'Antin. Chaque fois que de loin j'apercevais une femme, je croyais voir Nanine m'apportant une réponse. Je passai rue d'Antin sans avoir même rencontré un commissionnaire. J'arrivai au Palais-Royal, j'entrai chez Véry. Le garçon me fit manger ou plutôt me servit ce qu'il voulut, car je ne mangeai pas.

Malgré moi, mes yeux se fixaient toujours sur la pendule.

Je rentrai, convaincu que j'allais trouver une lettre de Marguerite.

Le portier n'avait rien reçu. J'espérais encore dans mon domestique. Celui-ci n'avait vu personne depuis mon départ.

Si Marguerite avait dû me répondre, elle m'eût répondu depuis longtemps.

Alors, je me mis à regretter les termes de ma lettre; j'aurais dû me taire complètement, ce qui eût sans doute fait faire une démarche à son inquiétude; car, ne me voyant pas venir au rendez-vous la veille, elle m'eût demandé les raisons de mon absence, et alors seulement j'eusse dû les lui donner. De cette façon, elle n'eût pu faire autrement que de se disculper, et ce que je voulais, c'était qu'elle se disculpât. Je sentais déjà que quelques raisons qu'elle m'eût objectées, je les aurais crues, et que j'aurais mieux tout aimé que de ne plus la voir.

J'en arrivai à croire qu'elle allait venir elle-même chez moi, mais les heures se passèrent et elle ne vint pas.

Décidément, Marguerite n'était pas comme toutes les femmes, car il y en a bien peu qui, en recevant une lettre semblable à celle que je venais d'écrire, ne répondent pas quelque chose.

A cinq heures, je courus aux Champs-Élysées.

— Si je la rencontre, pensai-je, j'affecterai un air

ROMAN   153

indifférent, et elle sera convaincue que je ne songe déjà
plus à elle.

Au tournant de la rue Royale, je la vis passer dans sa
voiture ; la rencontre fut si brusque que je pâlis. J'ignore
si elle vit mon émotion ; moi, j'étais si troublé que je ne
vis que sa voiture.

Je ne continuai pas ma promenade aux Champs-Élysées. Je regardai les affiches des théâtres, car j'avais
encore une chance de la voir.

Il y avait une première représentation au Palais-Royal.
Marguerite devait évidemment y assister.

J'étais au théâtre à sept heures.

Toutes les loges s'emplirent, mais Marguerite ne parut
pas.

Alors, je quittai le Palais-Royal, et j'entrai dans tous
les théâtres où elle allait le plus souvent, au Vaudeville,
aux Variétés, à l'Opéra-Comique.

Elle n'était nulle part.

Ou ma lettre lui avait fait trop de peine pour qu'elle
s'occupât de spectacle, ou elle craignait de se trouver
avec moi, et voulait éviter une explication.

Voilà ce que ma vanité me soufflait sur le boulevard,
quand je rencontrai Gaston qui me demanda d'où je
venais.

— Du Palais-Royal.

— Et moi de l'Opéra, me dit-il ; je croyais même vous
y voir.

— Pourquoi ?

— Parce que Marguerite y était.

— Ah ! elle y était ?

— Oui.

— Seule ?

— Non, avec une de ses amies.

— Voilà tout ?

— Le comte de G... est venu un instant dans sa loge ;
mais elle s'en est allée avec le duc. A chaque instant je
croyais vous voir paraître. Il y avait à côté de moi une
stalle qui est restée vide toute la soirée, et j'étais
convaincu qu'elle était louée par vous.

— Mais pourquoi irais-je où Marguerite va ?

— Parce que vous êtes son amant, pardieu !

— Et qui vous a dit cela ?

— Prudence, que j'ai rencontrée hier. Je vous en féli-
cite, mon cher ; c'est une jolie maîtresse que n'a pas qui
veut. Gardez-la, elle vous fera honneur.

Cette simple réflexion de Gaston me montra combien
mes susceptibilités étaient ridicules.

Si je l'avais rencontré la veille et qu'il m'eût parlé
ainsi, je n'eusse certainement pas écrit la sotte lettre du
matin.

Je fus au moment d'aller chez Prudence et de l'envoyer
dire à Marguerite que j'avais à lui parler ; mais je craignis
que pour se venger elle ne me répondît qu'elle ne pouvait
pas me recevoir, et je rentrai chez moi après être passé
par la rue d'Antin.

Je demandai de nouveau à mon portier s'il avait une
lettre pour moi.

Rien !

Elle aura voulu voir si je ferais quelque nouvelle démarche et si je rétracterais ma lettre aujourd'hui, me
dis-je en me couchant, mais voyant que je ne lui écris
pas, elle m'écrira demain.

Ce soir-là surtout je me repentis de ce que j'avais fait.
J'étais seul chez moi, ne pouvant dormir, dévoré d'inquiétude et de jalousie, quand en laissant suivre aux
choses leur véritable cours, j'aurais dû être auprès de
Marguerite et m'entendre dire les mots charmants que je
n'avais entendus que deux fois, et qui me brûlaient les
oreilles dans ma solitude.

Ce qu'il y avait d'affreux dans ma situation, c'est que
le raisonnement me donnait tort ; en effet, tout me disait
que Marguerite m'aimait. D'abord, ce projet de passer un
été avec moi seul à la campagne, puis cette certitude que
rien ne la forçait à être ma maîtresse, puisque ma fortune
était insuffisante à ses besoins et même à ses caprices. Il
n'y avait donc eu chez elle que l'espérance de trouver en
moi une affection sincère, capable de la reposer des
amours mercenaires au milieu desquelles elle vivait, et
dès le second jour je détruisais cette espérance, et je
payais en ironie impertinente l'amour accepté pendant

deux nuits. Ce que je faisais était donc plus que ridicule, c'était indélicat. Avais-je seulement payé cette femme, pour avoir le droit de blâmer sa vie, et n'avais-je pas l'air, en me retirant dès le second jour, d'un parasite d'amour qui craint qu'on ne lui donne la carte de son dîner? Comment! il y avait trente-six heures que je connaissais Marguerite; il y en avait vingt-quatre que j'étais son amant, et je faisais le susceptible; et au lieu de me trouver trop heureux qu'elle partageât pour moi, je voulais avoir tout à moi seul, et la contraindre à briser d'un coup les relations de son passé qui étaient les revenus de son avenir. Qu'avais-je à lui reprocher? Rien. Elle m'avait écrit qu'elle était souffrante, quand elle eût pu me dire tout crûment, avec la hideuse franchise de certaines femmes, qu'elle avait un amant à recevoir; et au lieu de croire à sa lettre, au lieu d'aller me promener dans toutes les rues de Paris, excepté dans la rue d'Antin; au lieu de passer ma soirée avec mes amis et de me présenter le lendemain à l'heure qu'elle m'indiquait, je faisais l'Othello, je l'espionnais, et je croyais la punir en ne la voyant plus. Mais elle devait être enchantée au contraire de cette séparation; mais elle devait me trouver souverainement sot, et son silence n'était pas même de la rancune; c'était du dédain.

J'aurais dû alors faire à Marguerite un cadeau qui ne lui laissât aucun doute sur ma générosité, et qui m'eût permis, la traitant comme une fille entretenue, de me croire quitte avec elle; mais j'eusse cru offenser par la moindre apparence de trafic, sinon l'amour qu'elle avait pour moi, du moins l'amour que j'avais pour elle, et puisque cet amour était si pur qu'il n'admettait pas le partage, il ne pouvait payer par un présent, si beau qu'il fût, le bonheur qu'on lui avait donné, si court qu'eût été ce bonheur.

Voilà ce que je me répétais la nuit, et ce qu'à chaque instant j'étais prêt à aller dire à Marguerite.

Quand le jour parut, je ne dormais pas encore, j'avais la fièvre; il m'était impossible de penser à autre chose qu'à Marguerite.

Comme vous le comprenez, il fallait prendre un parti

décisif, et en finir avec la femme ou avec mes scrupules,
si toutefois elle consentait encore à me recevoir.

Mais, vous le savez, on retarde toujours un parti décisif : aussi, ne pouvant rester chez moi, n'osant me présenter chez Marguerite, j'essayai un moyen de me rapprocher d'elle, moyen que mon amour-propre pourrait
mettre sur le compte du hasard, dans le cas où il réussi-
rait.

Il était neuf heures ; je courus chez Prudence, qui me
demanda à quoi elle devait cette visite matinale.

Je n'osai pas lui dire franchement ce qui m'amenait. Je
lui répondis que j'étais sorti de bonne heure pour retenir
une place à la diligence de C... où demeurait mon père.

— Vous êtes bien heureux, me dit-elle, de pouvoir
quitter Paris par ce beau temps-là.

Je regardai Prudence, me demandant si elle se moquait
de moi.

Mais son visage était sérieux.

— Irez-vous dire adieu à Marguerite ? reprit-elle toujours sérieusement.

— Non.

— Vous faites bien.

— Vous trouvez ?

— Naturellement. Puisque vous avez rompu avec elle,
à quoi bon la revoir ?

— Vous savez donc notre rupture ?

— Elle m'a montré votre lettre.

— Et que vous a-t-elle dit ?

— Elle m'a dit : « Ma chère Prudence, votre protégé
n'est pas poli : on pense ces lettres-là, mais on ne les écrit
pas. »

— Et de quel ton vous a-t-elle dit cela ?

— En riant, et elle a ajouté :

« Il a soupé deux fois chez moi, et il ne me fait même
pas de visite de digestion. »

Voilà l'effet que ma lettre et mes jalousies avaient
produit. Je fus cruellement humilié dans la vanité de mon
amour.

— Et qu'a-t-elle fait hier au soir ?

— Elle est allée à l'Opéra.

— Je le sais. Et ensuite ?

— Elle a soupé chez elle.

— Seule ?

— Avec le comte de G..., je crois.

Ainsi ma rupture n'avait rien changé dans les habitudes de Marguerite.

C'est pour ces circonstances-là que certaines gens vous disent :

— Il fallait ne plus penser à cette femme qui ne vous aimait pas.

— Allons, je suis bien aise de voir que Marguerite ne se désole pas pour moi, repris-je avec un sourire forcé.

— Et elle a grandement raison. Vous avez fait ce que vous deviez faire, vous avez été plus raisonnable qu'elle, car cette fille-là vous aimait, elle ne faisait que parler de vous, et aurait été capable de quelque folie.

— Pourquoi ne m'a-t-elle pas répondu, puisqu'elle m'aime ?

— Parce qu'elle a compris qu'elle avait tort de vous aimer. Puis les femmes permettent quelquefois qu'on trompe leur amour, jamais qu'on blesse leur amour-propre, et l'on blesse toujours l'amour-propre d'une femme quand, deux jours après qu'on est son amant, on la quitte, quelles que soient les raisons que l'on donne à cette rupture. Je connais Marguerite, elle mourrait plutôt que de vous répondre.

— Que faut-il que je fasse alors ?

— Rien. Elle vous oubliera, vous l'oublierez, et vous n'aurez rien à vous reprocher l'un à l'autre.

— Mais si je lui écrivais pour lui demander pardon ?

— Gardez-vous-en bien, elle vous pardonnerait.

Je fus sur le point de sauter au cou de Prudence.

Un quart d'heure après, j'étais rentré chez moi et j'écrivais à Marguerite :

« Quelqu'un qui se repent d'une lettre qu'il a écrite hier, qui partira demain si vous ne lui pardonnez, voudrait savoir à quelle heure il pourra déposer son repentir à vos pieds.

« Quand vous trouvera-t-il seule ? car, vous le savez, les confessions doivent être faites sans témoins. »

Je pliai cette espèce de madrigal en prose, et je l'envoyai par Joseph, qui remit la lettre à Marguerite elle-même, laquelle lui répondit qu'elle répondrait plus tard.

Je ne sortis qu'un instant pour aller dîner, et à onze heures du soir je n'avais pas encore de réponse.

Je résolus alors de ne pas souffrir plus longtemps et de partir le lendemain.

En conséquence de cette résolution, convaincu que je ne m'endormirais pas si je me couchais, je me mis à faire mes malles.

XV

Il y avait à peu près une heure que Joseph et moi nous préparions tout pour mon départ, lorsqu'on sonna violemment à ma porte.

— Faut-il ouvrir ? me dit Joseph.

— Ouvrez, lui dis-je, me demandant qui pouvait venir à pareille heure chez moi, et n'osant croire que ce fût Marguerite.

— Monsieur, me dit Joseph en rentrant, ce sont deux dames.

— C'est nous, Armand, me cria une voix que je reconnus pour celle de Prudence.

Je sortis de ma chambre.

Prudence, debout, regardait les quelques curiosités de mon salon ; Marguerite, assise sur le canapé, réfléchissait.

Quand j'entrai, j'allai à elle, je m'agenouillai, je lui pris les deux mains, et, tout ému, je lui dis : Pardon !

Elle m'embrassa au front et me dit :

— Voilà déjà trois fois que je vous pardonne.

— J'allais partir demain.

— En quoi ma visite peut-elle changer votre résolution ? Je ne viens pas pour vous empêcher de quitter Paris. Je viens parce que je n'ai pas eu dans la journée le temps de vous répondre, et que je n'ai pas voulu vous laisser croire que je fusse fâchée contre vous. Encore Prudence ne voulait-elle pas que je vinsse; elle disait que je vous dérangerais peut-être.

— Vous, me déranger, vous, Marguerite! et comment?

— Dame! vous pouviez avoir une femme chez vous, répondit Prudence, et cela n'aurait pas été amusant pour elle d'en voir arriver deux.

Pendant cette observation de Prudence, Marguerite me regardait attentivement.

— Ma chère Prudence, répondis-je, vous ne savez pas ce que vous dites.

— C'est qu'il est très gentil votre appartement, répliqua Prudence; peut-on voir la chambre à coucher?

— Oui.

Prudence passa dans ma chambre, moins pour la visiter que pour réparer la sottise qu'elle venait de dire, et nous laisser seuls, Marguerite et moi.

— Pourquoi avez-vous amené Prudence? lui dis-je alors.

— Parce qu'elle était avec moi au spectacle, et qu'en partant d'ici je voulais avoir quelqu'un pour m'accompagner.

— N'étais-je pas là?

— Oui; mais outre que je ne voulais pas vous déranger, j'étais bien sûre qu'en venant jusqu'à ma porte vous me demanderiez à monter chez moi, et, comme je ne pouvais pas vous l'accorder, je ne voulais pas que vous partissiez avec le droit de me reprocher un refus.

— Et pourquoi ne pouviez-vous pas me recevoir?

— Parce que je suis très surveillée, et que le moindre soupçon pourrait me faire le plus grand tort.

— Est-ce bien la seule raison?

— S'il y en avait une autre, je vous la dirais; nous n'en sommes plus à avoir des secrets l'un pour l'autre.

— Voyons, Marguerite, je ne veux pas prendre plusieurs chemins pour en arriver à ce que je veux vous dire. Franchement, m'aimez-vous un peu?

— Beaucoup.

— Alors, pourquoi m'avez-vous trompé ?

— Mon ami, si j'étais madame la duchesse telle ou telle, si j'avais deux cent mille livres de rente, que je fusse votre maîtresse et que j'eusse un autre amant que vous, vous auriez le droit de me demander pourquoi je vous trompe ; mais je suis mademoiselle Marguerite Gautier, j'ai quarante mille francs de dettes, pas un sou de fortune, et je dépense cent mille francs par an, votre question devient oiseuse et ma réponse inutile.

— C'est juste, dis-je en laissant tomber ma tête sur les genoux de Marguerite, mais moi je vous aime comme un fou.

— Eh bien, mon ami, il fallait m'aimer un peu moins ou me comprendre un peu mieux. Votre lettre m'a fait beaucoup de peine. Si j'avais été libre, d'abord je n'aurais pas reçu le comte avant-hier, ou, l'ayant reçu, je serais venue vous demander le pardon que vous me demandiez tout à l'heure, et je n'aurais pas à l'avenir d'autre amant que vous. J'ai cru un moment que je pourrais me donner ce bonheur-là pendant six mois ; vous ne l'avez pas voulu ; vous teniez à connaître les moyens, eh ! mon Dieu, les moyens étaient bien faciles à deviner. C'était un sacrifice plus grand que vous ne croyez que je faisais en les employant. J'aurais pu vous dire : j'ai besoin de vingt mille francs ; vous étiez amoureux de moi, vous les eussiez trouvés, au risque de me les reprocher plus tard. J'ai mieux aimé ne rien vous devoir ; vous n'avez pas compris cette délicatesse, car c'en est une. Nous autres, quand nous avons encore un peu de cœur, nous donnons aux mots et aux choses une extension et un développement inconnus aux autres femmes ; je vous répète donc que de la part de Marguerite Gautier le moyen qu'elle trouvait de payer ses dettes sans vous demander l'argent nécessaire pour cela était une délicatesse dont vous devriez profiter sans rien dire. Si vous ne m'aviez connue qu'aujourd'hui, vous seriez trop heureux de ce que je vous promettrais, et vous ne me demanderiez pas ce que j'ai fait avant-hier. Nous sommes quelquefois forcées d'acheter une satisfaction pour notre âme aux dépens de notre corps, et nous souffrons bien davantage quand, après, cette satisfaction nous échappe.

J'écoutais et je regardais Marguerite avec admiration. Quand je songeais que cette merveilleuse créature, dont j'eusse envié autrefois de baiser les pieds, consentait à me faire entrer pour quelque chose dans sa pensée, à me donner un rôle dans sa vie, et que je ne me contentais pas encore de ce qu'elle me donnait, je me demandais si le désir de l'homme a des bornes, quand, satisfait aussi promptement que le mien l'avait été, il tend encore à autre chose.

— C'est vrai, reprit-elle; nous autres créatures du hasard, nous avons des désirs fantasques et des amours inconcevables. Nous nous donnons tantôt pour une chose, tantôt pour une autre. Il y a des gens qui se ruineraient sans rien obtenir de nous, il y en a d'autres qui nous ont avec un bouquet. Notre cœur a des caprices; c'est sa seule distraction et sa seule excuse. Je me suis donnée à toi plus vite qu'à aucun homme, je te le jure; pourquoi? parce que me voyant cracher le sang tu m'as pris la main, parce que tu as pleuré, parce que tu es la seule créature humaine qui ait bien voulu me plaindre. Je vais te dire une folie, mais j'avais autrefois un petit chien qui me regardait d'un air tout triste quand je toussais; c'est le seul être que j'aie aimé. Quand il est mort, j'ai plus pleuré qu'à la mort de ma mère. Il est vrai qu'elle m'avait battue pendant douze ans de sa vie. Eh bien, je t'ai aimé tout de suite autant que mon chien. Si les hommes savaient ce qu'on peut avoir avec une larme, ils seraient plus aimés et nous serions moins ruineuses. Ta lettre t'a démenti, elle m'a révélé que tu n'avais pas toutes les intelligences du cœur, elle t'a fait plus de tort dans l'amour que j'avais pour toi que tout ce que tu aurais pu me faire. C'était de la jalousie, il est vrai, mais de la jalousie ironique et impertinente. J'étais déjà triste, quand j'ai reçu cette lettre, je comptais te voir à midi, déjeuner avec toi, effacer enfin par ta vue une incessante pensée que j'avais, et qu'avant de te connaître j'admettais sans effort. Puis, continua Marguerite, tu étais la seule personne devant laquelle j'avais cru comprendre tout de suite que je pouvais penser et parler librement. Tous ceux qui entourent les filles comme moi ont intérêt à scruter leurs moindres paroles, à tirer une conséquence de leurs plus insignifiantes actions. Nous n'avons naturellement pas d'amis. Nous avons des amants égoïstes qui dépensent leur fortune non pas pour nous, comme ils le disent, mais pour leur vanité. Pour ces gens-là, il faut que nous soyons gaies quand ils sont joyeux, bien portantes quand ils veulent souper, sceptiques comme ils le sont. Il nous est défendu d'avoir du cœur sous peine d'être huées et de ruiner notre crédit. Nous ne nous appartenons plus. Nous ne sommes plus des êtres, mais des choses. Nous sommes les premières dans leur amour-propre, les dernières dans leur estime. Nous avons des amies, mais ce sont des amies comme Prudence, des femmes jadis entretenues qui ont encore des goûts de dépense que leur âge ne leur permet plus. Alors elles deviennent nos amies ou plutôt nos commensales. Leur amitié va jusqu'à la servitude, jamais jusqu'au désintéressement. Jamais elles ne vous donneront qu'un conseil lucratif. Peu leur importe que nous ayons dix amants de plus, pourvu qu'elles y gagnent des robes ou un bracelet, et qu'elles puissent de temps en temps se promener dans notre voiture et venir au spectacle dans notre loge. Elles ont nos bouquets de la veille et nous empruntent nos cachemires. Elles ne nous rendent jamais un service, si petit qu'il soit, sans se le faire payer le double de ce qu'il vaut. Tu l'as vu toi-même le soir où Prudence m'a apporté six mille francs que je l'avais priée d'aller demander pour moi au duc, elle m'a emprunté cinq cents francs qu'elle ne me rendra jamais ou qu'elle me payera en chapeaux qui ne sortiront pas de leurs cartons. Nous ne pouvons donc avoir, ou plutôt je ne pouvais donc avoir qu'un bonheur, c'était, triste comme je le suis quelquefois, souffrante comme je le suis toujours, de trouver un homme assez supérieur pour ne pas me demander compte de ma vie, et pour être l'amant de mes impressions bien plus que de mon corps. Cet homme, je l'avais trouvé dans le duc, mais le duc est vieux, et la vieillesse ne protège ni ne console. J'avais cru pouvoir accepter la vie qu'il me faisait; mais que veux-tu? je périssais d'ennui, et pour faire tant que d'être consumée, autant se jeter dans un incendie que de s'asphyxier avec du charbon. Alors je t'ai rencontré, toi, jeune, ardent, heureux, et j'ai essayé de faire de toi l'homme que j'avais appelé au milieu de ma bruyante solitude. Ce que j'aimais en toi, ce n'était pas l'homme qui était, mais celui qui devait être. Tu n'acceptes pas ce rôle, tu le rejettes comme indigne de toi, tu es un amant vulgaire; fais comme les autres, paye-moi et n'en parlons plus.

Marguerite, que cette longue confession avait fatiguée, se rejeta sur le dos du canapé, et pour éteindre un faible accès de toux, porta son mouchoir à ses lèvres et jusqu'à ses yeux.

— Pardon, pardon, murmurai-je, j'avais compris tout cela, mais je voulais te l'entendre dire, ma Marguerite adorée. Oublions le reste et ne nous souvenons que d'une chose: c'est que nous sommes l'un à l'autre, que nous sommes jeunes et que nous nous aimons. Marguerite, fais de moi tout ce que tu voudras, je suis ton esclave, ton chien; mais au nom du ciel déchire la lettre que je t'ai écrite et ne me laisse pas partir demain; j'en mourrais.

Marguerite tira ma lettre du corsage de sa robe, et me la remettant, me dit avec un sourire d'une douceur ineffable:

— Tiens, je te la rapportais.

Je déchirai la lettre et je baisai avec des larmes la main qui me la rendait.

En ce moment Prudence reparut.

— Dites donc, Prudence, savez-vous ce qu'il me demande? fit Marguerite.

— Il vous demande pardon.

— Justement.

— Et vous pardonnez?

— Il le faut bien, mais il veut encore autre chose.

— Quoi donc?

— Il veut venir souper avec nous.

— Et vous y consentez?

— Qu'en pensez-vous?

— Je pense que vous êtes deux enfants, qui n'avez de

tête ni l'un ni l'autre. Mais je pense aussi que j'ai très faim et que plus tôt vous consentirez, plus tôt nous souperons.

— Allons, dit Marguerite, nous tiendrons trois dans ma voiture. Tenez, ajouta-t-elle en se tournant vers moi, Nanine sera couchée, vous ouvrirez la porte, prenez ma clef et tâchez de ne plus la perdre.

J'embrassai Marguerite à l'étouffer.

Joseph entra là-dessus.

— Monsieur, me dit-il de l'air d'un homme enchanté de lui, les malles sont faites.

— Entièrement ?

— Oui, monsieur.

— Eh bien, défaites-les je ne pars pas.

XVI

J'aurais pu, me dit Armand, vous raconter en quelques lignes les commencements de cette liaison, mais je voulais que vous vissiez bien par quels événements et par quelle gradation nous en sommes arrivés, moi, à consentir à tout ce que voulait Marguerite, Marguerite, à ne plus pouvoir vivre qu'avec moi.

C'est le lendemain de la soirée où elle était venue me trouver que je lui envoyai *Manon Lescaut*.

A partir de ce moment, comme je ne pouvais changer la vie de ma maîtresse, je changeai la mienne. Je voulais avant toute chose ne pas laisser à mon esprit le temps de réfléchir sur le rôle que je venais d'accepter, car malgré moi, j'en eusse conçu une grande tristesse. Aussi ma vie, d'ordinaire si calme, revêtit-elle tout à coup une apparence de bruit et de désordre. N'allez pas croire que, si désintéressé qu'il soit, l'amour qu'une femme entretenue a pour vous ne coûte rien. Rien n'est cher comme les mille caprices de fleurs, de loges, de soupers, de parties de campagne qu'on ne peut jamais refuser à sa maîtresse.

Comme je vous l'ai dit, je n'avais pas de fortune. Mon père était et est encore receveur général à G... Il y a une grande réputation de loyauté, grâce à laquelle il a trouvé le cautionnement qu'il lui fallait déposer pour entrer en fonction. Cette recette lui donne quarante mille francs par an, et depuis dix ans qu'il l'a, il a remboursé son cautionnement et s'est occupé de mettre de côté la dot de ma sœur. Mon père est l'homme le plus honorable qu'on puisse rencontrer. Ma mère, en mourant, a laissé six mille francs de rente qu'il a partagés entre ma sœur et moi le jour où il a obtenu la charge qu'il sollicitait ; puis, lorsque j'ai eu vingt et un ans, il a joint à ce petit revenu une pension annuelle de cinq mille francs, m'assurant qu'avec huit mille francs je pourrais être très heureux à Paris, si je voulais à côté de cette rente me créer une position soit dans le barreau, soit dans la médecine. Je suis donc venu à Paris, j'ai fait mon droit, j'ai été reçu avocat, et comme beaucoup de jeunes gens, j'ai mis mon diplôme dans ma poche et me suis laissé aller un peu à la vie nonchalante de Paris. Mes dépenses étaient fort modestes ; seulement je dépensais en huit mois mon revenu de l'année, et je passais les quatre mois d'été chez mon père, ce qui me faisait en somme douze mille livres de rente et me donnait la réputation d'un bon fils. Du reste pas un sou de dettes.

Voilà où j'en étais quand je fis la connaissance de Marguerite.

Vous comprenez que, malgré moi, mon train de vie augmenta. Marguerite était d'une nature fort capricieuse, et faisait partie de ces femmes qui n'ont jamais regardé comme une dépense sérieuse les mille distractions dont leur existence se compose. Il en résultait que, voulant passer avec moi le plus de temps possible, elle m'écrivait le matin qu'elle dînerait avec moi, non pas chez elle, mais chez quelque restaurateur, soit de Paris, soit de la campagne. J'allais la prendre, nous dînions, nous allions au spectacle, nous soupions souvent, et j'avais dépensé le soir quatre ou cinq louis, ce qui faisait deux mille cinq cents ou trois mille francs par mois, ce qui réduisait mon année à trois mois et demi, et me mettait dans la nécessité ou de faire des dettes, ou de quitter Marguerite.

Or, j'acceptais tout, excepté cette dernière éventualité.

Pardonnez-moi si je vous donne tous ces détails, mais

vous verrez qu'ils furent la cause des événements qui
vont suivre. Ce que je vous raconte est une histoire vraie,
simple, et à laquelle je laisse toute la naïveté des détails et
toute la simplicité des développements.

Je compris donc que, comme rien au monde n'aurait
sur moi l'influence de me faire oublier ma maîtresse, il
me fallait trouver un moyen de soutenir les dépenses
qu'elle me faisait faire. — Puis, cet amour me bouleversait au point que tous les moments que je passais loin de
Marguerite étaient des années, et que j'avais ressenti le
besoin de brûler ces moments au feu d'une passion quelconque, et de les vivre tellement vite que je ne m'aperçusse pas que je les vivais.

Je commençai à emprunter cinq ou six mille francs sur
mon petit capital, et je me mis à jouer, car depuis qu'on a
détruit les maisons de jeu on joue partout. Autrefois,
quand on entrait à Frascati, on avait la chance d'y faire sa
fortune : on jouait contre de l'argent, et si l'on perdait, on
avait la consolation de se dire qu'on aurait pu gagner ;
tandis que maintenant, excepté dans les cercles, où il y a
encore une certaine sévérité pour le paiement, on a presque certitude, du moment que l'on gagne une somme
importante, de ne pas la recevoir. On comprendra facilement pourquoi.

Le jeu ne peut être pratiqué que par des jeunes gens
ayant de grands besoins et manquant de la fortune nécessaire pour soutenir la vie qu'ils mènent ; ils jouent donc,
et il en résulte naturellement ceci : ou ils gagnent, et alors
les perdants servent à payer les chevaux et les maîtresses
de ces messieurs, ce qui est fort désagréable. Des dettes
se contractent, des relations commencées autour d'un
tapis vert finissent par des querelles où l'honneur et la vie
se déchirent toujours un peu ; et quand on est honnête
homme, on se trouve ruiné par de très honnêtes jeunes
gens qui n'avaient d'autre défaut que de ne pas avoir deux
cent mille livres de rente.

Je n'ai pas besoin de vous parler de ceux qui volent au
jeu, et dont un jour on apprend le départ nécessaire et la
condamnation tardive.

Je me lançai donc dans cette vie rapide, bruyante,

volcanique, qui m'effrayait autrefois quand j'y songeais, et qui était devenue pour moi le complément inévitable de mon amour pour Marguerite. Que vouliez-vous que je fisse?

Les nuits que je ne passais pas rue d'Antin, si je les avais passées seul chez moi, je n'aurais pas dormi. La jalousie m'eût tenu éveillé et m'eût brûlé la pensée et le sang; tandis que le jeu détournait pour un moment la fièvre qui eût envahi mon cœur et le reportait sur une passion dont l'intérêt me saisissait malgré moi, jusqu'à ce que sonnât l'heure où je devais me rendre auprès de ma maîtresse. Alors, et c'est à cela que je reconnaissais la violence de mon amour, que je gagnasse ou perdisse, je quittais impitoyablement la table, plaignant ceux que j'y laissais et qui n'allaient pas trouver comme moi le bonheur en la quittant.

Pour la plupart, le jeu était une nécessité; pour moi c'était un remède.

Guéri de Marguerite, j'étais guéri du jeu.

Aussi, au milieu de tout cela, gardais-je un assez grand sang-froid; je ne perdais que ce que je pouvais payer, et je ne gagnais que ce que j'aurais pu perdre.

Du reste, la chance me favorisa. Je ne faisais pas de dettes, et je dépensais trois fois plus d'argent que lorsque je ne jouais pas. Il n'était pas facile de résister à une vie qui me permettait de satisfaire sans me gêner aux mille caprices de Marguerite. Quant à elle, elle m'aimait toujours autant et même davantage.

Comme je vous l'ai dit, j'avais commencé d'abord par n'être reçu que de minuit à six heures du matin, puis je fus admis de temps en temps dans les loges, puis elle vint dîner quelquefois avec moi. Un matin je ne m'en allai qu'à huit heures, et il arriva un jour où je ne m'en allai qu'à midi.

En attendant la métamorphose morale, une métamorphose physique s'était opérée chez Marguerite. J'avais entrepris sa guérison, et la pauvre fille devinant mon but, m'obéissait pour me prouver sa reconnaissance. J'étais parvenu sans secousses et sans effort à l'isoler presque de ses anciennes habitudes. Mon médecin, avec qui je

l'avais fait trouver, m'avait dit que le repos seul et le
calme pouvaient lui conserver la santé, de sorte qu'aux
soupers et aux insomnies, j'étais arrivé à substituer un
régime hygiénique et le sommeil régulier. Malgré elle,
Marguerite s'habituait à cette nouvelle existence dont elle
ressentait les effets salutaires. Déjà elle commençait à
passer quelques soirées chez elle, ou bien, s'il faisait
beau, elle s'enveloppait d'un cachemire, se couvrait d'un
voile, et nous allions à pied, comme deux enfants, courir
le soir dans les allées sombres des Champs-Élysées. Elle
rentrait fatiguée, soupait légèrement, se couchait après
avoir fait un peu de musique ou après avoir lu, ce qui ne
lui était jamais arrivé. Les toux, qui, chaque fois que je
les entendais, me déchiraient la poitrine, avaient disparu
presque complètement.

Au bout de six semaines, il n'était plus question du
comte, définitivement sacrifié ; le duc seul me forçait
encore à cacher ma liaison avec Marguerite, et encore
avait-il été congédié souvent pendant que j'étais là, sous
prétexte que Madame dormait et avait défendu qu'on la
réveillât.

Il résulta de l'habitude et même du besoin que Marguerite avait contractés de me voir que j'abandonnai le
jeu juste au moment où un adroit joueur l'eût quitté. Tout
compte fait, je me trouvais, par suite de mes gains, à la
tête d'une dizaine de mille francs qui me paraissaient un
capital inépuisable.

L'époque à laquelle j'avais l'habitude d'aller rejoindre
mon père et ma sœur était arrivée, et je ne partais pas ;
aussi recevais-je fréquemment des lettres de l'un et de
l'autre, lettres qui me priaient de me rendre auprès d'eux.

A toutes ces instances je répondais de mon mieux, en
répétant toujours que je me portais bien et que je n'avais
pas besoin d'argent, deux choses qui, je le croyais,
consoleraient un peu mon père du retard que je mettais à
ma visite annuelle.

Il arriva sur ces entrefaites qu'un matin Marguerite
ayant été réveillée par un soleil éclatant, sauta en bas de
son lit, et me demanda si je voulais la mener toute la
journée à la campagne.

On envoya chercher Prudence et nous partîmes tous trois, après que Marguerite eut recommandé à Nanine de dire au duc qu'elle avait voulu profiter de ce beau jour, et qu'elle était allée à la campagne avec Mme Duvernoy.

Outre que la présence de la Duvernoy était nécessaire pour tranquilliser le vieux duc, Prudence était une de ces femmes qui semblent faites exprès pour ces parties de campagne. Avec sa gaieté inaltérable et son appétit éternel, elle ne pouvait pas laisser un moment d'ennui à ceux qu'elle accompagnait, et devait s'entendre parfaitement à commander les œufs, les cerises, le lait, le lapin sauté, et tout ce qui compose enfin le déjeuner traditionnel des environs de Paris.

Il ne nous restait plus qu'à savoir où nous irions.

Ce fut encore Prudence qui nous tira d'embarras.

— Est-ce à une vraie campagne que vous voulez aller ? demanda-t-elle.

— Oui.

— Eh bien, allons à Bougival, au Point-du-Jour, chez la veuve Arnould. Armand, allez louer une calèche.

Une heure et demie après nous étions chez la veuve Arnould.

Vous connaissez peut-être cette auberge, hôtel de semaine, guinguette le dimanche. Du jardin, qui est à la hauteur d'un premier étage ordinaire, on découvre une vue magnifique. A gauche l'aqueduc de Marly ferme l'horizon, à droite la vue s'étend sur un infini de collines ; la rivière, presque sans courant dans cet endroit, se déroule comme un large ruban blanc moiré, entre la plaine des Gabillons et l'île de Croissy, éternellement bercée par le frémissement de ses hauts peupliers et le murmure de ses saules.

Au fond, dans un large rayon de soleil, s'élèvent de petites maisons blanches à toits rouges, et des manufactures qui, perdant par la distance leur caractère dur et commercial, complètent admirablement le paysage.

Au fond, Paris dans la brume !

Comme nous l'avait dit Prudence, c'était une vraie campagne, et, je dois le dire, ce fut un vrai déjeuner.

Ce n'est pas par reconnaissance pour le bonheur que je

lui ai dû que je dis tout cela, mais Bougival, malgré son
nom affreux, est un des plus jolis pays que l'on puisse
imaginer. J'ai beaucoup voyagé, j'ai vu de plus grandes
choses, mais non de plus charmantes que ce petit village
gaiement couché au pied de la colline qui le protège.

Mme Arnould nous offrit de nous faire faire une promenade en bateau, ce que Marguerite et Prudence acceptèrent avec joie.

On a toujours associé la campagne à l'amour et l'on a
bien fait : rien n'encadre la femme que l'on aime comme
le ciel bleu, les senteurs, les fleurs, les brises, la solitude
resplendissante des champs ou des bois. Si fort que l'on
aime une femme, quelque confiance que l'on ait en elle,
quelque certitude sur l'avenir que vous donne son passé,
on est toujours plus ou moins jaloux. Si vous avez été
amoureux, sérieusement amoureux, vous avez dû éprou-
ver ce besoin d'isoler du monde l'être dans lequel vous
vouliez vivre tout entier. Il semble que, si indifférente
qu'elle soit à ce qui l'entoure, la femme aimée perde de
son parfum et de son unité au contact des hommes et des
choses. Moi, j'éprouvais cela bien plus que tout autre.
Mon amour n'était pas un amour ordinaire ; j'étais
amoureux autant qu'une créature ordinaire peut l'être,
mais de Marguerite Gautier, c'est-à-dire qu'à Paris, à
chaque pas, je pouvais coudoyer un homme qui avait été
l'amant de cette femme ou qui le serait le lendemain.
Tandis qu'à la campagne, au milieu de gens que nous
n'avions jamais vus et qui ne s'occupaient pas de nous,
au sein d'une nature toute parée de son printemps, ce
pardon annuel, et séparée du bruit de la ville, je pouvais
cacher mon amour et aimer sans honte et sans crainte.

La courtisane y disparaissait peu à peu. J'avais auprès
de moi une femme jeune, belle, que j'aimais, dont j'étais
aimé et qui s'appelait Marguerite : le passé n'avait plus de
formes, l'avenir plus de nuages. Le soleil éclairait ma
maîtresse comme il eût éclairé la plus chaste fiancée.
Nous nous promenions tous deux dans ces charmants
endroits qui semblent faits exprès pour rappeler les vers
de Lamartine ou chanter les mélodies de Scudo. Marguerite avait une robe blanche, elle se penchait à mon bras,

elle me répétait le soir sous le ciel étoilé les mots qu'elle m'avait dits la veille, et le monde continuait au loin sa vie sans tacher de son ombre le riant tableau de notre jeunesse et de notre amour.

Voilà le rêve qu'à travers les feuilles m'apportait le soleil ardent de cette journée, tandis que, couché tout au long sur l'herbe de l'île où nous avions abordé, libre de tous les liens humains qui la retenaient auparavant, je laissais ma pensée courir et cueillir toute les espérances qu'elle rencontrait.

Ajoutez à cela que, de l'endroit où j'étais, je voyais sur la rive une charmante petite maison à deux étages, avec une grille en hémicycle; à travers la grille, devant la maison, une pelouse verte, unie comme du velours et derrière le bâtiment un petit bois plein de mystérieuses retraites, et qui devait effacer chaque matin sous sa mousse le sentier fait la veille.

Des fleurs grimpantes cachaient le perron de cette maison inhabitée qu'elles embrassaient jusqu'au premier étage.

A force de regarder cette maison, je finis par me convaincre qu'elle était à moi, tant elle résumait bien le rêve que je faisais. J'y voyais Marguerite et moi, le jour dans le bois qui couvrait la colline, le soir assis sur la pelouse, et je me demandais si créatures terrestres auraient jamais été aussi heureuses que nous.

— Quelle jolie maison! me dit Marguerite qui avait suivi la direction de mon regard et peut-être de ma pensée.

— Où? fit Prudence.

— Là-bas.

Et Marguerite montrait du doigt la maison en question.

— Ah! ravissante, répliqua Prudence, elle vous plaît?

— Beaucoup.

— Eh bien! dites au duc de vous la louer; il vous la louera, j'en suis sûre. Je m'en charge, moi, si vous voulez.

Marguerite me regarda, comme pour me demander ce que je pensais de cet avis.

Mon rêve s'était envolé avec les dernières paroles de

Prudence, et m'avait rejeté si brutalement dans la réalité
que j'étais encore tout étourdi de la chute.

— En effet, c'est une excellente idée, balbutiai-je,
sans savoir ce que je disais.

— Eh bien, j'arrangerai cela, dit en me serrant la main
Marguerite, qui interprétait mes paroles selon son désir.
Allons voir tout de suite si elle est à louer.

La maison était vacante et à louer deux mille francs.

— Serez-vous heureux ici ? me dit-elle.

— Suis-je sûr d'y venir ?

— Et pour qui donc viendrais-je m'enterrer là, si ce
n'est pour vous ?

— Eh bien, Marguerite, laissez-moi louer cette maison moi-même.

— Êtes-vous fou ? non seulement c'est inutile, mais ce
serait dangereux ; vous savez bien que je n'ai le droit
d'accepter que d'un seul homme, laissez-vous donc faire,
grand enfant, et ne dites rien.

— Cela fait que, quand j'aurai deux jours libres, je
viendrai les passer chez vous, dit Prudence.

Nous quittâmes la maison et reprîmes la route de Paris
tout en causant de cette nouvelle résolution. Je tenais
Marguerite dans mes bras, si bien qu'en descendant de
voiture, je commençais déjà à envisager la combinaison
de ma maîtresse avec un esprit moins scrupuleux.

XVII

Le lendemain, Marguerite me congédia de bonne
heure, me disant que le duc devait venir de grand matin,
et me promettant de m'écrire dès qu'il serait parti, pour
me donner le rendez-vous de chaque soir.

En effet, dans la journée, je reçus ce mot :

« Je vais à Bougival avec le duc ; soyez chez Prudence,
ce soir, à huit heures. »

A l'heure indiquée, Marguerite était de retour, et venait me rejoindre chez Mme Duvernoy.

— Eh bien, tout est arrangé, dit-elle en entrant.

— La maison est louée ? demanda Prudence.

— Oui; il a consenti tout de suite.

Je ne connaissais pas le duc, mais j'avais honte de le tromper comme je le faisais.

— Mais, ce n'est pas tout! reprit Marguerite.

— Quoi donc encore?

— Je me suis inquiétée du logement d'Armand.

— Dans la même maison? demanda Prudence en riant.

— Non, mais au Point-du-Jour, où nous avons déjeuné, le duc et moi. Pendant qu'il regardait la vue, j'ai demandé à Mme Arnould, car c'est Mme Arnould qu'elle s'appelle, n'est-ce pas? je lui ai demandé si elle avait un appartement convenable. Elle en a justement un, avec salon, antichambre et chambre à coucher. C'est tout ce qu'il faut, je pense. Soixante francs par mois. Le tout meublé de façon à distraire un hypocondriaque. J'ai retenu le logement. Ai-je bien fait?

Je sautai au cou de Marguerite.

— Ce sera charmant, continua-t-elle; vous avez une clef de la petite porte, et j'ai promis au duc une clef de la grille qu'il ne prendra pas, puisqu'il ne viendra que dans le jour, quand il viendra. Je crois, entre nous, qu'il est enchanté de ce caprice qui m'éloigne de Paris pendant quelque temps, et fera taire un peu sa famille. Cependant, il m'a demandé comment moi, qui aime tant Paris, je pouvais me décider à m'enterrer dans cette campagne; je lui ai répondu que j'étais souffrante et que c'était pour me reposer. Il n'a paru me croire que très imparfaitement. Ce pauvre vieux est toujours aux abois. Nous prendrons donc beaucoup de précautions, mon cher Armand; car il me ferait surveiller là-bas, et ce n'est pas le tout qu'il me loue une maison, il faut encore qu'il paye mes dettes, et j'en ai malheureusement quelques-unes. Tout cela vous convient-il?

— Oui, répondis-je en essayant de faire taire tous les scrupules que cette façon de vivre réveillait de temps en temps en moi.

— Nous avons visité la maison dans tous ses détails, nous y serons à merveille. Le duc s'inquiétait de tout. Ah! mon cher, ajouta la folle en m'embrassant, vous

n'êtes pas malheureux, c'est un millionnaire qui fait votre
lit.

— Et quand emménagez-vous? demanda Prudence.

— Le plus tôt possible.

— Vous emmenez votre voiture et vos chevaux?

— J'emmènerai toute ma maison. Vous vous charge-
rez de mon appartement pendant mon absence.

Huit jours après, Marguerite avait pris possession de la
maison de campagne, et moi j'étais installé au Point-du-
Jour.

Alors commença une existence que j'aurais bien de la
peine à vous décrire.

Dans les commencements de son séjour à Bougival,
Marguerite ne put rompre tout à fait avec ses habitudes, et
comme la maison était toujours en fête, toutes ses amies
venaient la voir; pendant un mois il ne se passa pas de
jour que Marguerite n'eût huit ou dix personnes à sa
table. Prudence amenait de son côté tous les gens qu'elle
connaissait, et leur faisait tous les honneurs de la maison,
comme si cette maison lui eût appartenu.

L'argent du duc payait tout cela, comme vous le pensez bien, et cependant il arriva de temps en temps à
Prudence de me demander un billet de mille francs, soi-
disant au nom de Marguerite. Vous savez que j'avais fait
quelque gain au jeu; je m'empressai donc de remettre à
Prudence ce que Marguerite me faisait demander par elle,
et dans la crainte qu'elle n'eût besoin de plus que je
n'avais, je vins emprunter à Paris une somme égale à
celle que j'avais déjà empruntée autrefois, et que j'avais
rendue très exactement.

Je me trouvai donc de nouveau riche d'une dizaine de
mille francs, sans compter ma pension.

Cependant le plaisir qu'éprouvait Marguerite à recevoir ses amies se calma un peu devant les dépenses
auxquelles ce plaisir l'entraînait, et surtout devant la
nécessité où elle était quelquefois de me demander de
l'argent. Le duc, qui avait loué cette maison pour que
Marguerite s'y reposât, n'y paraissait plus, craignant
toujours d'y rencontrer une joyeuse et nombreuse compagnie de laquelle il ne voulait pas être vu. Cela tenait

surtout à ce que, venant un jour pour dîner en tête-à-tête avec Marguerite, il était tombé au milieu d'un déjeuner de quinze personnes qui n'était pas encore fini à l'heure où il comptait se mettre à table pour dîner. Quand, ne se doutant de rien, il avait ouvert la porte de la salle à manger, un rire général avait accueilli son entrée, et il avait été forcé de se retirer brusquement devant l'impertinente gaieté des filles qui se trouvaient là.

Marguerite s'était levée de table, avait été retrouver le duc dans la chambre voisine, et avait essayé, autant que possible, de lui faire oublier cette aventure; mais le vieillard, blessé dans son amour-propre, avait gardé rancune : il avait dit assez cruellement à la pauvre fille qu'il était las de payer les folies d'une femme qui ne savait même pas le faire respecter chez elle, et il était parti fort courroucé.

Depuis ce jour on n'avait plus entendu parler de lui. Marguerite avait eu beau congédier ses convives, changer ses habitudes, le duc n'avait plus donné de ses nouvelles. J'y avais gagné que ma maîtresse m'appartenait plus complètement, et que mon rêve se réalisait enfin. Marguerite ne pouvait plus se passer de moi. Sans s'inquiéter de ce qui en résulterait, elle affichait publiquement notre liaison, et j'en étais arrivé à ne plus sortir de chez elle. Les domestiques m'appelaient monsieur, et me regardaient officiellement comme leur maître.

Prudence avait bien fait, à propos de cette nouvelle vie, force morale à Marguerite; mais celle-ci avait répondu qu'elle m'aimait, qu'elle ne pouvait vivre sans moi, et quoi qu'il en dût advenir, elle ne renoncerait pas au bonheur de m'avoir sans cesse auprès d'elle, ajoutant que tous ceux à qui cela ne plairait pas étaient libres de ne pas revenir.

Voilà ce que j'avais entendu un jour où Prudence avait dit à Marguerite qu'elle avait quelque chose de très important à lui communiquer, et où j'avais écouté à la porte de la chambre où elles s'étaient renfermées.

Quelque temps après Prudence revint.

J'étais au fond du jardin quand elle entra; elle ne me vit pas. Je me doutais, à la façon dont Marguerite était venue au-devant d'elle, qu'une conversation pareille à celle que j'avais déjà surprise allait avoir lieu de nouveau et je voulus l'entendre comme l'autre.

Les deux femmes se renfermèrent dans un boudoir et je me mis aux écoutes.

— Eh bien? demanda Marguerite.

— Eh bien! j'ai vu le duc.

— Que vous a-t-il dit?

— Qu'il vous pardonnait volontiers la première scène, mais qu'il avait appris que vous viviez publiquement avec M. Armand Duval, et que cela il ne vous le pardonnait pas. Que Marguerite quitte ce jeune homme, m'a-t-il dit, et comme par le passé je lui donnerai tout ce qu'elle voudra, sinon, elle devra renoncer à me demander quoi que ce soit.

— Vous avez répondu?

— Que je vous communiquerais sa décision, et je lui ai promis de vous faire entendre raison. Réfléchissez, ma chère enfant, à la position que vous perdez et que ne pourra jamais vous rendre Armand. Il vous aime de toute son âme, mais il n'a pas assez de fortune pour subvenir à tous vos besoins, et il faudra bien un jour vous quitter, quand il sera trop tard et que le duc ne voudra plus rien faire pour vous. Voulez-vous que je parle à Armand?

Marguerite paraissait réfléchir, car elle ne répondit pas. Le cœur me battait violemment en attendant sa réponse.

— Non, reprit-elle, je ne quitterai pas Armand, et je ne me cacherai pas pour vivre avec lui. C'est peut-être une folie, mais je l'aime! que voulez-vous? Et puis, maintenant il a pris l'habitude de m'aimer sans obstacle; il souffrirait trop d'être forcé de me quitter ne fût-ce qu'une heure par jour. D'ailleurs, je n'ai pas tant de temps à vivre pour me rendre malheureuse et faire les volontés d'un vieillard dont la vue seule me fait vieillir. Qu'il garde son argent; je m'en passerai.

— Mais comment ferez-vous?

— Je n'en sais rien.

Prudence allait sans doute répondre quelque chose, mais j'entrai brusquement et je courus me jeter aux pieds de Marguerite, couvrant ses mains des larmes que me faisait verser la joie d'être aimé ainsi.

— Ma vie est à toi, Marguerite, tu n'as plus besoin de cet homme, ne suis-je pas là? t'abandonnerais-je jamais et pourrais-je payer assez le bonheur que tu me donnes? Plus de contrainte, ma Marguerite, nous nous aimons! que nous importe le reste?

— Oh! oui, je t'aime, mon Armand! murmura-t-elle en enlaçant ses deux bras autour de mon cou, je t'aime comme je n'aurais pas cru pouvoir aimer. Nous serons heureux, nous vivrons tranquilles, et je dirai un éternel adieu à cette vie dont je rougis maintenant. Jamais tu ne me reprocheras le passé, n'est-ce pas?

Les larmes voilaient ma voix. Je ne pus répondre qu'en pressant Marguerite contre mon cœur.

— Allons, dit-elle en se retournant vers Prudence et d'une voix émue, vous rapporterez cette scène au duc, et vous ajouterez que nous n'avons pas besoin de lui.

A partir de ce jour il ne fut plus question du duc. Marguerite n'était plus la fille que j'avais connue. Elle évitait tout ce qui aurait pu me rappeler la vie au milieu de laquelle je l'avais rencontrée. Jamais femme, jamais sœur n'eut pour son époux ou son frère l'amour et les soins qu'elle avait pour moi. Cette nature maladive était prête à toutes les impressions, accessible à tous les sentiments. Elle avait rompu avec ses amies comme avec ses habitudes, avec son langage comme avec les dépenses d'autrefois. Quand on nous voyait sortir de la maison pour aller faire une promenade dans un charmant petit bateau que j'avais acheté, on n'eût jamais cru que cette femme vêtue d'une robe blanche, couverte d'un grand chapeau de paille, et portant sur son bras la simple pelisse de soie qui devait la garantir de la fraîcheur de l'eau, était cette Marguerite Gautier qui, quatre mois auparavant, faisait bruit de son luxe et de ses scandales.

Hélas! nous nous hâtions d'être heureux, comme si nous avions deviné que nous ne pouvions pas l'être longtemps.

Depuis deux mois nous n'étions même pas allés à Paris. Personne n'était venu nous voir, excepté Prudence, et cette Julie Duprat dont je vous ai parlé, et à qui Marguerite devait remettre plus tard le touchant récit que j'ai là.

Je passais des journées entières aux pieds de ma maîtresse. Nous ouvrions les fenêtres qui donnaient sur le jardin, et regardant l'été s'abattre joyeusement dans les fleurs qu'il fait éclore et sous l'ombre des arbres, nous respirions à côté l'un de l'autre cette vie véritable que ni Marguerite ni moi n'avions comprise jusqu'alors.

Cette femme avait des étonnements d'enfant pour les moindres choses. Il y avait des jours où elle courait dans le jardin, comme une fille de dix ans, après un papillon ou une demoiselle. Cette courtisane, qui avait fait dépenser en bouquets plus d'argent qu'il n'en faudrait pour faire vivre dans la joie une famille entière, s'asseyait quelquefois sur la pelouse, pendant une heure, pour examiner la simple fleur dont elle portait le nom.

Ce fut pendant ce temps-là qu'elle lut si souvent *Manon Lescaut*. Je la surpris bien des fois annotant ce livre : et elle me disait toujours que lorsqu'une femme aime, elle ne peut pas faire ce que faisait Manon.

Deux ou trois fois le duc lui écrivit. Elle reconnut l'écriture et me donna les lettres sans les lire.

Quelquefois les termes de ces lettres me faisaient venir les larmes aux yeux.

Il avait cru, en fermant sa bourse à Marguerite, la ramener à lui ; mais quand il avait vu l'inutilité de ce moyen, il n'avait pas pu y tenir ; il avait écrit, redemandant, comme autrefois, la permission de revenir, quelles que fussent les conditions mises à ce retour.

J'avais donc lu ces lettres pressantes et réitérées, et je les avais déchirées, sans dire à Marguerite ce qu'elles contenaient, et sans lui conseiller de revoir le vieillard, quoiqu'un sentiment de pitié pour la douleur du pauvre homme m'y portât : mais je craignais qu'elle ne vît dans ce conseil le désir, en faisant reprendre au duc ses anciennes visites, de lui faire reprendre les charges de la maison ; je redoutais par-dessus tout qu'elle me crût capable de dénier la responsabilité de sa vie dans toutes les conséquences où son amour pour moi pouvait l'entraîner.

Il en résulta que le duc, ne recevant pas de réponse, cessa d'écrire, et que Marguerite et moi nous continuâmes à vivre ensemble sans nous occuper de l'avenir.

XVIII

Vous donner des détails sur notre nouvelle vie serait chose difficile. Elle se composait d'une série d'enfantillages charmants pour nous, mais insignifiants pour ceux à qui je les raconterais. Vous savez ce que c'est que d'aimer une femme, vous savez comment s'abrègent les journées, et avec quelle amoureuse paresse on se laisse porter au lendemain. Vous n'ignorez pas cet oubli de toutes choses, qui naît d'un amour violent, confiant et partagé. Tout être qui n'est pas la femme aimée semble un être inutile dans la création. On regrette d'avoir déjà jeté des parcelles de son cœur à d'autres femmes, et l'on n'entrevoit pas la possibilité de presser jamais une autre main que celle que l'on tient dans les siennes. Le cerveau n'admet ni travail ni souvenir, rien enfin de ce qui pourrait le distraire de l'unique pensée qu'on lui offre sans cesse. Chaque jour on découvre dans sa maîtresse un charme nouveau, une volupté inconnue.

L'existence n'est plus que l'accomplissement réitéré d'un désir continu, l'âme n'est plus que la vestale chargée d'entretenir le feu sacré de l'amour.

Souvent nous allions, la nuit venue, nous asseoir sous le petit bois qui dominait la maison. Là nous écoutions les gaies harmonies du soir, en songeant tous deux à l'heure prochaine qui allait nous laisser jusqu'au lendemain dans les bras l'un de l'autre. D'autres fois nous restions couchés toute la journée, sans laisser même le soleil pénétrer dans notre chambre. Les rideaux étaient hermétiquement fermés, et le monde extérieur s'arrêtait un moment pour nous. Nanine seule avait le droit d'ouvrir notre porte, mais seulement pour apporter nos repas; encore les prenions-nous sans nous lever, et en les interrompant sans cesse de rires et de folies. A cela succédait un sommeil de quelques instants, car disparaissant dans notre amour, nous étions comme deux plongeurs obstinés qui ne reviennent à la surface que pour reprendre haleine.

Cependant je surprenais des moments de tristesse et quelquefois même des larmes chez Marguerite; je lui demandais d'où venait ce chagrin subit, et elle me répondait :

— Notre amour n'est pas un amour ordinaire, mon cher Armand. Tu m'aimes comme si je n'avais jamais appartenu à personne, et je tremble que plus tard, te repentant de ton amour et me faisant un crime de mon passé, tu ne me forces à me rejeter dans l'existence au milieu de laquelle tu m'as prise. Songe que maintenant que j'ai goûté d'une nouvelle vie, je mourrais en reprenant l'autre. Dis-moi donc que tu ne me quitteras jamais.

— Je te le jure !

A ce mot, elle me regardait comme pour lire dans mes yeux si mon serment était sincère, puis elle se jetait dans mes bras, et cachant sa tête dans ma poitrine, elle me disait :

— C'est que tu ne sais pas combien je t'aime !

Un soir, nous étions accoudés sur le balcon de la fenêtre, nous regardions la lune qui semblait sortir difficilement de son lit de nuages, et nous écoutions le vent agitant bruyamment les arbres, nous nous tenions la main, et depuis un grand quart d'heure nous ne parlions pas, quand Marguerite me dit :

— Voici l'hiver, veux-tu que nous partions ?

— Et pour quel endroit ?

— Pour l'Italie.

— Tu t'ennuies donc ?

— Je crains l'hiver, je crains surtout notre retour à Paris.

— Pourquoi ?

— Pour bien des choses.

Et elle reprit brusquement, sans me donner les raisons de ses craintes :

— Veux-tu partir ? je vendrai tout ce que j'ai, nous nous en irons vivre là-bas, il ne me restera rien de ce que j'étais, personne ne saura qui je suis. Le veux-tu ?

— Partons, si cela te fait plaisir, Marguerite; allons

faire un voyage, lui disais-je ; mais où est la nécessité de vendre des choses que tu seras heureuse de trouver au retour ? Je n'ai pas une assez grande fortune pour accepter un pareil sacrifice, mais j'en ai assez pour que nous puissions voyager grandement pendant cinq ou six mois, si cela t'amuse le moins du monde.

— Au fait, non, continua-t-elle en quittant la fenêtre et en allant s'asseoir sur le canapé dans l'ombre de la chambre ; à quoi bon aller dépenser de l'argent là-bas ? je t'en coûte déjà bien assez ici.

— Tu me le reproches, Marguerite, ce n'est pas généreux.

— Pardon, ami, fit-elle en me tendant la main, ce temps d'orage me fait mal aux nerfs ; je ne dis pas ce que je veux dire.

Et après m'avoir embrassé, elle tomba dans une longue rêverie.

Plusieurs fois des scènes semblables eurent lieu, et si j'ignorais ce qui les faisait naître, je ne surprenais pas moins chez Marguerite un sentiment d'inquiétude pour l'avenir. Elle ne pouvait douter de mon amour, car chaque jour il augmentait, et cependant je la voyais souvent triste sans qu'elle m'expliquât jamais le sujet de ses tristesses, autrement que par une cause physique.

Craignant qu'elle ne se fatiguât d'une vie trop monotone, je lui proposais de retourner à Paris, mais elle rejetait toujours cette proposition, et m'assurait ne pouvoir être heureuse nulle part comme elle l'était à la campagne.

Prudence ne venait plus que rarement, mais en revanche, elle écrivait des lettres que je n'avais jamais demandé à voir, quoique, chaque fois, elles jetassent Marguerite dans une préoccupation profonde. Je ne savais qu'imaginer.

Un jour Marguerite resta dans sa chambre. J'entrai. Elle écrivait.

— A qui écris-tu ? lui demandai-je.

— A Prudence : veux-tu que je te lise ce que j'écris ?

J'avais horreur de tout ce qui pouvait paraître soupçon, je répondis donc à Marguerite que je n'avais pas besoin de savoir ce qu'elle écrivait, et cependant, j'en avais la certitude, cette lettre m'eût appris la véritable cause de ses tristesses.

Le lendemain, il faisait un temps superbe. Marguerite me proposa d'aller faire une promenade en bateau, et de visiter l'île de Croissy. Elle semblait fort gaie; il était cinq heures quand nous rentrâmes.

— Mme Duvernoy est venue, dit Nanine en nous voyant entrer.

— Elle est repartie? demanda Marguerite.

— Oui, dans la voiture de madame; elle a dit que c'était convenu.

— Très bien, dit vivement Marguerite; qu'on nous serve.

Deux jours après arriva une lettre de Prudence, et pendant quinze jours Marguerite parut avoir rompu avec ses mystérieuses mélancolies, dont elle ne cessait de me demander pardon depuis qu'elles n'existaient plus.

Cependant la voiture ne revenait pas.

— D'où vient que Prudence ne te renvoie pas ton coupé? demandai-je un jour.

— Un des deux chevaux est malade, et il y a des réparations à la voiture. Il vaut mieux que tout cela se fasse pendant que nous sommes encore ici, où nous n'avons pas besoin de voiture, que d'attendre notre retour à Paris.

Prudence vint nous voir quelques jours après, et me confirma ce que Marguerite m'avait dit.

Les deux femmes se promenèrent seules dans le jardin, et quand je vins les rejoindre, elles changèrent de conversation.

Le soir, en s'en allant, Prudence se plaignit du froid et pria Marguerite de lui prêter un cachemire.

Un mois se passa ainsi, pendant lequel Marguerite fut plus joyeuse et plus aimante qu'elle ne l'avait jamais été.

Cependant la voiture n'était pas revenue, le cachemire n'avait pas été renvoyé, tout cela m'intriguait malgré moi, et comme je savais dans quel tiroir Marguerite mettait les lettres de Prudence, je profitai d'un moment où elle était au fond du jardin, je courus à ce tiroir et j'essayai de l'ouvrir; mais ce fut en vain, il était fermé au double tour.

Alors je fouillai ceux où se trouvaient d'ordinaire les bijoux et les diamants. Ceux-là s'ouvrirent sans résistance, mais les écrins avaient disparu, avec ce qu'ils contenaient, bien entendu.

Une crainte poignante me serra le cœur.

J'allais réclamer de Marguerite la vérité sur ces disparitions, mais certainement elle ne me l'avouerait pas.

— Ma bonne Marguerite, lui dis-je alors, je viens te demander la permission d'aller à Paris. On ne sait pas chez moi où je suis, et l'on doit avoir reçu des lettres de mon père; il est inquiet, sans doute, il faut que je lui réponde.

— Va, mon ami, me dit-elle, mais sois ici de bonne heure.

Je partis.

Je courus tout de suite chez Prudence.

— Voyons, lui dis-je sans autre préliminaire, répondez-moi franchement, où sont les chevaux de Marguerite?

— Vendus.

— Le cachemire?

— Vendu.

— Les diamants?

— Engagés.

— Et qui a vendu et engagé?

— Moi.

— Pourquoi ne m'en avez-vous pas averti?

— Parce que Marguerite me l'avait défendu.

— Et pourquoi ne m'avez-vous pas demandé d'argent?

— Parce qu'elle ne voulait pas.

— Et à quoi a passé cet argent?

— A payer.

— Elle doit donc beaucoup?

— Trente mille francs encore ou à peu près. Ah! mon cher, je vous l'avais bien dit! vous n'avez pas voulu me croire; eh bien, maintenant, vous voilà convaincu. Le tapissier vis-à-vis duquel le duc avait répondu a été mis à la porte quand il s'est présenté chez le duc, qui lui a écrit le lendemain qu'il ne ferait rien pour Mlle Gautier. Cet homme a voulu de l'argent, on lui a donné des acomptes, qui sont les quelques mille francs que je vous ai demandés ; puis, des âmes charitables l'ont averti que sa débitrice, abandonnée par le duc, vivait avec un garçon sans fortune ; les autres créanciers ont été prévenus de même, ils ont demandé de l'argent et ont fait des saisies. Marguerite a voulu tout vendre, mais il n'était plus temps, et d'ailleurs je m'y serais opposée. Il fallait bien payer, et pour ne pas vous demander d'argent, elle a vendu ses chevaux, ses cachemires et engagé ses bijoux. Voulez-vous les reçus des acheteurs et les reconnaissances du Mont-de-Piété ?

Et Prudence, ouvrant un tiroir, me montrait ces papiers.

— Ah ! vous croyez, continua-t-elle avec cette persistance de la femme qui a le droit de dire : J'avais raison ! ah ! vous croyez qu'il suffit de s'aimer et d'aller vivre à la campagne d'une vie pastorale et vaporeuse ? Non, mon ami, non. A côté de la vie idéale, il y a la vie matérielle, et les résolutions les plus chastes sont retenues à terre par des fils ridicules, mais de fer, et que l'on ne brise pas facilement. Si Marguerite ne vous a pas trompé vingt fois, c'est qu'elle est d'une nature exceptionnelle. Ce n'est pas faute que je le lui aie conseillé, car cela me faisait peine de voir la pauvre fille se dépouiller de tout. Elle n'a pas voulu ! elle m'a répondu qu'elle vous aimait et ne vous tromperait pour rien au monde. Tout cela est fort joli, fort poétique, mais ce n'est pas avec cette monnaie qu'on paye les créanciers, et aujourd'hui elle ne peut plus s'en tirer, à moins d'une trentaine de mille francs, je vous le répète.

— C'est bien, je donnerai cette somme.

— Vous allez l'emprunter ?

— Mon Dieu, oui.

— Vous allez faire là une belle chose ; vous brouiller avec votre père, entraver vos ressources, et l'on ne trouve pas ainsi trente mille francs du jour au lendemain. Croyez-moi, mon cher Armand, je connais mieux les femmes que vous; ne faites pas cette folie, dont vous vous repentiriez un jour. Soyez raisonnable. Je ne vous dis pas de quitter Marguerite, mais vivez avec elle comme vous viviez au commencement de l'été. Laissez-lui trouver les moyens de sortir d'embarras. Le duc reviendra peu à peu à elle. Le comte de N..., si elle le prend, il me le disait encore hier, lui payera toutes ses dettes, et lui donnera quatre ou cinq mille francs par mois. Il a deux cent mille livres de rente. Ce sera une position pour elle, tandis que vous, il faudra toujours que vous la quittiez; n'attendez pas pour cela que vous soyez ruiné, d'autant plus que ce comte de N... est un imbécile, et que rien ne vous empêchera d'être l'amant de Marguerite. Elle pleurera un peu au commencement, mais elle finira par s'y habituer, et vous remerciera un jour de ce que vous aurez fait. Supposez que Marguerite est mariée, et trompez le mari voilà tout. Je vous ai déjà dit tout cela une fois; seulement à cette époque, ce n'était encore qu'un conseil, et aujourd'hui, c'est presque une nécessité.

Prudence avait cruellement raison.

— Voilà ce que c'est, continua-t-elle en renfermant les papiers qu'elle venait de montrer, les femmes entretenues prévoient toujours qu'on les aimera, jamais qu'elles aimeront, sans quoi elles mettraient de l'argent de côté, et à trente ans elles pourraient se payer le luxe d'avoir un amant pour rien. Si j'avais su ce que je sais, moi! Enfin, ne dites rien à Marguerite et ramenez-la à Paris. Vous avez vécu quatre ou cinq mois seul avec elle, c'est bien raisonnable; fermez les yeux, c'est tout ce qu'on vous demande. Au bout de quinze jours elle prendra le comte de N..., elle fera des économies cet hiver, et l'été prochain vous recommencerez. Voilà comme on fait, mon cher!

Et Prudence paraissait enchantée de son conseil que je rejetai avec indignation.

Non seulement mon amour et ma dignité ne me permettaient pas d'agir ainsi, mais encore j'étais bien convaincu qu'au point où elle en était arrivée, Marguerite mourrait plutôt que d'accepter ce partage.

— C'est assez plaisanter, dis-je à Prudence; combien faut-il définitivement à Marguerite?

— Je vous l'ai dit, une trentaine de mille francs.

— Et quand faut-il cette somme?

— Avant deux mois.

— Elle l'aura.

Prudence haussa les épaules.

— Je vous la remettrai, continuai-je, mais vous me jurez que vous ne direz pas à Marguerite que je vous l'ai remise.

— Soyez tranquille.

— Et si elle vous envoie autre chose à vendre ou à engager, prévenez-moi.

— Il n'y a pas de danger, elle n'a plus rien.

Je passai d'abord chez moi pour voir s'il y avait des lettres de mon père.

Il y en avait quatre.

XIX

Dans les trois premières lettres, mon père s'inquiétait de mon silence et m'en demandait la cause; dans la dernière, il me laissait voir qu'on l'avait informé de mon changement de vie, et m'annonçait son arrivée prochaine.

J'ai toujours eu un grand respect et une sincère affection pour mon père. Je lui répondis donc qu'un petit voyage avait été la cause de mon silence, et je le priai de me prévenir du jour de son arrivée, afin que je pusse aller au-devant de lui.

Je donnai à mon domestique mon adresse à la campagne, en lui recommandant de m'apporter la première lettre qui serait timbrée de la ville de C..., puis je repartis aussitôt pour Bougival.

Marguerite m'attendait à la porte du jardin.

Son regard exprimait l'inquiétude. Elle me sauta au cou, et ne put s'empêcher de me dire:

— As-tu vu Prudence?

— Non.

— Tu as été bien longtemps à Paris!

— J'ai trouvé des lettres de mon père auquel il m'a fallu répondre.

Quelques instants après, Nanine entra tout essoufflée. Marguerite se leva et alla lui parler bas.

Quand Nanine fut sortie, Marguerite me dit, en se rasseyant près de moi et en me prenant la main :

— Pourquoi m'as-tu trompée ? Tu es allé chez Prudence.

— Qui te l'a dit ?

— Nanine.

— Et d'où le sait-elle ?

— Elle t'a suivi.

— Tu lui avais donc dit de me suivre ?

— Oui. J'ai pensé qu'il fallait un motif puissant pour te faire aller ainsi à Paris, toi qui ne m'as pas quittée depuis quatre mois. Je craignais qu'il ne te fût arrivé un malheur, ou que peut-être tu n'allasses voir une autre femme.

— Enfant !

— Je suis rassurée maintenant, je sais ce que tu as fait, mais je ne sais pas encore ce que l'on t'a dit.

Je montrai à Marguerite les lettres de mon père.

— Ce n'est pas cela que je te demande : ce que je voudrais savoir, c'est pourquoi tu es allé chez Prudence.

— Pour la voir.

— Tu mens, mon ami.

— Eh bien, je suis allé lui demander si le cheval allait mieux, et si elle n'avait plus besoin de ton cachemire, ni de tes bijoux.

Marguerite rougit mais elle ne répondit pas.

— Et, continuai-je, j'ai appris l'usage que tu avais fait des chevaux, des cachemires et des diamants.

— Et tu m'en veux ?

— Je t'en veux de ne pas avoir eu l'idée de me demander ce dont tu avais besoin.

— Dans une liaison comme la nôtre, si la femme a encore un peu de dignité, elle doit s'imposer tous les sacrifices possibles plutôt que de demander de l'argent à son amant et de donner un côté vénal à son amour. Tu m'aimes, j'en suis sûre, mais tu ne sais pas combien est

léger le fil qui retient dans le cœur l'amour que l'on a
pour des filles comme moi. Qui sait ? peut-être dans un
jour de gêne ou d'ennui, te serais-tu figuré voir dans notre
liaison un calcul habilement combiné ! Prudence est une
bavarde. Qu'avais-je besoin de ces chevaux ! J'ai fait une
économie en les vendant ; je puis bien m'en passer, et je
ne dépense plus rien pour eux ; pourvu que tu m'aimes,
c'est tout ce que je demande, et tu m'aimeras autant sans
chevaux, sans cachemires et sans diamants.

Tout cela était dit d'un ton si naturel, que j'avais les
larmes dans les yeux en l'écoutant.

— Mais, ma bonne Marguerite, répondis-je en pressant avec amour les mains de ma maîtresse, tu savais bien
qu'un jour j'apprendrais ce sacrifice, et que, le jour où je
l'apprendrais, je ne le souffrirais pas.

— Pourquoi cela ?

— Parce que, chère enfant, je n'entends pas que l'affection que tu veux bien avoir pour moi te prive même
d'un bijou. Je ne veux pas, moi non plus, que dans un
moment de gêne ou d'ennui, tu puisses réfléchir que si tu
vivais avec un autre homme ces moments n'existeraient
pas, et que tu te repentes, ne fût-ce qu'une minute, de
vivre avec moi. Dans quelques jours, tes chevaux, tes
diamants et tes cachemires te seront rendus. Ils te sont
aussi nécessaires que l'air à la vie, et c'est peut-être
ridicule, mais je t'aime mieux somptueuse que simple.

— Alors c'est que tu ne m'aimes plus.

— Folle !

— Si tu m'aimais, tu me laisserais t'aimer à ma façon ;
au contraire, tu ne continues à voir en moi qu'une fille à
qui ce luxe est indispensable, et que tu te crois toujours
forcé de payer. Tu as honte d'accepter des preuves de
mon amour. Malgré toi, tu penses à me quitter un jour, et
tu tiens à mettre ta délicatesse à l'abri de tout soupçon. Tu
as raison, mon ami, mais j'avais espéré mieux.

Et Marguerite fit un mouvement pour se lever ; je la
retins en lui disant :

— Je veux que tu sois heureuse, et que tu n'aies rien à
me reprocher, voilà tout.

— Et nous allons nous séparer !

— Pourquoi, Marguerite ? Qui peut nous séparer ? m'écriai-je.

— Toi, qui ne veux pas me permettre de comprendre ta position, et qui as la vanité de me garder la mienne ; toi, qui en me conservant le luxe au milieu duquel j'ai vécu, veux conserver la distance morale qui nous sépare ; toi, enfin, qui ne crois pas mon affection assez désintéressée pour partager avec moi la fortune que tu as, avec laquelle nous pourrions vivre heureux ensemble, et qui préfères te ruiner, esclave que tu es d'un préjugé ridicule. Crois-tu donc que je compare une voiture et des bijoux à ton amour ? crois-tu que le bonheur consiste pour moi dans les vanités dont on se contente quand on n'aime rien, mais qui deviennent bien mesquines quand on aime ? Tu payeras mes dettes, tu escompteras ta fortune et tu m'entretiendras enfin ! Combien de temps tout cela durera-t-il ? deux ou trois mois, et alors il sera trop tard pour prendre la vie que je te propose, car alors tu accepterais tout de moi, et c'est ce qu'un homme d'honneur ne peut faire. Tandis que maintenant tu as huit ou dix mille francs de rente avec lesquels nous pouvons vivre. Je vendrai le superflu de ce que j'ai, et avec cette vente seule, je me ferai deux mille livres par an. Nous louerons un joli petit appartement dans lequel nous resterons tous les deux. L'été, nous viendrons à la campagne, non pas dans une maison comme celle-ci, mais dans une petite maison suffisante pour deux personnes. Tu es indépendant, je suis libre, nous sommes jeunes ; au nom du ciel, Armand, ne me rejette pas dans la vie que j'étais forcée de mener autrefois.

Je ne pouvais répondre, des larmes de reconnaissance et d'amour inondaient mes yeux, et je me précipitai dans les bras de Marguerite.

— Je voulais, reprit-elle, tout arranger sans t'en rien dire, payer toutes mes dettes et faire préparer mon nouvel appartement. Au mois d'octobre, nous serions retournés à Paris, et tout aurait été dit ; mais puisque Prudence t'a tout raconté, il faut que tu consentes avant, au lieu de consentir après. — M'aimes-tu assez pour cela ?

Il était impossible de résister à tant de dévouement. Je

baisai les mains de Marguerite avec effusion, et je lui dis :
— Je ferai tout ce que tu voudras.

Ce qu'elle avait décidé fut donc convenu.

Alors elle devint d'une gaieté folle : elle dansait, elle chantait, elle se faisait une fête de la simplicité de son nouvel appartement, sur le quartier et la disposition duquel elle me consultait déjà.

Je la voyais heureuse et fière de cette résolution qui semblait devoir nous rapprocher définitivement l'un de l'autre.

Aussi, je ne voulus pas être en reste avec elle.

En un instant je décidai de ma vie. J'établis la position de ma fortune, et je fis à Marguerite l'abandon de la rente qui me venait de ma mère, et qui me parut bien insuffisante pour récompenser le sacrifice que j'acceptais.

Il me restait les cinq mille francs de pension que me faisait mon père, et, quoi qu'il arrivât, j'avais toujours assez de cette pension annuelle pour vivre.

Je ne dis pas à Marguerite ce que j'avais résolu, convaincu que j'étais qu'elle refuserait cette donation.

Cette rente provenait d'une hypothèque de soixante mille francs sur une maison que je n'avais même jamais vue. Tout ce que je savais, c'est qu'à chaque trimestre le notaire de mon père, vieil ami de notre famille, me remettait sept cent cinquante francs sur mon simple reçu.

Le jour où Marguerite et moi nous vînmes à Paris pour chercher des appartements, j'allai chez ce notaire, et je lui demandai de quelle façon je devais m'y prendre pour faire à une autre personne le transfert de cette rente.

Le brave homme me crut ruiné et me questionna sur la cause de cette décision. Or, comme il fallait bien tôt ou tard que je lui disse en faveur de qui je faisais cette donation, je préférai lui raconter tout de suite la vérité.

Il ne me fit aucune des objections que sa position de notaire et d'ami l'autorisait à me faire, et m'assura qu'il se chargeait d'arranger tout pour le mieux.

Je lui recommandai naturellement la plus grande discrétion vis-à-vis de mon père, et j'allai rejoindre Marguerite qui m'attendait chez Julie Duprat, où elle avait préféré descendre plutôt que d'aller écouter la morale de Prudence.

Nous nous mîmes en quête d'appartements. Tous ceux que nous voyions, Marguerite les trouvait trop chers, et moi je les trouvais trop simples. Cependant nous finîmes par tomber d'accord, et nous arrêtâmes dans un des quartiers les plus tranquilles de Paris un petit pavillon, isolé de la maison principale.

Derrière ce petit pavillon s'étendait un jardin charmant, jardin qui en dépendait, entouré de murailles assez élevées pour nous séparer de nos voisins, et assez basses pour ne pas borner la vue.

C'était mieux que nous n'avions espéré.

Pendant que je me rendais chez moi pour donner congé de mon appartement, Marguerite allait chez un homme d'affaires qui, disait-elle, avait déjà fait pour une de ses amies ce qu'elle allait lui demander de faire pour elle.

Elle vint me retrouver rue de Provence, enchantée. Cet homme lui avait promis de payer toutes ses dettes, de lui en donner quittance, et de lui remettre une vingtaine de mille francs moyennant l'abandon de tous ses meubles.

Vous avez vu par le prix auquel est montée la vente que cet honnête homme eût gagné plus de trente mille francs sur sa cliente.

Nous repartîmes tout joyeux pour Bougival, et en continuant de nous communiquer nos projets d'avenir, que, grâce à notre insouciance et surtout à notre amour, nous voyions sous les teintes les plus dorées.

Huit jours après nous étions à déjeuner, quand Nanine vint m'avertir que mon domestique me demandait.

Je le fis entrer.

— Monsieur, me dit-il, votre père est arrivé à Paris, et vous prie de vous rendre tout de suite chez vous, où il vous attend.

Cette nouvelle était la chose du monde la plus simple, et cependant, en l'apprenant, Marguerite et moi nous nous regardâmes.

Nous devinions un malheur dans cet incident.

Aussi, sans qu'elle m'eût fait part de cette impression que je partageais, j'y répondis en lui tendant la main :

— Ne crains rien.

— Reviens le plus tôt que tu pourras, murmura Marguerite en m'embrassant, je t'attendrai à la fenêtre.

J'envoyais Joseph dire à mon père que j'allais arriver.

En effet, deux heures après, j'étais rue de Provence.

XX

Mon père, en robe de chambre, était assis dans mon salon et il écrivait.

Je compris tout de suite, à la façon dont il leva les yeux sur moi quand j'entrai, qu'il allait être question de choses graves.

Je l'abordai cependant comme si je n'eusse rien deviné dans son visage, et je l'embrassai.

— Quand êtes-vous arrivé, mon père?

— Hier au soir.

— Vous êtes descendu chez moi, comme de coutume?

— Oui.

— Je regrette bien de ne pas m'être trouvé là pour vous recevoir.

Je m'attendais à voir surgir dès ce mot la morale que me promettait le visage froid de mon père; mais il ne me répondit rien, cacheta la lettre qu'il venait d'écrire, et la remit à Joseph pour qu'il la jetât à la poste.

Quand nous fûmes seuls, mon père se leva et me dit, en s'appuyant contre la cheminée:

— Nous avons, mon cher Armand, à causer de choses sérieuses.

— Je vous écoute, mon père.

— Tu me promets d'être franc?

— C'est mon habitude.

— Est-il vrai que tu vives avec une femme nommée Marguerite Gautier?

— Oui.

— Sais-tu ce qu'était cette femme?

— Une fille entretenue.

— C'est pour elle que tu as oublié de venir nous voir cette année, ta sœur et moi?

— Oui, mon père, je l'avoue.

— Tu aimes donc beaucoup cette femme ?

— Vous le voyez bien, mon père, puisqu'elle m'a fait manquer à un devoir sacré, ce dont je vous demande humblement pardon aujourd'hui.

Mon père ne s'attendait sans doute pas à des réponses aussi catégoriques, car il parut réfléchir un instant, après quoi il me dit :

— Tu as évidemment compris que tu ne pourrais pas vivre toujours ainsi ?

— Je l'ai craint, mon père, mais je ne l'ai pas compris.

— Mais vous avez dû comprendre, continua mon père d'un ton un peu plus sec, que je ne le souffrirais pas, moi.

— Je me suis dit que tant que je ne ferais rien qui fût contraire au respect que je dois à votre nom et à la probité traditionnelle de la famille, je pourrais vivre comme je vis, ce qui m'a rassuré un peu sur les craintes que j'avais.

Les passions rendent fort contre les sentiments. J'étais prêt à toutes les luttes, même contre mon père, pour conserver Marguerite.

— Alors, le moment de vivre autrement est venu.

— Eh ! pourquoi, mon père ?

— Parce que vous êtes au moment de faire des choses qui blessent le respect que vous croyez avoir pour votre famille.

— Je ne m'explique pas ces paroles.

— Je vais vous les expliquer. Que vous ayez une maîtresse, c'est fort bien ; que vous la payiez comme un galant homme doit payer l'amour d'une fille entretenue, c'est on ne peut mieux ; mais que vous oubliiez les choses les plus saintes pour elle, que vous permettiez que le bruit de votre vie scandaleuse arrive jusqu'au fond de ma province et jette l'ombre d'une tache sur le nom honorable que je vous ai donné, voilà ce qui ne peut être, voilà ce qui ne sera pas.

— Permettez-moi de vous dire, mon père, que ceux qui vous ont ainsi renseigné sur mon compte étaient mal informés. Je suis l'amant de Mlle Gautier, je vis avec elle, c'est la chose du monde la plus simple. Je ne donne

pas à Mlle Gautier le nom que j'ai reçu de vous, je
dépense pour elle ce que mes moyens me permettent de
dépenser, je n'ai pas fait une dette, et je ne me suis trouvé
enfin dans aucune de ces positions qui autorisent un père
à dire à son fils ce que vous venez de me dire.

— Un père est toujours autorisé à écarter son fils de la
mauvaise voie dans laquelle il le voit s'engager. Vous
n'avez encore rien fait de mal, mais vous le ferez.

— Mon père !

— Monsieur, je connais la vie mieux que vous. Il n'y
a de sentiments entièrement purs que chez les femmes
entièrement chastes. Toute Manon peut faire un Des
Grieux, et le temps et les mœurs sont changés. Il serait
inutile que le monde vieillît, s'il ne se corrigeait pas.
Vous quitterez votre maîtresse.

— Je suis fâché de vous désobéir, mon père, mais
c'est impossible.

— Je vous y contraindrai.

— Malheureusement, mon père, il n'y a plus d'îles
Sainte-Marguerite où l'on envoie les courtisanes, et, y en
eût-il encore, j'y suivrais Mlle Gautier, si vous obteniez
qu'on l'y envoyât. Que voulez-vous ? j'ai peut-être tort,
mais je ne puis être heureux qu'à la condition que je
resterai l'amant de cette femme.

— Voyons, Armand, ouvrez les yeux, reconnaissez
votre père qui vous a toujours aimé, et qui ne veut que
votre bonheur. Est-il honorable pour vous d'aller vivre
maritalement avec une fille que tout le monde a eue ?

— Qu'importe, mon père, si personne ne doit plus
l'avoir ! qu'importe, si cette fille m'aime, si elle se régé-
nère par l'amour qu'elle a pour moi et par l'amour que
j'ai pour elle ! Qu'importe, enfin, s'il y a conversion !

— Eh ! croyez-vous donc, monsieur, que la mission
d'un homme d'honneur soit de convertir des courtisanes ?
croyez-vous donc que Dieu ait donné ce but grotesque à
la vie, et que le cœur ne doive pas avoir un autre enthousiasme que celui-là ? Quelle sera la conclusion de cette
cure merveilleuse, et que penserez-vous de ce que vous
dites aujourd'hui, quand vous aurez quarante ans ? Vous
rirez de votre amour, s'il vous est permis d'en rire en-

core, s'il n'a pas laissé de traces trop profondes dans votre passé. Que seriez-vous à cette heure, si votre père avait eu vos idées, et avait abandonné sa vie à tous ces souffles d'amour, au lieu de l'établir inébranlablement sur une pensée d'honneur et de loyauté? Réfléchissez, Armand, et ne dites plus de pareilles sottises. Voyons, vous quitterez cette femme, votre père vous en supplie.

Je ne répondis rien.

— Armand, continua mon père, au nom de votre sainte mère, croyez-moi, renoncez à cette vie que vous oublierez plus vite que vous ne pensez, et à laquelle vous enchaîne une théorie impossible. Vous avez vingt-quatre ans, songez à l'avenir. Vous ne pouvez pas aimer toujours cette femme qui ne vous aimera pas toujours non plus. Vous vous exagérez tous deux votre amour. Vous vous fermez toute carrière. Un pas de plus et vous ne pourrez plus quitter la route où vous êtes, et vous aurez, toute votre vie, le remords de votre jeunesse. Partez, venez passer un mois ou deux auprès de votre sœur. Le repos et l'amour pieux de la famille vous guériront vite de cette fièvre, car ce n'est pas autre chose. Pendant ce temps, votre maîtresse se consolera, elle prendra un autre amant, et quand vous verrez pour qui vous avez failli vous brouiller avec votre père et perdre son affection, vous me direz que j'ai bien fait de venir vous chercher, et vous me bénirez. Allons, tu partiras, n'est-ce pas, Armand?

Je sentais que mon père avait raison pour toutes les femmes, mais j'étais convaincu qu'il n'avait pas raison pour Marguerite. Cependant le ton dont il m'avait dit ses dernières paroles était si doux, si suppliant que je n'osais lui répondre.

— Eh bien? fit-il d'une voix émue.

— Eh bien, mon père, je ne puis rien vous promettre, dis-je enfin; ce que vous me demandez est au-dessus de mes forces. Croyez-moi, continuai-je en le voyant faire un mouvement d'impatience, vous vous exagérez les résultats de cette liaison. Marguerite n'est pas la fille que vous croyez. Cet amour, loin de me jeter dans une mauvaise voie, est capable au contraire de développer en moi

les plus honorables sentiments. L'amour vrai rend toujours meilleur, quelle que soit la femme qui l'inspire. Si
vous connaissiez Marguerite, vous comprendriez que je
ne m'expose à rien. Elle est noble comme les plus nobles
femmes. Autant il y a de cupidité chez les autres, autant il
y a de désintéressement chez elle.

— Ce qui ne l'empêche pas d'accepter toute votre
fortune, car les soixante mille francs qui vous viennent de
votre mère, et que vous lui donnez, sont, rappelez-vous
bien ce que je vous dis, votre unique fortune.

Mon père avait probablement gardé cette péroraison et
cette menace pour me porter le dernier coup.

J'étais plus fort devant ses menaces que devant ses
prières.

— Qui vous a dit que je dusse lui abandonner cette
somme? repris-je.

— Mon notaire. Un honnête homme eût-il fait un acte
semblable sans me prévenir? Eh bien, c'est pour empêcher votre ruine en faveur d'une fille que je suis venu à
Paris. Votre mère vous a laissé en mourant de quoi vivre
honorablement et non pas de quoi faire des générosités à
vos maîtresses.

— Je vous le jure, mon père, Marguerite ignorait cette
donation.

— Et pourquoi la faisiez-vous alors?

— Parce que Marguerite, cette femme que vous ca-
lomniez et que vous voulez que j'abandonne, fait le
sacrifice de tout ce qu'elle possède pour vivre avec moi.

— Et vous acceptez ce sacrifice? Quel homme êtes-
vous donc, monsieur, pour permettre à une Mlle Marguerite de vous sacrifier quelque chose? Allons, en voilà
assez. Vous quitterez cette femme. Tout à l'heure je vous
en priais, maintenant je vous l'ordonne; je ne veux pas de
pareilles saletés dans ma famille. Faites vos malles, et
apprêtez-vous à me suivre.

— Pardonnez-moi, mon père, dis-je alors, mais je ne
partirai pas.

— Parce que?

— Parce que j'ai déjà l'âge où l'on n'obéit plus à un
ordre.

Mon père pâlit à cette réponse.

— C'est bien, monsieur, reprit-il; je sais ce qu'il me reste à faire.

Il sonna.

Joseph parut.

— Faites transporter mes malles à l'hôtel de Paris, dit-il à mon domestique. Et en même temps il passa dans sa chambre, où il acheva de s'habiller.

Quand il reparut, j'allai au-devant de lui.

— Vous me promettez, mon père, lui dis-je, de ne rien faire qui puisse causer de la peine à Marguerite?

Mon père s'arrêta, me regarda avec dédain, et se contenta de me répondre :

— Vous êtes fou, je crois.

Après quoi, il sortit en fermant violemment la porte derrière lui.

Je descendis à mon tour, je pris un cabriolet et je partis pour Bougival.

Marguerite m'attendait à la fenêtre.

XXI

— Enfin! s'écria-t-elle en me sautant au cou. Te voilà! Comme tu es pâle!

Alors je lui racontai ma scène avec mon père.

— Ah! mon Dieu! je m'en doutais, dit-elle. Quand Joseph est venu nous annoncer l'arrivée de ton père, j'ai tressailli comme à la nouvelle d'un malheur. Pauvre ami! et c'est moi qui te cause tous ces chagrins. Tu ferais peut-être mieux de me quitter que de te brouiller avec ton père. Cependant je ne lui ai rien fait. Nous vivons bien tranquilles, nous allons vivre plus tranquilles encore. Il sait bien qu'il faut que tu aies une maîtresse, et il devrait être heureux que ce fût moi, puisque je t'aime et n'ambitionne pas plus que ta position ne le permet. Lui as-tu dit comment nous avons arrangé l'avenir?

— Oui, et c'est ce qui l'a le plus irrité, car il a vu dans cette détermination la preuve de notre amour mutuel.

— Que faire alors?

— Rester ensemble, ma bonne Marguerite, et laisser passer cet orage.

— Passera-t-il?

— Il le faudra bien.

— Mais ton père ne s'en tiendra pas là?

— Que veux-tu qu'il fasse?

— Que sais-je, moi? tout ce qu'un père peut faire pour que son fils lui obéisse. Il te rappellera ma vie passée et me fera peut-être l'honneur d'inventer quelque nouvelle histoire pour que tu m'abandonnes.

— Tu sais bien que je t'aime.

— Oui, mais, ce que je sais aussi, c'est qu'il faut tôt ou tard obéir à son père, et tu finiras peut-être par te laisser convaincre.

— Non, Marguerite, c'est moi qui le convaincrai. Ce sont les cancans de quelques-uns de ses amis qui causent cette grande colère; mais il est bon, il est juste, et il reviendra sur sa première impression. Puis, après tout, que m'importe!

— Ne dis pas cela, Armand; j'aimerais mieux tout que de laisser croire que je te brouille avec ta famille; laisse passer cette journée, et demain retourne à Paris. Ton père aura réfléchi de son côté comme toi du tien, et peut-être vous entendrez-vous mieux. Ne heurte pas ses principes, aie l'air de faire quelques concessions à ses désirs; parais ne pas tenir autant à moi, et il laissera les choses comme elles sont. Espère, mon ami, et sois bien certain d'une chose, c'est que, quoi qu'il arrive, ta Marguerite te restera.

— Tu me le jures?

— Ai-je besoin de te le jurer?

Qu'il est doux de se laisser persuader par une voix que l'on aime! Marguerite et moi, nous passâmes toute la journée à nous redire nos projets comme si nous avions compris le besoin de les réaliser plus vite. Nous nous attendions à chaque minute à quelque événement, mais heureusement le jour se passa sans amener rien de nouveau.

Le lendemain, je partis à dix heures, et j'arrivai vers midi à l'hôtel.

Mon père était déjà sorti.

Je me rendis chez moi, où j'espérais que peut-être il était allé. Personne n'était venu. J'allai chez mon notaire. Personne !

Je retournai à l'hôtel, et j'attendis jusqu'à six heures. M. Duval ne rentra pas.

Je repris la route de Bougival.

Je trouvai Marguerite, non plus m'attendant comme la veille, mais assise au coin du feu qu'exigeait déjà la saison.

Elle était assez plongée dans ses réflexions pour me laisser approcher de son fauteuil sans m'entendre et sans se retourner. Quand je posai mes lèvres sur son front, elle tressaillit comme si ce baiser l'eût réveillée en sursaut.

— Tu m'as fait peur, me dit-elle. Et ton père ?

— Je ne l'ai pas vu. Je ne sais ce que cela veut dire. Je ne l'ai trouvé ni chez lui, ni dans aucun des endroits où il y avait possibilité qu'il fût.

— Allons, ce sera à recommencer demain.

— J'ai bien envie d'attendre qu'il me fasse demander. J'ai fait, je crois, tout ce que je devais faire.

— Non, mon ami, ce n'est point assez, il faut retourner chez ton père, demain surtout.

— Pourquoi demain plutôt qu'un autre jour ?

— Parce que, fit Marguerite, qui me parut rougir un peu à cette question, parce que l'insistance de ta part en paraîtra plus vive et que notre pardon en résultera plus promptement

Tout le reste du jour, Marguerite fut préoccupée, distraite, triste. J'étais forcé de lui répéter deux fois ce que je lui disais pour obtenir une réponse. Elle rejeta cette préoccupation sur les craintes que lui inspiraient pour l'avenir les événements survenus depuis deux jours.

Je passai ma nuit à la rassurer, et elle me fit partir le lendemain avec une insistante inquiétude que je ne m'expliquais pas.

Comme la veille, mon père était absent ; mais, en sortant, il m'avait laissé cette lettre :

« Si vous revenez me voir aujourd'hui, attendez-moi jusqu'à quatre heures ; si à quatre heures je ne suis pas rentré, revenez dîner demain avec moi : il faut que je vous parle. »

J'attendis jusqu'à l'heure dite. Mon père ne reparut pas. Je partis.

La veille j'avais trouvé Marguerite triste, ce jour-là je la trouvai fiévreuse et agitée. En me voyant entrer, elle me sauta au cou, mais elle pleura longtemps dans mes bras.

Je la questionnai sur cette douleur subite dont la gradation m'alarmait. Elle ne me donna aucune raison positive, alléguant tout ce qu'une femme peut alléguer quand elle ne veut pas répondre la vérité.

Quand elle fut un peu calmée, je lui racontai les résultats de mon voyage ; je lui montrai la lettre de mon père, en lui faisant observer que nous en pouvions augurer du bien.

A la vue de cette lettre et à la réflexion que je fis, les larmes redoublèrent à un tel point que j'appelai Nanine, et que, craignant une atteinte nerveuse, nous couchâmes la pauvre fille qui pleurait sans dire une syllabe, mais qui me tenait les mains, et les baisait à chaque instant.

Je demandai à Nanine si, pendant mon absence, sa maîtresse avait reçu une lettre ou une visite qui pût motiver l'état où je la trouvais, mais Nanine me répondit qu'il n'était venu personne et que l'on n'avait rien apporté.

Cependant il se passait depuis la veille quelque chose d'autant plus inquiétant que Marguerite me le cachait.

Elle parut un peu plus calme dans la soirée ; et, me faisant asseoir au pied de son lit, elle me renouvela longuement l'assurance de son amour. Puis, elle me souriait, mais avec effort, car, malgré elle, ses yeux se voilaient de larmes.

J'employai tous les moyens pour lui faire avouer la véritable cause de ce chagrin, mais elle s'obstina à me donner toujours les raisons vagues que je vous ai déjà dites.

Elle finit par s'endormir dans mes bras, mais de ce sommeil qui brise le corps au lieu de le reposer ; de temps en temps elle poussait un cri, se réveillait en sursaut, et après s'être assurée que j'étais bien auprès d'elle, elle me faisait lui jurer de l'aimer toujours.

Je ne comprenais rien à ces intermittences de douleur qui se prolongèrent jusqu'au matin. Alors Marguerite tomba dans une sorte d'assoupissement. Depuis deux nuits elle ne dormait pas.

Ce repos ne fut pas de longue durée.

Vers onze heures, Marguerite se réveilla, et, me voyant levé, elle regarda autour d'elle en s'écriant :

— T'en vas-tu donc déjà ?

— Non, dis-je en lui prenant les mains, mais j'ai voulu te laisser dormir. Il est de bonne heure encore.

— A quelle heure vas-tu à Paris ?

— A quatre heures.

— Si tôt ? jusque-là tu resteras avec moi, n'est-ce pas ?

— Sans doute, n'est-ce pas mon habitude ?

— Quel bonheur !

— Nous allons déjeuner ? reprit-elle d'un air distrait.

— Si tu le veux.

— Et puis tu m'embrasseras bien jusqu'au moment de partir ?

— Oui, et je reviendrai le plus tôt possible.

— Tu reviendras ? fit-elle en me regardant avec des yeux hagards.

— Naturellement.

— C'est juste, tu reviendras ce soir, et moi, je t'attendrai, comme d'habitude, et tu m'aimeras, et nous serons heureux comme nous le sommes depuis que nous nous connaissons.

Toutes ces paroles étaient dites d'un ton si saccadé, elles semblaient cacher une pensée douloureuse si continue, que je tremblais à chaque instant de voir Marguerite tomber en délire.

— Écoute, lui dis-je, tu es malade, je ne puis pas te laisser ainsi. Je vais écrire à mon père qu'il ne m'attende pas.

— Non ! non ! s'écria-t-elle brusquement, ne fais pas cela. Ton père m'accuserait encore de t'empêcher d'aller chez lui quand il veut te voir ; non, non, il faut que tu y ailles, il le faut ! D'ailleurs, je ne suis pas malade, je me porte à merveille. C'est que j'ai fait un mauvais rêve, et que je n'étais pas bien réveillée.

A partir de ce moment, Marguerite essaya de paraître plus gaie. Elle ne pleura plus.

Quand vint l'heure où je devais partir, je l'embrassai, et lui demandai si elle voulait m'accompagner jusqu'au chemin de fer : j'espérais que la promenade la distrairait et que l'air lui ferait du bien.

Je tenais surtout à rester le plus longtemps possible avec elle.

Elle accepta, prit un manteau et m'accompagna avec Nanine, pour ne pas revenir seule.

Vingt fois je fus au moment de ne pas partir. Mais l'espérance de revenir vite et la crainte d'indisposer de nouveau mon père contre moi me soutinrent, et le convoi m'emporta.

— A ce soir, dis-je à Marguerite en la quittant.

Elle ne me répondit pas.

Une fois déjà elle ne m'avait pas répondu à ce même mot, et le comte de G..., vous vous le rappelez, avait passé la nuit chez elle ; mais ce temps était si loin, qu'il semblait effacé de ma mémoire, et si je craignais quelque chose, ce n'était certes plus que Marguerite me trompât.

En arrivant à Paris, je courus chez Prudence la prier d'aller voir Marguerite, espérant que sa verve et sa gaieté la distrairaient.

J'entrai sans me me faire annoncer, et je trouvai Prudence à sa toilette.

— Ah ! me dit-elle d'un air inquiet. Est-ce que Marguerite est avec vous ?

— Non.

— Comment va-t-elle ?

— Elle est souffrante.

— Est-ce qu'elle ne viendra pas ?

— Est-ce qu'elle devait venir ?

Mme Duvernoy rougit, et me répondit, avec un certain embarras :

— Je voulais dire : Puisque vous venez à Paris, est-ce qu'elle ne viendra pas vous y rejoindre ?

— Non.

Je regardai Prudence ; elle baissa les yeux, et sur sa physionomie je crus lire la crainte de voir ma visite se prolonger.

— Je venais même vous prier, ma chère Prudence, si vous n'avez rien à faire, d'aller voir Marguerite ce soir ; vous lui tiendriez compagnie, et vous pourriez coucher là-bas. Je ne l'ai jamais vue comme elle était aujourd'hui, et je tremble qu'elle ne tombe malade.

— Je dîne en ville, me répondit Prudence, et je ne pourrai pas voir Marguerite ce soir ; mais je la verrai demain.

Je pris congé de Mme Duvernoy, qui me paraissait presque aussi préoccupée que Marguerite, et je me rendis chez mon père, dont le premier regard m'étudia avec attention.

Il me tendit la main.

— Vos deux visites m'ont fait plaisir, Armand, me dit-il, elles m'ont fait espérer que vous auriez réfléchi de votre côté, comme j'ai réfléchi, moi, du mien.

— Puis-je me permettre de vous demander, mon père, quel a été le résultat de vos réflexions ?

— Il a été, mon ami, que je m'étais exagéré l'importance des rapports que l'on m'avait faits, et que je me suis promis d'être moins sévère avec toi.

— Que dites-vous, mon père ! m'écriai-je avec joie

— Je dis, mon cher enfant, qu'il faut que tout jeune homme ait une maîtresse, et que, d'après de nouvelles informations, j'aime mieux te savoir l'amant de Mlle Gautier que d'une autre.

— Mon excellent père ! que vous me rendez heureux !

Nous causâmes ainsi quelques instants, puis nous nous mîmes à table. Mon père fut charmant tout le temps que dura le dîner.

J'avais hâte de retourner à Bougival pour raconter à Marguerite cet heureux changement. A chaque instant je regardais la pendule.

— Tu regardes l'heure, me disait mon père, tu es impatient de me quitter. Oh ! jeunes gens ! vous sacrifierez donc toujours les affections sincères aux affections douteuses ?

— Ne dites pas cela, mon père! Marguerite m'aime, j'en suis sûr.

Mon père ne répondit pas; il n'avait l'air ni de douter ni de croire.

Il insista beaucoup pour me faire passer la soirée entière avec lui, et pour que je ne repartisse que le lendemain; mais j'avais laissé Marguerite souffrante, je le lui dis, et je lui demandai la permission d'aller la retrouver de bonne heure, lui promettant de revenir le lendemain.

Il faisait beau; il voulut m'accompagner jusqu'au débarcadère. Jamais je n'avais été si heureux. L'avenir m'apparaissait tel que je cherchais à le voir depuis longtemps

J'aimais plus mon père que je ne l'avais jamais aimé.

Au moment où j'allais partir, il insista une dernière fois pour que je restasse; je refusai.

— Tu l'aimes donc bien? me demanda-t-il.

— Comme un fou.

— Va alors! et il passa la main sur son front comme s'il eût voulu en chasser une pensée, puis il ouvrit la bouche comme pour me dire quelque chose; mais il se contenta de me serrer la main, et me quitta brusquement en me criant:

— A demain! donc.

XXII

Il me semblait que le convoi ne marchait pas.

Je fus à Bougival à onze heures.

Pas une fenêtre de la maison n'était éclairée, et je sonnai sans que l'on me répondît.

C'était la première fois que pareille chose m'arrivait. Enfin le jardinier parut. J'entrai.

Nanine me rejoignit avec une lumière. J'arrivai à la chambre de Marguerite.

— Où est madame?

— Madame est partie pour Paris, me répondit Nanine.

— Pour Paris!

— Oui, monsieur.

— Quand?

— Une heure après vous.

— Elle ne vous a rien laissé pour moi?

— Rien.

Nanine me laissa.

« Elle est capable d'avoir eu des craintes, pensai-je, et d'être allée à Paris pour s'assurer si la visite que je lui avais dit aller faire à mon père n'était pas un prétexte pour avoir un jour de liberté.

« Peut-être Prudence lui a-t-elle écrit pour quelque affaire importante », me dis-je quand je fus seul; mais j'avais vu Prudence à mon arrivée, et elle ne m'avait rien dit qui pût me faire supposer qu'elle eût écrit à Marguerite.

Tout à coup je me souvins de cette question que Mme Duvernoy m'avait faite : « Elle ne viendra donc pas aujourd'hui? » quand je lui avais dit que Marguerite était malade. Je me rappelai en même temps l'air embarrassé de Prudence, lorsque je l'avais regardée après cette phrase qui semblait trahir un rendez-vous. A ce souvenir se joignait celui des larmes de Marguerite pendant toute la journée, larmes que le bon accueil de mon père m'avait fait oublier un peu.

A partir de ce moment, tous les incidents du jour vinrent se grouper autour de mon premier soupçon et le fixèrent si solidement dans mon esprit que tout le confirma, jusqu'à la clémence paternelle.

Marguerite avait presque exigé que j'allasse à Paris; elle avait affecté le calme lorsque je lui avais proposé de rester auprès d'elle. Étais-je tombé dans un piège? Marguerite me trompait-elle? avait-elle compté être de retour assez à temps pour que je ne m'aperçusse pas de son absence, et le hasard l'avait-il retenue? Pourquoi n'avait-elle rien dit à Nanine, ou pourquoi ne m'avait-elle pas écrit? Que voulaient dire ces larmes, cette absence, ce mystère?

Voilà ce que je me demandais avec effroi, au milieu de cette chambre vide, et les yeux fixés sur la pendule qui, marquant minuit, semblait me dire qu'il était trop tard pour que j'espérasse encore voir revenir ma maîtresse.

Cependant, après les dispositions que nous venions de prendre, avec le sacrifice offert et accepté, était-il vraisemblable qu'elle me trompât? Non. J'essayai de rejeter mes premières suppositions.

La pauvre fille aura trouvé un acquéreur pour son mobilier, et elle sera allée à Paris pour conclure. Elle n'aura pas voulu me prévenir, car elle sait que, quoique je l'accepte, cette vente, nécessaire à notre bonheur à venir, m'est pénible, et elle aura craint de blesser mon amour-propre et ma délicatesse en m'en parlant. Elle aime mieux reparaître seulement quand tout sera terminé. Prudence l'attendait évidemment pour cela, et s'est trahie devant moi : Marguerite n'aura pu terminer son marché aujourd'hui, et elle couche chez elle, ou peut-être même va-t-elle arriver tout à l'heure, car elle doit se douter de mon inquiétude et ne voudra certainement pas m'y laisser.

Mais alors, pourquoi ces larmes? Sans doute, malgré son amour pour moi, la pauvre fille n'aura pu se résoudre sans pleurer à abandonner le luxe au milieu duquel elle a vécu jusqu'à présent et qui la faisait heureuse et enviée.

Je pardonnais bien volontiers ces regrets à Marguerite. Je l'attendais impatiemment pour lui dire, en la couvrant de baisers, que j'avais deviné la cause de sa mystérieuse absence.

Cependant, la nuit avançait et Marguerite n'arrivait pas.

L'inquiétude resserrait peu à peu son cercle et m'étreignait la tête et le cœur. Peut-être lui était-il arrivé quelque chose! Peut-être était-elle blessée, malade, morte! Peut-être allais-je voir arriver un messager m'annonçant quelque douloureux accident! Peut-être le jour me trouverait-il dans la même incertitude et dans les mêmes craintes!

L'idée que Marguerite me trompait à l'heure où je l'attendais au milieu des terreurs que me causait son absence ne me revenait plus à l'esprit. Il fallait une cause indépendante de sa volonté pour la retenir loin de moi, et plus j'y songeais, plus j'étais convaincu que cette cause ne pouvait être qu'un malheur quelconque. O vanité de l'homme ! tu te représentes sous toutes les formes.

Une heure venait de sonner. Je me dis que j'allais attendre une heure encore, mais qu'à deux heures, si Marguerite n'était pas revenue, je partirais pour Paris.

En attendant, je cherchai un livre, car je n'osais penser.

Manon Lescaut était ouvert sur la table. Il me sembla que d'endroits en endroits les pages étaient mouillées comme par des larmes. Après l'avoir feuilleté, je refermai ce livre dont les caractères m'apparaissaient vides de sens à travers le voile de mes doutes.

L'heure marchait lentement. Le ciel était couvert. Une pluie d'automne fouettait les vitres. Le lit vide me paraissait prendre par moments l'aspect d'une tombe. J'avais peur.

J'ouvris la porte. J'écoutais et n'entendais rien que le bruit du vent dans les arbres. Pas une voiture ne passait sur la route. La demie sonna tristement au clocher de l'église.

J'en étais arrivé à craindre que quelqu'un n'entrât. Il me semblait qu'un malheur seul pouvait venir me trouver à cette heure et par ce temps sombre.

Deux heures sonnèrent. J'attendis encore un peu. La pendule seule troublait le silence de son bruit monotone et cadencé.

Enfin je quittai cette chambre dont les moindres objets avaient revêtu cet aspect triste que donne à tout ce qui l'entoure l'inquiète solitude du cœur.

Dans la chambre voisine je trouvai Nanine endormie sur son ouvrage. Au bruit de la porte, elle se réveilla et me demanda si sa maîtresse était rentrée.

— Non, mais, si elle rentre, vous lui direz que je n'ai pu résister à mon inquiétude, et que je suis parti pour Paris.

— A cette heure ?

— Oui.

— Mais comment ? vous ne trouverez pas de voiture.

— J'irai à pied.

— Mais il pleut.

— Que m'importe?

— Madame va rentrer, ou, si elle ne rentre pas, il sera toujours temps, au jour, d'aller voir ce qui l'a retenue. Vous allez vous faire assassiner sur la route.

— Il n'y a pas de danger, ma chère Nanine; à demain.

La brave fille alla me chercher mon manteau, me le jeta sur les épaules, m'offrit d'aller réveiller la mère Arnould, et de s'enquérir d'elle s'il était possible d'avoir une voiture; mais je m'y opposai, convaincu que je perdrais à cette tentative, peut-être infructueuse, plus de temps que je n'en mettrais à faire la moitié du chemin.

Puis j'avais besoin d'air et d'une fatigue physique qui épuisât la surexcitation à laquelle j'étais en proie.

Je pris la clef de l'appartement de la rue d'Antin, et après avoir dit adieu à Nanine, qui m'avait accompagné jusqu'à la grille, je partis.

Je me mis d'abord à courir, mais la terre était fraîchement mouillée, et je me fatiguais doublement. Au bout d'une demi-heure de cette course, je fus forcé de m'arrêter, j'étais en nage. Je repris haleine et je continuai mon chemin. La nuit était si épaisse que je tremblais à chaque instant de me heurter contre un des arbres de la route, lesquels, se présentant brusquement à mes yeux, avaient l'air de grands fantômes courant sur moi.

Je rencontrai une ou deux voitures de rouliers que j'eus bientôt laissées en arrière.

Une calèche se dirigeait au grand trot du côté de Bougival. Au moment où elle passait devant moi, l'espoir me vint que Marguerite était dedans.

Je m'arrêtai en criant: Marguerite! Marguerite!

Mais personne ne me répondit et la calèche continua sa route. Je la regardai s'éloigner, et je repartis.

Je mis deux heures pour arriver à la barrière de l'Étoile.

La vue de Paris me rendit des forces, et je descendis en courant la longue allée que j'avais parcourue tant de fois.

Cette nuit-là personne n'y passait.

On eût dit la promenade d'une ville morte.

Le jour commençait à poindre.

Quand j'arrivai à la rue d'Antin, la grande ville se

remuait déjà un peu avant de se réveiller tout à fait. Cinq heures sonnaient à l'église Saint-Roch au moment où j'entrais dans la maison de Marguerite.

Je jetai mon nom au portier, lequel avait reçu de moi assez de pièces de vingt francs pour savoir que j'avais le droit de venir à cinq heures chez Mlle Gautier.

Ja passai donc sans obstacle.

J'aurai pu lui demander si Marguerite était chez elle, mais il eût pu me répondre que non, et j'aimais mieux douter deux minutes de plus, car en doutant j'espérais encore.

Je prêtai l'oreille à la porte, tâchant de surprendre un bruit, un mouvement.

Rien. Le silence de la campagne semblait se continuer jusque-là.

J'ouvris la porte, et j'entrai.

Tous les rideaux étaient hermétiquement fermés.

Je tirai ceux de la salle à manger, et je me dirigeai vers la chambre à coucher dont je poussai la porte

Je sautai sur le cordon des rideaux et je le tirai violemment.

Les rideaux s'écartèrent; un faible jour pénétra, je courus au lit.

Il était vide !

J'ouvris les portes les unes après les autres, je visitai toutes les chambres.

Personne.

C'était à devenir fou.

Je passai dans le cabinet de toilette, dont j'ouvris la fenêtre, et j'appelai Prudence à plusieurs reprises.

La fenêtre de Mme Duvernoy resta fermée.

Alors je descendis chez le portier, à qui je demandai si Mlle Gautier était venue chez elle pendant le jour.

— Oui, me répondit cet homme, avec Mme Duvernoy.

— Elle n'a rien dit pour moi ?

— Rien.

— Savez-vous ce qu'elles ont fait ensuite ?

— Elles sont montées en voiture.

— Quel genre de voiture ?

— Un coupé de maître.

Qu'est-ce que tout cela voulait dire?

Je sonnai à la porte voisine.

— Où allez-vous, monsieur? me demanda le concierge après m'avoir ouvert.

— Chez Mme Duvernoy.

— Elle n'est pas rentrée.

— Vous en êtes sûr?

— Oui, monsieur; voilà même une lettre qu'on a apportée pour elle hier au soir et que je ne lui ai pas encore remise.

Et le portier me montrait une lettre sur laquelle je jetai machinalement les yeux.

Je reconnus l'écriture de Marguerite.

Je pris la lettre.

L'adresse portait ces mots:

« A Mme Duvernoy, pour remettre à M. Duval. »

— Cette lettre est pour moi, dis-je au portier, et je lui montrai l'adresse.

— C'est vous monsieur Duval? me répondit cet homme.

— Oui.

— Ah! je vous reconnais, vous venez souvent chez Mme Duvernoy.

Une fois dans la rue, je brisai le cachet de cette lettre.

La foudre fût tombée à mes pieds que je n'eusse pas été plus épouvanté que je le fus par cette lecture.

« A l'heure où vous lirez cette lettre, Armand, je serai déjà la maîtresse d'un autre homme. Tout est donc fini entre nous.

« Retournez auprès de votre père, mon ami, allez revoir votre sœur, jeune fille chaste, ignorante de toutes nos misères, et auprès de laquelle vous oublierez bien vite ce que vous aura fait souffrir cette fille perdue que l'on nomme Marguerite Gautier, que vous avez bien voulu aimer un instant, et qui vous doit les seuls moments heureux d'une vie qui, elle l'espère, ne sera pas longue maintenant. »

Quand j'eus lu le dernier mot, je crus que j'allais devenir fou.

Un moment j'eus réellement peur de tomber sur le pavé de la rue. Un nuage me passait sur les yeux et le sang me battait dans les tempes.

Enfin je me remis un peu, je regardai autour de moi, tout étonné de voir la vie des autres se continuer sans s'arrêter à mon malheur.

Je n'étais pas assez fort pour supporter seul le coup que Marguerite me portait.

Alors je me souvins que mon père était dans la même ville que moi, que dans dix minutes je pourrais être auprès de lui, et que, quelle que fût la cause de ma douleur, il la partagerait.

Je courus comme un fou, comme un voleur, jusqu'à l'hôtel de Paris : je trouvai la clef sur la porte de l'appartement de mon père. J'entrai.

Il lisait.

Au peu d'étonnement qu'il montra en me voyant paraître, on eût dit qu'il m'attendait.

Je me précipitai dans ses bras sans lui dire un mot, je lui donnai la lettre de Marguerite, et me laissant tomber devant son lit, je pleurai à chaudes larmes.

XXIII

Quand toutes les choses de la vie eurent repris leur cours, je ne pus croire que le jour qui se levait ne serait pas semblable pour moi à ceux qui l'avaient précédé. Il y avait des moments où je me figurais qu'une circonstance, que je ne me rappelais pas, m'avait fait passer la nuit hors de chez Marguerite, mais que, si je retournais à Bougival, j'allais la retrouver inquiète, comme je l'avais été, et qu'elle me demanderait qui m'avait ainsi retenu loin d'elle.

Quand l'existence a contracté une habitude comme celle de cet amour, il semble impossible que cette habitude se rompe sans briser en même temps tous les autres ressorts de la vie.

J'étais donc forcé de temps en temps de relire la lettre de Marguerite, pour bien me convaincre que je n'avais pas rêvé.

Mon corps, succombant sous la secousse morale, était incapable d'un mouvement. L'inquiétude, la marche de la nuit, la nouvelle du matin m'avaient épuisé. Mon père profita de cette prostration totale de mes forces pour me demander la promesse formelle de partir avec lui.

Je promis tout ce qu'il voulut. J'étais incapable de soutenir une discussion, et j'avais besoin d'une affection réelle pour m'aider à vivre après ce qui venait de se passer.

J'étais trop heureux que mon père voulût bien me consoler d'un pareil chagrin.

Tout ce que je me rappelle, c'est que ce jour-là, vers cinq heures, il me fit monter avec lui dans une chaise de poste. Sans me rien dire, il avait fait préparer mes malles, les avait fait attacher avec les siennes derrière la voiture, et il m'emmenait.

Je ne sentis ce que je faisais que lorsque la ville eut disparu, et que la solitude de la route me rappela le vide de mon cœur.

Alors les larmes me reprirent.

Mon père avait compris que des paroles, même de lui, ne me consoleraient pas, et il me laissait pleurer sans me dire un mot, se contentant parfois de me serrer la main, comme pour me rappeler que j'avais un ami à côté de moi.

La nuit, je dormis un peu. Je rêvai de Marguerite.

Je me réveillai en sursaut, ne comprenant pas pourquoi j'étais dans une voiture.

Puis la réalité me revint à l'esprit et je laissai tomber ma tête sur ma poitrine.

Je n'osais entretenir mon père, je craignais toujours qu'il ne me dît :

« Tu vois que j'avais raison quand je niais l'amour de cette femme. »

Mais il n'abusa pas de son avantage, et nous arrivâmes à C... sans qu'il m'eût dit autre chose que des paroles complètement étrangères à l'événement qui m'avait fait partir.

Quand j'embrassai ma sœur, je me rappelai les mots de la lettre de Marguerite qui la concernaient, mais je compris tout de suite que, si bonne qu'elle fût, ma sœur serait insuffisante à me faire oublier ma maîtresse.

La chasse était ouverte, mon père pensa qu'elle serait une distraction pour moi. Il organisa donc des parties de chasse avec des voisins et des amis. J'y allai sans répugnance comme sans enthousiasme, avec cette sorte d'apathie qui était le caractère de toutes mes actions depuis mon départ.

Nous chassions au rabat. On me mettait à mon poste. Je posais mon fusil désarmé à côté de moi, et je rêvais.

Je regardais les nuages passer. Je laissais ma pensée errer dans les plaines solitaires, et de temps en temps je m'entendais appeler par quelque chasseur me montrant un lièvre à dix pas de moi.

Aucun de ces détails n'échappait à mon père, et il ne se laissait pas prendre à mon calme extérieur. Il comprenait bien que, si abattu qu'il fût, mon cœur aurait quelque jour une réaction terrible, dangereuse peut-être, et tout en évitant de paraître me consoler, il faisait son possible pour me distraire.

Ma sœur, naturellement, n'était pas dans la confidence de tous ces événements, elle ne s'expliquait donc pas pourquoi, moi, si gai autrefois, j'étais tout à coup devenu si rêveur et si triste.

Parfois, surpris au milieu de ma tristesse par le regard inquiet de mon père, je lui tendais la main et je serrais la sienne comme pour lui demander tacitement pardon du mal que, malgré moi, je lui faisais.

Un mois se passa ainsi, mais ce fut tout ce que je pus supporter.

Le souvenir de Marguerite me poursuivait sans cesse. J'avais trop aimé et j'aimais trop cette femme pour qu'elle pût me devenir indifférente tout à coup. Il fallait ou que je l'aimasse ou que je la haïsse. Il fallait surtout, quelque sentiment que j'eusse pour elle, que je la revisse, et cela tout de suite.

Ce désir entra dans mon esprit, et s'y fixa avec toute la violence de la volonté qui reparaît enfin dans un corps inerte depuis longtemps.

Ce n'était pas dans l'avenir, dans un mois, dans huit

jours qu'il me fallait Marguerite, c'était le lendemain
même du jour où j'en avais eu l'idée; et je vins dire à mon
père que j'allais le quitter pour des affaires qui me rappelaient à Paris, mais que je reviendrais promptement.

Il devina sans doute le motif qui me faisait partir, car il
insista pour que je restasse; mais, voyant que l'inexécu-
tion de ce désir, dans l'état irritable où j'étais, pourrait
avoir des conséquences fatales pour moi, il m'embrassa,
et me pria, presque avec des larmes, de revenir bientôt
auprès de lui.

Je ne dormis pas avant d'être arrivé à Paris.

Une fois arrivé, qu'allais-je faire? je l'ignorais; mais il
fallait avant tout que je m'occupasse de Marguerite.

J'allai chez moi m'habiller, et comme il faisait beau, et
qu'il en était encore temps, je me rendis aux Champs-
Élysées.

Au bout d'une demi-heure, je vis venir de loin, et du
rond-point à la place de la Concorde, la voiture de Marguerite.

Elle avait racheté ses chevaux, car la voiture était telle
qu'autrefois; seulement elle n'était pas dedans.

A peine avais-je remarqué cette absence, qu'en repor-
tant les yeux autour de moi, je vis Marguerite qui descendait à pied, accompagnée d'une femme que je n'avais
jamais vue auparavant.

En passant à côté de moi, elle pâlit, et un sourire
nerveux crispa ses lèvres. Quant à moi, un violent battement de cœur m'ébranla la poitrine; mais je parvins à
donner une expression froide à mon visage, et je saluai
froidement mon ancienne maîtresse, qui rejoignit presque
aussitôt sa voiture, dans laquelle elle monta avec son
amie.

Je connaissais Marguerite. Ma rencontre inattendue
avait dû la bouleverser. Sans doute elle avait appris mon
départ, qui l'avait tranquillisée sur la suite de notre rupture; mais me voyant revenir, et se trouvant face à face
avec moi, pâle comme je l'étais, elle avais compris que
mon retour avait un but, et elle devait se demander ce qui
allait avoir lieu.

Si j'avais retrouvé Marguerite malheureuse, si, pour

me venger d'elle, j'avais pu venir à son secours, je lui aurais peut-être pardonné, et n'aurais certainement pas songé à lui faire du mal ; mais je la retrouvais heureuse, en apparence du moins ; un autre lui avait rendu le luxe que je n'avais pu lui continuer ; notre rupture, venue d'elle, prenait par conséquent le caractère du plus bas intérêt ; j'étais humilié dans mon amour-propre comme dans mon amour, il fallait nécessairement qu'elle payât ce que j'avais souffert.

Je ne pouvais être indifférent à ce que faisait cette femme ; par conséquent, ce qui devait lui faire le plus de mal, c'était mon indifférence ; c'était donc ce sentiment-là qu'il fallait feindre, non seulement à ses yeux, mais aux yeux des autres.

J'essayai de me faire un visage souriant, et je me rendis chez Prudence.

La femme de chambre alla m'annoncer et me fit attendre quelques instants dans le salon.

Mme Duvernoy parut enfin, et m'introduisit dans son boudoir ; au moment où je m'y asseyais, j'entendis ouvrir la porte du salon, et un pas léger fit crier le parquet, puis la porte du carré fut fermée violemment.

— Je vous dérange ? demandai-je à Prudence.

— Pas du tout, Marguerite était là. Quand elle vous a entendu annoncer, elle s'est sauvée : c'est elle qui vient de sortir.

— Je lui fais donc peur maintenant ?

— Non, mais elle craint qu'il ne vous soit désagréable de la revoir.

— Pourquoi donc ? dis-je en faisant un effort pour respirer librement, car l'émotion m'étouffait ; la pauvre fille m'a quitté pour ravoir sa voiture, ses meubles et ses diamants, elle a bien fait, et je ne dois pas lui en vouloir. Je l'ai rencontrée aujourd'hui, continuai-je négligemment.

— Où ? fit Prudence, qui me regardait et semblait se demander si cet homme était bien celui qu'elle avait connu si amoureux.

— Aux Champs-Élysées, elle était avec une autre femme fort jolie ? Quelle est cette femme ?

— Comment est-elle ?

— Une blonde, mince, portant des anglaises ; des yeux bleus, très élégante.

— Ah ! c'est Olympe ; une très jolie fille, en effet.

— Avec qui vit-elle ?

— Avec personne, avec tout le monde.

— Et elle demeure ?

— Rue Tronchet, n°... Ah ça, vous voulez lui faire la cour ?

— On ne sait pas ce qui peut arriver.

— Et Marguerite ?

— Vous dire que je ne pense plus du tout à elle, ce serait mentir ; mais je suis de ces hommes avec qui la façon de rompre fait beaucoup. Or, Marguerite m'a donné mon congé d'une façon si légère, que je me suis trouvé bien sot d'en avoir été amoureux comme je l'ai été, car j'ai été vraiment fort amoureux de cette fille.

Vous devinez avec quel ton j'essayais de dire ces choses-là : l'eau me coulait sur le front.

— Elle vous aimait bien, allez, et elle vous aime toujours : la preuve, c'est qu'après vous avoir rencontré aujourd'hui, elle est venue tout de suite me faire part de cette rencontre. Quand elle est arrivée, elle était toute tremblante, près de se trouver mal.

— Eh bien, que vous a-t-elle dit ?

— Elle m'a dit : « Sans doute il viendra vous voir », et elle m'a priée d'implorer de vous son pardon.

— Je lui ai pardonné, vous pouvez le lui dire. C'est une bonne fille, mais c'est une fille ; et ce qu'elle m'a fait, je devais m'y attendre. Je lui suis même reconnaissant de sa résolution, car aujourd'hui je me demande à quoi nous aurait menés mon idée de vivre tout à fait avec elle. C'était de la folie.

— Elle sera bien contente en apprenant que vous avez pris votre parti de la nécessité où elle se trouvait. Il était temps qu'elle vous quittât, mon cher. Le gredin d'homme d'affaires à qui elle avait proposé de vendre son mobilier avait été trouver ses créanciers pour leur demander combien elle leur devait ; ceux-ci avaient eu peur, et l'on allait vendre dans deux jours.

— Et maintenant, c'est payé ?

— A peu près.

— Et qui a fait les fonds ?

— Le comte de N... Ah ! mon cher ! il y a des hommes faits exprès pour cela. Bref, il a donné vingt mille francs ; mais il en est arrivé à ses fins. Il sait bien que Marguerite n'est pas amoureuse de lui, ce qui ne l'empêche pas d'être très gentil pour elle. Vous avez vu, il lui a racheté ses chevaux, il lui a retiré ses bijoux et lui donne autant d'argent que le duc lui en donnait ; si elle veut vivre tranquillement, cet homme-là restera longtemps avec elle.

— Et que fait-elle ? habite-t-elle tout à fait Paris ?

— Elle n'a jamais voulu retourner à Bougival depuis que vous êtes parti. C'est moi qui suis allée y chercher toutes ses affaires, et même les vôtres, dont j'ai fait un paquet que vous ferez prendre ici. Il y a tout, excepté un petit portefeuille avec votre chiffre. Marguerite a voulu le prendre et l'a chez elle. Si vous y tenez, je le lui redemanderai.

— Qu'elle le garde, balbutiai-je, car je sentais les larmes monter de mon cœur à mes yeux au souvenir de ce village où j'avais été si heureux, et à l'idée que Marguerite tenait à garder une chose qui venait de moi et me rappelait à elle.

Si elle était entrée à ce moment, mes résolutions de vengeance auraient disparu et je serais tombé à ses pieds.

— Du reste, reprit Prudence, je ne l'ai jamais vue comme elle est maintenant : elle ne dort presque plus, elle court les bals, elle soupe, elle se grise même. Dernièrement, après un souper, elle est restée huit jours au lit ; et quand le médecin lui a permis de se lever, elle a recommencé, au risque d'en mourir. Irez-vous la voir ?

— A quoi bon ? Je suis venu vous voir, vous, parce que vous avez été toujours charmante pour moi, et que je vous connaissais avant de connaître Marguerite. C'est à vous que je dois d'avoir été son amant, comme c'est à vous que je dois de ne plus l'être, n'est-ce pas ?

— Ah ! dame, j'ai fait tout ce que j'ai pu pour qu'elle

vous quittât, et je crois que, plus tard, vous ne m'en voudrez pas.

— Je vous en ai une double reconnaissance, ajoutai-je en me levant, car j'avais du dégoût pour cette femme, à la voir prendre au sérieux tout ce que je lui disais.

— Vous vous en allez?

— Oui.

J'en savais assez.

— Quand vous verra-t-on?

— Bientôt. Adieu.

— Adieu.

Prudence me conduisit jusqu'à la porte, et je rentrai chez moi des larmes de rage dans les yeux et un besoin de vengeance dans le cœur.

Ainsi Marguerite était décidément une fille comme les autres; ainsi, cet amour profond qu'elle avait pour moi n'avait pas lutté contre le désir de reprendre sa vie passée, et contre le besoin d'avoir une voiture et de faire des orgies.

Voilà ce que je me disais au milieu de mes insomnies, tandis que, si j'avais réfléchi aussi froidement que je l'affectais, j'aurais vu dans cette nouvelle existence bruyante de Marguerite l'espérance pour elle de faire taire une pensée continue, un souvenir incessant.

Malheureusement, la passion mauvaise dominait en moi, et je ne cherchai qu'un moyen de torturer cette pauvre créature.

Oh! l'homme est bien petit et bien vil quand l'une de ses étroites passions est blessée.

Cette Olympe, avec qui je l'avais vue, était sinon l'amie de Marguerite, du moins celle qu'elle fréquentait le plus souvent depuis son retour à Paris. Elle allait donner un bal, et comme je supposais que Marguerite y serait, je cherchai à me faire donner une invitation et je l'obtins.

Quand, plein de mes douloureuses émotions, j'arrivai à ce bal, il était déjà fort animé. On dansait, on criait même, et, dans un des quadrilles, j'aperçus Marguerite dansant avec le comte de N..., lequel paraissait tout fier de la montrer, et semblait dire à tout le monde:

— Cette femme est à moi !

J'allai m'adosser à la cheminée, juste en face de Marguerite, et je la regardai danser. A peine m'eut-elle aperçu qu'elle se troubla. Je la vis et je la saluai distraitement de la main et des yeux.

Quand je songeais que après le bal, ce ne serait plus avec moi, mais avec ce riche imbécile qu'elle s'en irait, quand je me représentais ce qui vraisemblablement allait suivre leur retour chez elle, le sang me montait au visage, et le besoin me venait de troubler leurs amours.

Après la contredanse, j'allai saluer la maîtresse de la maison, qui étalait aux yeux des invités des épaules magnifiques et la moitié d'une gorge éblouissante.

Cette fille-là était belle, et, au point de vue de la forme, plus belle que Marguerite. Je le compris mieux encore à certains regards que celle-ci jeta sur Olympe pendant que je lui parlais. L'homme qui serait l'amant de cette femme pourrait être aussi fier que l'était M. de N... et elle était assez belle pour inspirer une passion égale à celle que Marguerite m'avait inspirée.

Elle n'avait pas d'amant à cette époque. Il ne serait pas difficile de le devenir. Le tout était de montrer assez d'or pour se faire regarder.

Ma résolution fut prise. Cette femme serait ma maîtresse.

Je commençai mon rôle de postulant en dansant avec Olympe.

Une demi-heure après, Marguerite, pâle comme une morte, mettait sa pelisse et quittait le bal.

XXIV

C'était déjà quelque chose, mais ce n'était pas assez. Je comprenais l'empire que j'avais sur cette femme et j'en abusais lâchement.

Quand je pense qu'elle est morte maintenant, je me demande si Dieu me pardonnera jamais le mal que j'ai fait.

Après le souper, qui fut des plus bruyants, on se mit à jouer.

Je m'assis à côté d'Olympe et j'engageai mon argent avec tant de hardiesse qu'elle ne pouvait s'empêcher d'y faire attention. En un instant, je gagnai cent cinquante ou deux cents louis, que j'étalais devant moi et sur lesquels elle fixait des yeux ardents.

J'étais le seul que le jeu ne préoccupât point complètement et qui s'occupât d'elle. Tout le reste de la nuit je gagnai, et ce fut moi qui lui donnai de l'argent pour jouer, car elle avait perdu tout ce qu'elle avait devant elle et probablement chez elle.

A cinq heures du matin on partit.

Je gagnais trois cents louis.

Tous les joueurs étaient déjà en bas, moi seul étais resté en arrière sans que l'on s'en aperçût, car je n'étais l'ami d'aucun de ces messieurs.

Olympe éclairait elle-même l'escalier et j'allais descendre comme les autres, quand, revenant vers elle, je lui dis :

— Il faut que je vous parle.

— Demain, me dit-elle.

— Non, maintenant.

— Qu'avez-vous à me dire ?

— Vous le verrez.

Et je rentrai dans l'appartement.

— Vous avez perdu, lui dis-je.

— Oui.

— Tout ce que vous aviez chez vous ?

Elle hésita.

— Soyez franche.

— Eh bien, c'est vrai.

— J'ai gagné trois cents louis, les voilà, si vous voulez me garder ici.

Et, en même temps, je jetai l'or sur la table.

— Et pourquoi cette proposition ?

— Parce que je vous aime, pardieu !

— Non, mais parce que vous êtes amoureux de Marguerite et que vous voulez vous venger d'elle en devenant mon amant. On ne trompe pas une femme comme moi,

mon cher ami ; malheureusement je suis encore trop jeune
et trop belle pour accepter le rôle que vous me proposez.

— Ainsi, vous refusez ?

— Oui.

— Préférez-vous m'aimer pour rien ? C'est moi qui
n'accepterais pas alors. Réfléchissez, ma chère Olympe ;
je vous aurais envoyé une personne quelconque vous
proposer ces trois cents louis de ma part aux conditions
que j'y mets, vous eussiez accepté. J'ai mieux aimé
traiter directement avec vous. Acceptez sans chercher les
causes qui me font agir ; dites-vous que vous êtes belle, et
qu'il n'y a rien d'étonnant que je sois amoureux de vous.

Marguerite était une fille entretenue comme Olympe,
et cependant je n'eusse jamais osé lui dire, la première
fois que je l'avais vue, ce que je venais de dire à cette
femme. C'est que j'aimais Marguerite, c'est que j'avais
deviné en elle des instincts qui manquaient à cette autre
créature, et qu'au moment même où je proposais ce
marché, malgré son extrême beauté, celle avec qui j'allais le conclure me dégoûtait.

Elle finit par accepter, bien entendu, et, à midi, je
sortis de chez elle son amant : mais je quittai son lit sans
emporter le souvenir des caresses et des mots d'amour
qu'elle s'était crue obligée de me prodiguer pour les six
mille francs que je lui laissais.

Et cependant on s'était ruiné pour cette femme-là.

A compter de ce jour, je fis subir à Marguerite une
persécution de tous les instants. Olympe et elle cessèrent
de se voir, vous comprenez aisément pourquoi. Je donnai
à ma nouvelle maîtresse une voiture, des bijoux, je jouai,
je fis enfin toutes les folies propres à un homme amoureux d'une femme comme Olympe. Le bruit de ma nouvelle passion se répandit aussitôt.

Prudence elle-même s'y laissa prendre et finit par
croire que j'avais complètement oublié Marguerite.
Celle-ci, soit qu'elle eût deviné le motif qui me faisait
agir, soit qu'elle se trompât comme les autres, répondait
par une grande dignité aux blessures que je lui faisais tous
les jours. Seulement elle paraissait souffrir, car partout où
je la rencontrais, je la revoyais toujours de plus en plus

pâle, de plus en plus triste. Mon amour pour elle, exalté à
ce point qu'il se croyait devenu de la haine, se réjouissait
à la vue de cette douleur quotidienne. Plusieurs fois, dans
des circonstances où je fus d'une cruauté infâme, Marguerite leva sur moi des regards si suppliants que je
rougissais du rôle que j'avais pris, et que j'étais près de
lui en demander pardon.

Mais ces repentirs avaient la durée de l'éclair, et
Olympe, qui avait fini par mettre toute espèce d'amour-
propre de côté, et compris qu'en faisant du mal à
Marguerite, elle obtiendrait de moi tout ce qu'elle
voudrait, m'excitait sans cesse contre elle, et l'insultait chaque fois qu'elle en trouvait l'occasion, avec
cette persistante lâcheté de la femme autorisée par un
homme.

Marguerite avait fini par ne plus aller ni au bal ni au
spectacle, dans la crainte de nous y rencontrer, Olympe et
moi. Alors les lettres anonymes avaient succédé aux
impertinences directes, et il n'y avait honteuses choses
que je n'engageasse ma maîtresse à raconter et que je ne
racontasse moi-même sur Marguerite.

Il fallait être fou pour en arriver là. J'étais comme un
homme qui, s'étant grisé avec du mauvais vin, tombe
dans une de ces exaltations nerveuses où la main est
capable d'un crime sans que la pensée y soit pour quelque
chose. Au milieu de tout cela, je souffrais le martyre. Le
calme sans dédain, la dignité sans mépris, avec lesquels
Marguerite répondait à toutes mes attaques, et qui à mes
propres yeux la faisaient supérieure à moi, m'irritaient
encore contre elle.

Un soir, Olympe était allée je ne sais où, et s'y était
rencontrée avec Marguerite, qui cette fois n'avait pas fait
grâce à la sotte fille qui l'insultait, au point que celle-ci
avait été forcée de céder la place. Olympe était rentrée
furieuse, et l'on avait emporté Marguerite évanouie.

En rentrant, Olympe m'avait raconté ce qui s'était
passé, m'avait dit que Marguerite, la voyant seule, avait
voulu se venger de ce qu'elle était ma maîtresse, et qu'il
fallait que je lui écrivisse de respecter, moi absent ou
non, la femme que j'aimais.

Je n'ai pas besoin de vous dire que j'y consentis, et que tout ce que je pus trouver d'amer, de honteux et de cruel, je le mis dans cette épître que j'envoyai le jour même à son adresse.

Cette fois le coup était trop fort pour que la malheureuse le supportât sans rien dire.

Je me doutais bien qu'une réponse allait m'arriver; aussi étais-je résolu à ne pas sortir de chez moi de tout le jour.

Vers deux heures on sonna et je vis entrer Prudence.

J'essayai de prendre un air indifférent pour lui demander à quoi je devais sa visite; mais ce jour-là Mme Duvernoy n'était pas rieuse, et d'un ton sérieusement ému elle me dit que, depuis mon retour, c'est-à-dire depuis trois semaines environ, je n'avais pas laissé échapper une occasion de faire de la peine à Marguerite; qu'elle en était malade, et que la scène de la veille et ma lettre du matin l'avaient mise dans son lit.

Bref, sans me faire de reproches, Marguerite m'envoyait demander grâce, en me faisant dire qu'elle n'avait plus la force morale ni la force physique de supporter ce que je lui faisais.

— Que Mlle Gautier, dis-je à Prudence, me congédie de chez elle, c'est son droit, mais qu'elle insulte une femme que j'aime, sous prétexte que cette femme est ma maîtresse, c'est ce que je ne permettrai jamais.

— Mon ami, me fit Prudence, vous subissez l'influence d'une fille sans cœur et sans esprit; vous en êtes amoureux, il est vrai, mais ce n'est pas une raison pour torturer une femme qui ne peut se défendre.

— Que Mlle Gautier m'envoie son comte de N..., et la partie sera égale.

— Vous savez bien qu'elle ne le fera pas. Ainsi, mon cher Armand, laissez-la tranquille; si vous la voyiez, vous auriez honte de la façon dont vous vous conduisez avec elle. Elle est pâle, elle tousse, elle n'ira pas loin maintenant.

Et Prudence me tendit la main en ajoutant:

— Venez la voir, votre visite la rendra bien heureuse.

— Je n'ai pas envie de rencontrer M. de N...

— M. de N... n'est jamais chez elle. Elle ne peut le souffrir.

— Si Marguerite tient à me voir, elle sait où je demeure, qu'elle vienne, mais moi je ne mettrai pas les pieds rue d'Antin.

— Et vous la recevrez bien?

— Parfaitement.

— Eh bien, je suis sûre qu'elle viendra.

— Qu'elle vienne.

— Sortirez-vous aujourd'hui?

— Je serai chez moi toute la soirée.

— Je vais le lui dire.

Prudence partit.

Je n'écrivis même pas à Olympe que je n'irais pas la voir. Je ne me gênais pas avec cette fille. A peine si je passais une nuit avec elle par semaine. Elle s'en consolait, je crois, avec un acteur de je ne sais quel théâtre du boulevard.

Je sortis pour dîner et je rentrai presque immédiatement. Je fis faire du feu partout et je donnai congé à Joseph.

Je ne pourrais pas vous rendre compte des impressions diverses qui m'agitèrent pendant une heure d'attente: mais, lorsque vers neuf heures j'entendis sonner, elles se résumèrent en une émotion telle, qu'en allant ouvrir la porte je fus forcé de m'appuyer contre le mur pour ne pas tomber.

Heureusement l'antichambre était dans la demi-teinte, et l'altération de mes traits était moins visible.

Marguerite entra.

Elle était tout en noir et voilée. A peine si je reconnaissais son visage sous la dentelle.

Elle passa dans le salon et releva son voile.

Elle était pâle comme le marbre.

— Me voici, Armand, dit-elle; vous avez désiré me voir, je suis venue.

Et laissant tomber sa tête dans ses deux mains, elle fondit en larmes.

Je m'approchai d'elle.

— Qu'avez-vous, lui dis-je d'une voix altérée.

Elle me serra la main sans me répondre, car les larmes voilaient encore sa voix. Mais quelques instants après, ayant repris un peu de calme, elle me dit :

— Vous m'avez fait bien du mal, Armand, et moi je ne vous ai rien fait.

— Rien ? répliquai-je avec un sourire amer.

— Rien que ce que les circonstances m'ont forcée à vous faire.

Je ne sais pas si de votre vie vous avez éprouvé ou si vous éprouverez jamais ce que je ressentais à la vue de Marguerite.

La dernière fois qu'elle était venue chez moi, elle s'était assise à la place où elle venait de s'asseoir ; seulement, depuis cette époque, elle avait été la maîtresse d'un autre ; d'autres baisers que les miens avaient touché ses lèvres, auxquelles, malgré moi, tendaient les miennes, et pourtant je sentais que j'aimais cette femme autant et peut-être plus que je ne l'avais jamais aimée.

Cependant il était difficile pour moi d'entamer la conversation sur le sujet qui l'amenait. Marguerite le comprit sans doute, car elle reprit :

— Je viens vous ennuyer, Armand, parce que j'ai deux choses à vous demander : pardon de ce que j'ai dit hier à Mlle Olympe, et grâce de ce que vous êtes peut-être prêt à me faire encore. Volontairement ou non, depuis votre retour, vous m'avez fait tant de mal, que je serais incapable maintenant de supporter le quart des émotions que j'ai supportées jusqu'à ce matin. Vous aurez pitié de moi, n'est-ce pas ? et vous comprendrez qu'il y a pour un homme de cœur de plus nobles choses à faire que de se venger d'une femme malade et triste comme je le suis. Tenez, prenez ma main. J'ai la fièvre, j'ai quitté mon lit pour venir vous demander, non pas votre amitié, mais votre indifférence.

En effet, je pris la main de Marguerite. Elle était brûlante, et la pauvre femme frissonnait sous son manteau de velours.

Je roulai auprès du feu le fauteuil dans lequel elle était assise.

— Croyez-vous donc que je n'ai pas souffert, repris-je, la nuit où, après vous avoir attendue à la campagne, je suis venu vous chercher à Paris, où je n'ai trouvé que cette lettre qui a failli me rendre fou ? Comment avez-vous pu me tromper, Marguerite, moi qui vous aimais tant !

— Ne parlons pas de cela, Armand, je ne suis pas venue pour en parler. J'ai voulu vous voir autrement qu'en ennemi, voilà tout, et j'ai voulu vous serrer encore une fois la main. Vous avez une maîtresse jeune, jolie, que vous aimez, dit-on : soyez heureux avec elle et oubliez-moi.

— Et vous, vous êtes heureuse, sans doute ?

— Ai-je le visage d'une femme heureuse, Armand ? ne raillez pas ma douleur, vous qui savez mieux que personne quelles en sont la cause et l'étendue.

— Il ne dépendait que de vous de n'être jamais malheureuse ; si toutefois vous l'êtes comme vous le dites.

— Non, mon ami, les circonstances ont été plus fortes que ma volonté. J'ai obéi, non pas à mes instincts de fille, comme vous paraissez le dire, mais à une nécessité sérieuse et à des raisons que vous saurez un jour, et qui vous feront me pardonner.

— Pourquoi ne me dites-vous pas ces raisons aujourd'hui ?

— Parce qu'elles ne rétabliraient pas un rapprochement impossible entre nous, et qu'elles vous éloigneraient peut-être de gens dont vous ne devez pas vous éloigner.

— Quelles sont ces gens ?

— Je ne puis vous le dire.

— Alors, vous mentez.

Marguerite se leva et se dirigea vers la porte.

Je ne pouvais assister à cette muette et expressive douleur sans en être ému, quand je comparais en moi-même cette femme pâle et pleurante à cette fille folle qui s'était moquée de moi à l'Opéra-Comique.

— Vous ne vous en irez pas, dis-je en me mettant devant la porte.

— Pourquoi ?

— Parce que, malgré ce que tu m'as fait, je t'aime toujours et que je veux te garder ici.

— Pour me chasser demain, n'est-ce pas? Non, c'est impossible! Nos deux destinées sont séparées, n'essayons pas de les réunir; vous me mépriseriez peut-être, tandis que maintenant vous ne pouvez que me haïr.

— Non, Marguerite, m'écriai-je en sentant tout mon amour et tous mes désirs se réveiller au contact de cette femme. Non, j'oublierai tout, et nous serons heureux comme nous nous étions promis de l'être.

Marguerite secoua la tête en signe de doute, et dit:

— Ne suis-je pas votre esclave, votre chien? faites de moi ce que vous voudrez, prenez-moi, je suis à vous.

Et ôtant son manteau et son chapeau, elle les jeta sur le canapé et se mit à dégrafer brusquement le corsage de sa robe, car, par une de ces réactions si fréquentes de sa maladie, le sang lui montait du cœur à la tête et l'étouffait.

Une toux sèche et rauque s'ensuivit

— Faites dire à mon cocher, reprit-elle, de reconduire ma voiture.

Je descendis moi-même congédier cet homme.

Quand je rentrai, Marguerite était étendue devant le feu, et ses dents claquaient de froid.

Je la pris dans mes bras, je la déshabillai sans qu'elle fît un mouvement, et je la portai toute glacée dans mon lit.

Alors je m'assis auprès d'elle et j'essayai de la réchauffer sous mes caresses. Elle ne me disait pas une parole, mais elle me souriait.

Oh! ce fut une nuit étrange. Toute la vie de Marguerite semblait être passée dans les baisers dont elle me couvrait, et je l'aimais tant, qu'au milieu des transports de son amour fiévreux, je me demandais si je n'allais pas la tuer pour qu'elle n'appartînt jamais à un autre.

Un mois d'un amour comme celui-là, et de corps comme de cœur, on ne serait plus qu'un cadavre.

Le jour nous trouva éveillés tous deux.

Marguerite était livide. Elle ne disait pas une parole. De grosses larmes coulaient de temps en temps de ses yeux et s'arrêtaient sur sa joue, brillantes comme des diamants. Ses bras épuisés s'ouvraient de temps en temps pour me saisir, et retombaient sans force sur le lit.

Un moment je crus que je pourrais oublier ce qui s'était passé depuis mon départ de Bougival, et je dis à Marguerite :

— Veux-tu que nous partions, que nous quittions Paris ?

— Non, non, me dit-elle presque avec effroi, nous serions trop malheureux, je ne puis plus servir à ton bonheur, mais tant qu'il me restera un souffle, je serai l'esclave de tes caprices. A quelque heure du jour ou de la nuit que tu me veuilles, viens, je serai à toi ; mais n'associe plus ton avenir au mien, tu serais trop malheureux et tu me rendrais trop malheureuse. Je suis encore pour quelque temps une jolie fille, profites-en, mais ne me demande pas autre chose.

Quand elle fut partie, je fus épouvanté de la solitude dans laquelle elle me laissait. Deux heures après son départ, j'étais encore assis sur le lit qu'elle venait de quitter, regardant l'oreiller qui gardait les plis de sa forme, et me demandant ce que j'allais devenir entre mon amour et ma jalousie.

A cinq heures, sans savoir ce que j'y allais faire, je me rendis rue d'Antin.

Ce fut Nanine qui m'ouvrit.

— Madame ne peut pas vous recevoir, me dit-elle avec embarras.

— Pourquoi ?

— Parce que M. le comte de N... est là, et qu'il a entendu que je ne laisse entrer personne.

— C'est juste, balbutiai-je, j'avais oublié.

Je rentrai chez moi comme un homme ivre, et savez-vous ce que je fis pendant la minute de délire jaloux qui suffisait à l'action honteuse que j'allais commettre, savez-vous ce que je fis ? Je me dis que cette femme se moquait de moi, je me la représentais dans son tête-à-tête inviolable avec le comte, répétant les mêmes mots qu'elle m'avait dits la nuit, et prenant un billet de cinq cents francs, je le lui envoyai avec ces mots :

« Vous êtes partie si vite ce matin, que j'ai oublié de vous payer.

« Voici le prix de votre nuit. »

Puis, quand cette lettre fut portée, je sortis comme pour me soustraire au remords instantané de cette infamie.

J'allai chez Olympe, que je trouvai essayant des robes, et qui, lorsque nous fûmes seuls, me chanta des obscénités pour me distraire.

Celle-là était bien le type de la courtisane sans honte, sans cœur et sans esprit, pour moi du moins, car peut-être un homme avait-il fait avec elle le rêve que j'avais fait avec Marguerite.

Elle me demanda de l'argent, je lui en donnai, et libre alors de m'en aller, je rentrai chez moi.

Marguerite ne m'avait pas répondu.

Il est inutile que je vous dise dans quelle agitation je passai la journée du lendemain.

A six heures et demie, un commissionnaire apporta une enveloppe contenant ma lettre et le billet de cinq cents francs, pas un mot de plus.

— Qui vous a remis cela ? dis-je à cet homme.

— Une dame qui partait avec sa femme de chambre dans la malle de Boulogne, et qui m'a recommandé de ne l'apporter que lorsque la voiture serait hors de la cour.

Je courus chez Marguerite.

— Madame est partie pour l'Angleterre aujourd'hui à six heures, me répondit le portier.

Rien ne me retenait plus à Paris, ni haine ni amour. J'étais épuisé par toutes ces secousses. Un de mes amis allait faire un voyage en Orient ; j'allai dire à mon père le désir que j'avais de l'accompagner ; mon père me donna des traites, des recommandations, et huit ou dix jours après je m'embarquai à Marseille.

Ce fut à Alexandrie que j'appris par un attaché de l'ambassade, que j'avais vu quelquefois chez Marguerite, la maladie de la pauvre fille.

Je lui écrivis alors la lettre à laquelle elle a fait la réponse que vous connaissez et que je reçus à Toulon.

Je partis aussitôt et vous savez le reste.

Maintenant, il ne vous reste plus qu'à lire les quelques feuilles que Julie Duprat m'a remises et qui sont le complément indispensable de ce que je viens de vous raconter.

XXV

Armand, fatigué de ce long récit souvent interrompu par ses larmes, posa ses deux mains sur son front et ferma les yeux, soit pour penser, soit pour essayer de dormir, après m'avoir donné les pages écrites de la main de Marguerite.

Quelques instants après, une respiration un peu plus rapide me prouvait qu'Armand dormait, mais de ce sommeil léger que le moindre bruit fait envoler.

Voici ce que je lus, et que je transcris sans ajouter ni retrancher aucune syllabe :

« C'est aujourd'hui le 15 décembre. Je suis souffrante depuis trois ou quatre jours. Ce matin j'ai pris le lit ; le temps est sombre, je suis triste ; personne n'est auprès de moi, je pense à vous, Armand. Et vous, où êtes-vous à l'heure où j'écris ces lignes ? Loin de Paris, bien loin, m'a-t-on dit, et peut-être avez-vous déjà oublié Marguerite. Enfin, soyez heureux, vous à qui je dois les seuls moments de joie de ma vie.

« Je n'avais pu résister au désir de vous donner l'explication de ma conduite, et je vous avais écrit une lettre ; mais écrite par une fille comme moi, une pareille lettre peut être regardée comme un mensonge, à moins que la mort ne la sanctifie de son autorité, et qu'au lieu d'être une lettre, elle ne soit une confession.

« Aujourd'hui, je suis malade ; je puis mourir de cette maladie, car j'ai toujours eu le pressentiment que je mourrais jeune. Ma mère est morte de la poitrine, et la façon dont j'ai vécu jusqu'à présent n'a pu qu'empirer cette affection, le seul héritage qu'elle m'ait laissé ; mais je ne veux pas mourir sans que vous sachiez bien à quoi vous en tenir sur moi, si toutefois, lorsque vous reviendrez, vous vous inquiétez encore de la pauvre fille que vous aimiez avant de partir.

« Voici ce que contenait cette lettre, que je serai heureuse de récrire, pour me donner une nouvelle preuve de ma justification :

« Vous vous rappelez, Armand, comment l'arrivée de votre père nous surprit à Bougival ; vous vous souvenez de la terreur involontaire que cette arrivée me causa, de la scène qui eut lieu entre vous et lui et que vous me racontâtes le soir.

« Le lendemain, pendant que vous étiez à Paris et que vous attendiez votre père qui ne rentrait pas, un homme se présentait chez moi, et me remettait une lettre de M. Duval.

« Cette lettre, que je joins à celle-ci, me priait, dans les termes les plus graves, de vous éloigner le lendemain sous un prétexte quelconque et de recevoir votre père ; il avait à me parler et me recommandait surtout de ne vous rien dire de sa démarche.

« Vous savez avec quelle insistance je vous conseillai à votre retour d'aller de nouveau à Paris le lendemain.

« Vous étiez parti depuis une heure quand votre père se présenta. Je vous fais grâce de l'impression que me causa son visage sévère. Votre père était imbu des vieilles théories, qui veulent que toute courtisane soit un être sans cœur, sans raison, une espèce de machine à prendre de l'or, toujours prête, comme les machines de fer, à broyer la main qui lui tend quelque chose, et à déchirer sans pitié, sans discernement, celui qui la fait vivre et agir.

« Votre père m'avait écrit une lettre très convenable pour que je consentisse à le recevoir ; il ne se présenta pas tout à fait comme il avait écrit. Il y eut assez de hauteur, d'impertinence et même de menaces, dans ses premières paroles, pour que je lui fisse comprendre que j'étais chez moi et que je n'avais de compte à lui rendre de ma vie qu'à cause de la sincère affection que j'avais pour son fils.

« M. Duval se calma un peu, et se mit cependant à me dire qu'il ne pouvait souffrir plus longtemps que son fils se ruinât pour moi ; que j'étais belle, il est vrai, mais que, si belle que je fusse, je ne devais pas me servir de ma beauté pour perdre l'avenir d'un jeune homme par des dépenses comme celles que je faisais.

« A cela, il n'y avait qu'une chose à répondre, n'est-ce pas ? c'était de montrer les preuves que depuis que j'étais votre maîtresse, aucun sacrifice ne m'avait coûté pour vous rester fidèle sans vous demander plus d'argent que vous ne pouviez en donner. Je montrai les reconnaissances du Mont-de-Piété, les reçus des gens à qui j'avais vendu les objets que je n'avais pu engager, je fis part à votre père de ma résolution de me défaire de mon mobilier pour payer mes dettes, et pour vivre avec vous sans vous être une charge trop lourde. Je lui racontai notre bonheur, la révélation que vous m'aviez donnée d'une vie plus tranquille et plus heureuse, et il finit pas se rendre à l'évidence, et me tendre la main, en me demandant pardon de la façon dont il s'était présenté d'abord.

« Puis il me dit :

« — Alors, madame, ce n'est plus par des remontrances et des menaces, mais par des prières, que j'essayerai d'obtenir de vous un sacrifice plus grand que tous ceux que vous avez encore faits pour mon fils.

« Je tremblai à ce préambule.

« Votre père se rapprocha de moi, me prit les deux mains et continua d'un ton affectueux :

« — Mon enfant, ne prenez pas en mauvaise part ce que je vais vous dire ; comprenez seulement que la vie a parfois des nécessités cruelles pour le cœur, mais qu'il faut s'y soumettre. Vous êtes bonne, et votre âme a des générosités inconnues à bien des femmes qui peut-être vous méprisent et ne vous valent pas. Mais songez qu'à côté de la maîtresse il y a la famille ; qu'outre l'amour il y a les devoirs ; qu'à l'âge des passions succède l'âge où l'homme, pour être respecté, a besoin d'être solidement assis dans une position sérieuse. Mon fils n'a pas de fortune, et cependant il est prêt à vous abandonner l'héritage de sa mère. S'il acceptait de vous le sacrifice que vous êtes sur le point de faire, il serait de son honneur et de sa dignité de vous faire en échange cet abandon qui vous mettrait toujours à l'abri d'une adversité complète.

Mais ce sacrifice, il ne peut l'accepter, parce que le monde, qui ne vous connaît pas, donnerait à ce consentement une cause déloyale qui ne doit pas atteindre le nom que nous portons. On ne regarderait pas si Armand vous aime, si vous l'aimez, si ce double amour est un bonheur pour lui et une réhabilitation pour vous ; on ne verrait qu'une chose, c'est qu'Armand Duval a souffert qu'une fille entretenue, pardonnez-moi, mon enfant, tout ce que je suis forcé de vous dire, vendît pour lui ce qu'elle possédait. Puis le jour des reproches et des regrets arriverait, soyez-en sûre, pour vous comme pour les autres, et vous porteriez tous deux une chaîne que vous ne pourriez briser. Que feriez-vous alors ? Votre jeunesse serait perdue, l'avenir de mon fils serait détruit ; et moi, son père, je n'aurais que de l'un de mes enfants la récompense que j'attends des deux.

« Vous êtes jeune, vous êtes belle, la vie vous consolera ; vous êtes noble, et le souvenir d'une bonne action rachètera pour vous bien des choses passées. Depuis six mois qu'il vous connaît, Armand m'oublie. Quatre fois je lui ai écrit sans qu'il songeât une fois à me répondre. J'aurais pu mourir sans qu'il le sût !

« Quelle que soit votre résolution de vivre autrement que vous n'avez vécu, Armand qui vous aime ne consentira pas à la réclusion à laquelle sa modeste position vous condamnerait, et qui n'est pas faite pour votre beauté. Qui sait ce qu'il ferait alors ! Il a joué, je l'ai su ; sans vous en rien dire, je le sais encore ; mais, dans un moment d'ivresse, il eût pu perdre une partie de ce que j'amasse, depuis bien des années, pour la dot de ma fille, pour lui, et pour la tranquillité de mes vieux jours. Ce qui eût pu arriver peut arriver encore.

« Êtes-vous sûre en outre que la vie que vous quitteriez pour lui ne vous attirerait pas de nouveau ? Êtes-vous sûre, vous qui l'avez aimé, de n'en point aimer un autre ? Ne souffrirez-vous pas enfin des entraves que votre liaison mettra dans la vie de votre amant, et dont vous ne pourrez peut-être pas le consoler, si, avec l'âge, des idées d'ambition succèdent à des rêves d'amour ? Réfléchissez à tout cela, madame : vous aimez Armand, prouvez-le-lui par le seul moyen qui vous reste de le lui prouver encore : en faisant à son avenir le sacrifice de votre amour. Aucun malheur n'est encore arrivé, mais il en arriverait, et peut-être de plus grands que ceux que je prévois. Armand peut devenir jaloux d'un homme qui vous a aimée ; il peut le provoquer, il peut se battre, il peut être tué enfin, et songez à ce que vous souffririez devant ce père qui vous demanderait compte de la vie de son fils.

« Enfin, mon enfant, sachez tout, car je ne vous ai pas tout dit, sachez donc ce qui m'amenait à Paris. J'ai une fille, je viens de vous le dire, jeune, belle, pure comme un ange. Elle aime, et elle aussi elle a fait de cet amour le rêve de sa vie. J'avais écrit tout cela à Armand, mais tout occupé de vous, il ne m'a pas répondu. Eh bien, ma fille va se marier. Elle épouse l'homme qu'elle aime, elle entre dans une famille honorable qui veut que tout soit honorable dans la mienne. La famille de l'homme qui doit devenir mon gendre a appris comment Armand vit à Paris, et m'a déclaré reprendre sa parole si Armand continue cette vie. L'avenir d'une enfant qui ne vous a rien fait, et qui a le droit de compter sur l'avenir, est entre vos mains.

« Avez-vous le droit et vous sentez-vous la force de le briser ? Au nom de votre amour et de votre repentir, Marguerite, accordez-moi le bonheur de ma fille.

« Je pleurais silencieusement, mon ami, devant toutes ces réflexions que j'avais faites bien souvent, et qui, dans la bouche de votre père, acquéraient encore une plus sérieuse réalité. Je me disais tout ce que votre père n'osait pas me dire, et ce qui vingt fois lui était venu sur les lèvres : que je n'étais après tout qu'une fille entretenue, et que quelque raison que je donnasse à notre liaison, elle aurait toujours l'air d'un calcul ; que ma vie passée ne me laissait aucun droit de rêver un pareil avenir, et que j'acceptais des responsabilités auxquelles mes habitudes et ma réputation ne donnaient aucune garantie. Enfin, je vous aimais, Armand. La manière paternelle dont me parlait M. Duval, les chastes sentiments qu'il évoquait en moi, l'estime de ce vieillard loyal que j'allais conquérir, la vôtre que j'étais sûre d'avoir plus tard, tout cela éveil-

lait en mon cœur de nobles pensées qui me relevaient à
mes propres yeux, et faisaient parler de saintes vanités,
inconnues jusqu'alors. Quand je songeais qu'un jour ce
vieillard, qui m'implorait pour l'avenir de son fils, dirait
à sa fille de mêler mon nom à ses prières, comme le nom
d'une mystérieuse amie, je me transformais et j'étais fière
de moi.

« L'exaltation du moment exagérait peut-être la vérité
de ces impressions ; mais voilà ce que j'éprouvais, ami, et
ces sentiments nouveaux faisaient taire les conseils que
me donnait le souvenir des jours heureux passés avec
vous.

« — C'est bien, monsieur, dis-je à votre père en es-
suyant mes larmes. Croyez-vous que j'aime votre fils ?

« — Oui, me dit M. Duval.

« — D'un amour désintéressé ?

« — Oui.

« — Croyez-vous que j'avais fait de cet amour l'espoir, le rêve et le pardon de ma vie ?

« — Fermement.

« — Eh bien, monsieur, embrassez-moi une fois
comme vous embrasseriez votre fille, et je vous jure que
ce baiser, le seul vraiment chaste que j'aie reçu, me fera
forte contre mon amour, et qu'avant huit jours votre fils
sera retourné auprès de vous, peut-être malheureux pour
quelque temps, mais guéri pour jamais.

« — Vous êtes une noble fille, répliqua votre père en
m'embrassant sur le front, et vous tentez une chose dont
Dieu vous tiendra compte ; mais je crains bien que vous
n'obteniez rien de mon fils.

« — Oh ! soyez tranquille, monsieur, il me haïra.

« Il fallait entre nous une barrière infranchissable, pour
l'un comme pour l'autre.

« J'écrivis à Prudence que j'acceptais les propositions
de M. le comte de N..., et qu'elle allât lui dire que je
souperais avec elle et lui.

« Je cachetai la lettre, et sans lui dire ce qu'elle renfermait, je priai votre père de la faire remettre à son adresse
en arrivant à Paris.

« Il me demanda néanmoins ce qu'elle contenait.

« — C'est le bonheur de votre fils, lui répondis-je.
« Votre père m'embrassa une dernière fois. Je sentis sur
mon front deux larmes de reconnaissance qui furent
comme le baptême de mes fautes d'autrefois, et au moment où je venais de consentir à me livrer à un autre
homme, je rayonnai d'orgueil en songeant à ce que je
rachetais par cette nouvelle faute.

« C'était bien naturel, Armand; vous m'aviez dit que
votre père était le plus honnête homme que l'on pût
rencontrer.

« M. Duval remonta en voiture et partit.

« Cependant j'étais femme, et quand je vous revis, je
ne pus m'empêcher de pleurer, mais je ne faiblis pas.

« Ai-je bien fait? voilà ce que je me demande aujourd'hui que j'entre malade dans un lit que je ne quitterai
peut-être que morte.

« Vous avez été témoin de ce que j'éprouvais à mesure
que l'heure de notre inévitable séparation approchait;
votre père n'était plus là pour me soutenir, et il y eut un
moment où je fus bien près de tout vous avouer, tant
j'étais épouvantée de l'idée que vous alliez me haïr et me
mépriser.

« Une chose que vous ne croirez peut-être pas, Armand, c'est que je priai Dieu de me donner de la force, et
ce qui prouve qu'il acceptait mon sacrifice, c'est qu'il me
donna cette force que j'implorais.

« A ce souper, j'eus besoin d'aide encore, car je ne
voulais pas savoir ce que j'allais faire, tant je craignais
que le courage ne me manquât!

« Qui m'eût dit, à moi, Marguerite Gautier, que je
souffrirais tant à la seule pensée d'un nouvel amant?

« Je bus pour oublier, et quand je me réveillai le lendemain, j'étais dans le lit du comte.

« Voilà la vérité tout entière, ami, jugez et pardonnez-
moi, comme je vous ai pardonné tout le mal que vous
m'avez fait depuis ce jour. »

XXVI

« Ce qui suivit cette nuit fatale, vous le savez aussi bien que moi, mais ce que vous ne savez pas, ce que vous ne pouvez pas soupçonner, c'est ce que j'ai souffert depuis notre séparation.

« J'avais appris que votre père vous avait emmené, mais je me doutais bien que vous ne pourriez pas vivre longtemps loin de moi, et le jour où je vous rencontrai aux Champs-Élysées, je fus émue, mais non étonnée.

« Alors commença cette série de jours dont chacun m'apporta une nouvelle insulte de vous, insulte que je recevais presque avec joie, car outre qu'elle était la preuve que vous m'aimiez toujours, il me semblait que, plus vous me persécuteriez, plus je grandirais à vos yeux le jour où vous sauriez la vérité.

« Ne vous étonnez pas de ce martyre joyeux, Armand, l'amour que vous aviez eu pour moi avait ouvert mon cœur à de nobles enthousiasmes.

« Cependant je n'avais pas été tout de suite aussi forte.

« Entre l'exécution du sacrifice que je vous avais fait et votre retour, un temps assez long s'était écoulé pendant lequel j'avais eu besoin d'avoir recours à des moyens physiques pour ne pas devenir folle et pour m'étourdir sur la vie dans laquelle je me rejetais. Prudence vous a dit, n'est-ce pas, que j'étais de toutes les fêtes, de tous les bals, de toutes les orgies ?

« J'avais comme l'espérance de me tuer rapidement, à force d'excès, et, je crois, cette espérance ne tardera pas à se réaliser. Ma santé s'altéra nécessairement de plus en plus, et le jour où j'envoyai Mme Duvernoy vous demander grâce, j'étais épuisée de corps et d'âme.

« Je ne vous rappellerai pas, Armand, de quelle façon vous avez récompensé la dernière preuve d'amour que je vous ai donnée, et par quel outrage vous avez chassé de Paris la femme qui, mourante, n'avait pu résister à votre voix quand vous lui demandiez une nuit d'amour, et qui, comme une insensée, a cru, un instant, qu'elle pourrait ressouder le passé et le présent. Vous aviez le droit de faire ce que vous avez fait, Armand : on ne m'a pas toujours payé mes nuits aussi cher !

« J'ai tout laissé alors ! Olympe m'a remplacée auprès de M. de N... et s'est chargée, m'a-t-on dit, de lui apprendre le motif de mon départ. Le comte de G... était à Londres. C'est un de ces hommes qui, ne donnant à l'amour avec les filles comme moi que juste assez d'importance pour qu'il soit un passe-temps agréable, restent les amis des femmes qu'ils ont eues et n'ont pas de haine, n'ayant jamais eu de jalousie ; c'est enfin un de ces grands seigneurs qui ne nous ouvrent qu'un côté de leur cœur, mais qui nous ouvrent les deux côtés de leur bourse. C'est à lui que je pensai tout de suite. J'allai le rejoindre. Il me reçut à merveille, mais il était là-bas l'amant d'une femme du monde, et craignait de se compromettre en s'affichant avec moi. Il me présenta à ses amis qui me donnèrent un souper après lequel l'un d'eux m'emmena.

« Que vouliez-vous que je fisse, mon ami ?

« Me tuer ? c'eût été charger votre vie, qui doit être heureuse, d'un remords inutile ; puis, à quoi bon se tuer quand on est si près de mourir ?

« Je passai à l'état de corps sans âme, de chose sans pensée ; je vécus pendant quelque temps de cette vie automatique, puis je revins à Paris et je demandai après vous ; j'appris alors que vous étiez parti pour un long voyage. Rien ne me soutenait plus. Mon existence redevint ce qu'elle avait été deux ans avant que je vous connusse. Je tentai de ramener le duc, mais j'avais trop rudement blessé cet homme, et les vieillards ne sont pas patients, sans doute parce qu'ils s'aperçoivent qu'ils ne sont pas éternels. La maladie m'envahissait de jour en jour, j'étais pâle, j'étais triste, j'étais plus maigre encore. Les hommes qui achètent l'amour examinent la marchandise avant de la prendre. Il y avait à Paris des femmes mieux portantes, plus grasses que moi ; on m'oublia un peu. Voilà le passé jusqu'à hier.

« Maintenant je suis tout à fait malade. J'ai écrit au duc pour lui demander de l'argent, car je n'en ai pas, et les créanciers sont revenus et m'apportent leurs notes avec un acharnement sans pitié. Le duc me répondra-t-il ? Que n'êtes-vous à Paris, Armand ! vous viendriez me voir et vos visites me consoleraient. »

20 décembre.

« Il fait un temps horrible, il neige, je suis seule chez moi. Depuis trois jours j'ai été prise d'une telle fièvre que je n'ai pu vous écrire un mot. Rien de nouveau, mon ami ; chaque jour j'espère vaguement une lettre de vous, mais elle n'arrive pas et n'arrivera sans doute jamais. Les hommes seuls ont la force de ne pas pardonner. Le duc ne m'a pas répondu.

« Prudence a recommencé ses voyages au Mont-de-Piété.

« Je ne cesse de cracher le sang. Oh ! je vous ferais peine si vous me voyiez. Vous êtes bien heureux d'être sous un ciel chaud et de n'avoir pas comme moi tout un hiver de glace qui vous pèse sur la poitrine. Aujourd'hui, je me suis levée un peu, et, derrière les rideaux de ma fenêtre, j'ai regardé passer cette vie de Paris avec laquelle je crois bien avoir tout à fait rompu. Quelques visages de connaissance sont passés dans la rue, rapides, joyeux, insouciants. Pas un n'a levé les yeux sur mes fenêtres. Cependant, quelques jeunes gens sont venus s'inscrire. Une fois déjà, je fus malade, et, vous, qui ne me connaissiez pas, qui n'aviez rien obtenu de moi qu'une impertinence le jour où je vous avais vu pour la première fois, vous veniez savoir de mes nouvelles tous les matins. Me voilà malade de nouveau. Nous avons passé six mois ensemble. J'ai eu pour vous autant d'amour que le cœur de la femme peut en contenir et en donner, et vous êtes loin, et vous me maudissez, et il ne me vient pas un mot de consolation de vous. Mais c'est le hasard seul qui fait cet abandon, j'en suis sûre, car si vous étiez à Paris, vous ne quitteriez pas mon chevet et ma chambre. »

25 décembre.

« Mon médecin me défend d'écrire tous les jours. En effet, mes souvenirs ne font qu'augmenter ma fièvre, mais, hier, j'ai reçu une lettre qui m'a fait du bien, plus par les sentiments dont elle était l'expression que par le secours matériel qu'elle m'apportait. Je puis donc vous écrire aujourd'hui. Cette lettre était de votre père, et voici ce qu'elle contenait :

« Madame,

« J'apprends à l'instant que vous êtes malade. Si j'étais « à Paris, j'irais moi-même savoir de vos nouvelles ; si « mon fils était auprès de moi, je lui dirais d'aller en « chercher ; mais je ne puis quitter C..., et Armand est à « six ou sept cents lieues d'ici ; permettez-moi donc sim- « plement de vous écrire, madame, combien je suis peiné « de cette maladie, et croyez aux vœux sincères que je « fais pour votre prompt rétablissement.

« Un de mes bons amis, M. H..., se présentera chez « vous, veuillez le recevoir. Il est chargé par moi d'une « commission dont j'attends impatiemment le résultat.

« Veuillez agréer, madame, l'assurance de mes senti- ments les plus distingués. »

« Telle est la lettre que j'ai reçue. Votre père est un noble cœur, aimez-le bien, mon ami ; car il y a peu d'hommes au monde aussi dignes d'être aimés. Ce papier signé de son nom m'a fait plus de bien que toutes les ordonnances de notre grand médecin.

« Ce matin, M. H... est venu. Il semblait fort embar- rassé de la mission délicate dont l'avait chargé M. Duval. Il venait tout bonnement m'apporter mille écus de la part de votre père. J'ai voulu refuser d'abord, mais M. H... m'a dit que ce refus offenserait M. Duval, qui l'avait autorisé à me donner d'abord cette somme, et à me remettre tout ce dont j'aurais besoin encore. J'ai accepté ce service qui, de la part de votre père, ne peut pas être une aumône. Si je suis morte quand vous reviendrez, montrez à votre père ce que je viens d'écrire pour lui, et dites-lui qu'en traçant ces lignes, la pauvre fille à laquelle il a daigné écrire cette lettre consolante versait des larmes de reconnaissance, et priait Dieu pour lui. »

4 janvier.

« Je viens de passer une suite de jours bien douloureux. J'ignorais que le corps pût faire souffrir ainsi. Oh ! ma vie passée ! je la paye deux fois aujourd'hui.

« On m'a veillée toutes les nuits. Je ne pouvais plus respirer. Le délire et la toux se partageaient le reste de ma pauvre existence.

« Ma salle à manger est pleine de bonbons, de cadeaux de toutes sortes que mes amis m'ont apportés. Il y en a sans doute, parmi ces gens, qui espèrent que je serai leur maîtresse plus tard. S'ils voyaient ce que la maladie a fait de moi, ils s'enfuieraient épouvantés.

« Prudence donne des étrennes avec celles que je reçois.

« Le temps est à la gelée, et le docteur m'a dit que je pourrai sortir d'ici à quelques jours si le beau temps continue. »

8 janvier.

« Je suis sortie hier dans ma voiture. Il faisait un temps magnifique. Les Champs-Élysées étaient pleins de monde. On eût dit le premier sourire du printemps. Tout avait un air de fête autour de moi. Je n'avais jamais soupçonné dans un rayon de soleil tout ce que j'y ai trouvé hier de joie, de douceur et de consolation.

« J'ai rencontré presque tous les gens que je connais, toujours gais, toujours occupés de leurs plaisirs. Que d'heureux qui ne savent pas qu'ils le sont ! Olympe est passée dans une élégante voiture que lui a donnée M. de N... Elle a essayé de m'insulter du regard. Elle ne sait pas combien je suis loin de toutes ces vanités-là. Un brave garçon que je connais depuis longtemps m'a demandé si je voulais aller souper avec lui et un de ses amis qui désire beaucoup, disait-il, faire ma connaissance.

« J'ai souri tristement, et lui ai tendu ma main brûlante de fièvre.

« Je n'ai jamais vu visage plus étonné.

« Je suis rentrée à quatre heures, j'ai dîné avec assez d'appétit.

« Cette sortie m'a fait du bien.

« Si j'allais guérir !

« Comme l'aspect de la vie et du bonheur des autres fait désirer de vivre ceux-là qui, la veille, dans la solitude de leur âme et dans l'ombre de leur chambre de malade, souhaitaient de mourir vite ? »

10 janvier.

« Cette espérance de santé n'était qu'un rêve. Me voici de nouveau dans mon lit, le corps couvert d'emplâtres qui me brûlent. Va donc offrir ce corps que l'on payait si cher autrefois, et vois ce que l'on t'en donnera aujourd'hui !

« Il faut que nous ayons bien fait du mal avant de naître, ou que nous devions jouir d'un bien grand bonheur après notre mort, pour que Dieu permette que cette vie ait toutes les tortures de l'expiation et toutes les douleurs de l'épreuve. »

12 janvier.

« Je souffre toujours.

« Le comte de N... m'a envoyé de l'argent hier, je ne l'ai pas accepté. Je ne veux rien de cet homme. C'est lui qui est cause que vous n'êtes pas près de moi.

« Oh ! nos beaux jours de Bougival ! où êtes-vous ?

« Si je sors vivante de cette chambre, ce sera pour faire un pèlerinage à la maison que nous habitions ensemble, mais je n'en sortirai plus que morte.

« Qui sait si je vous écrirai demain ? »

25 janvier.

« Voilà onze nuits que je ne dors pas, que j'étouffe et que je crois à chaque instant que je vais mourir. Le médecin a ordonné qu'on ne me laissât pas toucher une plume. Julie Duprat, qui me veille, me permet encore de vous écrire ces quelques lignes. Ne reviendrez-vous donc point avant que je meure ? Est-ce donc éternellement fini entre nous ? Il me semble que, si vous veniez, je guérirais. A quoi bon guérir ? »

28 janvier.

« Ce matin j'ai été réveillée par un grand bruit. Julie, qui dormait dans ma chambre, s'est précipitée dans la salle à manger. J'ai entendu des voix d'hommes contre lesquelles la sienne luttait en vain. Elle est rentrée en pleurant.

« On venait saisir. Je lui ai dit de laisser faire ce qu'ils appellent la justice. L'huissier est entré dans ma chambre, le chapeau sur la tête. Il a ouvert les tiroirs, a inscrit tout ce qu'il a vu, et n'a pas eu l'air de s'apercevoir qu'il y avait une mourante dans le lit qu'heureusement la charité de la loi me laisse.

« Il a consenti à me dire en partant que je pouvais mettre opposition avant neuf jours, mais il a laissé un gardien! Que vais-je devenir, mon Dieu! Cette scène m'a rendue encore plus malade. Prudence voulait demander de l'argent à l'ami de votre père, je m'y suis opposée. »

« J'ai reçu votre lettre ce matin. J'en avais besoin. Ma réponse vous arrivera-t-elle à temps? Me verrez-vous encore? Voilà une journée heureuse qui me fait oublier toutes celles que j'ai passées depuis six semaines. Il me semble que je vais mieux, malgré le sentiment de tristesse sous l'impression duquel je vous ai répondu.

« Après tout, on ne doit pas toujours être malheureux.

« Quand je pense qu'il peut arriver que je ne meure pas, que vous reveniez, que je revoie le printemps, que vous m'aimiez encore et que nous recommencions notre vie de l'année dernière!

« Folle que je suis! c'est à peine si je puis tenir la plume avec laquelle je vous écris ce rêve insensé de mon cœur.

« Quoi qu'il arrive, je vous aimais bien, Armand, et je serais morte depuis longtemps si je n'avais pour m'assister le souvenir de cet amour, et comme un vague espoir de vous revoir encore près de moi. »

4 février.

« Le comte de G... est revenu. Sa maîtresse l'a trompé. Il est fort triste, il l'aimait beaucoup. Il est venu me conter tout cela. Le pauvre garçon est assez mal dans ses affaires, ce qui ne l'a pas empêché de payer mon huissier et de congédier le gardien.

« Je lui ai parlé de vous et il m'a promis de vous parler de moi. Comme j'oubliais dans ces moments-là que j'avais été sa maîtresse et comme il essayait de me le faire oublier aussi ! C'est un brave cœur.

« Le duc a envoyé savoir de mes nouvelles hier, et il est venu ce matin. Je ne sais pas ce qui peut faire vivre encore ce vieillard. Il est resté trois heures auprès de moi, et il ne m'a pas dit vingt mots. Deux grosses larmes sont tombées de ses yeux quand il m'a vue si pâle. Le souvenir de la mort de sa fille le faisait pleurer sans doute. Il l'aura vue mourir deux fois. Son dos est courbé, sa tête penche vers la terre, sa lèvre est pendante, son regard est éteint. L'âge et la douleur pèsent de leur double poids sur son corps épuisé. Il ne m'a pas fait un reproche. On eût même dit qu'il jouissait secrètement du ravage que la maladie avait fait en moi. Il semblait fier d'être debout, quand moi, jeune encore, j'étais écrasée par la souffrance.

« Le mauvais temps est revenu. Personne ne vient me voir. Julie veille le plus qu'elle peut auprès de moi. Prudence, à qui je ne peux plus donner autant d'argent qu'autrefois, commence à prétexter des affaires pour s'éloigner.

« Maintenant que je suis près de mourir, malgré ce que me disent les médecins, car j'en ai plusieurs, ce qui prouve que la maladie augmente, je regrette presque d'avoir écouté votre père ; si j'avais su ne prendre qu'une année à votre avenir, je n'aurais pas résisté au désir de passer cette année avec vous, et au moins je mourrais en tenant la main d'un ami. Il est vrai que si nous avions vécu ensemble cette année, je ne serais pas morte sitôt.

« La volonté de Dieu soit faite ! »

5 février.

« Oh ! venez, venez, Armand, je souffre horriblement, je vais mourir, mon Dieu. J'étais si triste hier que j'ai voulu passer autre part que chez moi la soirée qui promettait d'être longue comme celle de la veille. Le duc était venu le matin. Il me semble que la vue de ce vieillard oublié par la mort me fait mourir plus vite.

« Malgré l'ardente fièvre qui me brûlait, je me suis fait

habiller et conduire au Vaudeville. Julie m'avait mis du rouge, sans quoi j'aurais eu l'air d'un cadavre. Je suis allée dans cette loge où je vous ai donné notre premier rendez-vous ; tout le temps j'ai eu les yeux fixés sur la stalle que vous occupiez ce jour-là, et qu'occupait hier une sorte de rustre, qui riait bruyamment de toutes les sottes choses que débitaient les acteurs. On m'a rapportée à moitié morte chez moi. J'ai toussé et craché le sang toute la nuit. Aujourd'hui je ne peux plus parler, à peine si je peux remuer les bras. Mon Dieu ! mon Dieu ! je vais mourir. Je m'y attendais, mais je ne puis me faire à l'idée de souffrir plus que je ne souffre, et si... »

A partir de ce mot les quelques caractères que Marguerite avait essayé de tracer étaient illisibles, et c'était Julie Duprat qui avait continué.

18 février.

« Monsieur Armand,

« Depuis le jour où Marguerite a voulu aller au spectacle, elle a été toujours plus malade. Elle a perdu complètement la voix, puis l'usage de ses membres. Ce que souffre notre pauvre amie est impossible à dire. Je ne suis pas habituée à ces sortes d'émotions, et j'ai des frayeurs continuelles.

« Que je voudrais que vous fussiez auprès de nous ! Elle a presque toujours le délire, mais délirante ou lucide, c'est toujours votre nom qu'elle prononce quand elle arrive à pouvoir dire un mot.

« Le médecin m'a dit qu'elle n'en avait plus pour longtemps. Depuis qu'elle est si malade, le vieux duc n'est pas revenu.

« Il a dit au docteur que ce spectacle lui faisait trop de mal.

« Mme Duvernoy ne se conduit pas bien. Cette femme, qui croyait tirer plus d'argent de Marguerite, aux dépens de laquelle elle vivait presque complètement, a pris des engagements qu'elle ne peut tenir, et voyant que sa voisine ne lui sert plus de rien, elle ne vient même pas la voir. Tout le monde l'abandonne. M. de G..., traqué par ses dettes, a été forcé de repartir pour Londres. En par-

tant, il nous a envoyé quelque argent ; il a fait tout ce qu'il
a pu, mais on est revenu saisir, et les créanciers n'attendent que la mort pour faire vendre.

« J'ai voulu user de mes dernières ressources pour
empêcher toutes ces saisies, mais l'huissier m'a dit que
c'était inutile, et qu'il avait d'autres jugements encore à
exécuter. Puisqu'elle va mourir, il vaut mieux abandonner tout que de le sauver pour sa famille qu'elle n'a pas
voulu voir, et qui ne l'a jamais aimée. Vous ne pouvez
vous figurer au milieu de quelle misère dorée la pauvre
fille se meurt. Hier nous n'avions pas d'argent du tout.
Couverts, bijoux, cachemires, tout est en gage, le reste
est vendu ou saisi. Marguerite a encore la conscience de
ce qui se passe autour d'elle, et elle souffre du corps, de
l'esprit et du cœur. De grosses larmes coulent sur ses
joues, si amaigries et si pâles que vous ne reconnaîtriez
plus le visage de celle que vous aimiez tant, si vous
pouviez la voir. Elle m'a fait promettre de vous écrire
quand elle ne pourrait plus, et j'écris devant elle. Elle
porte les yeux de mon côté mais elle ne me voit pas, son
regard est déjà voilé par la mort prochaine ; cependant elle
sourit, et toute sa pensée, toute son âme sont à vous, j'en
suis sûre.

« Chaque fois que l'on ouvre la porte, ses yeux
s'éclairent, et elle croit toujours que vous allez entrer ;
puis, quand elle voit que ce n'est pas vous, son visage
reprend son expression douloureuse, se mouille d'une
sueur froide, et les pommettes deviennent pourpres. »

19 février, minuit.

« La triste journée que celle d'aujourd'hui, mon pauvre
monsieur Armand ! Ce matin Marguerite étouffait, le médecin l'a saignée, et la voix lui est un peu revenue. Le
docteur lui a conseillé de voir un prêtre. Elle a dit qu'elle
y consentait, et il est allé lui-même chercher un abbé à
Saint-Roch.

« Pendant ce temps, Marguerite m'a appelée près de
son lit, m'a priée d'ouvrir son armoire, puis elle m'a
désigné un bonnet, une chemise longue toute couverte de
dentelles, et m'a dit d'une voix affaiblie :

« Je vais mourir après m'être confessée, alors tu m'habilleras avec ces objets : c'est une coquetterie de mourante.

« Puis elle m'a embrassée en pleurant, et elle a ajouté :

« — Je puis parler, mais j'étouffe trop quand je parle ; j'étouffe ! de l'air !

« Je fondis en larmes, j'ouvris la fenêtre, et quelques instants après le prêtre entra.

« J'allai au-devant de lui.

« Quand il sut chez qui il était, il parut craindre d'être mal accueilli.

« — Entrez hardiment, mon père, lui ai-je dit.

« Il est resté peu de temps dans la chambre de la malade, et il en est ressorti en me disant :

« — Elle a vécu comme une pécheresse, mais elle mourra comme une chrétienne.

« Quelques instants après, il est revenu accompagné d'un enfant de chœur qui portait un crucifix, et d'un sacristain qui marchait devant eux en sonnant, pour annoncer que Dieu venait chez la mourante.

« Ils sont entrés tous trois dans cette chambre à coucher qui avait retenti autrefois de tant de mots étranges, et qui n'était plus à cette heure qu'un tabernacle saint.

« Je suis tombée à genoux. Je ne sais pas combien de temps durera l'impression que m'a produite ce spectacle, mais je ne crois pas que, jusqu'à ce que j'en sois arrivée au même moment, une chose humaine pourra m'impressionner autant.

« Le prêtre oignit des huiles saintes les pieds, les mains et le front de la mourante, récita une courte prière, et Marguerite se trouva prête à partir pour le ciel où elle ira sans doute, si Dieu a vu les épreuves de sa vie et la sainteté de sa mort.

« Depuis ce temps elle n'a pas dit une parole et n'a pas fait un mouvement. Vingt fois je l'aurais crue morte, si je n'avais entendu l'effort de sa respiration. »

20 février, cinq heures du soir.

« Tout est fini.

« Marguerite est entrée en agonie cette nuit à deux

heures environ. Jamais martyre n'a souffert pareilles tortures, à en juger par les cris qu'elle poussait. Deux ou
trois fois elle s'est dressée tout debout sur son lit, comme
si elle eût voulu ressaisir sa vie qui remontait vers Dieu.

« Deux ou trois fois aussi, elle a dit votre nom, puis
tout s'est tu, elle est retombée épuisée sur son lit. Des
larmes silencieuses ont coulé de ses yeux et elle est
morte.

« Alors, je me suis approchée d'elle, je l'ai appelée, et
comme elle ne répondait pas, je lui ai fermé les yeux et je
l'ai embrassée sur le front.

« Pauvre chère Marguerite, j'aurais voulu être une
sainte femme, pour que ce baiser te recommandât à Dieu.

« Puis, je l'ai habillée comme elle m'avait priée de le
faire, je suis allée chercher un prêtre à Saint-Roch, j'ai
brûlé deux cierges pour elle, et j'ai prié pendant une
heure dans l'église.

« J'ai donné à des pauvres de l'argent qui venait d'elle.

« Je ne me connais pas bien en religion, mais je pense
que le bon Dieu reconnaîtra que mes larmes étaient
vraies, ma prière fervente, mon aumône sincère, et qu'il
aura pitié de celle qui, morte jeune et belle, n'a eu que
moi pour lui fermer les yeux et l'ensevelir. »

22 février.

« Aujourd'hui l'enterrement a eu lieu. Beaucoup des
amies de Marguerite sont venues à l'église. Quelques-
unes pleuraient avec sincérité. Quand le convoi a pris le
chemin de Montmartre, deux hommes seulement se trouvaient derrière, le comte de G... qui était revenu exprès
de Londres, et le duc qui marchait soutenu par deux
valets de pied.

« C'est de chez elle que je vous écris tous ces détails,
au milieu de mes larmes et devant la lampe qui brûle
tristement près d'un dîner auquel je ne touche pas,
comme bien vous pensez, mais que Nanine m'a fait faire,
car je n'ai pas mangé depuis plus de vingt-quatre heures.

« Ma vie ne pourra pas garder longtemps ces impressions tristes, car ma vie ne m'appartient pas plus que la
sienne n'appartenait à Marguerite, c'est pourquoi je vous

donne tous ces détails sur les lieux mêmes où ils se sont passés, dans la crainte, si un long temps s'écoulait entre eux et votre retour, de ne pas pouvoir vous les donner avec toute leur triste exactitude. »

XXVII

— Vous avez lu ? me dit Armand quand j'eus terminé la lecture de ce manuscrit.

— Je comprends ce que vous avez dû souffrir, mon ami, si tout ce que j'ai lu est vrai !

— Mon père me l'a confirmé dans une lettre.

Nous causâmes encore quelque temps de la triste destinée qui venait de s'accomplir, et je rentrai chez moi prendre un peu de repos.

Armand, toujours triste, mais soulagé un peu par le récit de cette histoire, se rétablit vite, et nous allâmes ensemble faire visite à Prudence et à Julie Duprat.

Prudence venait de faire faillite. Elle nous dit que Marguerite en était la cause ; que, pendant sa maladie, elle lui avait prêté beaucoup d'argent pour lequel elle avait fait des billets qu'elle n'avait pu payer, Marguerite étant morte sans le lui rendre et ne lui ayant pas donné de reçus avec lesquels elle pût se présenter comme créancière.

A l'aide de cette fable que Mme Duvernoy racontait partout pour excuser ses mauvaises affaires, elle tira un billet de mille francs à Armand, qui n'y croyait pas, mais qui voulut bien avoir l'air d'y croire, tant il avait de respect pour tout ce qui avait approché sa maîtresse.

Puis nous arrivâmes chez Julie Duprat qui nous raconta les tristes événements dont elle avait été témoin, versant des larmes sincères au souvenir de son amie.

Enfin, nous allâmes à la tombe de Marguerite sur laquelle les premiers rayons du soleil d'avril faisaient éclore les premières feuilles.

Il restait à Armand un dernier devoir à remplir, c'était d'aller rejoindre son père. Il voulut encore que je l'accompagnasse.

Nous arrivâmes à C... où je vis M. Duval tel que je me l'étais figuré d'après le portrait que m'en avait fait son fils : grand, digne, bienveillant.

Il accueillit Armand avec des larmes de bonheur, et me serra affectueusement la main. Je m'aperçus bientôt que le sentiment paternel était celui qui dominait tous les autres chez le receveur.

Sa fille, nommée Blanche, avait cette transparence des yeux et du regard, cette sérénité de la bouche qui prouvent que l'âme ne conçoit que de saintes pensées et que les lèvres ne disent que de pieuses paroles. Elle souriait au retour de son frère, ignorant, la chaste jeune fille, que loin d'elle une courtisane avait sacrifié son bonheur à la seule invocation de son nom.

Je restai quelque temps dans cette heureuse famille, tout occupé de celui qui leur apportait la convalescence de son cœur.

Je revins à Paris où j'écrivis cette histoire telle qu'elle m'avait été racontée. Elle n'a qu'un mérite qui lui sera peut-être contesté, celui d'être vraie.

Je ne tire pas de ce récit la conclusion que toutes les filles comme Marguerite sont capables de faire ce qu'elle a fait ; loin de là, mais j'ai eu connaissance qu'une d'elles avait éprouvé dans sa vie un amour sérieux, qu'elle en avait souffert et qu'elle en était morte. J'ai raconté au lecteur ce que j'avais appris. C'était un devoir.

Je ne suis pas l'apôtre du vice, mais je me ferai l'écho du malheur noble partout où je l'entendrai prier.

L'histoire de Marguerite est une exception, je le répète ; mais si c'eût été une généralité, ce n'eût pas été la peine de l'écrire.

LA DAME AUX CAMÉLIAS
AU THÉATRE

On trouvera dans les *Annexes,* en fin de volume, le texte d'Alexandre Dumas fils qui éclaire l'histoire de la pièce. Nous nous bornerons ici à des indications sur les comédiens de la création et sur le théâtre du Vaudeville.

La créatrice du rôle de Marguerite Gautier fut Eugénie Doche. Née à Bruxelles, en 1821, Charlotte-Marie de Plunkett fit ses débuts à Versailles en 1837 sous le nom d'Eugénie. Elle se fit ensuite appeler Fleury. On la trouve au Vaudeville de la rue de Chartres en 1838. En 1839, elle épousa Doche, le chef d'orchestre du Vaudeville. Celui-ci partit pour Saint-Pétersbourg en 1842 (il y mourut du choléra en 1849). Eugénie passa au Gymnase, puis au Vaudeville, joua en Suisse, à Londres, à Bruxelles. La création de *La Dame aux camélias* fut pour elle un tournant. Elle joua le rôle cinq cents fois, entre 1852 et 1867. Sa carrière, aussi variée que longue, la conduisit à plusieurs reprises à l'Odéon entre deux créations (ou reprises) au Vaudeville. Elle fit aussi de nombreuses tournées et ne prit sa retraite qu'à quatre-vingts ans. Elle mourut en juillet 1900.

Le créateur du rôle d'Armand Duval, Charles Fechter, naquit à Paris le 23 octobre 1824. Il passa par le Conservatoire, entra comme pensionnaire à la Comédie-Française en 1845, mais démissionna en 1847. Il joua à Berlin, à Londres et enfin à Paris où il fut engagé au Vaudeville et à l'Ambigu, puis, en 1848, au Théâtre-Historique de Dumas où il joua dans *Charles VII chez ses grands vassaux, Catilina, L'Argent, Les Mystères de Londres, Les Frères Corses.* Sa création du rôle d'Ar-

mand Duval fut accueillie avec faveur. Il joua le rôle dans
de nombreuses tournées. En 1857, il était directeur de la
scène à l'Odéon. Il mit en scène un *Tartuffe* réaliste, qui
compte dans l'histoire de la pièce. Il s'installa bientôt à
Londres où sa connaissance de la langue (sa mère était
anglaise) lui permit de jouer non seulement Shakespeare
mais aussi des pièces françaises traduites. Il lança une
édition de Shakespeare, écrivit avec Willkie Collins
Black and White, un drame joué en 1869. On le trouve
aux États-Unis en 1870. C'est à New York qu'il vécut ses
dernières années. Il y mourut le 5 août 1879.

Parmi les vingt comédiens qui furent de la création de
La Dame aux Camélias, on citera :

Léopold Delannoy (rôle du père Duval). Né en 1817 à
Arras, il joua en province à partir de 1835. En 1840 on le
trouve au Théâtre Montmartre. En 1843 à Lille, en 1845 à
Anvers, puis à Amsterdam, Liège, Bruxelles. Il fut engagé au Vaudeville en 1848. Il créa de nombreux rôles.
En 1858 il passa au Palais-Royal, puis revint au Vaudeville où il joua jusqu'en 1881. A l'Ambigu, en 1883, il
joua dans *Pot-Bouille* (de William Busnach d'après
Zola). Il passa ensuite à la Renaissance où il joua
jusqu'en 1887, autant dire jusqu'à sa mort (1888).

René Luguet, qui créa le rôle de Gaston Rieux, était le
fils du comédien Bénéfand (qui prit le pseudonyme de
Luguet) et d'une comédienne, fille de la Malaga, célèbre
danseuse de corde. (Voir le livre de Félix Galipaux : *Les
Luguet,* Alcan, 1929, et celui d'André Luguet : *Le Feu
sacré,* La Palatine, 1955.) Né en 1813, René Luguet
naviqua quelques années avant de suivre la tradition familiale. Il joua en province et en Belgique. Il se trouve à
Bruxelles en 1839. On le vit ensuite à Paris, au Gymnase,
au Palais-Royal, au Vaudeville, puis (1853) de nouveau
au Palais-Royal qu'il ne quitta plus. Il fut l'amant, puis le
gendre de Marie Dorval, dont il épousa une fille, Caro-
line. Il mourut le 26 mars 1904 à l'âge de quatre-vingt-
onze ans.

Gil-Pérès, pseudonyme de Charles-Jules Jolin (créateur de Saint-Gaudens), né en 1822, comique extravagant, au Gymnase, à la Gaîté, à la Porte-Saint-Martin, ne

fit que trois saisons au Vaudeville (1852-1855). On le trouve ensuite au Palais-Royal où il reste plus de vingt-cinq ans. Il termina son existence dans une maison de santé.

*
* *

Le théâtre du Vaudeville était situé (depuis 1840) à l'angle de la rue Vivienne et de la place de la Bourse. Il connut des fortunes diverses, avec de nombreux directeurs qui se succédèrent jusqu'en 1869 — date à laquelle la salle fut détruite pour permettre le percement de la rue qui sera en 1870 celle du Quatre-Septembre. Le théâtre émigra alors dans un édifice construit par l'architecte Magne, au coin de la rue de la Chaussée-d'Antin et de la rue (boulevard) des Capucines — devenu un grand cinéma depuis 1925.

En 1852, le directeur du Vaudeville était Bouffé, un homme de théâtre dont la vie avait été aventureuse et le restera. On le connaît jusqu'à présent très mal, et seulement par des allusions dans des mémoires de l'époque : *Les Soupeurs de mon temps* de Roger de Beauvoir (1868, préface de Dumas père) et *Les Mémoires d'un chef de claque* de Jules Lan (1883)[1].

Le roman et le drame de Dumas fils ont été traduits plusieurs fois en anglais et peu après la publication et la représentation en France. Le roman, sous le titre : *The Lady with the Camelias;* le drame, sous le simple titre, devenu célèbre aux États-Unis, de *Camille,* qui a été aussi, par voie de conséquence, le titre de films tirés de la pièce. En traversant l'Atlantique, Marguerite était devenue Camille.

Gilbert SIGAUX.

---

1. Notre Bouffé ne doit pas être confondu avec le comédien du même nom (1800-1888).

LA DAME AUX CAMÉLIAS

DRAME EN CINQ ACTES

Représenté pour la première fois, à Paris, sur le théâtre du Vaudeville,
le 2 février 1852[1].

1. Texte de l'édition du *Théâtre complet*.

A MONSIEUR LE COMTE
DE MORNY [1]

Monsieur le comte,
Voulez-vous accepter la dédicace de cette pièce, dont le succès vous revient de droit ? Elle doit d'avoir vu le jour à votre protection, que vous m'avez offerte au mois d'octobre dernier, et qui ne s'est ni arrêtée ni ralentie quand vous avez eu l'occasion et le pouvoir de la montrer. C'est un fait assez rare dans l'histoire des protections pour que je le consigne ici avec l'expression de toute ma reconnaissance.
Agréez, monsieur le comte, l'assurance de ma considération la plus distinguée.

A. DUMAS Fils.

PERSONNAGES

Acteurs qui ont créé les rôles.

ARMAND DUVAL	M. FECHTER
GEORGES DUVAL, père d'Armand	M. DELANNOY
GASTON RIEUX	M. RENÉ LUGUET
SAINT-GAUDENS	M. GIL-PÉRÈS
GUSTAVE	M. LAGRANGE
LE COMTE DE GIRAY	M. ALLIÉ
ARTHUR DE VARVILLE	M. DUPUIS
LE DOCTEUR	M. HIPPOLYTE WORMS
UN COMMISSIONNAIRE	M. ROGER
DOMESTIQUES	M. GUÉRIN
. . . .	M. LÉON
MARGUERITE GAUTIER	Mme DOCHE
NICHETTE	Mme WORMS
PRUDENCE	Mme ASTRUC
NANINE	Mme IRMA GRANIER
OLYMPE	Mme CLARY
ARTHUR	Mme CLORINDE
ESTHER	Mme MARIE
ANAIS	Mme CAROLINE
ADÈLE	Mme BARON
Invités.	

La scène se passe vers 1848.

ACTE PREMIER

Boudoir de Marguerite. Paris.

SCÈNE PREMIÈRE

NANINE, *travaillant ;* VARVILLE, *assis à la cheminée. On entend un coup de sonnette.*

VARVILLE

On a sonné.

NANINE

Valentin ira ouvrir.

VARVILLE

C'est Marguerite sans doute.

NANINE

Pas encore ; elle ne doit rentrer qu'à dix heures et demie, et il est à peine dix heures. *(Nichette entre.)* Tiens ! c'est mademoiselle Nichette.

SCÈNE II

LES MÊMES, NICHETTE

NICHETTE

Marguerite n'est pas là?

NANINE

Non, mademoiselle. Vous auriez voulu la voir?

NICHETTE

Je passais devant sa porte, et je montais pour l'embrasser, mais, puisqu'elle n'y est pas, je m'en vais.

NANINE

Attendez-la un peu, elle va rentrer.

NICHETTE

Je n'ai pas le temps, Gustave est en bas. Elle va bien?

NANINE

Toujours de même.

NICHETTE

Vous lui direz que je viendrai la voir ces jours-ci. Adieu, Nanine. — Adieu, monsieur.

Elle salue et sort.

SCÈNE III

NANINE, VARVILLE

VARVILLE

Qu'est-ce que c'est que cette jeune fille?

NANINE

C'est Mlle Nichette.

VARVILLE

Nichette ! C'est un nom de chatte, ce n'est pas un nom de femme.

NANINE

Aussi est-ce un surnom, et l'appelle-t-on ainsi parce qu'avec ses cheveux frisés elle a une petite tête de chatte. Elle a été camarade de Madame, dans le magasin où Madame travaillait autrefois.

VARVILLE

Marguerite a donc été dans un magasin ?

NANINE

Elle a été lingère.

VARVILLE

Bah !

NANINE

Vous l'ignoriez ? Ce n'est pourtant pas un secret.

VARVILLE

Elle est jolie, cette petite Nichette.

NANINE

Et sage !

VARVILLE

Mais ce M. Gustave ?

NANINE

Quel M. Gustave ?

VARVILLE

Dont elle parlait et qui l'attendait en bas.

NANINE

C'est son mari.

VARVILLE

C'est M. Nichette?

NANINE

Il n'est pas encore son mari, mais il le sera.

VARVILLE

En un mot, c'est son amant. Bien, bien! Elle est sage, mais elle a un amant.

NANINE

Qui n'aime qu'elle, comme elle n'aime et n'a jamais aimé que lui, et qui l'épousera, c'est moi qui vous le dis. Mlle Nichette est une très honnête fille.

VARVILLE, *se levant et venant à Nanine.*

Après tout, peu m'importe... Décidément, mes affaires n'avancent pas ici.

NANINE

Pas le moins du monde.

VARVILLE

Il faut avouer que Marguerite...

NANINE

Quoi?

VARVILLE

A une drôle d'idée de sacrifier tout le monde à M. de Mauriac, qui ne doit pas être amusant.

NANINE

Pauvre homme! C'est son seul bonheur. Il est son père, ou à peu près.

VARVILLE

Ah! oui. Il y a une histoire très pathétique là-dessus ; malheureusement...

NANINE

Malheureusement?

VARVILLE

Je n'y crois pas.

NANINE, *se levant.*

Écoutez, monsieur de Varville, il y a bien des choses vraies à dire sur le compte de Madame ; c'est une raison de plus pour ne pas dire celles qui ne le sont pas. Or, voici ce que je puis vous affirmer, car je l'ai vu, de mes propres yeux vu, et Dieu sait que Madame ne m'a pas donné le mot, puisqu'elle n'a aucune raison de vous tromper, et ne tient ni à être bien, ni à être mal avec vous. Je puis donc affirmer qu'il y a deux ans Madame, après une longue maladie, est allée aux eaux pour achever de se rétablir. Je l'accompagnais. Parmi les malades de la maison des bains se trouvait une jeune fille à peu près de son âge, atteinte de la même maladie qu'elle, seulement atteinte au troisième degré, et lui ressemblant comme une sœur jumelle. Cette jeune fille, c'était Mlle de Mauriac, la fille du duc.

VARVILLE

Mlle de Mauriac mourut.

NANINE

Oui.

VARVILLE

Et le duc, désespéré, retrouvant dans les traits, dans l'âge, et jusque dans la maladie de Marguerite, l'image de sa fille, la supplia de le recevoir et de lui permettre de l'aimer comme son enfant. Alors, Marguerite lui avoua sa position.

NANINE

Car Madame ne ment jamais.

VARVILLE

Naturellement! Et, comme Marguerite ne ressemblait pas à Mlle de Mauriac autant au moral qu'au physique, le duc lui promit tout ce qu'elle voudrait, si elle consentait à changer d'existence, ce à quoi s'engagea Marguerite, qui, naturellement encore, de retour à Paris, se garda bien de tenir sa parole; et le duc, comme elle ne lui rendait que la moitié de son bonheur, a retranché la moitié du revenu; si bien qu'aujourd'hui elle a cinquante mille francs de dettes.

NANINE

Que vous offrez de payer; mais on aime mieux devoir de l'argent à d'autres que de vous devoir de la reconnaissance, à vous.

VARVILLE

D'autant plus que M. le comte de Giray est là.

NANINE

Vous êtes insupportable! Tout ce que je puis vous dire c'est que l'histoire du duc est vraie, je vous en donne ma parole. Quant au comte, c'est un ami.

VARVILLE

Prononcez donc mieux.

NANINE

Oui, un ami! Quelle mauvaise langue vous êtes! — Mais on sonne. C'est Madame. Faut-il lui répéter tout ce que vous avez dit?

VARVILLE

Gardez-vous-en bien!

SCÈNE IV

Les mêmes, Marguerite

MARGUERITE, *à Nanine*.

Va dire qu'on nous prépare à souper; Olympe et Saint-
Gaudens vont venir; je les ai rencontrés à l'Opéra *(A
Varville)*. Vous voilà, vous!

>   *Elle va s'asseoir à la cheminée.*

VARVILLE

Est-ce que ma destinée n'est pas de vous attendre?

MARGUERITE

Est-ce que ma destinée à moi est de vous voir?

VARVILLE

Jusqu'à ce que vous me défendiez votre porte, je viendrai.

MARGUERITE

En effet, je ne peux pas rentrer une fois sans vous
trouver là. Qu'est-ce que vous avez encore à me dire?

VARVILLE

Vous le savez bien.

MARGUERITE

Toujours la même chose! Vous êtes monotone, Varville.

VARVILLE

Est-ce ma faute si je vous aime?

MARGUERITE

La bonne raison! Mon cher, s'il me fallait écouter tous
ceux qui m'aiment, je n'aurais seulement pas le temps de

dîner. Pour la centième fois, je vous le répète, vous perdez votre temps. Je vous laisse venir ici à toute heure, entrer quand je suis là, m'attendre quand je suis sortie, je ne sais pas trop pourquoi ; mais, si vous devez me parler sans cesse de votre amour, je vous consigne.

VARVILLE

Cependant, Marguerite, l'année passée, à Bagnères, vous m'aviez donné quelque espoir.

MARGUERITE

Ah ! mon cher, c'était à Bagnères, j'étais malade, je m'ennuyais. Ici, ce n'est pas la même chose ; je me porte mieux, et je ne m'ennuie plus.

VARVILLE

Je conçois que, lorsqu'on est aimée du duc de Mauriac.

MARGUERITE

Imbécile !

VARVILLE

Et qu'on aime M. de Giray...

MARGUERITE

Je suis libre d'aimer qui je veux, cela ne regarde personne, vous moins que tout autre ; et si vous n'avez pas autre chose à dire, je vous le répète, allez-vous-en. *(Varville se promène.)* Vous ne voulez pas vous en aller ?

VARVILLE

Non !

MARGUERITE

Alors, mettez-vous au piano : le piano, c'est votre seule qualité.

VARVILLE

Que faut-il jouer ?
                              Nanine rentre pendant qu'il prélude.

MARGUERITE

Ce que vous voudrez.

SCÈNE V

LES MÊMES, NANINE

MARGUERITE

Tu as commandé le souper?

NANINE

Oui, Madame.

MARGUERITE, *s'approchant de Varville*.

Qu'est-ce que vous jouez là, Varville?

VARVILLE

Une rêverie de Rosellen.

MARGUERITE

C'est très joli!...

VARVILLE

Écoutez, Marguerite, j'ai quatre-vingt mille francs de rente.

MARGUERITE

Et moi, j'en ai cent. *(A Nanine.)* As-tu vu Prudence?

NANINE

Oui, Madame.

MARGUERITE

Elle viendra ce soir?

NANINE

Oui, Madame, en rentrant... Mlle Nichette est venue aussi.

MARGUERITE

Pourquoi n'est-elle pas restée?

NANINE

M. Gustave l'attendait en bas.

MARGUERITE

Chère petite!

NANINE

Le docteur est venu.

MARGUERITE

Qu'a-t-il dit?

NANINE

Il a recommandé que Madame se reposât.

MARGUERITE

Ce bon docteur! Est-ce tout?

NANINE

Non, Madame; on a apporté un bouquet.

VARVILLE

De ma part.

MARGUERITE, *prenant le bouquet.*

Roses et lilas blanc. Mets ce bouquet dans ta chambre, Nanine

Nanine sort.

VARVILLE, *cessant de jouer du piano.*

Vous n'en voulez pas?

MARGUERITE

Comment m'appelle-t-on?

VARVILLE

Marguerite Gautier.

MARGUERITE

Quel surnom m'a-t-on donné?

VARVILLE

Celui de la Dame aux Camélias.

MARGUERITE

Pourquoi?

VARVILLE

Parce que vous ne portez jamais que ces fleurs.

MARGUERITE

Ce qui veut dire que je n'aime que celles-là, et qu'il est inutile de m'en envoyer d'autres. Si vous croyez que je ferai une exception pour vous, vous avez tort. Les parfums me rendent malade.

VARVILLE

Je n'ai pas de bonheur. Adieu, Marguerite.

MARGUERITE

Adieu!

SCÈNE VI

LES MÊMES, OLYMPE, SAINT-GAUDENS, NANINE

NANINE, *rentrant*.

Madame, voici Mlle Olympe et M. Saint-Gaudens.

MARGUERITE

Arrive donc, Olympe! j'ai cru que tu ne viendrais plus.

OLYMPE

C'est la faute de Saint-Gaudens.

SAINT-GAUDENS

C'est toujours ma faute. — Bonjour, Varville.

VARVILLE

Bonjour, cher ami.

SAINT-GAUDENS

Vous soupez avec nous?

MARGUERITE

Non, non.

SAINT-GAUDENS, *à Marguerite*.

Et vous, chère enfant, comment allez-vous?

MARGUERITE

Très bien.

SAINT-GAUDENS

Allons, tant mieux! Va-t-on s'amuser ici?

OLYMPE

On s'amuse toujours où vous êtes.

SAINT-GAUDENS

Méchante! — Ah! ce cher Varville, qui ne soupe pas avec nous, cela me fait une peine affreuse. *(A Marguerite.)* En passant devant la Maison d'Or, j'ai dit qu'on apporte des huîtres et un certain vin de Champagne qu'on ne donne qu'à moi. Il est parfait! il est parfait!

OLYMPE, *bas à Marguerite*.

Pourquoi n'as-tu pas invité Edmond?

MARGUERITE

Pourquoi ne l'as-tu pas amené?

OLYMPE

Et Saint-Gaudens?

MARGUERITE

Est-ce qu'il n'y est pas habitué?

OLYMPE

Pas encore, ma chère; à son âge, on prend si difficilement une habitude, et surtout une bonne.

MARGUERITE, *appelant Nanine.*

Le souper doit être prêt.

NANINE

Dans cinq minutes, Madame. Où faudra-t-il servir?
Dans la salle à manger?

MARGUERITE

Non, ici; nous serons mieux. — Eh bien, Varville,
vous n'êtes pas encore parti?

VARVILLE

Je pars.

MARGUERITE, *à la fenêtre, appelant.*

Prudence!

OLYMPE

Prudence demeure donc en face?

MARGUERITE

Elle demeure même dans la maison, tu le sais bien,
presque toutes nos fenêtres correspondent. Nous ne
sommes séparées que par une petite cour; c'est très commode, quand j'ai besoin d'elle.

SAINT-GAUDENS

Ah çà! quelle est sa position, à Prudence?

OLYMPE

Elle est modiste.

MARGUERITE

Et il n'y a que moi qui lui achète des chapeaux.

OLYMPE

Que tu ne mets jamais.

MARGUERITE

Ils sont affreux! mais ce n'est pas une mauvaise femme, et elle a besoin d'argent. *(Appelant.)* Prudence!

PRUDENCE, *du dehors*.

Voilà!

MARGUERITE

Pourquoi ne venez-vous pas, puisque vous êtes rentrée?

PRUDENCE

Je ne puis pas.

MARGUERITE

Qui vous en empêche?

PRUDENCE

J'ai deux jeunes gens chez moi; ils m'ont invitée à souper.

MARGUERITE

Eh bien, amenez-les souper ici, cela reviendra au même. Comment les nomme-t-on?

PRUDENCE

Il y en a un que vous connaissez, Gaston Rieux.

MARGUERITE

Si je le connais! — Et l'autre?

PRUDENCE

L'autre est son ami.

MARGUERITE

Cela suffit; alors, arrivez vite... Il fait froid ce soir...
(Elle tousse un peu.) Varville, mettez donc du bois dans
le feu, on gèle ici; rendez-vous utile, au moins puisque
vous ne pouvez pas être agréable.

Varville obéit.

SCÈNE VII

LES MÊMES, GASTON, ARMAND, PRUDENCE, UN DOMESTIQUE

LE DOMESTIQUE, *annonçant.*

M. Gaston Rieux, M. Armand Duval, Mme Duvernoy.

OLYMPE

Quel genre! Voilà comme on annonce ici?

PRUDENCE

Je croyais qu'il y avait du monde.

SAINT-GAUDENS

Mme Duvernoy commence ses politesses.

GASTON, *cérémonieusement à Marguerite.*

Comment allez-vous, madame?

MARGUERITE, *même jeu.*

Bien; et vous, monsieur?

PRUDENCE

Comme on se parle ici!

MARGUERITE

Gaston est devenu un homme du monde ; et, d'ailleurs, Eugénie m'arracherait les yeux, si nous nous parlions autrement.

GASTON

Les mains d'Eugénie sont trop petites, et vos yeux sont trop grands.

PRUDENCE

Assez de marivaudage. — Ma chère Marguerite, permettez-moi de vous présenter M. Armand Duval *(Armand et Marguerite se saluent),* l'homme de Paris qui est le plus amoureux de vous

MARGUERITE, *à Prudence.*

Dites qu'on mette deux couverts de plus, alors ; car je crois que cet amour-là n'empêchera pas monsieur de souper.

> *Elle tend sa main à Armand, qui la lui baise.*

SAINT-GAUDENS, *à Gaston, qui est venu au-devant de lui.*

Ah ! ce cher Gaston ! que je suis aise de le voir !

GASTON

Toujours jeune, mon vieux Saint-Gaudens.

SAINT-GAUDENS

Mais oui.

GASTON

Et les amours ?

SAINT-GAUDENS, *montrant Olympe.*

Vous voyez.

GASTON

Je vous fais mon compliment.

SAINT-GAUDENS

J'avais une peur épouvantable de trouver Amanda ici.

GASTON

Cette pauvre Amanda! Elle vous aimait bien!

SAINT-GAUDENS

Elle m'aimait trop. Et puis il y avait un jeune homme qu'elle ne pouvait cesser de voir: c'était le banquier. *(Il rit.)* Je risquais de lui faire perdre sa position! J'étais l'amant de cœur. Charmant! Mais il fallait se cacher dans les armoires, rôder dans les escaliers, attendre dans la rue...

GASTON

Ce qui vous donnait des rhumatismes.

SAINT-GAUDENS

Non, mais le temps change. Il faut que jeunesse se passe. Ce pauvre Varville qui ne soupe pas avec nous, cela me fait une peine affreuse.

GASTON, *se rapprochant de Marguerite.*

Il est superbe!

MARGUERITE

Il n'y a que les vieux qui ne vieillissent plus.

SAINT-GAUDENS, *à Armand, qu'Olympe lui présente.*

Est-ce que vous êtes parent, monsieur, de M. Duval, receveur général?

ARMAND

Oui, monsieur, c'est mon père. Le connaîtriez-vous?

SAINT-GAUDENS

Je l'ai connu autrefois, chez la baronne de Nersay, ainsi que Mme Duval, votre mère, qui était une bien belle et bien aimable personne.

ARMAND

Elle est morte, il y a trois ans.

SAINT-GAUDENS

Pardonnez-moi, monsieur, de vous avoir rappelé ce chagrin.

ARMAND

On peut toujours me rappeler ma mère. Les grandes et pures affections ont cela de beau, qu'après le bonheur de les avoir éprouvées, il reste le bonheur de s'en souvenir.

SAINT-GAUDENS

Vous êtes fils unique ?

ARMAND

J'ai une sœur...

Ils s'en vont causer en se promenant dans le fond du théâtre.

MARGUERITE, *bas, à Gaston.*

Il est charmant, votre ami.

GASTON

Je le crois bien ! Et, de plus, il a pour vous un amour extravagant ; n'est-ce pas, Prudence ?

PRUDENCE

Quoi ?

GASTON

Je disais à Marguerite qu'Armand est fou d'elle.

PRUDENCE

Il ne ment pas ; vous ne pouvez pas vous douter de ce que c'est.

GASTON

Il vous aime, ma chère, à ne pas oser vous le dire.

MARGUERITE, *à Varville qui joue toujours du piano.*

Taisez-vous donc, Varville!

VARVILLE

Vous me dites toujours de jouer du piano.

MARGUERITE

Quand je suis seule avec vous; mais, quand il y a du monde, non!

OLYMPE

Qu'est-ce qu'on dit là, tout bas?

MARGUERITE

Écoute, et tu le sauras.

PRUDENCE, *bas.*

Et cet amour dure depuis deux ans.

MARGUERITE

C'est déjà un vieillard que cet amour-là.

PRUDENCE

Armand passe sa vie chez Gustave et chez Nichette pour entendre parler de vous

GASTON

Quand vous avez été malade, il y a un an, avant de partir pour Bagnères, pendant les trois mois que vous êtes restée au lit, on vous a dit que, tous les jours, un jeune homme venait savoir de vos nouvelles, sans dire son nom.

MARGUERITE

Je me rappelle...

GASTON

C'était lui.

MARGUERITE

C'est très gentil, cela. (*Appelant.*) Monsieur Duval!

ARMAND

Madame?...

MARGUERITE

Savez-vous ce qu'on me dit? On me dit, que, pendant que j'étais malade, vous êtes venu tous les jours savoir de mes nouvelles.

ARMAND

C'est la vérité, madame.

OLYMPE

La belle occupation!

PRUDENCE, *montrant un plat.*

Quelles sont ces petites bêtes?

GASTON

Des perdreaux.

PRUDENCE

Donne-m'en un.

GASTON

Il ne lui faut qu'un perdreau à la fois. Quelle belle fourchette! C'est peut-être elle qui a ruiné Saint-Gaudens?

PRUDENCE

Elle! elle! Est-ce ainsi qu'on parle à une femme? De mon temps....

GASTON

Ah! il va être question de Louis XV. — Marguerite, versez du vin à Armand; il est triste comme une chanson à boire.

MARGUERITE

Allons, monsieur Armand, à ma santé.

TOUS

A la santé de Marguerite !

PRUDENCE

A propos de chanson à boire, si l'on en chantait une en buvant ?

GASTON

Toujours les vieilles traditions. Je suis sûr que Prudense a eu une passion dans le Caveau.

PRUDENCE

C'est bon ! c'est bon !

GASTON

Toujours chanter en soupant, c'est absurde.

PRUDENCE

Moi, j'aime ça ; ça égaye. Allons, Marguerite, chantez-nous la chanson de Philogène ; un poète qui fait des vers.

GASTON

Qu'est-ce que tu veux qu'il fasse ?

PRUDENCE

Mais qui fait des vers à Marguerite ; c'est sa spécialité. Allons, la chanson !

GASTON

Je proteste au nom de toute notre génération.

PRUDENCE

Qu'on vote ! *(Tous lèvent la main, excepté Gaston.)* La chanson est votée. Gaston, donne le bon exemple aux minorités.

GASTON

Soit. Mais je n'aime pas les vers de Philogène, je les connais. J'aime mieux chanter, puisqu'il le faut.

Il chante.

I

Il est un ciel que Mahomet
    Offre par ses apôtres.
Mais les plaisirs qu'il nous promet
    Ne valent pas les nôtres.
       Ne croyons à rien
       Qu'à ce qu'on tient bien
    Et pour moi je préfère
       A ce ciel douteux
       L'éclair de deux yeux
    Reflété dans mon verre.

II

Dieu fit l'amour et le vin bons,
    Car il aimait la terre.
On dit parfois que nous vivons
    D'une façon légère.
       On dit ce qu'on veut,
       On fait ce qu'on peut,
    Fi du censeur sévère
       Pour qui tout serait
       Charmant, s'il voyait
    A travers notre verre !

GASTON, *se rasseyant.*

C'est pourtant vrai, que la vie est gaie et que Prudence est grasse.

OLYMPE

Il y a trente ans que c'est comme ça.

PRUDENCE

Il faut en finir avec cette plaisanterie. Quel âge crois-tu que j'ai ?

OLYMPE

Je crois que tu as quarante ans bien sonnés.

PRUDENCE

Elle est bonne encore avec ses quarante ans! j'ai eu trente-cinq ans l'année dernière.

GASTON

Ce qui t'en fait déjà trente-six. Eh bien, tu n'en parais pas plus de quarante, parole d'honneur!

MARGUERITE

Dites donc, Saint-Gaudens, à propos d'âge, on m'a raconté une histoire sur votre compte.

OLYMPE

Et à moi auSssi.

SAINT-GAUDENS

Quelle histoire?

MARGUERITE

Il est question d'un fiacre jaune.

OLYMPE

Elle est vraie, ma chère.

PRUDENCE

Voyons l'histoire du fiacre jaune!

GASTON

Oui, mais laissez-moi aller me mettre à côté de Marguerite; je m'ennuie à côté de Prudence.

PRUDENCE

Quel gaillard bien élevé!

MARGUERITE

Gaston, tâchez de rester tranquille.

SAINT-GAUDENS

Oh! l'excellent souper!

OLYMPE

Je le vois venir, il veut esquiver l'histoire du fiacre...

MARGUERITE

Jaune!

SAINT-GAUDENS

Oh! cela m'est bien égal.

OLYMPE

Eh bien, figurez-vous que Saint-Gaudens était amoureux d'Amanda.

GASTON

Je suis trop ému, il faut que j'embrasse Marguerite.

OLYMPE

Mon cher, vous êtes insupportable!

GASTON

Olympe est furieuse, parce que je lui ai fait manquer son effet.

MARGUERITE

Olympe a raison. Gaston est aussi ennuyeux que Varville, on va le mettre à la petite table, comme les enfants qui ne sont pas sages.

OLYMPE

Oui, allez vous mettre là-bas.

GASTON

A la condition qu'à la fin les dames m'embrasseront.

MARGUERITE

Prudence fera la quête et vous embrassera pour nous toutes.

GASTON

Non pas, non pas, je veux que vous m'embrassiez vous-mêmes.

OLYMPE

C'est bon, on vous embrassera ; allez vous asseoir et ne dites rien. — Un jour, ou plutôt un soir...

GASTON, *jouant* Malbrouck *sur le piano*.

Il est faux, le piano.

MARGUERITE

Ne lui répondons plus.

GASTON

Elle m'ennuie, cette histoire-là.

SAINT-GAUDENS

Gaston a raison.

GASTON

Et puis qu'est-ce qu'elle prouve, votre histoire, que je connais et qui est vieille comme Prudence ? Elle prouve que Saint-Gaudens a suivi à pied un fiacre jaune dont il a vu descendre Agénor à la porte d'Amanda ; elle prouve qu'Amanda trompait Saint-Gaudens. Comme c'est neuf ! Qui est-ce qui n'a pas été trompé ? On sait bien qu'on est toujours trompé pas ses amis et ses maîtresses ; et ça finit sur l'air du *Carillon de Dunkerque*.

Il joue le carillon sur le piano.

SAINT-GAUDENS

Et je savais aussi bien qu'Amanda me trompait avec Agénor que je sais qu'Olympe me trompe avec Edmond.

MARGUERITE

Bravo, Saint-Gaudens ! Mais Saint-Gaudens est un héros ! Nous allons être toutes folles de Saint-Gaudens ! Que celles qui sont folles de Saint-Gaudens lèvent la main. *(Tout le monde lève la main.)* Quelle unanimité !

Vive Saint-Gaudens! Gaston, jouez-nous de quoi faire danser Saint-Gaudens.

GASTON

Je ne sais qu'une polka.

MARGUERITE

Eh bien, va pour une polka! Allons, Saint-Gaudens et Armand, rangez la table.

PRUDENCE

Je n'ai pas fini, moi.

OLYMPE

Messieurs, Marguerite a dit Armand tout court.

GASTON, *jouant*.

Dépêchez-vous; voilà le passage où je m'embrouille.

OLYMPE

Est-ce que je vais danser avec Saint-Gaudens, moi?

MARGUERITE

Non; moi, je danserai avec lui. — Venez mon petit Saint-Gaudens, venez!

OLYMPE

Allons, Armand, allons!
Marguerite polke un moment et s'arrête tout à coup.

SAINT-GAUDENS

Qu'est-ce que vous avez?

MARGUERITE

Rien. J'étouffe un peu.

ARMAND, *s'approchant d'elle*.

Vous souffrez, madame?

MARGUERITE

Oh! ce n'est rien; continuons.

Gaston joue de toutes ses forces, Marguerite essaye de nouveau et s'arrête encore.

ARMAND

Tais-toi donc, Gaston.

PRUDENCE

Marguerite est malade.

MARGUERITE, *suffoquée.*

Donnez-moi un verre d'eau.

PRUDENCE

Qu'avez-vous?

MARGUERITE

Toujours la même chose. Mais ce n'est rien, je vous le répète. Passez de l'autre côté, allumez un cigare; dans un instant, je suis à vous.

PRUDENCE

Laissons-la; elle aime mieux être seule quand ça lui arrive.

MARGUERITE

Allez, je vous rejoins.

PRUDENCE

Venez! *(A part.)* Il n'y a pas moyen de s'amuser une minute ici.

ARMAND

Pauvre fille!

Il sort avec les autres.

SCÈNE IX

MARGUERITE, *seule,*
essayant de reprendre sa respiration.

Ah!... *(Elle se regarde dans la glace.)* Comme je suis
pâle!... Ah!...
Elle met sa tête dans ses mains et appuie ses coudes sur
la cheminée.

SCÈNE X

MARGUERITE, ARMAND

ARMAND, *rentrant.*

Eh bien, comment allez-vous, madame?

MARGUERITE

Vous, monsieur Armand! Merci, je vais mieux...
D'ailleurs, je suis accoutumée...

ARMAND

Vous vous tuez! Je voudrais être votre ami, votre
parent, pour vous empêcher de vous faire mal ainsi.

MARGUERITE

Vous n'y arriveriez pas. Voyons, venez! Mais
qu'avez-vous?

ARMAND

Ce que je vois...

MARGUERITE

Ah! vous êtes bien bon! Regardez les autres, s'ils
s'occupent de moi.

ARMAND

Les autres ne vous aiment pas comme je vous aime.

MARGUERITE

C'est juste ; j'avais oublié ce grand amour.

ARMAND

Vous en riez ?

MARGUERITE

Dieu m'en garde ! j'entends tous les jours la même chose ; je n'en ris plus.

ARMAND

Soit ; mais cet amour vaut bien une promesse de votre part.

MARGUERITE

Laquelle ?

ARMAND

Celle de vous soigner.

MARGUERITE

Me soigner ! Est-ce que c'est possible ?

ARMAND

Pourquoi pas ?

MARGUERITE

Mais, si je me soignais, je mourrais, mon cher. Ce qui me soutient, c'est la vie fiévreuse que je mène. Puis, se soigner, c'est bon pour les femmes du monde qui ont une famille et des amis ; mais, nous, dès que nous ne pouvons plus servir au plaisir ou à la vanité de personne, on nous abandonne, et les longues soirées succèdent aux longs jours ; je le sais bien, allez ; j'ai été deux mois dans mon lit : au bout de trois semaines, personne ne venait plus me voir.

ARMAND

Il est vrai que je ne vous suis rien, mais, si vous le vouliez, Marguerite, je vous soignerais comme un frère, je ne vous quitterais pas et je vous guérirais. Alors, quand vous en auriez la force, vous reprendriez la vie que vous menez, si bon vous semble ; mais, j'en suis sûr, vous aimeriez mieux alors une existence tranquille.

MARGUERITE

Vous avez le vin triste.

ARMAND

Vous n'avez donc pas de cœur, Marguerite ?

MARGUERITE

Le cœur ! C'est la seule chose qui fasse faire naufrage dans la traversée que je fais. *(Un temps.)* C'est donc sérieux ?

ARMAND

Très sérieux.

MARGUERITE

Prudence ne m'a pas trompée alors, quand elle m'a dit que vous étiez sentimental. Ainsi, vous me soigneriez ?

ARMAND

Oui !

MARGUERITE

Vous resteriez tous les jours auprès de moi ?

ARMAND

Tout le temps que je ne vous ennuierais pas.

MARGUERITE

Et vous appelez cela ?

ARMAND

Du dévouement.

MARGUERITE

Et d'où vient ce dévouement?

ARMAND

D'une sympathie irrésistible que j'ai pour vous.

MARGUERITE

Depuis?

ARMAND

Depuis deux ans, depuis un jour où je vous ai vue passer devant moi, belle, fière, souriante. Depuis ce jour, j'ai suivi de loin et silencieusement votre existence.

MARGUERITE

Comment se fait-il que vous ne me disiez cela qu'aujourd'hui?

ARMAND

Je ne vous connaissais pas, Marguerite.

MARGUERITE

Il fallait faire connaissance. Pourquoi, lorsque j'ai été malade et que vous êtes si assidûment venu savoir de mes nouvelles, pourquoi n'avez-vous pas monté ici?

ARMAND

De quel droit aurais-je monté chez vous?

MARGUERITE

Est-ce qu'on se gêne avec une femme comme moi?

ARMAND

On se gêne toujours avec une femme... Et puis...

MARGUERITE

Et puis?...

ARMAND

J'avais peur de l'influence que vous pouviez prendre sur ma vie.

MARGUERITE

Ainsi vous êtes amoureux de moi!

ARMAND, *la regardant et la voyant rire.*

Si je dois vous le dire, ce n'est pas aujourd'hui.

MARGUERITE

Ne me le dites jamais.

ARMAND

Pourquoi?

MARGUERITE

Parce qu'il ne peut résulter que deux choses de cet aveu : ou que je n'y croie pas, alors vous m'en voudrez; ou que j'y croie, alors vous aurez une triste société, celle d'une femme nerveuse, malade, triste, ou gaie d'une gaieté plus triste que le chagrin. Une femme qui dépense cent mille francs par an, c'est bon pour un vieux richard comme le duc, mais c'est bien ennuyeux pour un jeune homme comme vous. Allons, nous disons là des enfantillages! Donnez-moi la main et rentrons dans la salle à manger; on ne doit pas savoir ce que notre absence veut dire.

ARMAND

Rentrez si bon vous semble : moi, je vous demande la permission de rester ici.

MARGUERITE

Parce que?

ARMAND

Parce que votre gaieté me fait mal.

MARGUERITE

Voulez-vous que je vous donne un conseil?

ARMAND

Donnez.

MARGUERITE

Prenez la poste et sauvez-vous, si ce que vous me dites est vrai ; ou bien aimez-moi comme un bon ami, mais pas autrement. Venez me voir, nous rirons, nous causerons ; mais ne vous exagérez pas ce que je vaux, car je ne vaux pas grand-chose. Vous avez un bon cœur, vous avez besoin d'être aimé ; vous êtes trop jeune et trop sensible pour vivre dans notre monde ; aimez une autre femme, ou mariez-vous. Vous voyez que je suis bonne fille, et que je vous parle franchement.

SCÈNE XI

LES MÊMES, PRUDENCE

PRUDENCE, *entrouvrant la porte.*

Ah çà ! que diable faites-vous là ?

MARGUERITE

Nous parlons raison ; laissez-nous un peu ; nous vous rejoindrons tout à l'heure.

PRUDENCE

Bien, bien ; causez, mes enfants.

SCÈNE XII

MARGUERITE, ARMAND

MARGUERITE

Ainsi, c'est convenu, vous ne m'aimez plus ?

ARMAND

Je suivrai votre conseil, je partirai.

MARGUERITE

C'est à ce point-là?

ARMAND

Oui.

MARGUERITE

Que de gens m'en ont dit autant, qui ne sont pas partis.

ARMAND

C'est que vous les avez retenus.

MARGUERITE

Ma foi, non!

ARMAND

Vous n'avez donc jamais aimé personne?

MARGUERITE

Jamais, grâce à Dieu!

ARMAND

Oh! je vous remercie!

MARGUERITE

De quoi?

ARMAND

De ce que vous venez de me dire; rien ne pouvant me
rendre plus heureux.

MARGUERITE

Quel original!

ARMAND

Si je vous disais, Marguerite, que j'ai passé des nuits
entières sous vos fenêtres, que je garde depuis six mois
un bouton tombé de votre gant.

MARGUERITE

Je ne vous croirais pas.

ARMAND

Vous avez raison, je suis un fou; riez de moi, c'est ce qu'il y a de mieux à faire... Adieu.

MARGUERITE

Armand!

ARMAND

Vous me rappelez?

MARGUERITE

Je ne veux pas vous voir partir fâché.

ARMAND

Fâché contre vous, est-ce possible?

MARGUERITE

Voyons, dans tout ce que vous me dites, y a-t-il un peu de vrai?

ARMAND

Vous me le demandez!

MARGUERITE

Eh bien, donnez-moi une poignée de main, venez me voir quelquefois, souvent; nous en reparlerons.

ARMAND

C'est trop, et ce n'est pas assez.

MARGUERITE

Alors, faites votre carte vous-même, demandez ce que vous voudrez, puisque, à ce qu'il paraît, je vous dois quelque chose.

ARMAND

Ne parlez pas ainsi. Je ne veux plus vous voir rire avec les choses sérieuses.

MARGUERITE

Je ne ris plus.

ARMAND

Répondez-moi.

MARGUERITE

Voyons.

ARMAND

Voulez-vous être aimée?

MARGUERITE

C'est selon. Par qui?

ARMAND

Par moi.

MARGUERITE

Après?

ARMAND

Être aimée d'un amour profond, éternel?

MARGUERITE

Éternel?...

ARMAND

Oui.

MARGUERITE

Et, si je vous crois tout de suite, que direz-vous de
moi?

ARMAND, *avec passion.*

Je dirai...

MARGUERITE

Vous direz de moi ce que tout le monde en dit. Qu'importe! puisque j'ai à vivre moins longtemps que les autres, il faut bien que je vive plus vite. Mais tranquillisez-vous, si éternel que soit votre amour et si peu de temps que j'aie à vivre, je vivrai encore plus longtemps que vous ne m'aimerez.

ARMAND

Marguerite!...

MARGUERITE

En attendant, vous êtes ému, votre voix est sincère, vous êtes convaincu de ce que vous dites; tout cela mérite quelque chose... Prenez cette fleur.

Elle lui donne un camélia.

ARMAND

Qu'en ferai-je?

MARGUERITE

Vous me la rapporterez.

ARMAND

Quand?

MARGUERITE

Quand elle sera fanée.

ARMAND

Et combien de temps lui faudra-t-il pour cela?

MARGUERITE

Mais ce qu'il faut à toute fleur pour se faner, l'espace d'un soir ou d'un matin.

ARMAND

Ah! Marguerite, que je suis heureux!

MARGUERITE

Eh bien, dites-moi encore que vous m'aimez.

ARMAND

Oui, je vous aime !

MARGUERITE

Et maintenant, partez.

ARMAND, *s'éloignant à reculons.*

Je pars.

Il revient sur ses pas, lui baise une dernière fois la main et sort. Rires et chants dans la coulisse.

SCÈNE XIII

MARGUERITE, *puis* GASTON, SAINT-GAUDENS,
OLYMPE, PRUDENCE

MARGUERITE, *seule et regardant la porte refermée.*

Pourquoi pas ? — A quoi bon ? — Ma vie va et s'use de l'un à l'autre de ces deux mots.

GASTON, *entrouvrant la porte.*

Chœur des villageois !

Il chante.

C'est une heureuse journée !
Unissons, dans ce beau jour,
Les flambeaux de l'hyménée
Avec les fleurs...

SAINT-GAUDENS

Vivent M. et Mme Duval !

OLYMPE

En avant le bal de noces !

MARGUERITE

C'est moi qui vais vous faire danser.

SAINT-GAUDENS

Mais comme je prends du plaisir !
*Prudence se coiffe d'un chapeau d'homme ; Gaston,
d'un chapeau de femme, etc., etc. — Danse.*

ACTE DEUXIÈME

Cabinet de toilette chez Marguerite. Paris.

SCÈNE PREMIÈRE

MARGUERITE, PRUDENCE, NANINE

MARGUERITE, *devant sa toilette, à Prudence qui entre.*

Bonsoir chère amie ; avez-vous vu le duc ?

PRUDENCE

Oui.

MARGUERITE

Il vous a donné ?

PRUDENCE, *remettant à Marguerite*
des billets de banque.

Voici. — Pouvez-vous me prêter trois ou quatre cents francs ?

MARGUERITE

Prenez... Vous avez dit au duc que j'ai l'intention d'aller à la campagne.

PRUDENCE

Oui.

MARGUERITE

Qu'a-t-il répondu?

PRUDENCE

Que vous avez raison, que cela ne peut vous faire que
du bien. Et vous irez?

MARGUERITE

Je l'espère; j'ai encore visité la maison aujourd'hui.

PRUDENCE

Combien veut-on la louer?

MARGUERITE

Quatre mille francs.

PRUDENCE

Ah çà! c'est de l'amour, ma chère.

MARGUERITE

J'en ai peur! c'est peut-être une passion; ce n'est
peut-être qu'un caprice; tout ce que je sais, c'est que c'est
quelque chose.

PRUDENCE

Il est venu hier?

MARGUERITE

Vous le demandez?

PRUDENCE

Et il revient ce soir.

MARGUERITE

Il va venir.

PRUDENCE

Je le sais! il est resté trois ou quatre heures à la maison.

MARGUERITE

Il vous a parlé de moi?

PRUDENCE

De quoi voulez-vous qu'il me parle?

MARGUERITE

Que vous a-t-il dit?

PRUDENCE

Qu'il vous aime, parbleu!

MARGUERITE

Il y a longtemps que vous le connaissez!

PRUDENCE

Oui.

MARGUERITE

L'avez-vous vu amoureux quelquefois?

PRUDENCE

Jamais.

MARGUERITE

Votre parole!

PRUDENCE

Sérieusement.

MARGUERITE

Si vous saviez quel bon cœur il a, comme il parle de sa mère et de sa sœur!

PRUDENCE

Quel malheur que des gens comme ceux-là n'aient pas cent mille livres de rente!

MARGUERITE

Quel bonheur, au contraire! au moins, ils sont sûrs que

c'est eux seuls qu'on aime. *(Prenant la main de Prudence et la mettant sur sa poitrine.)* Tenez!

PRUDENCE

Quoi!

MARGUERITE

Le cœur me bat, vous ne sentez pas?

PRUDENCE

Pourquoi le cœur vous bat-il?

MARGUERITE

Parce qu'il est dix heures et qu'il va venir.

PRUDENCE

C'est à ce point? Je me sauve. Dites donc! si ça se gagnait!

MARGUERITE, *à Nanine, qui va et vient en rangeant.*

Va ouvrir, Nanine.

NANINE

On n'a pas sonné.

MARGUERITE

Je te dis que si.

SCÈNE II

PRUDENCE, MARGUERITE

PRUDENCE

Ma chère, je vais prier pour vous.

MARGUERITE

Parce que?

PRUDENCE

Parce que vous êtes en danger.

MARGUERITE

Peut-être.

SCÈNE III

LES MÊMES, ARMAND

ARMAND

Marguerite !

Il court à Marguerite.

PRUDENCE

Vous ne me dites pas bonsoir, ingrat ?

ARMAND

Pardon, ma chère Prudence ; vous allez bien ?

PRUDENCE

Il est temps !... Mes enfants, je vous laisse ; j'ai quelqu'un qui m'attend chez moi. — Adieu.

Elle sort.

SCÈNE IV

ARMAND, MARGUERITE

MARGUERITE

Allons, venez vous mettre là, monsieur.

ARMAND, *se mettant à ses genoux.*

Après ?

MARGUERITE

Vous m'aimez toujours autant?

ARMAND

Non!

MARGUERITE

Comment?

ARMAND

Je vous aime mille fois plus, madame!

MARGUERITE

Qu'avez-vous fait, aujourd'hui?...

ARMAND

J'ai été voir Prudence, Gustave et Nichette, j'ai été partout où l'on pouvait parler de Marguerite.

MARGUERITE

Et ce soir?

ARMAND

Mon père m'avait écrit qu'il m'attendait à Tours, je lui ai répondu qu'il peut cesser de m'attendre. Est-ce que je suis en train d'aller à Tours!...

MARGUERITE

Cependant, il ne faut pas vous brouiller avec votre père.

ARMAND

Il n'y a pas de danger. Et vous, qu'avez-vous fait, dites?...

MARGUERITE

Moi, j'ai pensé à vous.

ARMAND

Bien vrai.

MARGUERITE

Bien vrai! j'ai formé de beaux projets.

ARMAND

Vraiment?

MARGUERITE

Oui.

ARMAND

Conte-les-moi!

MARGUERITE

Plus tard.

ARMAND

Pourquoi pas tout de suite?

MARGUERITE

Tu ne m'aimes peut-être pas encore assez; quand ils seront réalisables, il sera temps de te les dire; sache seulement que c'est de toi que je m'occupe.

ARMAND

De moi?

MARGUERITE

Oui, de toi que j'aime trop.

ARMAND

Voyons, qu'est-ce que c'est?

MARGUERITE

A quoi bon?

ARMAND

Je t'en supplie!

MARGUERITE, *après une courte hésitation.*

Est-ce que je puis te cacher quelque chose?

ARMAND

J'écoute.

MARGUERITE

J'ai trouvé une combinaison.

ARMAND

Quelle combinaison?

MARGUERITE

Je ne puis te dire que les résultats qu'elle doit avoir.

ARMAND

Et quels résultats aura-t-elle?

MARGUERITE

Serais-tu heureux de passer l'été à la campagne avec moi?

ARMAND

Tu le demandes?

MARGUERITE

Eh bien, si ma combinaison réussit, et elle réussira, dans quinze jours d'ici je serai libre; je ne devrai plus rien, et nous irons ensemble passer l'été à la campagne.

ARMAND

Et tu ne peux pas me dire par quel moyen?...

MARGUERITE

Non.

ARMAND

Et c'est toi seule qui as trouvé cette combinaison, Marguerite?

MARGUERITE

Comme tu me dis ça!

ARMAND

Réponds-moi.

MARGUERITE

Eh bien, oui, c'est moi seule.

ARMAND

Et c'est toi seule qui l'exécuteras ?

MARGUERITE, *hésitant encore*.

Moi seule.

ARMAND, *se levant*.

Avez-vous lu *Manon Lescaut*, Marguerite ?

MARGUERITE

Oui, le volume est là dans le salon.

ARMAND

Estimez-vous Des Grieux ?

MARGUERITE

Pourquoi cette question ?

ARMAND

C'est qu'il y a un moment où Manon, elle aussi, a trouvé une combinaison, qui est de se faire donner de l'argent par M. de B***, et de le dépenser avec Des Grieux. Marguerite, vous avez plus de cœur qu'elle, et, moi j'ai plus de loyauté que lui !

MARGUERITE

Ce qui veut dire ?

ARMAND

Que, si votre combinaison est dans le genre de celle-là, je ne l'accepte pas.

MARGUERITE

C'est bien, mon ami, n'en parlons plus... *(Un temps.)*
Il fait très beau aujourd'hui, n'est-ce pas?

ARMAND

Oui, très beau.

MARGUERITE

Il y avait beaucoup de monde aux Champs-Élysées?

ARMAND

Beaucoup.

MARGUERITE

Ce sera ainsi jusqu'à la fin de la lune?

ARMAND, *avec emportement.*

Eh! que m'importe la lune!

MARGUERITE

De quoi voulez-vous que je vous parle? Quand je vous
dis que je vous aime, quand je vous en donne la preuve,
vous devenez maussade; alors, je vous parle de la lune.

ARMAND

Que veux-tu, Marguerite? je suis jaloux de la moindre
de tes pensées! Ce que tu m'as proposé tout à l'heure...

MARGUERITE

Nous y revenons?

ARMAND

Mon Dieu, oui, nous y revenons... Eh bien, ce que tu
m'as proposé me rendrait fou de joie; mais le mystère qui
précède l'exécution de ce projet...

MARGUERITE

Voyons, raisonnons un peu. Tu m'aimes et tu voudrais
passer quelque temps avec moi, dans un coin qui ne fût
pas cet affreux Paris.

ARMAND

Oui, je le voudrais.

MARGUERITE

Moi aussi, je t'aime et j'en désire autant; mais, pour cela, il faut ce que je n'ai pas. Tu n'es pas jaloux du duc, tu sais quels sentiments purs l'unissent à moi, laisse-moi donc faire.

ARMAND

Cependant...

MARGUERITE

Je t'aime. Voyons, est-ce convenu?

ARMAND

Mais...

MARGUERITE, *très câline*.

Est-ce convenu, voyons?...

ARMAND

Pas encore.

MARGUERITE

Alors, tu reviendras me voir demain; nous en reparlerons.

ARMAND

Comment, je reviendrai te voir demain? Tu me renvoies déjà?

MARGUERITE

Je ne te renvoie pas. Tu peux rester encore un peu.

ARMAND

Encore un peu! Tu attends quelqu'un?

MARGUERITE

Tu vas recommencer?

ARMAND

Marguerite, tu me trompes!

MARGUERITE

Combien y a-t-il de temps que je te connais?

ARMAND

Quatre jours.

MARGUERITE

Qu'est-ce qui me forçait à te recevoir?

ARMAND

Rien.

MARGUERITE

Si je ne t'aimais pas, aurais-je le droit de te mettre à la porte comme j'y mets Varville et tant d'autres?

ARMAND

Certainement.

MARGUERITE

Alors, mon ami, laisse-toi aimer, et ne te plains pas.

ARMAND

Pardon, mille fois pardon!

MARGUERITE

Si cela continue, je passerai ma vie à te pardonner.

ARMAND

Non; c'est la dernière fois. Tiens! je m'en vais.

MARGUERITE

A la bonne heure. Viens demain, à midi; nous déjeunerons ensemble.

ARMAND

A demain, alors.

MARGUERITE

A demain.

ARMAND

A midi ?

MARGUERITE

A midi.

ARMAND

Tu me jures...

MARGUERITE

Quoi ?

ARMAND

Que tu n'attends personne ?

MARGUERITE

Encore ! Je te jure que je t'aime, et que je n'aime que toi seul dans le monde !

ARMAND

Adieu !

MARGUERITE

Adieu, grand enfant !

Il hésite un moment et sort.

SCÈNE V

MARGUERITE, *seule, à la même place.*

Qui m'eût dit, il y a huit jours, que cet homme, dont je ne soupçonnais pas l'existence, occuperait à ce point, et si vite, mon cœur et ma pensée ? M'aime-t-il d'ailleurs ? sais-je seulement si je l'aime, moi qui n'ai jamais aimé ? Mais pourquoi sacrifier une joie ? Pourquoi ne pas se

laisser aller aux caprices de son cœur? — Que suis-je?
Une créature du hasard! Laissons donc le hasard faire de
moi ce qu'il voudra. — C'est égal, il me semble que je
suis plus heureuse que je ne l'ai encore été. C'est peut-
être d'un mauvais augure. Nous autres femmes, nous
prévoyons toujours qu'on nous aimera, jamais que nous
aimerons, si bien qu'aux premières atteintes de ce mal
imprévu nous ne savons plus où nous en sommes.

SCÈNE VI

MARGUERITE, NANINE, LE COMTE DE GIRAY

NANINE, *annonçant le comte qui la suit.*

M. le comte!

MARGUERITE, *sans se déranger.*

Bonsoir, comte…

LE COMTE, *allant lui baiser la main.*

Bonsoir, chère amie. Comment va-t-on ce soir?

MARGUERITE

Parfaitement.

LE COMTE, *allant s'asseoir à la cheminée.*

Il fait un froid du diable! Vous m'avez écrit de venir à
dix heures et demie. Vous voyez que je suis exact.

MARGUERITE

Merci. Nous avons à causer, mon cher comte.

LE COMTE

Avez-vous soupé?…

MARGUERITE

Pourquoi?…

LE COMTE

Parce que nous aurions été souper, et nous aurions causé en soupant.

MARGUERITE

Vous avez faim?

LE COMTE

On a toujours assez faim pour souper. J'ai si mal dîné au club!

MARGUERITE

Qu'est-ce qu'on y faisait?

LE COMTE

On jouait quand je suis parti.

MARGUERITE

Saint-Gaudens perdait-il?

LE COMTE

Il perdait vingt-cinq louis; il criait pour mille écus.

MARGUERITE

Il a soupé l'autre soir ici avec Olympe.

LE COMTE

Et qui encore?

MARGUERITE

Gaston Rieux. Vous le connaissez?

LE COMTE

Oui.

MARGUERITE

M. Armand Duval.

LE COMTE

Qu'est-ce que c'est que M. Armand Duval?

MARGUERITE

C'est un ami de Gaston. Prudence et moi, voilà le souper... On a beaucoup ri.

LE COMTE

Si j'avais su, je serais venu. A propos, est-ce qu'il sortait quelqu'un d'ici tout à l'heure, un peu avant que j'entrasse?

MARGUERITE

Non, personne.

LE COMTE

C'est qu'au moment où je descendais de voiture, quelqu'un a couru vers moi, comme pour voir qui j'étais, et, après m'avoir vu, s'est éloigné.

MARGUERITE, *à part.*

Serait-ce Armand?

Elle sonne.

LE COMTE

Vous avez besoin de quelque chose?

MARGUERITE

Oui, il faut que je dise un mot à Nanine. *(A Nanine, bas.)* Descends. Une fois dans la rue, sans faire semblant de rien, regarde si M. Armand Duval y est, et reviens me le dire.

NANINE

Oui, Madame.

Elle sort.

LE COMTE

Il y a une nouvelle.

MARGUERITE

Laquelle?

LE COMTE

Gagouki se marie.

MARGUERITE

Notre prince polonais?

LE COMTE

Lui-même.

MARGUERITE

Qui épouse-t-il?

LE COMTE

Devinez.

MARGUERITE

Est-ce que je sais?

LE COMTE

Il épouse la petite Adèle.

MARGUERITE

Elle a bien tort!

LE COMTE

C'est lui, au contraire...

MARGUERITE

Mon cher, quand un homme du monde épouse une fille
comme Adèle, ce n'est pas lui qui fait une sottise, c'est
elle qui fait une mauvaise affaire. Votre Polonais est
ruiné, il a une détestable réputation, et, s'il épouse Adèle,
c'est pour les douze ou quinze mille livres de rente que
vous lui avez faites les uns après les autres.

NANINE, *rentrant, et bas à Marguerite.*

Non, Madame, il n'y a personne.

MARGUERITE

Maintenant, parlons de choses sérieuses, mon cher comte…

LE COMTE

De choses sérieuses ! J'aimerais mieux parler de choses gaies.

MARGUERITE

Nous verrons plus tard si vous prenez les choses gaiement.

LE COMTE

J'écoute.

MARGUERITE

Avez-vous de l'argent comptant ?

LE COMTE

Moi ? Jamais.

MARGUERITE

Alors, il faut souscrire.

LE COMTE

On a donc besoin d'argent ici ?

MARGUERITE

Hélas ! il faut quinze mille francs !

LE COMTE

Diable ! c'est un joli denier. Et pourquoi juste quinze mille francs ?

MARGUERITE

Parce que je les dois.

LE COMTE

Vous payez donc vos créanciers ?

MARGUERITE

C'est eux qui le veulent.

LE COMTE

Il le faut absolument ?...

MARGUERITE

Oui.

LE COMTE

Alors... c'est dit, je souscrirai.

SCÈNE VII

LES MÊMES, NANINE

NANINE, *entrant*.

Madame, on vient d'apporter cette lettre pour vous être remise tout de suite.

MARGUERITE

Qui peut m'écrire à cette heure ? *(Ouvrant la lettre.)* Armand ! Qu'est-ce que cela signifie ? *(Lisant.)* « Il ne me convient pas de jouer un rôle ridicule, même auprès de la femme que j'aime. Au moment où je sortais de chez vous, M. le comte de Giray y entrait. Je n'ai ni l'âge ni le caractère de Saint-Gaudens ; pardonnez-moi le seul tort que j'aie, celui de ne pas être millionnaire, et oublions tous deux que nous nous sommes connus, et qu'un instant nous avons cru nous aimer. Quand vous recevrez cette lettre, j'aurais déjà quitté Paris. ARMAND. »

NANINE

Madame répondra ?

MARGUERITE

Non : dis que c'est bien.

Nanine sort.

SCÈNE VIII

LE COMTE, MARGUERITE

MARGUERITE, *à elle-même*.

Allons, voilà un rêve évanoui ! C'est dommage !

LE COMTE

Qu'est-ce que c'est que cette lettre ?

MARGUERITE

Ce que c'est, mon cher ami ? C'est une bonne nouvelle
pour vous.

LE COMTE

Comment ?

MARGUERITE

Vous gagnez quinze mille francs, par cette lettre-là !

LE COMTE

C'est la première qui m'en rapporte autant.

MARGUERITE

Je n'ai plus besoin de ce que je vous demandais.

LE COMTE

Vos créanciers vous renvoient leurs notes acquittées ?
Ah ! c'est gentil de leur part !

MARGUERITE

Non, j'étais amoureuse, mon cher.

LE COMTE

Vous ?

MARGUERITE

Moi-même.

LE COMTE

Et de qui, bon Dieu?

MARGUERITE

D'un homme qui ne m'aimait pas, comme cela arrive souvent; d'un homme sans fortune, comme cela arrive toujours.

LE COMTE

Ah! oui, c'est avec ces amours-là que vous croyez vous relever des autres.

MARGUERITE

Et voici ce qu'il m'écrit.

Elle donne la lettre au comte.

LE COMTE, *lisant.*

«Ma chère Marguerite...» Tiens, tiens, c'est de M. Duval. Il est très jaloux, ce monsieur. Ah! je comprends maintenant l'utilité des lettres de change. C'était joli, ce que vous faisiez là!

Il lui rend la lettre.

MARGUERITE, *sonnant et jetant la lettre sur sa table.*

Vous m'avez offert à souper.

LE COMTE

Et je vous l'offre encore. Vous ne mangerez jamais pour quinze mille francs. C'est toujours une économie que je ferai.

MARGUERITE

Eh bien, allons souper; j'ai besoin de prendre l'air.

LE COMTE

Il paraît que c'était grave; vous êtes tout agitée, ma chère.

MARGUERITE

Ça ne sera rien. *(A Nanine qui entre.)* Donne-moi un châle et un chapeau !

NANINE

Lequel, Madame ?

MARGUERITE

Le chapeau que tu voudras et un châle léger. *(Au comte.)* Il faut nous prendre comme nous sommes, mon pauvre ami.

LE COMTE

Oh ! je suis habitué à tout ça.

NANINE, *donnant le châle.*

Madame aura froid !

MARGUERITE

Non.

NANINE

Faudra-t-il attendre Madame ?…

MARGUERITE

Non, couche-toi ; peut-être ne rentrerai-je que tard… venez-vous comte ?

Ils sortent.

SCÈNE IX

NANINE, *seule.*

Il se passe quelque chose ; Madame est tout émue ; c'est cette lettre de tout à l'heure qui la trouble, sans doute. *(Prenant la lettre.)* La voilà, cette lettre. *(Elle la lit.)* Diable ! M. Armand mène rondement les choses. Nommé

il y a deux jours, démissionnaire aujourd'hui, il a vécu ce
que vivent les roses et les hommes d'État... Tiens ! *(Prudence entre.)* Madame Duvernoy.

SCÈNE X

NANINE, PRUDENCE, *puis* UN DOMESTIQUE

PRUDENCE

Marguerite est sortie ?

NANINE

A l'instant.

PRUDENCE

Où est-elle allée ?

NANINE

Elle est allée souper.

PRUDENCE

Avec M. de Giray ?

NANINE

Oui.

PRUDENCE

Elle a reçu une lettre, tout à l'heure ?...

NANINE

De M. Armand.

PRUDENCE

Qu'est-ce qu'elle a dit ?

NANINE

Rien.

PRUDENCE

Et elle va rentrer?

NANINE

Tard, sans doute. Je vous croyais couchée depuis longtemps.

PRUDENCE

Je l'étais et je dormais, quand j'ai été réveillée par des coups de sonnette redoublés; j'ai été ouvrir...

On frappe.

NANINE

Entrez!

UN DOMESTIQUE

Madame fait demander une pelisse; elle a froid.

PRUDENCE

Madame est en bas?

LE DOMESTIQUE

Oui, Madame est en voiture.

PRUDENCE

Priez-la de monter, dites-lui que c'est moi qui la demande.

LE DOMESTIQUE

Mais Madame n'est pas seule dans la voiture.

PRUDENCE

Ça ne fait rien, allez!

Le domestique sort.

ARMAND, *du dehors.*

Prudence!

PRUDENCE, *ouvrant la fenêtre.*

Allons, bon! voilà l'autre qui s'impatiente! Oh! les amoureux jaloux, ils sont tous les mêmes.

ARMAND, *du dehors*.

Eh bien?

PRUDENCE

Attendez un peu, que diable! tout à l'heure je vous appellerai.

SCÈNE XI

LES MÊMES, MARGUERITE, *puis* NANINE

MARGUERITE

Que me voulez-vous ma chère Prudence?

PRUDENCE

Armand est chez moi.

MARGUERITE

Que m'importe?

PRUDENCE

Il veut vous parler.

MARGUERITE

Et moi, je ne veux pas le recevoir; d'ailleurs, je ne le puis, on m'attend en bas. Dites-le-lui.

PRUDENCE

Je me garderai bien de faire une pareille commission. Il irait provoquer le comte.

MARGUERITE

Ah çà! que veut-il?

PRUDENCE

Est-ce que je sais? Est-ce qu'il le sait lui-même? Mais nous savons bien ce que c'est qu'un homme amoureux.

NANINE, *la pelisse à la main.*

Madame désire-t-elle sa pelisse?

MARGUERITE

Non, pas encore.

PRUDENCE

Eh bien, que décidez-vous?...

MARGUERITE

Ce garçon-là me rendra malheureuse.

PRUDENCE

Alors, ne le revoyez plus, ma chère. — Il vaut même mieux que les choses en restent où elles sont.

MARGUERITE

C'est votre avis, n'est-ce pas?

PRUDENCE

Certainement!

MARGUERITE, *après un temps.*

Qu'est-ce qu'il vous a dit encore?

PRUDENCE

Allons, vous voulez qu'il vienne. Je vais le chercher. Et le comte?...

MARGUERITE

Le comte! Il attendra.

PRUDENCE

Il vaudrait peut-être mieux le congédier tout à fait.

MARGUERITE

Vous avez raison. — Nanine, descends dire à M. de Giray que, décidément, je suis malade, et que je n'irai pas souper; qu'il m'excuse.

NANINE

Oui, Madame.

PRUDENCE, *à la fenêtre*.

Armand! Venez! Oh! il ne se le fera pas dire deux
fois.

MARGUERITE

Vous resterez ici pendant qu'il y sera.

PRUDENCE

Non pas. — Comme il viendrait un moment où vous
me diriez de m'en aller, j'aime autant m'en aller tout de
suite.

NANINE, *rentrant*.

M. le comte est parti, Madame.

MARGUERITE

Il n'a rien dit?

NANINE

Non.

Elle sort.

SCÈNE XII

MARGUERITE, ARMAND, PRUDENCE

ARMAND, *entrant*.

Marguerite! enfin!

PRUDENCE

Mes enfants, je vous laisse.

Elle sort.

SCÈNE XIII

MARGUERITE, ARMAND

ARMAND, *allant se mettre à genoux*
aux pieds de Marguerite.

Marguerite...

MARGUERITE

Que voulez-vous?

ARMAND

Je veux que vous me pardonniez.

MARGUERITE

Vous ne le méritez pas! *(Mouvement d'Armand.)*
J'admets que vous soyez jaloux et que vous m'écriviez
une lettre irritée, mais non une lettre ironique et impertinente. Vous m'avez fait beaucoup de peine et beaucoup
de mal.

ARMAND

Et vous, Marguerite, ne m'en avez-vous pas fait?

MARGUERITE

Si je vous en ai fait, c'est malgré moi.

ARMAND

Quand j'ai vu arriver le comte, quand je me suis dit que
c'était pour lui que vous me renvoyiez, j'ai été comme un
fou, j'ai perdu la tête, je vous ai écrit. Mais, quand, au
lieu de faire à ma lettre la réponse que j'espérais, quand,
au lieu de vous disculper, vous avez dit à Nanine que cela
était bien, je me suis demandé ce que j'allais devenir, si
je ne vous revoyais plus. Le vide s'est fait instantanément
autour de moi. N'oubliez pas, Marguerite, que, si je ne
vous connais que depuis quelques jours, je vous aime
depuis deux ans!

MARGUERITE

Eh bien, mon ami, vous avez pris une sage résolution.

ARMAND

Laquelle?

MARGUERITE

Celle de partir. Ne me l'avez-vous pas écrit?

ARMAND

Est-ce que je le pourrais?

MARGUERITE

Il le faut pourtant.

ARMAND

Il le faut?

MARGUERITE

Oui; non seulement pour vous, mais pour moi. Ma position m'oblige à ne plus vous revoir, et tout me défend de vous aimer.

ARMAND

Vous m'aimez donc un peu, Marguerite?

MARGUERITE

Je vous aimais.

ARMAND

Et maintenant?

MARGUERITE

Maintenant, j'ai réfléchi, et ce que j'avais espéré est impossible.

ARMAND

Si vous m'aviez aimé, d'ailleurs, vous n'auriez pas reçu le comte, surtout ce soir.

MARGUERITE

Aussi, est-ce pour cela qu'il vaut mieux que nous n'allions pas plus loin. Je suis jeune, je suis jolie, je vous plaisais, je suis une bonne fille, vous êtes un garçon d'esprit, il fallait prendre de moi ce qui est bon, laisser ce qui est mauvais, et ne pas vous occuper du reste.

ARMAND

Ce n'est pas ainsi que vous me parliez tantôt, Marguerite, quand vous me faisiez entrevoir quelques mois à passer avec vous, seule, loin de Paris, loin du monde; c'est en tombant de cette espérance dans la réalité que je me suis fait tant de mal.

MARGUERITE, *avec mélancolie.*

C'est vrai; je m'étais dit : « Un peu de repos me ferait du bien; il prend intérêt à ma santé; s'il y avait moyen de passer tranquillement l'été avec lui, dans quelque campagne, au fond de quelque bois, ce serait toujours cela de pris sur les mauvais jours. » Au bout de trois ou quatre mois, nous serions revenus à Paris, nous nous serions donné une bonne poignée de main, et nous nous serions fait une amitié des restes de notre amour; c'était encore beaucoup, car l'amour qu'on peut avoir pour moi, si violent qu'on le dise, n'a même pas toujours en lui de quoi faire une amitié plus tard. Tu ne l'as pas voulu; ton cœur est un grand seigneur qui ne veut rien accepter! N'en parlons plus. Tu viens ici depuis quatre jours, tu as soupé chez moi : envoie-moi un bijou avec ta carte, nous serons quittes.

ARMAND

Marguerite, tu es folle! Je t'aime! Cela ne veut pas dire que tu es jolie et que tu me plairas trois ou quatre mois. Tu es toute mon espérance, toute ma pensée, toute ma vie; je t'aime, enfin! que puis-je te dire de plus?

MARGUERITE

Alors, tu as raison, il vaut mieux cesser de nous voir dès à présent!

ARMAND

Naturellement, parce que tu ne m'aimes pas, toi!

MARGUERITE

Parce que... Tu ne sais pas ce que tu dis!

ARMAND

Pourquoi, alors?

MARGUERITE

Pourquoi? Tu veux le savoir? Parce qu'il y a des heures où ce rêve commencé, je le fais jusqu'au bout; parce qu'il y a des jours où je suis lasse de la vie que je mène et que j'en entrevois une autre; parce qu'au milieu de notre existence turbulente notre tête, notre orgueil, nos sens vivent, mais que notre cœur se gonfle, ne trouvant pas à s'épancher, et nous étouffe. Nous paraissons heureuses, et l'on nous envie. En effet, nous avons des amants qui se ruinent, non pas pour nous, comme ils le disent, mais pour leur vanité; nous sommes les premières dans leur amour-propre, les dernières dans leur estime. Nous avons des amis, des amis comme Prudence, dont l'amitié va jusqu'à la servitude, jamais jusqu'au désintéressement. Peu leur importe ce que nous faisons, pourvu qu'on les voie dans nos loges, ou qu'elles se carrent dans nos voitures. Ainsi, tout autour de nous, ruine, honte et mensonge. Je rêvais donc, par moments, sans oser le dire à personne, de rencontrer un homme assez élevé pour ne me demander compte de rien, et pour vouloir bien être l'amant de mes impressions. Cet homme, je l'avais trouvé dans le duc; mais la vieillesse ne protège ni ne console, et mon âme a d'autres exigences. Alors, je t'ai rencontré, toi, jeune, ardent, heureux; les larmes que je t'ai vu répandre pour moi, l'intérêt que tu as pris à ma santé, tes visites mystérieuses pendant ma maladie, ta franchise, ton enthousiasme, tout me permettait de voir en toi celui que j'appelais du fond de ma bruyante solitude. En une minute, comme une folle, j'ai bâti tout un avenir sur ton amour, j'ai rêvé campagne, pureté; je me suis souvenue de mon enfance, — on a toujours eu une enfance, quoi que l'on soit devenue ; — c'était souhaiter l'impossible ; un mot de toi me l'a prouvé... Tu as voulu tout savoir, tu sais tout ?

ARMAND

Et tu crois qu'après ces paroles-là je vais te quitter ? Quand le bonheur vient à nous, nous nous sauverions devant lui ? Non, Marguerite, non ; ton rêve s'accomplira, je te le jure. Ne raisonnons rien, nous sommes jeunes, nous nous aimons, marchons en suivant notre amour.

MARGUERITE

Ne me trompe pas, Armand, songe qu'une émotion violente peut me tuer ; rappelle-toi bien qui je suis, et ce que je suis.

ARMAND

Tu es un ange, et je t'aime !

NANINE, *du dehors, frappant à la porte*.

Madame...

MARGUERITE

Quoi ?

NANINE

On vient d'apporter une lettre !

MARGUERITE, *riant*.

Ah çà ! c'est donc la nuit aux lettres ?... De qui est-elle ?

NANINE

De M. le comte.

MARGUERITE

Demande-t-il une réponse ?

NANINE

Oui, Madame.

MARGUERITE, *se pendant au cou d'Armand*.

Eh bien, dis qu'il n'y en a pas.

ACTE TROISIÈME

Auteuil. Salon de campagne. Cheminée au fond avec glace sans tain. Porte de chaque côté de la cheminée. Vue sur le jardin.

SCÈNE PREMIÈRE

NANINE, *emportant un plateau à thé après le déjeuner;*
PRUDENCE, *puis* ARMAND

PRUDENCE, *entrant.*

Où est Marguerite?

NANINE

Madame est au jardin avec Mlle Nichette et M. Gustave, qui viennent de déjeuner avec elle et qui passent la journée ici.

PRUDENCE

Je vais les rejoindre.

ARMAND, *entrant pendant que Nanine sort.*

Prudence, j'ai à vous parler. Il y a quinze jours, vous êtes partie d'ici dans la voiture de Marguerite?

PRUDENCE

C'est vrai.

ARMAND

Depuis ce temps, nous n'avons revu ni la voiture ni les chevaux. Il y a huit jours, en nous quittant, vous avez paru craindre d'avoir froid, et Marguerite vous a prêté un cachemire que vous n'avez pas rapporté. Enfin, hier, elle vous a remis des bracelets et des diamants pour les faire remonter, disait-elle. — Où sont les chevaux, la voiture, le cachemire et les diamants ?

PRUDENCE

Vous voulez que je sois franche ?

ARMAND

Je vous en supplie.

PRUDENCE

Les chevaux sont rendus au marchand, qui les reprend pour moitié.

ARMAND

Le cachemire ?

PRUDENCE

Vendu.

ARMAND

Les diamants ?

PRUDENCE

Engagés de ce matin. — Je rapporte les reconnaissances.

ARMAND

Et pourquoi ne m'avoir pas tout dit ?

PRUDENCE

Marguerite ne le voulait pas.

ARMAND

Et pourquoi ces ventes et ces engagements ?

PRUDENCE

Pour payer! — Ah! vous croyez, mon cher, qu'il suffit de s'aimer et d'aller vivre, hors de Paris, d'une vie pastorale et éthérée? Pas du tout! A côté de la vie poétique il y a la vie réelle. Le duc, que je viens de voir, car je voulais, s'il était possible, éviter tant de sacrifices, le duc ne veut plus rien donner à Marguerite, à moins qu'elle ne vous quitte, et Dieu sait qu'elle n'en a pas envie!

ARMAND

Bonne Marguerite!

PRUDENCE

Oui, bonne Marguerite; trop bonne Marguerite, car qui sait comment tout cela finira? Sans compter que, pour payer ce qu'elle reste devoir, elle veut abandonner tout ce qu'elle possède encore. J'ai dans ma poche un projet de vente que vient de me remettre son homme d'affaires.

ARMAND

Combien faudrait-il?

PRUDENCE

Cinquante mille francs, au moins.

ARMAND

Demandez quinze jours aux créanciers; dans quinze jours, je payerai tout.

PRUDENCE

Vous allez emprunter?...

ARMAND

Oui.

PRUDENCE

Ça va être joli! Vous brouiller avec votre père, embarrasser l'avenir.

ARMAND

Je me doutais de ce qui arrive; j'ai écrit à mon notaire que je voulais faire à quelqu'un une délégation du bien que je tiens de ma mère, et je viens de recevoir la réponse; l'acte est tout préparé, il n'y a plus que quelques formalités à remplir, et, dans la journée, je dois aller à Paris pour signer. En attendant, empêcher que Marguerite...

PRUDENCE

Mais les papiers que je rapporte?

ARMAND

Quand je serai parti, vous les lui remettrez, comme si je ne vous avais rien dit, car il faut qu'elle ignore notre conversation. C'est elle; silence!

SCÈNE II

MARGUERITE, NICHETTE, GUSTAVE,
ARMAND, PRUDENCE

Marguerite, en entrant, met un doigt sur sa bouche pour faire signe à Prudence de se taire.

ARMAND, *à Marguerite.*

Chère enfant! gronde Prudence.

MARGUERITE

Pourquoi?

ARMAND

Je la prie hier de passer chez moi et de m'apporter des lettres s'il y en a, car il y a quinze jours que je ne suis allé à Paris; la première chose qu'elle fait, c'est de l'oublier; si bien, que maintenant, il faut que je te quitte pour une

heure ou deux. Depuis un mois, je n'ai pas écrit à mon
père. Personne ne sait où je suis, pas même mon domestique, car je voulais éviter les importuns. Il fait beau,
Nichette et Gustave sont là pour te tenir compagnie ; je
saute dans une voiture, je passe chez moi, et je reviens.

MARGUERITE

Va, mon ami, va ; mais, si tu n'as pas écrit à ton père,
ce n'est pas ma faute. Assez de fois je t'ai dit de lui
écrire. Reviens vite. Tu nous retrouveras causant et travaillant ici, Gustave, Nichette et moi.

ARMAND

Dans une heure, je suis de retour. *(Marguerite l'accompagne jusqu'à la porte ; en revenant elle dit à Prudence.)* Tout est-il arrangé ?

PRUDENCE

Oui.

MARGUERITE

Les papiers ?

PRUDENCE

Les voici. L'homme d'affaires viendra tantôt s'entendre avec vous ; moi, je vais déjeuner, car je meurs de
faim.

MARGUERITE

Allez ; Nanine vous donnera tout ce que vous voudrez.

SCÈNE III

LES MÊMES, *hors* ARMAND *et* PRUDENCE

MARGUERITE, *à Nichette et à Gustave.*

Vous voyez : voilà comme nous vivons depuis trois
mois.

NICHETTE

Tu es heureuse?

MARGUERITE

Si je le suis!

NICHETTE

Je te le disais bien, Marguerite, que le bonheur véritable est dans le repos et dans les habitudes du cœur... Que
de fois, Gustave et moi, nous nous sommes dit: «Quand
donc Marguerite aimera-t-elle quelqu'un et mènera-t-elle
une existence plus tranquille?»

MARGUERITE

Eh bien, votre souhait a été accompli: j'aime et je suis
heureuse; c'est votre amour à tous deux et votre bonheur
qui m'ont fait envie.

GUSTAVE

Le fait est que nous sommes heureux, nous, n'est-ce
pas, Nichette?

NICHETTE

Je crois bien, et ça ne coûte pas cher. Tu es une grande
dame, toi, et tu ne viens jamais nous voir; sans cela, tu
voudrais vivre tout à fait comme nous vivons. Tu crois
vivre simplement ici; que dirais-tu donc si tu voyais mes
deux petites chambres de la rue Blanche, au cinquième
étage, et dont les fenêtres donnent sur des jardins, dans
lesquels ceux à qui ils appartiennent ne se promènent
jamais! — Comment y a-t-il des gens qui, ayant des
jardins, ne se promènent pas dedans?

GUSTAVE

Nous avons l'air d'un roman allemand ou d'une idylle
de Goethe, avec de la musique de Schubert.

NICHETTE

Oh! je te conseille de plaisanter, parce que Marguerite
est là. Quand nous sommes seuls, tu ne plaisantes pas, et

tu es doux comme un mouton, et tu es tendre comme un tourtereau. Tu ne sais pas qu'il voulait me faire déménager? Il trouve notre existence trop simple.

GUSTAVE

Non, je trouve seulement notre logement trop haut.

NICHETTE

Tu n'as qu'à ne pas en sortir, tu ne sauras pas à quel étage il est.

MARGUERITE

Vous êtes charmants tous les deux.

NICHETTE

Sous prétexte qu'il a six mille livres de rente, il ne veut plus que je travaille; un de ces jours, il voudra m'acheter une voiture.

GUSTAVE

Cela viendra peut-être.

NICHETTE

Nous avons le temps; il faut d'abord que ton oncle me regarde d'une autre façon et nous fasse, toi, son héritier, moi, sa nièce.

GUSTAVE

Il commence à revenir sur ton compte.

MARGUERITE

Il ne te connais donc pas? S'il te connaissait, il serait fou de toi.

NICHETTE

Non, monsieur son oncle n'a jamais voulu me voir. Il est encore de la race des oncles qui croient que les grisettes sont faites pour ruiner les neveux; il voudrait lui faire épouser une femme du monde. Est-ce que je ne suis pas du monde, moi?

GUSTAVE

Il s'humanisera; depuis que je suis avocat, du reste, il est plus indulgent.

NICHETTE

Ah! oui, j'oubliais de te le dire: Gustave est avocat.

MARGUERITE

Je lui confierai ma dernière cause.

NICHETTE

Il a plaidé! J'étais à l'audience.

MARGUERITE

A-t-il gagné?

GUSTAVE

J'ai perdu, net. Mon accusé a été condamné à dix ans de travaux forcés.

NICHETTE

Heureusement!

MARGUERITE

Pourquoi heureusement?

NICHETTE

L'homme qu'il défendait était un gueux achevé. Quel drôle de métier que ce métier d'avocat! Ainsi, un avocat est un grand homme quand il peut se dire: « J'avais entre les mains un scélérat, qui avait tué son père, sa mère et ses enfants; eh bien, j'ai tant de talent que je l'ai fait acquitter, et que j'ai rendu à la société cet ornement qui lui manquait. »

MARGUERITE

Puisque le voilà avocat, nous irons bientôt à la noce?

GUSTAVE

Si je me marie.

NICHETTE

Comment, si vous vous mariez, monsieur? Mais je l'espère bien que vous vous marierez, et avec moi encore! Vous n'épouserez jamais une meilleure femme et qui vous aime davantage.

MARGUERITE

A quand, alors?

NICHETTE

A bientôt.

MARGUERITE

Tu es bien heureuse!

NICHETTE

Est-ce que tu ne finiras pas comme nous?...

MARGUERITE

Qui veux-tu que j'épouse?

NICHETTE

Armand.

MARGUERITE

Armand? Il a le droit de m'aimer, mais non de m'épouser; je veux bien lui prendre son cœur, je ne lui prendrai jamais son nom. Il y a des choses qu'une femme n'efface pas de sa vie, vois-tu, Nichette, et qu'elle ne doit pas donner à son mari le droit de lui reprocher. Si je voulais qu'Armand m'épousât, il m'épouserait demain: mais je l'aime trop pour lui demander un pareil sacrifice! — Monsieur Gustave, ai-je raison?

GUSTAVE

Vous êtes une honnête fille, Marguerite.

MARGUERITE

Non, mais je pense comme un honnête homme. C'est toujours ça. Je suis heureuse d'un bonheur que je n'eusse

jamais osé espérer, j'en remercie Dieu et ne veux pas
tenter la Providence.

NICHETTE

Gustave fait des grands mots, et il t'épouserait, lui, s'il
était à la place d'Armand ; n'est-ce pas, Gustave ?

GUSTAVE

Peut-être. D'ailleurs, la virginité des femmes appartient à leur premier amour, et non à leur premier amant.

NICHETTE

A moins que leur premier amant ne soit en même
temps leur premier amour ; il y a des exemples.

GUSTAVE, *lui serrant la main.*

Et pas loin, n'est-ce pas ?

NICHETTE, *à Marguerite.*

Enfin pourvu que tu sois heureuse, peu importe le
reste !

MARGUERITE

Je le suis. Qui m'eût dit cependant qu'un jour, moi,
Marguerite Gautier, je vivrais tout entière dans l'amour
d'un homme, que je passerais des journées assise à côté
de lui, à travailler, à lire, à l'entendre.

NICHETTE

Comme nous.

MARGUERITE

Je puis vous parler franchement, à vous deux qui me
croirez, parce que c'est votre cœur qui écoute : par moments, j'oublie ce que j'ai été, et le moi d'autrefois se
sépare tellement du moi d'aujourd'hui, qu'il en résulte
deux femmes distinctes, et que la seconde se souvient à
peine de la première. Quand, vêtue d'une robe blanche,
couverte d'un grand chapeau de paille, portant sur mon
bras la pelisse qui doit me garantir de la fraîcheur du soir,

je monte avec Armand dans le bateau que nous laissons aller à la dérive, et qui s'arrête tout seul sous les saules de l'île prochaine, nul ne se doute, pas même moi, que cette ombre blanche est Marguerite Gautier. J'ai fait dépenser en bouquets plus d'argent qu'il n'en faudrait pour nourrir pendant un an une honnête famille ; eh bien, une fleur comme celle-ci qu'Armand m'a donnée ce matin suffit maintenant à parfumer ma journée. D'ailleurs, vous savez bien ce que c'est qu'aimer : comment les heures s'abrègent toutes seules, et comme elles nous portent à la fin des semaines et des mois, sans secousse et sans fatigue. Oui, je suis bien heureuse, mais je veux l'être davantage encore ; car vous ne savez pas tout...

NICHETTE

Quoi donc ?

MARGUERITE

Vous me disiez tout à l'heure que je ne vivais pas comme vous ; vous ne me le direz pas longtemps.

NICHETTE

Comment ?

MARGUERITE

Sans qu'Armand se doute de rien, je vais vendre tout ce qui compose, à Paris, mon appartement, où je ne veux même plus retourner. Je payerai toutes mes dettes ; je louerai un petit logement près du vôtre ; je le meublerai bien simplement, et nous vivrons ainsi, oubliant, oubliés. L'été nous reviendrons à la campagne, mais dans une maison plus modeste que celle-ci. Où sont les gens qui demandent ce que c'est que le bonheur ? Vous me l'avez appris, et maintenant je pourrai le leur apprendre quand ils voudront.

NANINE

Madame, voici un monsieur qui demande à vous parler...

MARGUERITE, *à Nichette et à Gustave.*

L'homme d'affaires que j'attends, sans doute; allez m'attendre au jardin; je vous rejoins. Je partirai avec vous pour Paris... nous terminerons tout ensemble. *(A Nanine.)* Fais entrer.

Après un dernier signe à Nichette et à Gustave, qui sortent, elle se dirige vers la porte par laquelle entre le personnage annoncé.

SCÈNE IV

M. DUVAL, MARGUERITE, *puis* NANINE

M. DUVAL, *sur le seuil de la porte.*

Mademoiselle Marguerite Gautier?

MARGUERITE

C'est moi, monsieur. A qui ai-je l'honneur de parler?

M. DUVAL

A M. Duval.

MARGUERITE

A M. Duval!

M. DUVAL

Oui, mademoiselle, au père d'Armand.

MARGUERITE, *troublée.*

Armand n'est pas ici, monsieur.

M. DUVAL

Je le sais, mademoiselle!... et c'est avec vous que je désire avoir une explication. Veuillez m'écouter. — Mon fils, mademoiselle, se compromet et se ruine pour vous.

MARGUERITE

Vous vous trompez, monsieur. Grâce à Dieu, personne ne parle plus de moi, et je n'accepte rien d'Armand.

M. DUVAL

Ce qui veut dire, car votre luxe et vos dépenses sont choses connues, ce qui veut dire que mon fils est assez misérable pour dissiper avec vous ce que vous acceptez des autres.

MARGUERITE

Pardonnez-moi, monsieur; mais je suis femme et je suis chez moi, deux raisons qui devraient plaider en ma faveur auprès de votre courtoisie; le ton dont vous me parlez n'est pas celui que je devais attendre d'un homme du monde que j'ai l'honneur de voir pour la première fois, et...

M. DUVAL

Et?...

MARGUERITE

Je vous prie de permettre que je me retire, encore plus pour vous que pour moi-même.

M. DUVAL

En vérité, quand on entend ce langage, quand on voit ces façons, on a peine à se dire que ce langage est d'emprunt, que ces façons sont acquises. On me l'avait bien dit, que vous étiez une dangereuse personne.

MARGUERITE

Oui, monsieur, dangereuse, mais pour moi, et non pour les autres.

M. DUVAL

Dangereuse ou non, il n'en est pas moins vrai, mademoiselle, qu'Armand se ruine pour vous.

MARGUERITE

Je vous répète, monsieur, avec tout le respect que je dois au père d'Armand, je vous répète que vous vous trompez.

M. DUVAL

Alors, que signifie cette lettre de mon notaire qui m'avertit qu'Armand veut vous faire l'abandon d'une rente.

MARGUERITE

Je vous assure, monsieur, que, si Armand a fait cela, il l'a fait à mon insu; car il savait bien que ce qu'il m'eût offert, je l'eusse refusé.

M. DUVAL

Cependant, vous n'avez pas toujours parlé ainsi.

MARGUERITE

C'est vrai, monsieur; mais alors je n'aimais pas.

M. DUVAL

Et maintenant?

MARGUERITE

Maintenant, j'aime avec tout ce qu'une femme peut retrouver de pur dans le fond de son cœur, quand Dieu prend pitié d'elle et lui envoie le repentir.

M. DUVAL

Voilà les grandes phrases qui arrivent.

MARGUERITE

Écoutez-moi, monsieur... Mon Dieu, je sais qu'on croit peu aux serments des femmes comme moi; mais, par ce que j'ai de plus cher au monde, par mon amour pour Armand, je vous jure que j'ignorais cette donation.

M. DUVAL

Cependant, mademoiselle, il faut que vous viviez de quelque chose.

MARGUERITE

Vous me forcez de vous dire ce que j'aurais voulu vous taire, monsieur; mais, comme je tiens avant tout à l'estime du père d'Armand, je parlerai. Depuis que je connais votre fils, pour que mon amour ne ressemble pas un instant à tout ce qui a pris ce nom près de moi, j'ai engagé ou vendu cachemires, diamants, bijoux, voitures; et quand tout à l'heure, on m'a dit que quelqu'un me demandait, j'ai cru recevoir un homme d'affaires, à qui je vends les meubles, les tableaux, les tentures, le reste de ce luxe que vous me reprochez. Enfin, si vous doutez de mes paroles, tenez, je ne vous attendais pas, monsieur, et, par conséquent, vous ne pourrez croire que cet acte a été préparé pour vous, si vous doutez, lisez cet acte.

Elle lui donne l'acte de vente que Prudence lui a remis.

M. DUVAL

Une vente de votre mobilier, à la charge, par l'acquéreur, de payer vos créanciers et de vous remettre le surplus. *(La regardant avec étonnement.)* Me serais-je trompé?

MARGUERITE

Oui, monsieur, vous vous êtes trompé, ou plutôt vous avez été trompé. Oui, j'ai été folle; oui, j'ai un triste passé; mais, pour l'effacer, depuis que j'aime, je donnerais jusqu'à la dernière goutte de mon sang. Oh! quoi qu'on vous ai dit, j'ai du cœur, allez! je suis bonne; vous verrez quand vous me connaîtrez mieux... C'est Armand qui m'a transformée! — Il m'a aimée, il m'aime. Vous êtes son père, vous devez être bon comme lui; je vous en supplie, ne lui dites pas de mal de moi, il vous croirait, car il vous aime; et moi, je vous respecte et je vous aime, parce que vous êtes son père.

M. DUVAL

Pardon, madame, je me suis mal présenté tout à l'heure; je ne vous connaissais pas, je ne pouvais prévoir tout ce que je découvre en vous. J'arrivais irrité du silence de mon fils et de son ingratitude, dont je vous accusais; pardon, madame.

MARGUERITE

Je vous remercie de vos bonnes paroles, monsieur.

M. DUVAL

Aussi, est-ce au nom de vos nobles sentiments que je vais vous demander de donner à Armand la plus grande preuve d'amour que vous puissiez lui donner.

MARGUERITE

Oh! monsieur, taisez-vous, je vous en supplie; vous allez me demander quelque chose de terrible, d'autant plus terrible, que je l'ai toujours prévu: vous deviez arriver; j'étais trop heureuse.

M. DUVAL

Je ne suis plus irrité, nous causons comme deux cœurs honnêtes, ayant la même affection dans des sens différents, et jaloux tous les deux, n'est-ce pas, de prouver cette affection à celui qui nous est cher.

MARGUERITE

Oui, monsieur, oui.

M. DUVAL

Votre âme a des générosités inaccessibles à bien des femmes; aussi est-ce comme un père que je vous parle, Marguerite, comme un père qui vient vous demander le bonheur de ses deux enfants.

MARGUERITE

De ses deux enfants?

M. DUVAL

Oui, Marguerite, de ses deux enfants. J'ai une fille, jeune, belle, pure comme un ange. Elle aime un jeune homme, et, elle aussi, elle a fait de cet amour l'espoir de sa vie; mais elle a droit à cet amour. Je vais la marier; je l'avais écrit à Armand, mais Armand, tout à vous, n'a pas même reçu mes lettres; j'aurais pu mourir sans qu'il le sût. Eh bien, ma fille, ma Blanche bien-aimée épouse un

honnête homme; elle entre dans une famille honorable,
qui veut que tout soit honorable dans la mienne. Le
monde a ses exigences, et surtout le monde de province.
Si purifiée que vous soyez aux yeux d'Armand, aux
miens, par le sentiment que vous éprouvez, vous ne l'êtes
pas aux yeux d'un monde qui ne verra jamais en vous que
votre passé, et qui vous fermera impitoyablement ses
portes. La famille de l'homme qui va devenir mon gendre
a appris la manière dont vit Armand; elle m'a déclaré
reprendre sa parole, si Armand continuait cette vie.
L'avenir d'une jeune fille qui ne vous a fait aucun mal
peut donc être brisé par vous. Marguerite, au nom de
votre amour, accordez-moi le bonheur de ma fille.

MARGUERITE

Que vous êtes bon, monsieur, de daigner me parler
ainsi, et que puis-je refuser à de si bonnes paroles? Oui,
je vous comprends; vous avez raison. Je partirai de Paris;
je m'éloignerai d'Armand pendant quelque temps. Ce me
sera douloureux; mais je veux faire cela pour vous, afin
que vous n'ayez rien à me reprocher... D'ailleurs, la joie
du retour fera oublier le chagrin de la séparation. Vous
permettez qu'il m'écrive quelquefois, et, quand sa sœur
sera mariée...

M. DUVAL

Merci, Marguerite, merci; mais c'est autre chose que
je vous demande.

MARGUERITE

Autre chose! et que pouvez-vous donc me demander
de plus?

M. DUVAL

Écoutez-moi bien, mon enfant, et faisons franchement
ce que nous avons à faire; une absence momentanée ne
suffit pas.

MARGUERITE

Vous voulez que je quitte Armand tout à fait?

M. Duval

Il le faut !

Marguerite

Jamais !... Vous ne savez donc pas comme nous nous aimons ? Vous ne savez donc pas que je n'ai ni amis, ni parents, ni famille ; qu'en me pardonnant il m'a juré d'être tout cela pour moi, et que j'ai enfermé ma vie dans la sienne ? Vous ne savez donc pas, enfin, que je suis atteinte d'une maladie mortelle, que je n'ai que quelques années à vivre ? Quitter Armand, monsieur, autant me tuer tout de suite.

M. Duval

Voyons, voyons, du calme et n'exagérons rien... Vous êtes jeune, vous êtes belle, et vous prenez pour une maladie la fatigue d'une vie un peu agitée ; vous ne mourrez certainement pas avant l'âge où l'on est heureux de mourir. Je vous demande un sacrifice énorme, je le sais, mais que vous êtes fatalement forcée de me faire. Écoutez-moi ; vous connaissez Armand depuis trois mois, et vous l'aimez ! mais un amour si jeune a-t-il le droit de briser tout un avenir ? et c'est tout l'avenir de mon fils que vous brisez en restant avec lui ! Êtes-vous sûre de l'éternité de cet amour ? Ne vous êtes-vous pas déjà trompée ainsi ? Et si tout à coup, — trop tard, — vous alliez vous apercevoir que vous n'aimez pas mon fils, si vous alliez en aimer un autre ? Pardon, Marguerite, mais le passé donne droit à ces suppositions.

Marguerite

Jamais, monsieur, jamais je n'ai aimé et je n'aimerai comme j'aime.

M. Duval

Soit ! mais, si ce n'est vous qui vous trompez, c'est lui qui se trompe, peut-être. A son âge, le cœur peut-il prendre un engagement définitif ? Le cœur ne change-t-il pas perpétuellement d'affections ? C'est le même cœur qui, fils, aime ses parents au-delà de tout, qui, époux,

aime sa femme plus que ses parents, qui père plus tard,
aime ses enfants plus que parents, femme et maîtresses.
La nature est exigeante, parce qu'elle est prodigue. Il se
peut donc que vous vous trompiez, l'un comme l'autre,
voilà les probabilités. Maintenant, voulez-vous voir les
réalités et les certitudes ? Vous m'écoutez, n'est-ce pas ?

MARGUERITE

Si je vous écoute, mon Dieu !

M. DUVAL

Vous êtes prête à sacrifier tout à mon fils ; mais quel
sacrifice égal, s'il acceptait le vôtre, pourrait-il vous faire
en échange ? Il prendra vos belles années, et, plus tard,
quand la satiété sera venue, car elle viendra, qu'arri-
vera-t-il ? Ou il sera un homme ordinaire, et, vous jetant
votre passé au visage, il vous quittera, en disant qu'il ne
fait qu'agir comme les autres ; ou il sera un honnête
homme, et vous épousera ou tout au moins vous gardera
auprès de lui. Cette liaison, ou ce mariage qui n'aura eu
ni la chasteté pour base, ni la religion pour appui, ni la
famille pour résultat, cette chose excusable peut-être chez
le jeune homme, le sera-t-elle chez l'homme mûr ? Quelle
ambition lui sera permise ? Quelle carrière lui sera ouverte ? Quelle consolation tirerai-je de mon fils, après
m'être consacré vingt ans à son bonheur ? Votre rapprochement n'est pas le fruit de deux sympathies pures,
l'union de deux affections innocentes ; c'est la passion
dans ce qu'elle a de plus terrestre et de plus humain, née
du caprice de l'un et de la fantaisie de l'autre. Qu'en
restera-t-il quand vous aurez vieilli tous deux ? Qui vous
dit que les premières rides de votre front ne détacheront
pas le voile de ses yeux, et que son illusion ne s'éva-
nouira pas avec votre jeunesse ?

MARGUERITE

Oh ! la réalité !

M. DUVAL

Voyez-vous d'ici votre double vieillesse, doublement

déserte, doublement isolée, doublement inutile ? Quel
souvenir laisserez-vous ? Quel bien aurez-vous accompli ?
Vous et mon fils avez à suivre deux routes complètement
opposées, que le hasard a réunies un instant, mais que la
raison sépare à tout jamais. Dans la vie que vous vous
êtes faite volontairement, vous ne pouviez prévoir ce qui
arrive. Vous avez été heureuse trois mois, ne tachez pas
ce bonheur dont la continuité est impossible ; gardez-en le
souvenir dans votre cœur ; qu'il vous rende forte, c'est
tout ce que vous avez le droit de lui demander. Un jour,
vous serez fière de ce que vous aurez fait, et, toute votre
vie, vous aurez l'estime de vous-même. C'est un homme
qui connaît la vie qui vous parle, c'est un père qui vous
implore. Allons, Marguerite ! Prouvez-moi que vous aimez véritablement mon fils, et du courage !

MARGUERITE, à elle-même.

Ainsi, quoi qu'elle fasse, la créature tombée ne se
relèvera jamais ! Dieu lui pardonnera peut-être, mais le
monde sera inflexible ! Au fait, de quel droit veux-tu
prendre dans le cœur des familles une place que la vertu
seule doit y occuper ?... Tu aimes ! qu'importe ? et la
belle raison ! Quelques preuves que tu donnes de cet
amour, on n'y croira pas, et c'est justice. Que viens-tu
nous parler d'amour et d'avenir ? Quels sont ces mots
nouveaux ? Regarde donc la fange de ton passé ! Quel
homme voudrait t'appeler sa femme ? Quel enfant voudrait t'appeler sa mère ? Vous avez raison, monsieur, tout
ce que vous me dites, je me le suis dit bien des fois avec
terreur ; mais, comme j'étais seule à me le dire, je parve-
nais à ne pas m'entendre jusqu'au bout. Vous me le
répétez, c'est donc bien réel ; il faut obéir. Vous me
parlez au nom de votre fils, au nom de votre fille, c'est
encore bien bon à vous d'invoquer de pareils noms. Eh
bien, monsieur, vous direz un jour à cette belle et pure
jeune fille, car c'est à elle que je veux sacrifier mon
bonheur, vous lui direz qu'il y avait quelque part une
femme qui n'avait plus qu'une espérance, qu'une pensée,
qu'un rêve dans ce monde, et qu'à l'invocation de son
nom cette femme a renoncé à tout cela, a broyé son cœur

entre ses mains et en est morte, car j'en mourrai, monsieur, et peut-être, alors, Dieu me pardonnera-t-il.

M. DUVAL, *ému malgré lui.*

Pauvre femme !

MARGUERITE

Vous me plaignez, monsieur, et vous pleurez, je crois ;
merci pour ces larmes ; elles me feront aussi forte que
vous le voulez. Vous demandez que je me sépare de votre
fils pour son repos, pour son honneur, pour son avenir ;
que faut-il faire ? Ordonnez, je suis prête.

M. DUVAL

Il faut lui dire que vous ne l'aimez plus.

MARGUERITE, *souriant avec tristesse.*

Il ne me croira pas.

M. DUVAL

Il faut partir.

MARGUERITE

Il me suivra.

M. DUVAL

Alors…

MARGUERITE

Voyons, monsieur, croyez-vous que j'aime Armand,
que je l'aime d'un amour désintéressé ?

M. DUVAL

Oui, Marguerite.

MARGUERITE

Croyez-vous que j'avais mis dans cet amour la joie et
le pardon de ma vie ?

M. DUVAL

Je le crois.

MARGUERITE

Eh bien, monsieur, embrassez-moi une fois comme vous embrasseriez votre fille, et je vous jure que ce baiser, le seul vraiment pur que j'aurai reçu, me fera triompher de mon amour, et qu'avant huit jours votre fils sera retourné auprès de vous, peut-être malheureux pour quelque temps, mais guéri pour jamais; je vous jure aussi qu'il ignorera toujours ce qui vient de se passer entre nous.

M. DUVAL, *embrassant Marguerite.*

Vous êtes une noble fille, Marguerite, mais je crains bien...

MARGUERITE

Oh! ne craignez rien, monsieur; il me haïra. *(Elle sonne, Nanine paraît.)* Prie Mme Duvernoy de venir.

NANINE

Oui, madame.

Elle sort.

MARGUERITE, *à M. Duval.*

Une dernière grâce, monsieur!

M. DUVAL

Parlez, madame, parlez!

MARGUERITE

Dans quelques heures, Armand va avoir une des plus grandes douleurs qu'il ait eues et que peut-être il aura de sa vie. Il aura donc besoin d'un cœur qui l'aime; trouvez-vous là, monsieur, soyez près de lui. Et maintenant séparons-nous; il peut rentrer d'un moment à l'autre; tout serait perdu, s'il vous voyait.

M. DUVAL

Mais qu'allez-vous faire?

MARGUERITE

Si je vous le disais, monsieur, ce serait votre devoir de me le défendre.

M. DUVAL

Alors, que puis-je pour vous, en échange de ce que je vais vous devoir?

MARGUERITE

Vous pourrez, quand je serai morte et qu'Armand maudira ma mémoire, vous pourrez lui avouer que je l'aimais bien et que je l'ai bien prouvé. J'entends du bruit : adieu, monsieur; nous ne nous reverrons jamais sans doute, soyez heureux !

M. Duval sort.

SCÈNE V

MARGUERITE, *seule ; puis* PRUDENCE

MARGUERITE, *à part.*

Mon Dieu! donnez-moi la force.

Elle écrit une lettre.

PRUDENCE

Vous m'avez fait appeler, ma chère Marguerite?

MARGUERITE

Oui, je veux vous charger de quelque chose.

PRUDENCE

De quoi?

MARGUERITE

De cette lettre.

PRUDENCE

Pour qui?

MARGUERITE

Regardez! (*Étonnement de Prudence en lisant l'adresse.*) Silence! partez tout de suite.

SCÈNE VI

MARGUERITE, *puis* ARMAND

MARGUERITE, *seule et continuant à écrire.*

Et maintenant une lettre à Armand. Que vais-je lui dire? Je deviens folle ou je rêve. Il est impossible que cela soit! Jamais je n'aurai le courage... On ne peut pas demander à la créature humaine plus qu'elle ne peut faire!

ARMAND, *qui pendant ce temps est entré et s'est approché de Marguerite.*

Que fais-tu donc là, Marguerite?

MARGUERITE, *se levant et froissant la lettre.*

Armand!... Rien, mon ami!

ARMAND

Tu écrivais?

MARGUERITE

Non,... oui.

ARMAND

Pourquoi ce trouble, cette pâleur? A qui écrivais-tu, Marguerite? Donne-moi cette lettre.

MARGUERITE

Cette lettre était pour toi, Armand; mais je te demande, au nom du ciel, de ne pas te la donner.

ARMAND

Je croyais que nous en avions fini avec les secrets et les mystères ?

MARGUERITE

Pas plus qu'avec les soupçons, à ce qu'il paraît.

ARMAND

Pardon ! mais je suis moi-même préoccupé.

MARGUERITE

De quoi ?

ARMAND

Mon père est arrivé !

MARGUERITE

Tu l'as vu ?

ARMAND

Non, mais il a laissé chez moi une lettre sévère. Il a appris ma retraite ici, ma vie avec toi. Il doit venir ce soir. Ce sera une longue explication, car Dieu sait ce qu'on lui aura dit et de quoi j'aurai à le dissuader ; mais il te verra, et, quand il t'aura vue, il t'aimera ! Puis, qu'importe ! Je dépends de lui, soit ; mais, s'il le faut, je travaillerai.

MARGUERITE, *à part.*

Comme il m'aime ! *(Haut.)* Mais il ne faut pas te brouiller avec ton père mon ami. Il va venir, m'as-tu dit ? Eh bien, je vais m'éloigner pour qu'il ne me voie pas tout d'abord ; mais je reviendrai, je serai là, près de toi. Je me jetterai à ses pieds, je l'implorerai tant, qu'il ne nous séparera pas.

ARMAND

Comme tu dis cela, Marguerite ! Il se passe quelque chose. Ce n'est pas la nouvelle que je t'annonce qui

t'agite ainsi. C'est à peine si tu te soutiens. Il y a malheur
ici… Cette lettre…

> *Il étend la main.*

MARGUERITE, *l'arrêtant.*

Cette lettre renferme une chose que je ne puis te dire;
tu sais, il y a des choses qu'on ne peut ni dire soi-même,
ni laisser lire devant soi. Cette lettre est une preuve
d'amour que je te donnais, mon Armand, je te le jure par
notre amour; ne m'en demande pas davantage.

ARMAND

Garde cette lettre, Marguerite, je sais tout. Prudence
m'a tout dit ce matin, et c'est pour cela que je suis allé à
Paris. Je sais le sacrifice que tu voulais me faire. Tandis
que tu t'occupais de notre bonheur, je m'en occupais
aussi. Tout est arrangé maintenant. Et c'est là le secret
que tu ne voulais pas me confier! Comment reconnaî-
trai-je jamais tant d'amour, bonne et chère Marguerite?

MARGUERITE

Eh bien, maintenant que tu sais tout, laisse-moi partir.

ARMAND

Partir!

MARGUERITE

M'éloigner, du moins! Ton père ne peut-il pas arriver
d'un moment à l'autre? Mais je serai là à deux pas de toi,
dans le jardin, avec Gustave et Nichette; tu n'auras qu'à
m'appeler pour que je revienne. Comment pourrais-je me
séparer de toi? Tu calmeras ton père, s'il est irrité, et puis
notre projet s'accomplira, n'est-ce pas? Nous vivrons
ensemble tous les deux, et nous nous aimerons comme
auparavant, et nous serons heureux comme nous le sommes depuis trois mois! Car tu es heureux, n'est-ce pas?
car tu n'as rien à me reprocher? Dis-le-moi, cela me fera
du bien. Mais, si je t'ai causé jamais quelque peine,
pardonne-moi, ce n'était pas ma faute, car je t'aime plus
que tout au monde. Et toi aussi, tu m'aimes, n'est-ce

pas? Et, quelque preuve d'amour que je t'eusse donnée, tu ne m'aurais ni méprisée ni maudite...

ARMAND

Mais pourquoi ces larmes?

MARGUERITE

J'avais besoin de pleurer un peu; maintenant, tu vois, je suis calme. Je vais rejoindre Nichette et Gustave. Je suis là, toujours à toi, toujours prête à te rejoindre, t'aimant toujours. Tiens, je souris; à bientôt, pour toujours!

Elle sort en lui envoyant des baisers.

SCÈNE VII

ARMAND, *puis* NANINE

ARMAND

Chère Marguerite! comme elle s'effraye à l'idée d'une séparation! *(Il sonne.)* Comme elle m'aime! *(A Nanine qui paraît.)* Nanine, s'il vient un monsieur me demander, mon père, vous le ferez entrer tout de suite ici.

NANINE

Bien, monsieur!

Elle sort.

ARMAND

Je m'alarmais à tort. Mon père me comprendra. Le passé est mort. D'ailleurs, quelle différence entre Marguerite et les autres femmes! J'ai rencontré cette Olympe, toujours occupée de fêtes et de plaisirs; il faut bien que celles qui n'aiment pas emplissent de bruit la solitude de leur cœur. Elle donne un bal dans quelques jours; elle m'a invité, moi et Marguerite, comme si, Marguerite et moi, nous devions jamais retourner dans ce monde! Ah!

que le temps me semble long, quand elle n'est pas là !...
Quel est ce livre ? *Manon Lescaut !* La femme qui aime ne
fait pas ce que tu faisais, Manon !... Comment ce livre se
trouve-t-il ici ? *(Nanine rentre avec une lampe et sort. —
Lisant au hasard.)* « Je te jure, mon cher chevalier, que tu
es l'idole de mon cœur, et qu'il n'y a que toi au monde
que je puisse aimer de la façon dont je t'aime ; mais ne
vois-tu pas, ma pauvre chère âme, que, dans l'état où
nous sommes réduits, c'est une sotte vertu que la fidélité ?
Crois-tu que l'on puisse être bien tendre lorsqu'on manque de pain ? La faim me causerait quelque méprise
fatale, je rendrais quelque jour le dernier soupir en
croyant pousser un soupir d'amour. Je t'adore, compte
là-dessus, mais laisse-moi quelque temps le ménage-
ment de notre fortune ; malheur à qui va tomber dans mes
filets ! je travaille pour rendre mon chevalier riche et
heureux. Mon frère t'apprendra des nouvelles de ta Manon, il te dira qu'elle a pleuré de la nécessité de te
quitter... » *(Armand repousse le livre avec tristesse et
reste quelques instants soucieux.)* Elle avait raison, mais
elle n'aimait pas, car l'amour ne sait pas raisonner... *(Il
va à la fenêtre.)* Cette lecture m'a fait mal ; ce livre n'est
pas vrai !... *(Il sonne.)* Sept heures. Mon père ne viendra
pas ce soir. *(A Nanine qui entre.)* Dites à madame de
rentrer.

NANINE, *embarrassée.*

Madame n'est pas ici, monsieur.

ARMAND

Où est-elle donc ?

NANINE

Sur la route ; elle m'a chargée de dire à monsieur
qu'elle allait rentrer tout de suite.

ARMAND

Mme Duvernoy est sortie avec elle ?

NANINE

Mme Duvernoy est partie un peu avant madame.

ARMAND

C'est bien... *(Seul.)* Elle est capable d'être allée à Paris
pour s'occuper de cette vente ! Heureusement, Prudence
qui est prévenue, trouvera moyen de l'en empêcher !... *(Il
regarde par la fenêtre.)* Il me semble voir une ombre
dans le jardin. C'est elle sans doute. *(Il appelle.)* Marguerite ! Marguerite ! Marguerite ! Personne !... *(Il sort et
appelle.)* Nanine ! Nanine !... *(Il rentre et sonne.)* Nanine, non plus, ne répond pas. Qu'est-ce que cela veut
dire ? Ce vide me fait froid. Il y a un malheur dans ce
silence. Pourquoi ai-je laissé sortir Marguerite ? Elle me
cachait quelque chose. Elle pleurait ! Me tromperait-
elle ?... Elle, me tromper ! A l'heure où elle pensait à me
sacrifier tout... Mais il lui est peut-être arrivé quelque
chose !... elle est peut-être blessée !... peut-être morte ! Il
faut que je sache...

*Il se dirige vers le jardin. Un commissionnaire se trouve
face à face avec lui à la porte.*

SCÈNE VIII

ARMAND, UN COMMISSIONNAIRE

LE COMMISSIONNAIRE

M. Armand Duval ?

ARMAND

C'est moi.

LE COMMISSIONNAIRE

Voici une lettre pour vous.

ARMAND

D'où vient-elle ?

LE COMMISSIONNAIRE

De Paris.

ARMAND

Qui vous l'a donnée?

LE COMMISSIONNAIRE

Une dame.

ARMAND

Et comment êtes-vous arrivé jusqu'à ce pavillon?

LE COMMISSIONNAIRE

La grille du jardin était ouverte, je n'ai rencontré personne, j'ai vu de la lumière dans ce pavillon, j'ai pensé...

ARMAND

C'est bien; laissez-moi!

                    Le commissionnaire se retire.

SCÈNE IX

ARMAND, *puis* M. DUVAL

ARMAND

Cette lettre est de Marguerite... Pourquoi suis-je si
ému? Sans doute elle m'attend quelque part, et m'écrit
d'aller la retrouver... *(Il va pour ouvrir la lettre.)* Je
tremble. Allons, que je suis enfant! *(Pendant ce temps,
M. Duval est entré et se tient derrière son fils. Armand
lit.)* « A l'heure où vous recevrez cette lettre, Armand... »
*(Il pousse un cri de colère. Il se retourne et voit son père.
Il se jette dans ses bras en sanglotant.)* Ah! mon père!
mon père!

ACTE QUATRIÈME

Un salon très élégant chez Olympe. — Bruit d'orchestre ;
danse ; mouvement, lumières.

SCÈNE PREMIÈRE

GASTON, ARTHUR, LE DOCTEUR, PRUDENCE,
ANAÏS, INVITÉS ;
puis SAINT-GAUDENS et OLYMPE

GASTON, *taillant une banque de baccara.*

Allons, vos jeux, messieurs !

ARTHUR

Combien y a-t-il en banque ?

GASTON

Il y a cent louis.

ARTHUR

Je mets cinq francs à droite.

GASTON

C'était bien la peine de demander ce qu'il y avait pour
mettre cinq francs !

ARTHUR

Aimes-tu mieux que je joue dix louis sur parole?

GASTON

Non, non, non. *(Au docteur.)* Et vous, docteur, vous
ne jouez pas?

LE DOCTEUR

Non.

GASTON

Qu'est-ce que vous faites donc là-bas?

LE DOCTEUR

Je cause avec des femmes charmantes; je me fais
connaître.

GASTON

Vous gagnez tant à être connu!

LE DOCTEUR

Je ne gagne même qu'à cela.

                    On cause, on rit autour de la table.

GASTON

Si c'est ainsi qu'on joue, je passe la main.

PRUDENCE

Attends, je joue dix francs.

GASTON

Où sont-ils?

PRUDENCE

Dans ma poche.

GASTON, *riant.*

Je donnerais quinze francs pour les voir.

PRUDENCE

Allons, bon ! j'ai oublié ma bourse.

GASTON

Voilà une bourse qui sait son métier. Tiens, prends ces vingt francs.

PRUDENCE

Je te les rendrai.

GASTON

Ne dis donc pas de bêtises. *(Donnant les cartes.)* J'ai neuf.

Il ramasse l'argent.

PRUDENCE

Il gagne toujours.

ARTHUR

Voilà cinquante louis que je perds.

ANAÏS

Docteur, guérissez donc Arthur de la maladie de faire de l'embarras.

LE DOCTEUR

C'est une maladie de jeunesse qui passera avec l'âge.

ANAÏS

Il prétend avoir perdu mille francs ; il avait deux louis dans sa poche quand il est arrivé.

ARTHUR

Comment le savez-vous ?

ANAÏS

Avec ça qu'il faut regarder longtemps une poche, pour savoir ce qu'il y a dedans.

ARTHUR

Qu'est-ce que ça prouve? Ça prouve que je dois neuf
cent soixante francs.

ANAÏS

Je plains celui à qui vous les devez.

ARTHUR

Vous avez tort, ma chère: je paye toutes mes dettes,
vous le savez bien.

GASTON

Allons, messieurs, à vos jeux, nous ne sommes pas ici
pour nous amuser.

OLYMPE, *entrant avec Saint-Gaudens.*

On joue donc toujours?

ARTHUR

Toujours.

OLYMPE

Donnez-moi dix louis, Saint-Gaudens, que je joue un
peu.

GASTON

Olympe, votre soirée est charmante.

ARTHUR

Saint-Gaudens sait ce qu'elle lui coûte.

OLYMPE

Ce n'est pas lui qui le sait, c'est sa femme!

SAINT-GAUDENS

Le mot est joli! Ah! vous voilà, docteur. *(Bas.)* Il faut
que je vous consulte; j'ai quelquefois des étourdisse-
ments.

LE DOCTEUR

Dame!

OLYMPE

Qu'est-ce qu'il demande ?

LE DOCTEUR

Il croit avoir une maladie du cerveau.

OLYMPE

Le fat ! J'ai perdu, Saint-Gaudens, jouez pour moi, et
tâchez de gagner.

PRUDENCE

Saint-Gaudens, prêtez-moi trois louis…

Il les donne.

ANAÏS

Saint-Gaudens, allez me chercher une glace !

SAINT-GAUDENS

Tout à l'heure !

ANAÏS

Alors, racontez-nous l'histoire du fiacre jaune.

SAINT-GAUDENS

J'y vais ! j'y vais !

Il sort.

PRUDENCE, *à Gaston.*

Te rappelles-tu l'histoire du fiacre jaune ?

GASTON

Si je me la rappelle ! Je le crois bien ; c'est chez Marguerite qu'Olympe a voulu nous conter ça. A propos,
est-ce qu'elle est ici, Marguerite ?

OLYMPE

Elle doit venir.

GASTON

Et Armand ?

PRUDENCE

Armand n'est pas à Paris… Vous ne savez donc pas ce qui est arrivé ?

GASTON

Non.

PRUDENCE

Ils sont séparés.

ANAÏS

Bah !

PRUDENCE

Oui, Marguerite l'a quitté !

GASTON

Quand donc ?

ANAÏS

Il y a un mois, et qu'elle a bien fait !

GASTON

Pourquoi cela ?

ANAÏS

On doit toujours quitter les hommes avant qu'ils vous quittent.

ARTHUR

Voyons, messieurs, joue-t-on, ou ne joue-t-on pas ?

GASTON

Oh ! que tu es assommant, toi ! Crois-tu pas que je vais m'user les doigts à te retourner des cartes pour cent sous que tu joues ? Tous les Arthurs sont les mêmes. Heureusement, tu es le dernier Arthur.

SAINT-GAUDENS, *rentrant.*

Anaïs, voici la glace demandée.

ANAÏS

Vous avez été bien long, mon pauvre vieux ; après ça, à votre âge...

GASTON, *se levant.*

Messieurs, la banque a sauté. — Quand on pense que, si l'on me disait : « Gaston, mon ami, on va te donner cinq cents francs, à condition que tu retourneras des cartes pendant toute une nuit, » je ne le voudrais pas, certainement. Eh bien, voilà deux heures que j'en retourne pour perdre deux mille francs ! Ah ! le jeu est un joli métier.

Un autre invité prend la banque.

SAINT-GAUDENS

Vous ne jouez plus ?

GASTON

Non.

SAINT-GAUDENS,
montrant deux joueurs d'écarté au fond.

Parions-nous dans le jeu de ces messieurs ?

GASTON

Pas de confiance. Est-ce que c'est vous qui les avez invités ?

SAINT-GAUDENS

Ce sont des amis d'Olympe. Elle les a connus à l'étranger.

GASTON

Ils sont jolis.

PRUDENCE

Tiens ! voilà Armand !

SCÈNE II

LES MÊMES, ARMAND

GASTON, *à Armand*.

Nous parlions de toi tout à l'heure.

ARMAND

Et que disiez-vous?

PRUDENCE

Nous disions que vous étiez à Tours, et que vous ne viendriez pas.

ARMAND

Vous vous trompiez.

GASTON

Quand es-tu arrivé?

ARMAND

Il y a une heure.

PRUDENCE

Eh bien, mon cher Armand, qu'est-ce que vous me conterez de neuf?

ARMAND

Mais rien, chère amie; et vous?

PRUDENCE

Avez-vous vu Marguerite?

ARMAND

Non.

PRUDENCE

Elle va venir.

ARMAND, *froidement*.

Ah! je la verrai, alors.

PRUDENCE

Comme vous dites cela!

ARMAND

Comment voulez-vous que je le dise?

PRUDENCE

Le cœur est donc guéri?

ARMAND

Tout à fait.

PRUDENCE

Ainsi, vous ne pensez plus à elle?

ARMAND

Vous dire que je n'y pense plus du tout serait mentir:
mais Marguerite m'a donné mon congé d'une si verte
façon, que je me suis trouvé bien sot d'en avoir été
amoureux comme je l'ai été; car j'ai été vraiment fort
amoureux d'elle.

PRUDENCE

Elle vous aimait bien aussi, et elle vous aime toujours
un peu, mais il était temps qu'elle vous quittât. On allait
vendre chez elle.

ARMAND

Et maintenant, c'est payé?

PRUDENCE

Entièrement.

ARMAND

Et c'est M. de Varville qui a fait les fonds?

PRUDENCE

Oui.

ARMAND

Tout est pour le mieux, alors.

PRUDENCE

Il y a des hommes faits exprès pour ça. Bref, il en est arrivé à ses fins, il lui a rendu ses chevaux, ses bijoux, — tout son luxe d'autrefois!... Pour heureuse, elle est heureuse.

ARMAND

Et elle est revenue à Paris?

PRUDENCE

Naturellement. Elle n'a jamais voulu retourner à Auteuil, mon cher, depuis que vous en êtes parti. C'est moi qui suis allée y chercher toutes ses affaires, et même les vôtres. Cela me fait penser que j'ai des objets à vous remettre; vous les ferez prendre chez moi. Il n'y a qu'un petit portefeuille avec votre chiffre, que Marguerite a voulu garder; si vous y tenez, je le lui redemanderai.

ARMAND, *avec émotion.*

Qu'elle le garde!

PRUDENCE

Du reste, je ne l'ai jamais vue comme elle est maintenant; elle ne dort presque plus; elle court les bals, elle passe les nuits. Dernièrement, après un souper, elle est restée trois jours au lit, et, quand le médecin lui a permis de se lever, elle a recommencé, au risque d'en mourir. Si elle continue, elle n'ira pas loin. Comptez-vous aller la voir?

ARMAND

Non, je compte même éviter toute espèce d'explications. Le passé est mort d'apoplexie, que Dieu ait son âme, s'il en avait une!

PRUDENCE

Allons! vous êtes raisonnable, j'en suis enchantée.

ARMAND, *apercevant Gustave*.

Ma chère Prudence, voici un de mes amis, à qui j'ai quelque chose à dire; vous permettez?

PRUDENCE

Comment donc? *(Elle va au jeu.)* Je fais dix francs!

SCÈNE III

LES MÊMES, GUSTAVE

ARMAND

Enfin! Tu as reçu ma lettre?

GUSTAVE

Oui, puisque me voilà.

ARMAND

Tu t'es demandé pourquoi je te priais de venir à une de ces fêtes qui sont si peu dans tes habitudes?

GUSTAVE

Je l'avoue.

ARMAND

Tu n'as pas vu Marguerite depuis longtemps?

GUSTAVE

Non; pas depuis que je l'ai vue avec toi.

ARMAND

Ainsi tu ne sais rien?

GUSTAVE

Rien ; instruis-moi

ARMAND

Tu croyais que Marguerite m'aimait, n'est-ce pas ?

GUSTAVE

Je le crois encore.

ARMAND, *lui remettant la lettre de Marguerite.*

Lis !

GUSTAVE, *après avoir lu.*

C'est Marguerite qui a écrit cela ?

ARMAND

C'est elle.

GUSTAVE

Quand ?

ARMAND

Il y a un mois.

GUSTAVE

Qu'as-tu répondu à cette lettre ?

ARMAND

Que voulais-tu que je répondisse ? Le coup était si
inattendu, que j'ai cru que j'allais devenir fou. Com-
prends-tu ? elle, Marguerite ! me tromper ! moi qui l'aimais tant ! Ces filles n'ont décidément pas d'âme. J'avais
besoin d'une affection réelle pour m'aider à vivre après
ce qui venait de se passer. Je me laissai conduire par mon
père, comme une chose inerte. Nous arrivâmes à Tours.
Je crus d'abord que j'allais pouvoir y vivre, c'était impossible ; je ne dormais plus, j'étouffais. J'avais trop
aimé cette femme pour qu'elle pût me devenir indifférente tout à coup ; il fallait ou que je l'aimasse, ou que je
la haïsse ! Enfin, je ne pouvais plus y tenir ; il me semblait

que j'allais mourir, si je ne la revoyais pas, si je ne
l'entendais pas me dire elle-même ce qu'elle m'avait
écrit. Je suis venu ici, car elle y viendra. Ce qui va se
passer, je n'en sais rien, mais il va évidemment se passer
quelque chose, et je puis avoir besoin d'un ami.

GUSTAVE

Je suis tout à toi, mon cher Armand; mais, au nom du
ciel, réfléchis, tu as affaire à une femme; le mal qu'on
fait à une femme ressemble fort à une lâcheté.

ARMAND

Soit! elle a un amant; il m'en demandera raison. Si je
fais une lâcheté, j'ai assez de sang pour la payer!

UN DOMESTIQUE, *annonçant*.

Mlle Marguerite Gautier! M. le baron de Varville!

ARMAND

Les voilà!

SCÈNE IV

LES MÊMES, VARVILLE, MARGUERITE

OLYMPE, *allant au-devant de Marguerite*.

Comme tu arrives tard!

VARVILLE

Nous sortons de l'Opéra.
*Varville donne des poignées de main aux hommes qui
sont là.*

PRUDENCE, *à Marguerite*.

Ça va bien?

MARGUERITE

Très bien!

PRUDENCE, *bas*.

Armand est ici.

MARGUERITE, *troublée*.

Armand?

PRUDENCE

Oui!

*En ce moment, Armand, qui s'est approché de la table de
jeu, regarde Marguerite; elle lui sourit timidement; il
la salue avec froideur.*

MARGUERITE

J'ai eu tort de venir à ce bal.

PRUDENCE

Au contraire; il faut qu'un jour ou l'autre vous vous
retrouviez avec Armand, mieux vaut plus tôt que plus
tard.

MARGUERITE

Il vous a parlé?

PRUDENCE

Oui.

MARGUERITE

Naturellement.

PRUDENCE

De moi?

MARGUERITE

Et il vous a dit?…

PRUDENCE

Qu'il ne vous en veut pas, que vous avez eu raison.

MARGUERITE

Tant mieux, si cela est; mais il est impossible que cela
soit; il m'a saluée trop froidement, et il est trop pâle.

VARVILLE, *bas à Marguerite.*

M. Duval est là, Marguerite.

MARGUERITE

Je le sais.

VARVILLE

Vous me jurez que vous ignoriez sa présence ici quand vous y êtes venue ?

MARGUERITE

Je vous le jure.

VARVILLE

Et vous me promettez de ne pas lui parler ?

MARGUERITE

Je vous le promets ; mais je ne puis pas vous promettre de ne pas lui répondre, s'il me parle. — Prudence restez auprès de moi.

LE DOCTEUR, *à Marguerite.*

Bonsoir, madame.

MARGUERITE

Ah ! c'est vous, docteur. Comme vous me regardez !

LE DOCTEUR

Je crois que c'est ce que j'ai de mieux à faire, quand je suis en face de vous.

MARGUERITE

Vous me trouvez changée, n'est-ce pas ?

LE DOCTEUR

Soignez-vous, soignez-vous, je vous en prie. J'irais vous voir demain, pour vous gronder à mon aise.

MARGUERITE

C'est cela ! grondez-moi, je vous aimerai bien. Est-ce que vous vous en allez déjà ?

LE DOCTEUR

Non, mais cela ne tardera pas; j'ai le même malade à voir tous les jours à la même heure, depuis six mois.

MARGUERITE

Quelle fidélité !

Il lui serre la main et s'éloigne.

GUSTAVE, *s'approchant de Marguerite.*

Bonsoir, Marguerite.

MARGUERITE

Oh ! que je suis heureuse de vous voir, mon bon Gustave ! Est-ce que Nichette est là ?

GUSTAVE

Non.

MARGUERITE

Pardon ! Nichette ne doit pas venir ici. — Aimez-la bien. Gustave ; c'est si bon d'être aimé !

Elle essuie ses yeux.

GUSTAVE

Qu'avez-vous ?

MARGUERITE

Je suis bien malheureuse, allez !

GUSTAVE

Voyons, ne pleurez pas ! Pourquoi êtes-vous venue ?

MARGUERITE

Est-ce que je suis ma maîtresse ? et, d'ailleurs, est-ce qu'il ne faut pas que je m'étourdisse ?

GUSTAVE

Eh bien, si vous m'en croyez, quittez ce bal bientôt.

MARGUERITE

Pourquoi ?

GUSTAVE

Parce qu'on ne sait pas ce qui peut arriver... Armand...

MARGUERITE

Armand me hait et me méprise, n'est-ce pas?

GUSTAVE

Non, Armand vous aime. Voyez comme il est fiévreux! il n'est pas maître de lui. Il pourrait y avoir une
affaire entre lui et M. de Varville. Prétextez une indisposition, et partez.

MARGUERITE

Un duel pour moi, entre Varville et Armand! C'est
juste, il faut que je parte.

Elle se lève.

VARVILLE, *s'approchant d'elle.*

Où allez-vous?

MARGUERITE

Mon ami, je suis souffrante, et désire me retirer.

VARVILLE

Non, vous n'êtes pas souffrante, Marguerite: vous
voulez vous retirer parce que M. Duval est là, et qu'il ne
paraît pas faire attention à vous; mais vous comprenez
que, moi, je ne veux ni ne dois quitter l'endroit où je suis
parce qu'il y est. Nous sommes à ce bal, restons-y.

OLYMPE, *haut.*

Qu'est-ce qu'on jouait ce soir à l'Opéra?

VARVILLE

La Favorite.

ARMAND

L'histoire d'une femme qui trompe son amant.

PRUDENCE

Fi! que c'est commun!

ANAÏS

C'est-à-dire que ce n'est pas vrai; il n'y a pas de femme qui trompe son amant.

ARMAND

Je vous réponds qu'il y en a, moi.

ANAÏS

Où donc?

ARMAND

Partout.

OLYMPE

Oui, mais il y a amant et amant.

ARMAND

Comme il y a femme et femme.

GASTON

Ah çà! mon cher Armand, tu joues un jeu d'enfer.

ARMAND

C'est pour voir si le proverbe est vrai : « Malheureux en amour, heureux au jeu. »

GASTON

Ah! tu dois être crânement malheureux en amour, car tu es crânement heureux au jeu.

ARMAND

Mon cher, je compte faire ma fortune ce soir, et, quand j'aurai gagné beaucoup d'argent, je m'en irai vivre à la campagne.

OLYMPE

Seul?

ARMAND

Non, avec quelqu'un qui m'y a déjà accompagné une

fois, et qui m'a quitté. Peut-être quand je serais plus
riche... *(A part.)* Elle ne répondra donc rien!

GUSTAVE

Tais-toi, Armand! vois dans quel état est cette pauvre
fille!

ARMAND

C'est une bonne histoire; il faut que je vous la raconte.
Il y a là-dedans un monsieur qui apparaît à la fin, une
espèce de *Deus ex machina,* qui est un type adorable.

VARVILLE

Monsieur!

MARGUERITE, *bas, à Varville.*

Si vous provoquez M. Duval vous ne me revoyez de
votre vie.

ARMAND, *à Varville.*

Ne me parlez-vous pas, monsieur?

VARVILLE

En effet, monsieur; vous êtes si heureux au jeu que
votre veine me tente, et je comprends si bien l'emploi que
vous voulez faire de votre gain, que j'ai hâte de vous voir
gagner davantage et vous propose une partie.

ARMAND, *le regardant en face.*

Que j'accepte de grand cœur, monsieur.

VARVILLE, *passant devant Armand.*

Je tiens cent louis, monsieur.

ARMAND, *étonné et dédaigneux.*

Va pour cent louis! De quel côté, monsieur?

VARVILLE

Du côté que vous ne prendrez pas.

ARMAND

Cent louis à gauche.

VARVILLE

Cent louis à droite.

GASTON

A droite, quatre ; à gauche, neuf. Armand a gagné !

VARVILLE

Deux cents louis alors.

ARMAND

Va pour deux cents louis ; mais prenez garde, monsieur, si le proverbe dit : « Malheureux en amour, heureux
au jeu, » il dit aussi : « Heureux en amour, malheureux au
jeu. »

GASTON

Six ! huit ! c'est encore Armand qui gagne.

OLYMPE

Allons ! c'est le baron qui payera la campagne de
M. Duval.

MARGUERITE *à Olympe*.

Mon Dieu, que va-t-il se passer ?

OLYMPE, *pour faire diversion*.

Allons, messieurs ; à table, le souper est servi.

ARMAND

Continuons-nous la partie, monsieur ?

VARVILLE

Non ; pas en ce moment.

ARMAND

Je vous dois une revanche ; je vous la promets au jeu
que vous choisirez.

VARVILLE

Soyez tranquille, monsieur, je profiterai de votre bonne volonté !

OLYMPE, *prenant le bras d'Armand.*

Tu as une rude veine, toi.

ARMAND

Ah ! tu me tutoies quand je gagne.

VARVILLE

Venez-vous, Marguerite ?

MARGUERITE

Pas encore, j'ai quelques mots à dire à Prudence.

VARVILLE

Si, dans dix minutes, vous n'êtes pas venue nous rejoindre, je reviens vous chercher ici, Marguerite, je vous en préviens.

MARGUERITE

C'est bien, allez !

SCÈNE V

PRUDENCE, MARGUERITE

MARGUERITE

Allez trouver Armand, et, au nom de ce qu'il a de plus sacré, priez-le de venir m'entendre ; il faut que je lui parle.

PRUDENCE

Et s'il refuse ?

MARGUERITE

Il ne refusera pas. Il me déteste trop pour ne pas saisir l'occasion de me le dire. Allez!

SCÈNE VI

MARGUERITE, *seule*.

Tâchons d'être calme; il faut qu'il continue de croire ce qu'il croit. Aurai-je la force de tenir la promesse que j'ai faite à son père? Mon Dieu! faites qu'il me méprise et me haïsse, puisque c'est le seul moyen d'empêcher un malheur... Le voici!

SCÈNE VII

MARGUERITE, ARMAND

ARMAND

Vous m'avez fait demander, madame?

MARGUERITE

Oui, Armand, j'ai à vous parler.

ARMAND

Parlez, je vous écoute. Vous allez vous disculper?

MARGUERITE

Non, Armand, il ne sera pas question de cela. Je vous supplierai même de ne plus revenir sur le passé.

ARMAND

Vous avez raison; il y a trop de honte pour vous.

MARGUERITE

Ne m'accablez pas, Armand. Écoutez-moi sans haine, sans colère, sans mépris! Voyons, Armand, donnez-moi votre main.

ARMAND

Jamais, madame! Si c'est là tout ce que vous avez à me dire...

Il fait mine de se retirer.

MARGUERITE

Qui aurait cru que vous repousseriez un jour la main que je vous tendrais? Mais ce n'est pas de cela qu'il s'agit, Armand, il faut que vous repartiez.

ARMAND

Que je reparte?

MARGUERITE

Oui! que vous retourniez auprès de votre père, et cela tout de suite.

ARMAND

Et pourquoi, madame?

MARGUERITE

Parce que M. de Varville va vous provoquer, et que je ne veux pas qu'il arrive un malheur pour moi. Je veux être seule à souffrir.

ARMAND

Ainsi vous me conseillez de fuir une provocation! Vous me conseillez une lâcheté! Quel autre conseil, en effet, pourrait donner une femme comme vous?

MARGUERITE

Armand, je vous jure que, depuis un mois, j'ai tant souffert, que c'est à peine si j'ai la force de le dire; je sens bien le mal qui augmente et me brûle. Au nom de notre amour passé, au nom de ce que je souffrirai encore,

Armand, au nom de votre mère et de votre sœur, fuyez-moi, retournez auprès de votre père et oubliez jusqu'à mon nom, si vous pouvez.

ARMAND

Je comprends, madame : vous tremblez pour votre amant qui représente votre fortune. Je puis vous ruiner d'un coup de pistolet ou d'un coup d'épée. Ce serait là, en effet, un grand malheur.

MARGUERITE

Vous pouvez être tué, Armand, voilà le malheur véritable !

ARMAND

Que vous importe que je vive ou que je meure ! Quand vous m'avez écrit : « Armand, oubliez-moi, je suis la maîtresse d'un autre ! » vous êtes-vous souciée de ma vie ? Si je ne suis pas mort, après cette lettre, c'est qu'il me restait à me venger. Ah ! vous avez cru que cela se passerait ainsi, que vous me briseriez le cœur, et que je ne m'en prendrais ni à vous ni à votre complice ? Non, madame, non. Je suis revenu à Paris, c'est entre M. de Varville et moi une question de sang ! Dussiez-vous en mourir aussi, je le tuerai ! je vous le jure.

MARGUERITE

M. de Varville est innocent de tout ce qui se passe.

ARMAND

Vous l'aimez, madame ! c'est assez pour que je le haïsse.

MARGUERITE

Vous savez bien que je n'aime pas, que je ne puis aimer cet homme !

ARMAND

Alors, pourquoi vous êtes-vous donnée à lui ?

MARGUERITE

Ne me le demandez pas, Armand! je ne puis vous le dire.

ARMAND

Je vais vous le dire, moi. Vous vous êtes donnée à lui, parce que vous êtes une fille sans cœur et sans loyauté, parce que votre amour appartient à qui le paye, et que vous avez fait une marchandise de votre cœur; parce qu'en vous trouvant en face du sacrifice que vous alliez me faire, le courage vous a manqué, et que vos instincts ont repris le dessus; parce qu'enfin cet homme qui vous dévouait sa vie, qui vous livrait son honneur, ne valait pas pour vous les chevaux de votre voiture et les diamants de votre cou.

MARGUERITE

Eh bien, oui, j'ai fait tout cela. Oui, je suis une infâme et misérable créature, qui ne t'aimait pas; je t'ai trompé. Mais plus je suis infâme, moins tu dois te souvenir de moi, moins tu dois exposer pour moi ta vie et la vie de ceux qui t'aiment. Armand, à genoux, je t'en supplie, pars, quitte Paris et ne regarde pas en arrière!

ARMAND

Je le veux bien, mais à une condition.

MARGUERITE

Quelle qu'elle soit, je l'accepte.

ARMAND

Tu partiras avec moi.

MARGUERITE, *reculant.*

Jamais!

ARMAND

Jamais!

MARGUERITE

Oh! mon Dieu! Donnez-moi le courage.

ARMAND, *courant à la porte et revenant.*

Écoute, Marguerite; je suis fou, j'ai la fièvre, mon sang brûle, mon cerveau bout, je suis dans cet état de passion où l'homme est capable de tout, même d'une infamie. J'ai cru un moment que c'était la haine qui me poussait vers toi; c'était l'amour, amour invincible, irritant, haineux, augmenté de remords, de mépris et de honte, car je me méprise de le ressentir encore, après ce qui s'est passé. Eh bien, dis-moi un mot de repentir, rejette ta faute sur le hasard, sur la fatalité, sur ta faiblesse, et j'oublie tout. Que m'importe cet homme? Je ne le hais que si tu l'aimes. Dis-moi seulement que tu m'aimes encore, je te pardonnerai, Marguerite, nous fuirons Paris, c'est-à-dire le passé, nous irons au bout de la terre s'il le faut, jusqu'à ce que nous ne rencontrions plus un visage humain, et que nous soyons seuls dans le monde avec notre amour.

MARGUERITE, *épuisée.*

Je donnerais ma vie pour une heure du bonheur que tu me proposes, mais ce bonheur est impossible.

ARMAND

Encore!

MARGUERITE

Un abîme nous sépare; nous serions trop malheureux ensemble. Nous ne pouvons plus nous aimer; pars, oublie-moi, il le faut, je l'ai juré.

ARMAND

A qui?

MARGUERITE

A qui avait le droit de demander ce serment.

ARMAND, *dont la colère va croissant.*

A M. de Varville, n'est-ce pas?

MARGUERITE

Oui.

ARMAND, *saisissant le bras de Marguerite.*

A M. de Varville que vous aimez; dites-moi que vous l'aimez, et je pars.

MARGUERITE

Eh bien, oui, j'aime M. de Varville.

ARMAND, *la jette à terre et lève les deux mains sur elle, puis il se précipite vers la porte, et, voyant les invités qui sont dans l'autre salon, il crie.*

Entrez tous!

MARGUERITE

Que faites-vous?

ARMAND

Vous voyez cette femme?

TOUS

Marguerite Gautier!...

ARMAND

Oui! Marguerite Gautier. Savez-vous ce qu'elle a fait? Elle a vendu tout ce qu'elle possédait pour vivre avec moi, tant elle m'aimait. Cela est beau, n'est-ce pas? Savez-vous ce que j'ai fait, moi? Je me suis conduit comme un misérable. J'ai accepté le sacrifice sans lui rien donner en échange. Mais il n'est pas trop tard, je me repens et je reviens pour réparer tout cela. Vous êtes tous témoins que je ne dois plus rien à cette femme.

Il lui jette des billets de banque.

MARGUERITE, *poussant un cri et tombant à la renverse.*

Ah!

VARVILLE, *à Armand avec mépris,*
en lui jetant ses gants au visage.

Décidément, monsieur, vous êtes un lâche!

On se précipite entre eux.

ACTE CINQUIÈME

Chambre à coucher de Marguerite. — Lit au fond; rideaux à moitié fermés. — Cheminée à droite: devant la cheminée, un canapé sur lequel est étendu Gaston. — Pas d'autre lumière qu'une veilleuse.

SCÈNE PREMIÈRE

MARGUERITE, *couchée et endormie;* GASTON

GASTON, *relevant la tête et écoutant.*

Je me suis assoupi un instant... Pourvu qu'elle n'ait pas eu besoin de moi pendant ce temps-là! Non, elle dort... Quelle heure est-il? Sept heures... Il ne fait pas encore jour... Je vais rallumer le feu.

Il tisonne.

MARGUERITE, *s'éveillant.*

Nanine, donne-moi à boire.

GASTON

Voilà, chère enfant.

MARGUERITE, *soulevant la tête.*

Qui donc est là?

GASTON, *préparant une tasse de tisane.*

C'est moi, Gaston.

MARGUERITE

Comment vous trouvez-vous dans ma chambre?

GASTON, *lui donnant la tasse.*

Bois d'abord, tu le sauras après. — Est-ce assez sucré?

MARGUERITE

Oui.

GASTON

J'étais né pour être garde-malade.

MARGUERITE

Où est donc Nanine?

GASTON

Elle dort. Quand je suis venu sur les onze heures du soir, pour savoir de tes nouvelles, la pauvre fille tombait de fatigue; moi, au contraire, j'étais tout éveillé. Tu dormais déjà... Je lui ai dit d'aller se coucher. Je me suis mis là, sur le canapé, près du feu, et j'ai fort bien passé la nuit. Cela me faisait du bien, de t'entendre dormir; il me semblait que je dormais moi-même. Comment te sens-tu ce matin?

MARGUERITE

Bien, mon brave Gaston; mais à quoi bon vous fatiguer ainsi?...

GASTON

Je passe assez de nuits au bal! quand j'en passerais quelques-unes à veiller une malade! — Et puis j'avais quelque chose à te dire.

MARGUERITE

Que voulez-vous me dire?

GASTON

Tu es gênée?

MARGUERITE

Comment gênée?

GASTON

Oui, tu as besoin d'argent. Quand je suis venu hier, j'ai vu un huissier dans le salon. Je l'ai mis à la porte, en le payant. Mais ce n'est pas tout; il n'y a pas d'argent ici, et il faut qu'il y en ait. Moi, je n'en ai pas beaucoup. J'ai perdu pas mal au jeu, et j'ai fait un tas d'emplettes inutiles pour le premier jour de l'année. *(Il l'embrasse.)* Et je te réponds que je te la souhaite bonne et heureuse... Mais enfin voilà toujours vingt-cinq louis que je vais mettre dans le tiroir là-bas. Quand il n'y en aura plus, il y en aura encore.

MARGUERITE, *émue.*

Quel cœur! Et dire que c'est vous, un écervelé, comme on vous appelle, vous qui n'avez jamais été que mon ami, qui me veillez et prenez soin de moi...

GASTON

C'est toujours comme ça... Maintenant, sais-tu ce que nous allons faire?

MARGUERITE

Dites.

GASTON

Il fait un temps superbe! Tu as dormi huit bonnes heures; tu vas dormir encore un peu. De une heure à trois heures, il fera un beau soleil; je viendrai te prendre; tu t'envelopperas bien; nous irons nous promener en voiture; et qui dormira bien la nuit prochaine? Ce sera Marguerite. Jusque-là, je vais aller voir ma mère, qui va me recevoir Dieu sait comment; il y a plus de quinze jours que je ne l'ai vue! Je déjeune avec elle, et à une heure je suis ici. Cela te va-t-il?

MARGUERITE

Je tâcherai d'avoir la force...

GASTON

Tu l'auras, tu l'auras! *(Nanine entre.)* Entrez, Nanine, entre! Marguerite est réveillée.

SCÈNE II

LES MÊMES, NANINE

MARGUERITE

Tu étais donc bien fatiguée, ma pauvre Nanine?

NANINE

Un peu, madame.

MARGUERITE

Ouvre la fenêtre et donne un peu de jour. Je veux me lever.

NANINE, *ouvrant la fenêtre et regardant dans la rue.*

Madame, voici le docteur.

MARGUERITE

Bon docteur! sa première visite est toujours pour moi. — Gaston, ouvrez la porte en vous en allant. — Nanine, aide-moi à me lever.

NANINE

Mais, madame...

MARGUERITE

Je le veux.

GASTON

A tantôt.

Il sort.

MARGUERITE

A tantôt.

*Elle se lève et retombe; enfin, soulevée par Nanine, elle
marche vers le canapé, le docteur entre à temps pour
l'aider à s'y asseoir.*

SCÈNE III

MARGUERITE, NANINE, LE DOCTEUR

MARGUERITE

Bonjour, mon cher docteur; que vous êtes aimable de
penser à moi dès le matin! — Nanine, va voir s'il y a des
lettres.

LE DOCTEUR

Donnez-moi votre main. *(Il la prend.)* Comment vous
sentez-vous?

MARGUERITE

Mal et mieux! Mal de corps, mieux d'esprit. Hier au
soir j'ai eu tellement peur de mourir, que j'ai envoyé
chercher un prêtre. J'étais triste, désespérée, j'avais peur
de la mort; cet homme est entré, il a causé une heure avec
moi, et désespoir, terreur, remords, il a tout emporté avec
lui. Alors, je me suis endormie, et je viens de me réveiller.

LE DOCTEUR

Tout va bien, madame, et je vous promets une entière
guérison pour les premiers jours du printemps.

MARGUERITE

Merci, docteur... C'est votre devoir de me parler ainsi.
Quand Dieu a dit que le mensonge serait un péché, il a
fait une exception pour les médecins, et il leur a permis

de mentir autant de fois par jour qu'ils verraient de malades. *(A Nanine, qui rentre.)* Qu'est-ce que tu apportes là?

NANINE

Ce sont des cadeaux, madame.

MARGUERITE

Ah! oui, c'est aujourd'hui le 1er janvier!... Que de choses depuis l'année dernière! Il y a un an, à cette heure, nous étions à table, nous chantions, nous donnions à l'année qui naissait le même sourire que nous venions de donner à l'année morte. Où est le temps, mon bon docteur, où nous riions encore? *(Ouvrant les paquets.)* Une bague avec la carte de Saint-Gaudens. — Brave cœur! Un bracelet, avec la carte du comte de Giray, qui m'envoie cela de Londres. — Quel cri il pousserait s'il me voyait dans l'état où je suis!... et puis des bonbons... Allons, les hommes ne sont pas aussi oublieux que je le croyais! Vous avez une petite nièce, docteur!

LE DOCTEUR

Oui, madame.

MARGUERITE

Portez-lui tous ces bonbons, à cette chère enfant; il y a longtemps que je n'en mange plus, moi! *(A Nanine.)* Voilà tout ce que tu as?

NANINE

J'ai une lettre.

MARGUERITE

Qui peut m'écrire? *(Prenant la lettre et l'ouvrant.)* Descends ce paquet dans la voiture du docteur. *(Lisant.)* «Ma bonne Marguerite, je suis allée vingt fois pour te voir, et je n'ai jamais été reçue; cependant, je ne veux pas que tu manques au fait le plus heureux de ma vie; je me marie le 1er janvier: c'est le présent de nouvelle année que Gustave me gardait; j'espère que tu ne seras pas la

dernière à assister à la cérémonie, cérémonie bien simple,
bien humble, et qui aura lieu à neuf heures du matin, dans
la chapelle de Sainte-Thérèse, à l'église de la Madeleine.
— Je t'embrasse de toute la force d'un cœur heureux.
NICHETTE. » Il y aura donc du bonheur pour tout le
monde, excepté pour moi ! Allons, je suis une ingrate.
— Docteur, fermez cette fenêtre, j'ai froid, et donnez-
moi de quoi écrire.

Elle laisse tomber sa tête dans ses mains ; le docteur
prend l'encrier sur la cheminée et donne le buvard à
Marguerite.

NANINE, *bas, au docteur, quand il s'est éloigné.*

Eh bien, docteur ?...

LE DOCTEUR, *secouant la tête.*

Elle est bien mal !

MARGUERITE, *à part.*

Ils croient que je ne les entends pas... *(Haut.)* Docteur,
rendez-moi le service, en vous en allant, de déposer cette
lettre à l'église où se marie Nichette, et recommandez
qu'on ne la lui remette qu'après la cérémonie. *(Elle écrit,*
plie la lettre et la cachette.) Tenez, et merci. *(Elle lui*
serre la main.) N'oubliez pas, et revenez tantôt si vous
pouvez...

                                        Le docteur sort.

SCÈNE IV

MARGUERITE, NANINE

MARGUERITE

Maintenant, mets un peu d'ordre dans cette chambre.
(On sonne.) On a sonné, va ouvrir.

                                        Nanine sort.

NANINE, *rentrant*.

C'est Mme Duvernoy qui voudrait voir madame.

MARGUERITE

Qu'elle entre !

SCÈNE V

LES MÊMES, PRUDENCE

PRUDENCE

Eh bien, ma chère Marguerite, comment allez-vous, ce matin ?

MARGUERITE

Mieux, ma chère Prudence, je vous remercie.

PRUDENCE

Renvoyez donc Nanine un instant ; j'ai à vous parler, à vous seule.

MARGUERITE

Nanine, va ranger de l'autre côté ; je t'appellerai quand j'aurai besoin de toi...

Nanine sort.

PRUDENCE

J'ai un service à vous demander, ma chère Marguerite.

MARGUERITE

Dites.

PRUDENCE

Êtes-vous en fonds ?...

MARGUERITE

Vous savez que je suis gênée depuis quelque temps;
mais, enfin, dites toujours.

PRUDENCE

C'est aujourd'hui le premier de l'an; j'ai des cadeaux à
faire, il me faudrait absolument deux cents francs; pouvez-vous me les prêter jusqu'à la fin du mois?

MARGUERITE, *levant les yeux au ciel*.

La fin du mois!

PRUDENCE

Si cela vous gêne...

MARGUERITE

J'avais un peu besoin de l'argent qui reste là...

PRUDENCE

Alors, n'en parlons plus.

MARGUERITE

Qu'importe! ouvrez ce tiroir...

PRUDENCE

Lequel? *(Elle ouvre plusieurs tiroirs.)* Ah! celui du
milieu.

MARGUERITE

Combien y a-t-il?

PRUDENCE

Cinq cents francs.

MARGUERITE

Eh bien, prenez les deux cents francs dont vous avez
besoin.

PRUDENCE

Et vous aurez assez du reste?

MARGUERITE

J'ai ce qu'il me faut; ne vous inquiétez pas de moi.

PRUDENCE, *prenant l'argent.*

Vous me rendez un véritable service.

MARGUERITE

Tant mieux, ma chère Prudence!

PRUDENCE

Je vous laisse; je reviendrai vous voir. Vous avez meilleure mine.

MARGUERITE

En effet, je vais mieux.

PRUDENCE

Les beaux jours vont venir vite, l'air de la campagne achèvera votre guérison.

MARGUERITE

C'est cela.

PRUDENCE, *sortant.*

Merci encore une fois!

MARGUERITE

Renvoyez-moi Nanine.

PRUDENCE

Oui.

Elle sort.

NANINE, *rentrant.*

Elle est encore venue vous demander de l'argent?

MARGUERITE

Oui.

NANINE

Et vous le lui avez donné?...

MARGUERITE

C'est si peu de chose que l'argent, et elle en avait un si grand besoin, disait-elle. Il nous en faut cependant; il y a des étrennes à donner. Prends ce bracelet qu'on vient de m'envoyer, va le vendre et reviens vite.

NANINE

Mais pendant ce temps...

MARGUERITE

Je puis rester seule, je n'aurai besoin de rien; d'ailleurs, tu ne seras pas longtemps, tu connais le chemin du marchand; il m'a assez acheté depuis trois mois.

Nanine sort.

SCÈNE VI

MARGUERITE, *lisant une lettre*
qu'elle prend dans son sein.

« Madame, j'ai appris le duel d'Armand et de M. de Varville, non par mon fils, car il est parti sans même venir m'embrasser. Le croiriez-vous, madame ? Je vous accusais de ce duel et de ce départ. Grâce à Dieu, M. de Varville est déjà hors de danger, et je sais tout. Vous avez tenu votre serment au-delà même de vos forces, et toutes ces secousses ont ébranlé votre santé. J'écris toute la vérité à Armand. Il est loin, mais il reviendra vous demander non seulement son pardon, mais le mien, car j'ai été forcé de vous faire du mal et je veux le réparer. Soignez-vous bien, espérez; votre courage et votre abnégation méritent un meilleur avenir; vous l'aurez, c'est moi qui vous le promets. En attendant, recevez l'assurance de mes sentiments de sympathie, d'estime et de dévouement. GEORGES DUVAL. — 15 novembre. » Voilà six semaines que j'ai reçu cette lettre et que je la relis sans cesse pour me rendre un peu de courage. Si je recevais seulement un mot d'Armand, si je pouvais atteindre au printemps! *(Elle se lève et se regarde dans la glace.)* Comme je suis changée! Cependant, le docteur m'a promis de me guérir. J'aurai patience. Mais, tout à l'heure, avec Nanine ne me condamnait-il pas? Je l'ai entendu, il disait que j'étais bien mal. Bien mal! c'est encore de l'espoir, c'est encore quelques mois à vivre, et si, pendant ce temps, Armand revenait, je serais sauvée. Le premier jour de l'année, c'est bien le moins qu'on espère. D'ailleurs, j'ai toute ma raison. Si j'étais en danger réel, Gaston n'aurait pas le courage de rire à mon chevet, comme il faisait tout à l'heure. Le médecin ne me quitterait pas. *(A la fenêtre.)* Quelle joie dans les familles! Oh! le bel enfant, qui rit et gambade en tenant ses jouets, je voudrais embrasser cet enfant.

SCÈNE VII

NANINE, MARGUERITE

NANINE, *venant à Marguerite, après avoir déposé sur la cheminée l'argent qu'elle apporte.*
Madame...

MARGUERITE

Qu'as-tu, Nanine?

NANINE

Vous vous sentez mieux aujourd'hui, n'est-ce pas?

MARGUERITE

Oui; pourquoi?

NANINE

Promettez-moi d'être calme.

MARGUERITE

Qu'arrive-t-il?

NANINE

J'ai voulu vous prévenir... une joie trop brusque est si difficile à porter!

MARGUERITE

Une joie, dis-tu?

NANINE

Oui, Madame.

MARGUERITE

Armand! Tu as vu Armand?... Armand vient me voir!... *(Nanine fait signe que oui. — Courant à la porte.)* Armand! *(Il paraît pâle ; elle se jette à son cou, elle se cramponne à lui.)* Oh! ce n'est pas toi, il est impossible que Dieu soit si bon!

SCÈNE VIII

MARGUERITE, ARMAND

ARMAND

C'est moi, Marguerite, moi, si repentant, si inquiet, si coupable, que je n'osais franchir le seuil de cette porte. Si je n'eusse rencontré Nanine, je serais resté dans la rue à prier et à pleurer. Marguerite, ne me maudis pas! Mon père m'a tout écrit! j'étais bien loin de toi, je ne savais où aller pour fuir mon amour et mes remords... Je suis parti comme un fou, voyageant nuit et jour, sans repos, sans trêve, sans sommeil, poursuivi de pressentiments sinistres, voyant de loin la maison tendue de noir. Oh! si je ne t'avais pas trouvée, je serais mort, car c'est moi qui t'aurais tuée! Je n'ai pas encore vu mon père. Marguerite, dis-moi que tu nous pardonnes à tous deux. Ah! que c'est bon, de te revoir!

MARGUERITE

Te pardonner, mon ami ? Moi seule étais coupable !
Mais, pouvais-je faire autrement ? Je voulais ton bonheur,
même aux dépens du mien. Mais maintenant, ton père ne
nous séparera plus, n'est-ce pas ? Ce n'est plus ta Marguerite d'autrefois que tu retrouves ; cependant, je suis
jeune encore, je redeviendrai belle, puisque je suis heureuse. Tu oublieras tout. Nous recommencerons à vivre à
partir d'aujourd'hui.

ARMAND

Je ne te quitte plus. Écoute, Marguerite, nous allons à
l'instant même quitter cette maison. Nous ne reverrons
jamais Paris. Mon père sait qui tu es. Il t'aimera comme
le bon génie de son fils. Ma sœur est mariée. L'avenir est
à nous.

MARGUERITE

Oh ! parle-moi ! parle-moi ! Je sens mon âme qui revient avec tes paroles, la santé qui renaît sous ton souffle.
Je le disais ce matin, qu'une seule chose pouvait me
sauver. Je ne l'espérais plus, et te voilà ! Nous n'allons
pas perdre de temps, va, et, puisque la vie passe devant
moi, je vais l'arrêter au passage. Tu ne sais pas ? Nichette
se marie. Elle épouse Gustave ce matin. Nous la verrons.
Cela nous fera du bien d'entrer dans une église, de prier
Dieu et d'assister au bonheur des autres. Quelle surprise
la Providence me gardait pour le premier jour de l'année !
Mais dis-moi donc encore que tu m'aimes !

ARMAND

Oui, je t'aime, Marguerite, toute ma vie est à toi.

MARGUERITE, *à Nanine qui est rentrée*.

Nanine, donne-moi tout ce qu'il faut pour sortir.

ARMAND

Bonne Nanine ! Vous avez eu bien soin d'elle ; merci !

MARGUERITE

Tous les jours, nous parlions de toi toutes les deux ; car personne n'osait plus prononcer ton nom. C'est elle qui me consolait, qui me disait que nous nous reverrions ! Elle ne mentait pas. Tu as vu de beaux pays. Tu m'y conduiras.

Elle chancelle.

ARMAND

Qu'as-tu, Marguerite ? Tu pâlis !...

MARGUERITE, *avec effort.*

Rien, mon ami, rien ! Tu comprends que le bonheur ne rentre pas aussi brusquement dans un cœur désolé depuis longtemps, sans l'oppresser un peu.

Elle s'assied et rejette sa tête en arrière.

ARMAND

Marguerite, parle-moi ! Marguerite, je t'en supplie !

MARGUERITE, *revenant à elle.*

Ne crains rien, mon ami ; tu sais, j'ai toujours été sujette à ces faiblesses instantanées. Mais elles passent vite ; regarde, je souris, je suis forte, va ! C'est l'étonnement de vivre qui m'oppresse !

ARMAND, *lui prenant la main.*

Tu trembles !

MARGUERITE

Ce n'est rien ! — Voyons, Nanine, donne-moi donc un châle ; un chapeau...

ARMAND, *avec effroi.*

Mon Dieu ! mon Dieu !

MARGUERITE, *ôtant son châle avec colère,*
après avoir essayé de marcher.
Je ne peux pas !

Elle tombe sur le canapé.

ARMAND

Nanine, courez chercher le médecin !

MARGUERITE

Oui, oui ; dis-lui qu'Armand est revenu, que je veux
vivre, qu'il faut que je vive... *(Nanine sort.)* Mais si ce
retour ne m'a pas sauvée, rien ne me sauvera. Tôt ou
tard, la créature humaine doit mourir de ce qui l'a fait
vivre. J'ai vécu de l'amour, j'en meurs.

ARMAND

Tais-toi, Marguerite ; tu vivras, il le faut !

MARGUERITE

Assieds-toi près de moi, le plus près possible, mon
Armand, et écoute-moi bien. J'ai eu tout à l'heure un
moment de colère contre la mort ; je m'en repens ; elle est
nécessaire, et je l'aime, puisqu'elle t'a attendu pour me
frapper. Si ma mort n'eût pas été certaine, ton père ne
t'eût pas écrit de revenir...

ARMAND

Écoute, Marguerite, ne me parle plus ainsi, tu me
rendrais fou. Ne me dis plus que tu vas mourir, dis-moi
que tu ne le crois pas, que cela ne peut être, que tu ne le
veux pas !

MARGUERITE

Quand je ne le voudrais pas, mon ami, il faudrait bien
que je cédasse, puisque Dieu le veut. Si j'étais une sainte
fille, si tout était chaste en moi, peut-être pleurerais-je à
l'idée de quitter un monde où tu restes, parce que l'avenir
serait plein de promesses, et que tout mon passé m'y
donnerait droit. Moi morte, tout ce que tu garderas de
moi sera pur ; moi vivante, il y aura toujours des taches
sur mon amour... Crois-moi, Dieu fait bien ce qu'il fait...

ARMAND, *se levant*.

Ah ! j'étouffe.

MARGUERITE, *le retenant.*

Comment! c'est moi qui suis forcée de te donner du courage? Voyons, obéis-moi. Ouvre ce tiroir, prends-y un médaillon... C'est mon portrait, du temps que j'étais jolie! Je l'avais fait faire pour toi; garde-le, il aidera ton souvenir plus tard. Mais, si un jour, une belle jeune fille t'aime et que tu l'épouses, comme cela doit être, comme je veux que cela soit, et qu'elle trouve ce portrait, dis-lui que c'est celui d'une amie qui, si Dieu lui permet de se tenir dans le coin le plus obscur du ciel, prie Dieu tous les jours pour elle et pour toi. Si elle est jalouse du passé, comme nous le sommes souvent, nous autres femmes, si elle te demande le sacrifice de ce portrait, fais-le-lui sans crainte, sans remords; ce sera justice, et je te pardonne d'avance. — La femme qui aime souffre trop quand elle ne se sent pas aimée... Entends-tu, mon Armand, tu as bien compris?

SCÈNE IX

LES MÊMES, NANINE, *puis* NICHETTE, GUSTAVE *et* GASTON

Nichette entre avec effroi et devient plus hardie, à mesure qu'elle voit Marguerite lui sourire et Armand à ses pieds.

NICHETTE

Ma bonne Marguerite, tu m'avais écrit que tu étais mourante, et je te retrouve souriante et levée.

ARMAND, *bas.*

Oh! Gustave, je suis bien malheureux!

MARGUERITE

Je suis mourante, mais je suis heureuse aussi, et mon bonheur cache ma mort. — Vous voilà donc mariés!

— Quelle chose étrange que cette première vie, et que va donc être la seconde?... Vous serez encore plus heureux qu'auparavant. — Parlez de moi quelquefois, n'est-ce pas? Armand, donne-moi ta main... Je t'assure que ce n'est pas difficile de mourir. *(Gaston entre.)* Voilà Gaston qui vient me chercher... Je suis aise de vous voir encore, mon bon Gaston. Le bonheur est ingrat : je vous avais oublié... *(A Armand.)* Il a été bien bon pour moi... Ah! c'est étrange.

Elle se lève.

ARMAND

Quoi donc?...

MARGUERITE

Je ne souffre plus. On dirait que la vie rentre en moi... j'éprouve un bien-être que je n'ai jamais éprouvé... Mais je vais vivre!... Ah! que je me sens bien!

Elle s'assied et paraît s'assoupir.

GASTON

Elle dort!

ARMAND, *avec inquiétude, puis avec terreur.*

Marguerite! Marguerite! Marguerite! *(Un grand cri. — Il est forcé de faire un effort pour arracher sa main de celle de Marguerite.)* Ah! *(Il recule épouvanté.)* Morte! *(Courant à Gustave.)* Mon Dieu! mon Dieu! que vais-je devenir?...

GUSTAVE, *à Armand.*

Elle t'aimait bien, la pauvre fille!

NICHETTE, *qui s'est agenouillée.*

Dors en paix, Marguerite! il te sera beaucoup pardonné, parce que tu as beaucoup aimé!

FIN

LA TRAVIATA

L'opéra de Giuseppe Verdi : *Violetta ossia La Traviata,* fut créé au théâtre de la Fenice, à Venise, le 6 mars 1853. On le joua dix fois. C'était donc un échec, dû essentiellement à une distribution inadéquate. Un peu plus d'un an après, le 6 mai 1854, sur la scène d'un autre théâtre vénitien, le San Benedetto, ce fut un triomphe. L'œuvre sera jouée à Londres et à New York, en 1856. Paris ne l'accueillera que le 27 octobre 1864 au Théâtre-Lyrique, mais le livret avait été publié chez Michel Lévy frères dès 1862.

A Rome et à Naples *La Traviata* reste *Violetta*. A Paris on afficha également *Violetta* avec, entre parenthèses, le sous-titre : *La Traviata*. Plus tard, on adoptera l'ordre inverse : « *La Traviata-Violetta* ». Enfin, ne sera retenu que *La Traviata*.

La direction de la Fenice avait choisi de situer, contre les intentions de Verdi, l'opéra au XVIIIe siècle, « au commencement du règne de Louis XV », pour éviter le réalisme des décors et costumes modernes. Cette tradition fut suivie pendant cinquante ans. C'est seulement au début du XXe siècle que l'opéra fut donné (comme il l'est toujours depuis) avec des costumes modernes, l'action étant située en 1850.

Le livret italien dû à Francesco Maria Piave (1810-1876) ne reprend pas les noms donnés par Dumas à ses personnages. Marguerite Gautier devient Violetta Valery. Armand Duval est Alfredo Germont, son père Giorgio Germont. Michette devient Flora. Dans le livret français d'Édouard Duprez, Violetta change de nom de famille :

elle est Violetta de Saint-Ys. L'amant est Rodolphe d'Orbel, le père Georges d'Orbel. Le médecin prend le nom de Germont.

Il arrive que *La Traviata* soit annoncée en trois actes. Il y a en fait quatre tableaux, mais les tableaux deux et trois sont parfois considérés comme constituant un seul acte, le deuxième.

Les plus grandes cantatrices ont chanté le rôle de Violetta : la Patti, Nilsson, Melba et plus près de nous Elisabeth Schwarzkopf, Maria Callas, Renata Tebaldi, Mirella Freni.

G. S.

Henri Sauguet a composé la musique d'un ballet : *La Dame aux camélias,* chorégraphie de Tatiana Gsovsky (1957).

Edition originale du livret français

VIOLETTA
(LA TRAVIATA)

OPÉRA EN QUATRE ACTES

Musique de G. VERDI

Traduction française
d'Édouard DUPREZ

Publié chez Michel Lévy Frères en 1865

PERSONNAGES

VIOLETTA DE SAINT-YS	Mlle NILSSON
CLARA, son amie	Mlle WILLEME
RODOLPHE D'ORBEL	M. MONJAUZE
GEORGES D'ORBEL, son père	M. LUTZ
VICOMTE ÉMILE DE LÉTORIÈRES ..	M. LEGRAND
BARON REYNAL	M. WARTEL
MARQUIS D'ORBIGNY	M. GUYOT
DOCTEUR GERMONT	M. PERONT
ANNETTE, femme de chambre de Violetta	Mlle ESTAGEL
MAURICE, domestique de Violetta	M. GARCIN
UN VALET de Clara	
UN COMMISSIONNAIRE	

AMIS DE VIOLETTA ET DE CLARA, INVITÉS SOUS LES COSTUMES DE BOHÉMIENS, DE MATADORS ESPAGNOLS, DOMESTIQUES DE VIOLETTA ET DE CLARA.

La scène est à Paris ; l'action se passe au commencement du règne de Louis XV, dans les mois d'août, de janvier et de février.

ACTE PREMIER

Un salon chez Violetta de Saint-Ys.

*Porte au fond; deux portes latérales; à gauche, une
cheminée surmontée d'une glace; au milieu, une table
richement servie; mobilier très élégant.*

SCÈNE PREMIÈRE

VIOLETTA, LE DOCTEUR, CLARA, LE BARON,
LE MARQUIS, Hommes et Dames invités.

*Au lever du rideau, Violetta est assise sur le divan et
cause avec le docteur et quelques amis, pendant que
d'autres vont à la rencontre de ceux qui surviennent.
Parmi ces derniers, se trouvent le baron et Clara,
donnant le bras au marquis.*

PREMIER GROUPE D'INVITÉS

A la fête il manque des fidèles!...
C'est un crime!

DEUXIÈME GROUPE D'INVITÉS, *entrant.*

La joie a des ailes,
Et c'est elle ici qui nous conduit.

VIOLETTA, *allant au-devant de Clara et des autres invités.*
Clara!... mesdames... riantes et belles!...

Des fleurs, de l'or!... Ici tout séduit,
Tout doit plaire... Ah! je veux qu'à ma fête

TOUS

Quoi! vous parlez de fête?

VIOLETTA

Sans doute. Et j'y veux faire encore une conquête
Je vis de plaisirs, de joie et d'amour.

TOUS

Oui, madame... n'aurait-on qu'un jour,
On le doit aux jeux, à l'amour.

SCÈNE II

LES MÊMES. LE VICOMTE ÉMILE, RODOLPHE D'ORBEL,
VALETS, *occupés à dresser le service de la table.*

ÉMILE, présentant Rodolphe à Violetta.

Pour Rodolphe d'Orbel, je réclame
La faveur d'être admis près de vous,
Un ami... le vôtre... il le proclame.

VIOLETTA

Vrai, vicomte? Aurait-il donc votre âme?
Elle donne sa main à Rodolphe, qui y dépose un baiser.

LE MARQUIS, *serrant la main de Rodolphe.*

Ce cher ami!
            RODOLPHE, *lui serrant la main.*

            Mon cher marquis!...

                ÉMILE, *à Violetta.*
                            Madame,
C'est un cœur de plus à vos genoux.
                Les domestiques ont achevé de servir.

VIOLETTA

Qu'on nous serve ! Allons, prenez place,
Et que le vin réchauffe les cœurs.

TOUS

Nos cœurs, à moins d'être de glace,
Dans vos yeux puiseront leurs ardeurs.

*On se met à table, Violetta entre Rodolphe et Émile ; en
face d'eux, Clara entre le baron et le marquis ; les
autres comme il leur plaît. Moment de silence, pendant
lequel on sert les convives. Violetta et Émile parlent
entre eux, à voix basse.*

ÉMILE, *à Violetta.*

Oui, Rodolphe vous aime...
VIOLETTA

Folie !

ÉMILE

Chaque jour dans votre maladie,
Tristement il venait...

VIOLETTA, *l'interrompant.*

C'est bien !
Mais aimer, moi ?... Jamais !

ÉMILE

Quoi ! plus rien ?...

VIOLETTA, *s'adressant à Rodolphe.*

Vraiment, monsieur, vous plaigniez ma souffrance ?

RODOLPHE

En doutez-vous ?

VIOLETTA

Ce serait une offense.
                    S'adressant au baron.
Vous, baron, souffriez-vous aussi ?

LE BARON

Moi, je viens depuis un an ici.

VIOLETTA

Lui, mon cher, c'est depuis une heure.

CLARA, *au baron.*

Cela va droit à votre demeure.

LE BARON, *bas, à Clara.*

Ce bellâtre m'agace!...

CLARA

Et pourquoi?
Franchement, il me plaît fort à moi.

ÉMILE, *à Rodolphe.*

Dis-nous donc quelque chanson nouvelle.

LE MARQUIS, *à Violetta.*

Allons, madame, à votre emploi.

VIOLETTA, *versant du vin à ses convives.*

Je suis Hébé... Je verse!

RODOLPHE

Ah! soyez donc comme elle,
Immortelle!

TOUS

A boire! qu'on verse du vin!

ÉMILE, *au baron.*

Cher baron, mettez-nous en train,
Un hymne à Bacchus, au gai refrain.

LE BARON, *à d'Orbel (Rodolphe)*

Vous, d'Orbel?

RODOLPHE

Ma muse n'est pas prête

ÉMILE

N'es-tu donc plus poète?

RODOLPHE, *à Violetta.*

Vous le voulez, madame?

VIOLETTA

Oui.

RODOLPHE

Oui?... Eh bien, chantons.

LE MARQUIS

Du silence!

TOUS

Silence! Écoutons!
Brindisi

RODOLPHE

I

Buvons, amis, noyons la vie
Au fleuve où tout meurt et s'oublie!
Buvons, buvons jusqu'à la lie,
Le vin
Fera fuir le chagrin!
Buvons à ces chimères
Qui ne durent qu'un jour,
Aux plaisirs éphémères
Qui passent sans retour.
Buvons!... Le bruit des verres
Ne fait pas fuir l'Amour.

VIOLETTA

II

Versez, buvons à la folie,
Au plaisir qui nous convie,
Plaisirs, amours, c'est notre vie;
Demain
Pour nous est-il certain?

Pauvres fleurs passagères,
Nous mourons en un jour.
Illusions, chimères,
Tout nous fuit sans retour...
Buvons!... Le bruit des verres
Ne fait pas fuir l'Amour.

TOUS

Buvons! Le bruit des verres
Ne fait pas fuir l'Amour.

VIOLETTA, *à Rodolphe*.

La vie est douce encore...

RODOLPHE

Oui, pour qui vous adore.

VIOLETTA

En est-il?... Je l'ignore.

RODOLPHE

C'est mon destin, à moi.

REPRISE DU CHŒUR

Buvons, etc.

TOUS

Quel bruit?

VIOLETTA

C'est le signal: la valse.

TOUS

La valse et l'amour... un double lien!

VIOLETTA

Allons danser!
        Elle s'arrête comme frappée d'une douleur aiguë.
        Grand Dieu!

Tous, *avec empressement.*

Qu'avez-vous donc?

Violetta, *cherchant à se remettre.*

Moi?... Rien.

Tous

Qui vous arrête, madame?

Rodolphe

Vous souffrez?

Tous

Ah! pauvre femme!

Violetta

Je suis mieux... Je suis tout à fait bien.

Tous

Ce n'était rien.

Les invités sortent en se dispersant dans les autres salons.

SCÈNE III

Violetta, Rodolphe, *puis* Émile

Violetta, *se croyant seule,
va se regarder dans une glace.*

Quelle pâleur!...

Dans la glace, elle voit Rodolphe.
Vous ici?

Rodolphe

Vous souffriez... et me voici!

VIOLETTA

Un malaise !

RODOLPHE

Non... non ! souffrance, maladie
Et de l'âme et du corps... Ménagez mieux vos jours.

VIOLETTA

Que vaut ma vie ?

RODOLPHE

Mille trésors pour moi qui voudrais pour toujours
La préserver de tous les maux.

VIOLETTA

Folie !...
Bah ! mes maux vont bientôt finir.

RODOLPHE

Vous blasphémez !... Dieu vous pardonne !

VIOLETTA, *pensive.*

Oui... Dieu !...

RODOLPHE

N'aimez-vous rien ?

VIOLETTA

Personne !
Jamais d'amour : j'appartiens au plaisir.

RODOLPHE

Personne !... Avez-vous un cœur ?

VIOLETTA

Un cœur ? Oui... peut-être...
Mais que vous importe, à vous ?

RODOLPHE

Le don d'un amour pur vous semblerait-il doux ?

VIOLETTA

Vous l'éprouvez?

RODOLPHE

Il me pénètre.

VIOLETTA

Vous m'aimiez sans me connaître?

RODOLPHE

Je vous aime à genoux!

DUO

Un jour, l'âme ravie,
Je vous vis... si jolie,
Que je vous crus sortie
Du céleste séjour
Était-ce donc un ange, une femme
Qui venait d'embrasser mon âme?
Las! je ne sais encor... mais depuis ce beau jour,
Je sais que j'aime d'un pur amour.

VIOLETTA

S'il était vrai, moi, sans détour,
Je dirais: « Fuyez vite! »
Lorsque le cœur est mort, rien ne le ressuscite.
Soyons amis, mais, croyez-moi,
Mieux vaut que l'on m'évite;
Je n'aurais plus d'amour, mon cœur n'a plus de foi.

RODOLPHE

Oh! non, point de blasphème!
Un noble cœur vous aime:
Aimez de même,
C'est le bonheur.

VIOLETTA

Amour, charmant délire,
Tu ne peux me séduire:
C'est le martyre
De notre cœur.

ÉMILE, *paraissant sur le seuil de la porte.*

Eh bien, que faites-vous ?

VIOLETTA, *riant.*

Du sentiment.

ÉMILE

Vraiment ?

Courage !

Il rentre dans la salle du bal.

VIOLETTA

Ami, vous voyez bien que je m'expose.

RODOLPHE

Vous dites vrai ; je pars.

VIOLETTA

Oui. Prenez cette rose.

Elle détache une rose de son bouquet de bal.

Pour me la rendre.

RODOLPHE

Quand ?

VIOLETTA

Elle sera fanée.

RODOLPHE

Alors demain ?

VIOLETTA

Demain.

RODOLPHE

Ah ! ma vie enchaînée !...

VIOLETTA

Point de folle promesse.

RODOLPHE

Elle vous est donnée.
J'en jure devant Dieu!

VIOLETTA, *lui tendant la main.*

Adieu!

RODOLPHE

Adieu!
Je pars heureux... Adieu!

VIOLETTA

Adieu!

Rodolphe sort.

SCÈNE IV

VIOLETTA, TOUS LES CONVIVES, *revenant du salon et échauffés par la danse.*

TOUS

La nature se décore
Des mille feux de l'aurore,
Et le jour nous trouve encore
Où nous retient le plaisir.
L'heure venue, on s'arrête,
Mais c'est avec le désir
De voir revenir la fête
Qui ne doit jamais finir.

Ils s'éloignent: Violetta les regarde sortir et demeure seule et pensive.

SCÈNE V

VIOLETTA, *seule*.

AIR

Récit

Quel trouble ?... En vain je voudrais m'en défendre
Mon faible cœur vient de se laisser prendre.
    Serait-il vrai ? Je puis aimer !...
    Je puis voir encor de ma vie
Renaître les beaux jours, et mon âme ennoblie,
Par l'amour épurée irait se transformer !...
    Est-ce rêve ou folie ?...

Chant

    J'hésite encore... et, faiblement,
      Je combats ma faiblesse.
    Est-ce l'amour ?... Jusqu'à présent
      J'avais fui son ivresse.
      Quoi ! j'irais en un jour
      Me donner une chaîne !
Ah ! je le sens, en vain notre âme altière
Voit le bonheur dans le seul don de plaire.
      Il est sur terre
    Un bien que l'on préfère,
Qui double le bonheur ; ce seul bien, c'est l'amour.
    Dans sa clémence, Dieu permit
      Que ma vie isolée
    Fût, par un amour qu'il bénit,
      Riante et consolée.
      D'un passé sans retour
      Abjurons la folie ;
      Rodolphe, à l'infamie
      Me ravit en ce jour.
Plaisirs menteurs, faux sentiments, arrière !
    Un seul est vrai, tout le reste est chimère :

Il n'est sur terre
Q'un seul bien qu'on préfère,
Qui double le bonheur; ce seul bien, c'est l'amour.
Folie!... ah! je suis insensée?
Quoi! liberté!... quoi! sentiments, pensée,
Je sacrifierais tout et jusqu'à mes plaisirs!
Moi, renoncer à mes caprices,
Donner tant de délices
Pour de tristes soupirs?...

Cabalette

Non, jamais!... ta destinée
Aux plaisirs t'a condamnée,
Pauvre femme abandonnée,
Livre-leur tes derniers jours.
Oui, ma tâche est sur la terre
De briller, fleur éphémère!
Je l'accepte, et je préfère
Les vains plaisirs aux amours!

RODOLPHE, *au-dehors,*
chantant sous les fenêtres de Violetta.

Point de retour
Vers ta gloire éphémère
Plaisirs menteurs, faux sentiments, arrière!
Il est sur terre
Un bien que je préfère
Qui double le bonheur; ce seul bien, c'est l'amour.

ACTE DEUXIÈME

Cour intérieure d'une maison de campagne.

A gauche un pavillon faisant saillie; fenêtre faisant face au public; porte donnant sur la cour. En face, à droite, façade latérale; porte au premier plan; au fond, un treillage élégant garni de plantes grimpantes à travers lequel on aperçoit les bâtiments extérieurs, devant le pavillon de gauche table et chaise de jardin, sur l'avant-scène et un peu sur la droite, un banc de jardin.

SCÈNE PREMIÈRE

RODOLPHE D'ORBEL

Récit

Non, non! loin d'elle
Tout plaisir est trompeur,
Et je reste où m'appelle
L'amour, seul vrai bonheur.

Depuis plus de trois mois heureux de sa tendresse,
Je ne la quitte pas, la douce enchanteresse;
    Mon univers, mes cieux
      Sont dans ses yeux.
    Elle m'a dit: « Ma vie
    Commence d'aujourd'hui;
    Sois généreux... oublie.

Au souffle de ton cœur, mon cœur se purifie.
Avec ton saint amour un nouveau jour m'a lui. »

Andante

Tout me le dit, cher ange,
Oui, dans ton cœur tout change.
Un bonheur sans mélange
M'est assuré, je croi...
    J'ai ta foi !
Par l'amour tout s'épure.
Ton serment me rassure ;
Ici tout me l'assure,
Je suis aimé de toi.

SCÈNE II

RODOLPHE, ANNETTE, *arrivant en costume de voyage.*

RODOLPHE

D'où venez-vous, Annette ?

ANNETTE

De Paris.

RODOLPHE

Quelque emplette ?...

ANNETTE

Non... Madame...

RODOLPHE

Parlez.

ANNETTE

      Veut vendre ses chevaux...
Son coupé... les harnais...

RODOLPHE

Se peut-il?

ANNETTE

Et si beaux!...

Le plus riche équipage!

RODOLPHE

C'est vrai.

ANNETTE

Ce projet est-il sage?

RODOLPHE

Non certes!... Il lui faudrait?

ANNETTE

Au moins vingt mille francs.

RODOLPHE

Va, cours à ta maîtresse, et, sans perdre de temps
Promets-lui tout... oui, dans quelques instants.

Annette sort.

SCÈNE III

VIOLETTA, ANNETTE, *puis* MAURICE

VIOLETTA

Rodolphe?

ANNETTE

Parti pour Paris.

VIOLETTA

Pour revenir?...

ANNETTE

Mais, madame, sans doute

Avant le soir.

VIOLETTA

Tu crois ?

Maurice lui présente une lettre sur un plateau d'argent.

MAURICE

Pour vous.

VIOLETTA

C'est bien.

A Annette.
Écoute :

On va venir. Dis que j'y suis.

Annette et Maurice sortent.

SCÈNE IV

VIOLETTA, *puis* GEORGES D'ORBEL,
introduit par MAURICE

VIOLETTA, *parcourant le billet qu'on lui a remis.*

Ah ! l'on a découvert ma retraite !
On m'invite... et l'on dansera !
Clara m'attend... la folle tête !...

MAURICE, *introduisant Georges d'Orbel.*

Monsieur... oui... la voilà !

VIOLETTA, *se retournant.*

Qu'est-ce donc ? Qui vient là ?

Maurice dispose deux sièges et se retire.

D'ORBEL, *s'asseyant.*

Nous sommes seuls ici ?

VIOLETTA, *étonnée*.

Sans doute.

D'ORBEL

D'Orbel, mon fils, peut-être nous écoute?...

VIOLETTA

Vous êtes?

D'ORBEL

Je suis père, et je viens vous ravir
Un fils qui me force à rougir.

VIOLETTA

Je suis chez moi, monsieur... et je suis femme;
Ne l'oubliez jamais... ce droit, je le réclame.

D'ORBEL

C'est juste... mais...

VIOLETTA

Je vous crois dans l'erreur.

D'ORBEL

Vous le ruinez, madame...

VIOLETTA

Oh! mais c'est une horreur!

Lui remettant les papiers qu'elle tenait à la main, en entrant.

Preuve visible...

D'ORBEL, *après avoir parcouru les papiers.*

Est-il possible?...

VIOLETTA

Le bien que j'aime est dans son cœur.

D'ORBEL, *après avoir achevé de lire.*

Grand Dieu!... Que vois-je? Agréez mon excuse,

Vous vendiez tous vos biens, et c'est vous que j'ac-
Ah! le passé s'efface...   [cuse!...

VIOLETTA

Oui, par le dévouement
J'aime Rodolphe, et mon amour dément
Le préjugé qui vous abuse.

D'ORBEL

Eh bien, prouvez-le-moi!

VIOLETTA

Jamais d'Orbel n'a douté de ma foi.

D'ORBEL

Daignez entendre un père qui supplie!

VIOLETTA, *l'arrêtant.*

Non, non!... j'ai peur! car c'est plus que ma vie
Que peut-être en ces mots, monsieur, vous demandez.

D'ORBEL

Oui... ma fille et mon fils... de leur sort décidez...
C'est mon trésor, ma vie;
Oui, c'est la fleur bénie,
Par le Seigneur choisie
Pour charmer mes vieux ans.
Las! sa candeur ignore
Qu'un noble cœur l'adore
Et que je puis encore
Renaître en mes enfants!
Écartons la souillure
De son front enchanteur,
De cette enfant si pure
Pouvez-vous être sœur?

VIOLETTA

Je vous comprends... Je vois ce qu'on réclame:
On veut que je m'éloigne... Eh bien, je m'y soumets...
Puis?...

D'ORBEL

Il faut plus encor...

VIOLETTA

Quoi donc?

D'ORBEL

Il faut, madame.

VIOLETTA

Me séparer de lui?... moi, j'y consentirais!

D'ORBEL

Par grâce!...

VIOLETTA

Oh! non... jamais!
Je l'adore, et ma vie
A la sienne est unie;
Voulez vous que j'oublie
Ma promesse et mon devoir?...
Non! de nous séparer, Dieu seul a le pouvoir!
Eh! qu'importe ma tendresse!
Par la mort, hélas! tout cesse.
Vous voyez bien ma faiblesse;
Croyez-moi, tout va finir,
Le trépas va me défendre,
Ah! pourquoi ne pas attendre:
Laissez-le-moi, je vais bientôt mourir!

D'ORBEL

Non, vous ne mourrez pas; que l'âme se délivre
D'un amour qui l'enivre...
Et vivez!...

VIOLETTA

Mais pour qui vivre?
Sans lui, je reste seule et ne puis que souffrir.

D'ORBEL

Blasphème!... Vous vivrez... et pour vous repentir.

VIOLETTA

Monsieur!...

D'ORBEL

Il vient un jour, ma chère,
Et ce jour va bientôt venir,
Où tout amour sincère
N'est plus qu'un souvenir;
Que votre cœur oublie
Un instant de folie,
Car le nœud qui vous lie
Dieu n'a pu le bénir.

VIOLETTA

C'est vrai!

D'ORBEL

Ce n'était qu'un doux rêve...
Ah! sondez votre cœur...
Le devoir vous relève
De ce serment trompeur.

VIOLETTA

Mais ce serment, pour jamais il m'oblige,
Et le trahir est un crime à mes yeux;
Est-ce Rodolphe, en ce jour qui l'exige?
Qu'il vienne donc me le reprendre aux cieux.

ENSEMBLE

VIOLETTA

Ah! de mes larmes,
De mes alarmes,
Par grâce, ayez pitié, le ciel vous bénira!
Laissez-moi vivre,
De cet amour dont je m'enivre,
Un jour... encor un jour... ma mort le finira.

D'ORBEL

Pleure, tu me désarmes;
Tes pleurs, Dieu les verra.
Fais sur mon cœur tomber les larmes
Que dans le ciel Dieu comptera.

VIOLETTA

Qu'ordonnez-vous?

D'ORBEL

De le fuir... Plus encore.

VIOLETTA

Il me suivra.

D'ORBEL

C'est vrai.

VIOLETTA

Car il m'adore.

D'ORBEL

Eh bien!

VIOLETTA

Je cède!... A vous tout mon bonheur.
Embrassez-moi; fortifiez mon cœur;
Je me rends à vos vœux... Pour vous je l'abandonne
Et que Dieu vous pardonne.

D'ORBEL

Mais vous, madame?...

VIOLETTA

En lui rendant sa foi,
Je vais mourir.

D'ORBEL

Exigez tout de moi.

VIOLETTA

Ah! que du moins il sache
Qu'il emporte mon cœur;
Mais surtout qu'on lui cache
L'excès de ma douleur.

D'ORBEL

Non, tu vivras, ma fille;
Dieu, qui te voit souffrir,
Te donne une famille
Pour t'aimer, te bénir.

ENSEMBLE

VIOLETTA

Oui, de mon sacrifice,
J'attends que l'Éternel,
Dans sa bonté propice,
Me récompense au ciel.

D'ORBEL

Oui, de ton sacrifice,
Attends que l'Éternel,
Dans sa bonté propice,
Me récompense au ciel.

VIOLETTA

On vient... partez!

D'ORBEL

Adieu... Soyez bénie.

VIOLETTA

Merci... Dès ce moment ma vie
Est tout à Dieu,
Adieu!
D'Orbel sort par la porte du jardin.

SCÈNE V

VIOLETTA, *seule ; ensuite* ANNETTE, *puis* RODOLPHE

VIOLETTA

O mon Dieu, soutiens-moi !
Elle se met à une table, écrit, puis fait résonner un timbre.

ANNETTE

Vous m'appelez ?

VIOLETTA

Avance...

Va porter cette lettre.

ANNETTE

Où ?

VIOLETTA

Regarde.
Annette lit la suscription et paraît surprise.
Et silence !

Annette sort.

Tout finit aujourd'hui.

Elle se remet à écrire.

Allons, écrivons-lui...

RODOLPHE, *paraissant tout à coup.*

C'est moi !

VIOLETTA, *cachant vivement sa lettre.*

Grand Dieu !

RODOLPHE

Cher ange !

VIOLETTA

C'est lui!

RODOLPHE

Quel trouble étrange!
Qu'écrivais-tu?

VIOLETTA

Moi?... Rien.

RODOLPHE

Je veux le voir.

VIOLETTA

Oh! non!

RODOLPHE

Mais ton trouble
A chaque instant redouble.

VIOLETTA

Pardon!

RODOLPHE

Dis-moi... mon père...

VIOLETTA

Il arrive?

RODOLPHE

Non; mais il suffit qu'il m'écrive.
Je l'attends... De lui ne crains rien.

VIOLETTA

Ami, tu le sais bien,
J'ai peur de sa présence.
Laisse-moi fuir... Je sens d'avance
Mon cœur frémir.
Plus tard, je pense

Ne plus faiblir.
Dis à ton père
Que j'ai ton cœur ;
Que c'est sur terre
En ma misère,
Mon seul bonheur.

RODOLPHE

Oh ! oui... mon cœur t'adore.
Violetta, qui allait s'éloigner, revient à Rodolphe.

VIOLETTA

Et puis tu lui diras encore,
Je sens bien... Mais non... non, au revoir...
Plus tranquille... et tu ne peux savoir
Jusqu'où va mon espoir !
Adieu... je t'aime !
Songe au serment suprême
Que de toi-même
J'ai reçu dans ce lieu.
Allons... Adieu !
Elle sort vivement et court au jardin.

SCÈNE VI

RODOLPHE, *seul, suivant Violetta des yeux.*

Ton cœur est bien à moi, cher ange !
Mon père ne vient pas ; ce retard est étrange.
*En se retournant vers la droite, il voit son père qui paraît
sur le seuil de la porte. Celui-ci tend la main à Rodolphe.*

SCÈNE VII

RODOLPHE, GEORGES D'ORBEL

D'ORBEL

Lorsqu'à de folles amours
Tu livrais tes plus beaux jours,
Sur toi je pleurais sans cesse.
Et, désormais sans pouvoir,
Hélas ! il me fallait voir,
Dans ces amours sans espoir,
Se perdre ainsi ta jeunesse.
Va, de ton cœur généreux
L'erreur ne fut point un crime,
Mais fuis un bonheur douteux,
Car l'amour né de l'estime
Est le seul qui rend heureux

Ne reviendras-tu jamais
Dans cet asile de paix
Où s'écoula ton enfance ?
Pour un fugitif bonheur,
As-tu chassé de ton cœur
Le souvenir enchanteur
Du beau ciel de la Provence ?
Viens revoir ce ciel d'azur ;
Là, ta mère te réclame,
Dans son amour tendre et pur
Tu trouveras pour ton âme
Le refuge le plus sûr.

Tu ne réponds pas à ton père ?

RODOLPHE

Pour toujours je ne puis la fuir,
Laissez-moi.

D'ORBEL

Te laisser ?

RODOLPHE

Ma mère !...

D'ORBEL

Voudras-tu donc la voir mourir ?

RODOLPHE

Oh ! moi ! plutôt...

D'ORBEL

Reviens près d'elle.

RODOLPHE

Non.

D'ORBEL

C'est toi, c'est son fils que son amour appelle.

SCÈNE VIII

LES MÊMES, UN VALET, *accourant*.

LE VALET

Monsieur sera surpris,
Madame est montée en voiture
Avec Annette : Elle part pour Paris.
J'ai trouvé ce billet. C'est bien son écriture.
                    Il remet une lettre à Rodolphe.

RODOLPHE, *lisant*.

« Rodolphe, quand vous lirez cette lettre... »
*Il pousse un cri terrible, s'élance dans le pavillon à
gauche, sonne, appelle, et rentre par la porte du fond
en s'écriant :* Ah ! je me vengerai ! *Il tombe dans les
bras de son père.*

ACTE TROISIÈME

Galerie dans l'hôtel de Clara, richement ornée
et illuminée.

*Une porte au fond et deux portes latérales; à droite au
premier plan, une table de jeu; à gauche, un guéridon
avec des fleurs et des rafraîchissements; des sièges, un
divan.*

SCÈNE PREMIÈRE

CLARA, LE MARQUIS, LE DOCTEUR
et D'AUTRES INVITÉS,
entrant par la gauche et causant entre eux.

CLARA

Oui, chers amis, oui, notre joyeux bal
Finit le carnaval.
Rodolphe y vient sans doute... et son infante.

LE MARQUIS

Ignorez-vous encore, de ce couple amoureux,
La rupture éclatante ?

CLARA *et* LE DOCTEUR

Rupture ?

LE MARQUIS

Eh ! oui ; pour le baron, tant mieux !

LE DOCTEUR

Hier, je les vis encor dans un doux tête-à-tête.

CLARA

On s'aime, alors ?

TOUS, *allant vers la droite.*

Messieurs, voici la fête !

SCÈNE II

LES MÊMES, UNE FOULE D'INVITÉS,
portant le costume de Bohémiens.

CHŒUR DE BOHÉMIENS

Enfants de la Bohême,
Rions, chantons quand même !
Sans songer au chagrin
Qui nous attend demain.
Quel est le plus heureux temps de la vie ?
Le carnaval...
Où règnent seuls l'amour et la folie !
C'est dans un bal.
Si vous voulez apprendre
Votre futur destin,
Livrez-nous votre main,
Et, sans vous faire attendre,
Nous allons vous surprendre
Par un savoir certain.
Nous apprenons aux jaloux
Si leurs femmes sont fidèles,
Et nous prédisons aux belles
Les plus dociles époux.

Nous possédons les secrets
Qui redoublent la tendresse ;
De la fortune traîtresse
Nous corrigeons les méfaits.

S'adressant à Clara et lui prenant la main.

Voyons... vous!... Là... là... dans cette ligne fatale,
Oui, je crois voir... oh! oui, je vois une rivale !

UNE AUTRE BOHÉMIENNE, *au marquis.*

Pour la fidélité
Vous n'êtes point cité.

LE MARQUIS, *à Clara.*

C'est une calomnie ;
Vous seule avez mon cœur.
Marquis, je vous défie !
La moindre perfidie
Dont vous seriez l'auteur,
Aimable séducteur,
Trouverait un vengeur !

TOUS

Allons, point de querelle,
La gaieté nous appelle ;
Pour l'amant infidèle
Montrons-nous indulgents.
Ici tout est frivole,
Jusqu'aux tendres serments ;
Au plaisir qui s'envole
Livrons tous nos instants.

SCÈNE III

LES MÊMES, ÉMILE ET D'AUTRES INVITÉS, *sous des habits
de matadors et de picadors espagnols.*

ÉMILE ET LE CHŒUR DES MATADORS

Ah! venez les voir
Ces héros des Espagnes!
  Ils ont, pleins d'espoirs,
Déserté leurs montagnes.
  Galants picadors,
Favoris des Altesses,
  Vaillants matadors
Cités pour nos prouesses.
Nous allons, pour vous plaire encor,
Vous chanter, ô mes belles filles!
La chanson du toréador
Qu'aimait la perle des Castilles!
              Écoutez!...

ÉMILE ET LES TÉNORS

A Pédro, dont l'œil noir brille
Comme aux cieux brille l'éclair,
Son cher trésor, Inésille,
Disait de son plus doux air:
« Que ferais-tu pour me plaire
Et pour m'obtenir un jour?
  — Ce qu'on n'a jamais pu faire,
Je le ferai, mon amour.
— Eh bien, donc, sur tes rivaux
Prends, en un jour, cet avantage:
  Il faut avoir le courage
  De terrasser cinq taureaux.
    Si tu sors vainqueur
    D'une lutte étrange,
    Ta mie, en échange,
    Te donne son cœur.
Va! pour toi s'ouvre l'arène,
Vois la mort avec mépris;
En héros souffre la peine
Dont ma main devient le prix.
Oui, mon Pédro sera brave,
Car il veut vaincre pour moi;
D'Inésille il est l'esclave,
Des matadors il est roi! »

Parmi les plus beaux
D'une riche étable,
L'amant indomptable
Choisit cinq taureaux.
Dans la lice immense
Bientôt il s'élance,
Et, par sa vaillance,
Se montre un héros.
Or, Pédro, que rien n'étonne,
Cinq fois a donné la mort,
Et vient chercher la couronne,
Présage d'un plus doux sort.
Et l'on prétend qu'Inésille,
Après de nobles tournois,
Du matador de Castille
Paya les vaillants exploits.
Ce qui prouve que la gloire
Doit séduire un tendre cœur,
Et qu'une double victoire
Est le prix de la valeur.

Les hommes ôtent leurs masques ; quelques-uns se promènent, d'autres se placent à des tables de jeu.

SCÈNE IV

LES MÊMES, RODOLPHE, *ensuite* VIOLETTA
avec LE BARON *puis* UN DOMESTIQUE

TOUS

Rodolphe ! vous ici ?

RODOLPHE

Moi-même.

CLARA

Et votre amie ?

RODOLPHE

Je suis seul.

TOUS

Libre enfin! Alors, une partie.
A la table de jeu; il a pour partenaire le vicomte Létorières. — Violetta entre, donnant le bras au baron. — Clara s'empresse d'aller au-devant d'elle.

CLARA, *à Violetta.*

On te désire ici.

VIOLETTA

A moi qui s'intéresse?
　　　　　　　Elle tend la main à Clara.

CLARA

Celle que ta main presse.

VIOLETTA

Bonne Clara, merci!

CLARA, *bas, à Violetta.*

Rodolphe est là, ma chère.

VIOLETTA, *à part.*

Ciel! d'Orbel en ces lieux!

LE BARON

Est-ce un hasard prospère
Qui le montre à nos yeux?
J'y crois peu.

VIOLETTA, *à part.*

Ciel! pourquoi suis-je venue?
Mon Dieu, prenez pitié de moi!

CLARA, *la faisant asseoir près d'elle.*

Parais donc moins émue,
On a les yeux sur toi!

RODOLPHE, *jouant.*

Bon! quatre!

LES JOUEURS

O sort rebelle!

RODOLPHE

Le proverbe est fidèle :
« Maltraité par sa belle… »

LES JOUEURS

« Et gâté par le sort! »

RODOLPHE

Le bonheur me caresse,
Je veux gagner sans cesse,
Et filer dans l'ivresse
Des jours de soie et d'or.

LES JOUEURS

Seul?…

RODOLPHE

Oh! non, car j'aime une femme
A qui rien ne manque… qu'une âme!

VIOLETTA

Je meurs!

ÉMILE, *bas, à Rodolphe.*

Pitié, d'Orbel!

LE BARON, *se levant furieux.*

Monsieur!

VIOLETTA, *bas, au baron.*

Silence, au nom du ciel.

RODOLPHE, *toujours assis, et se tournant vers le baron,
d'un air railleur.*

Baron, vous vouliez dire?…

LE BARON

Que vous êtes heureux ;
Votre exemple m'attire.

RODOLPHE

Vraiment ? Jouons tous deux.
*Le baron va prendre la place d'Émile, qui se met du côté
de Rodolphe.*

VIOLETTA, *à part.*

Ah ! de terreur mon sang se glace !
Je ne puis cacher mon effroi.

LE BARON, *aux parieurs qui l'entourent.*

Deux cents louis pour moi !

RODOLPHE, *de même.*

Autant pour moi, de grâce !
  Ils jouent, Rodolphe tient les cartes.
Gagné ! Le dix et l'as !

LE BARON

Doublons !

RODOLPHE

Et pourquoi pas ?

ÉMILE, *nommant les cartes.*

Roi, dame et dix !

TOUS

Encore !

RODOLPHE

Ah ! vraiment je déplore...

TOUS

La fortune l'adore
Et s'attache à ses pas.

CLARA

Messieurs, il vous faut clore
Ces ruineux débats.

RODOLPHE

Encore un coup!

UN DOMESTIQUE, *Clara s'est approchée de lui*
et lui a parlé bas.
— Il lui répond.
Oui, madame est servie

VIOLETTA, *à part.*

Je vais laisser ici la vie,
J'ai peur! mon cœur est abattu!

RODOLPHE, *au baron, avec ironie.*

Vous croyez-vous battu?

LE BARON

Aux cartes, oui, peut-être
Ai-je trouvé mon maître.

RODOLPHE, *baissant la voix.*

A d'autres jeux, ce soir...

LE BARON

C'est difficile...
Pourtant...

RODOLPHE

Vous seriez plus habile.
Ou demain...

LE BARON

Au revoir!...

Ils sortent.

SCÈNE V

VIOLETTA, *seule.*

*Violetta a accompagné le baron et Rodolphe jusqu'au
  fond du théâtre ; elle revient avec anxiété, après avoir
  glissé furtivement quelques mots à l'oreille de Rodolphe.*

Il viendra, j'en suis certaine ;
Une force le ramène...
Non, l'amour !... plutôt sa haine,
Sa colère et son mépris !

SCÈNE VI

VIOLETTA, RODOLPHE

RODOLPHE

Vous me demandez, madame ?

VIOLETTA

Et vous en êtes surpris ?
Mais le trouble de mon âme...

RODOLPHE

Me serais-je donc mépris ?
Parlez, je puis vous entendre.

VIOLETTA

Non, partez !

RODOLPHE

C'est trop prétendre.

VIOLETTA

Je crains un danger pour vous.

RODOLPHE

Ah! pour moi, calmez vos craintes.
Et point de ces terreurs feintes;
Mais convenez, entre nous,
Que, possesseur de vos charmes,
Un autre a droit à des larmes
Dont on doit être jaloux.

VIOLETTA

Je supporterai, j'espère,
L'ironie ou la colère :
Mais je veux sauver vos jours!

RODOLPHE

Vous avez brisé ma vie!

VIOLETTA

Conserve-la, je t'en prie!

RODOLPHE

C'en est fait! Sans mes amours,
Elle est flétrie,
Ah! pour toujours.
Veux-tu me rendre mon amie!

VIOLETTA

Tu pourrais?...

RODOLPHE

Et même
J'oublierai tout... Je t'aime!...

VIOLETTA

J'ai fait un serment sacré;
Ma tendresse est promise... et mon cœur déchiré.

RODOLPHE

Eh bien; dis-le, sois sincère.

VIOLETTA

Non, je veux, je dois me taire.

RODOLPHE

Vous l'aimez?

VIOLETTA, *avec effort.*

Oui!...

RODOLPHE

O courroux!

VIOLETTA, *à part.*

Il croit!... Ciel!...

RODOLPHE, *allant à la porte.*

Accourez tous!

SCÈNE VII

LES MÊMES, ÉMILE, LE DOCTEUR, CLARA, LE BARON, *et*
TOUS LES AUTRES INVITÉS

TOUS

Quel tapage! Est-ce un drame?

RODOLPHE

Connaissez bien cette femme.

TOUS

Qui, Violetta?

RODOLPHE

Oui, nos vrais juges, c'est vous!

VIOLETTA

J'expire!

Elle s'appuie contre une table.

TOUS

Nous ?

RODOLPHE

Aveugle et méprisable,
Mais par amour coupable,
J'acceptai, misérable !
Qu'elle vendît pour moi son bien.
De ce honteux partage
Je repousse l'outrage,
Que mon or me dégage...

Il lui jette son or.

Je ne lui dois plus rien.
Violetta tombe évanouie dans les bras de Clara et du docteur.

TOUS

Ah ! c'en est trop ! insulter une femme !
Honte sur vous, monsieur, car c'est infâme.
L'outrage fait avec tant d'impudeur,
En pareil cas, n'est que pour l'insulteur.

SCÈNE VIII

LES MÊMES, GEORGES D'ORBEL

D'ORBEL, *qui a vu l'action de son fils.*

Votre conduite... ah ! qu'on le sache,
Me fait horreur ; elle est d'un lâche,
Oui, le lâche, lui seul peut profiter
De l'effroi d'une femme et l'insulter.

RODOLPHE

A moi la honte et l'infamie !
Où désormais cacher ma vie !
Mon trépas seul verra finir

Mes remords et mon repentir !
Mon cœur jaloux, lâche vengeance !
S'est révélé par cette offense ;
Toi, que j'aimais, pardonne-moi ;
Je puis du moins mourir pour toi.

LE BARON

De cet affront, de cette offense
Mon bras saura tirer vengeance ;
Oui, mon honneur m'en fait la loi.
Ignoble insulteur, attends-moi !

TOUS

De cet affront, de cette offense,
C'est à lui seul qu'est la vengeance,
On voit la mort sans nul effroi,
Quand de l'honneur on suit la loi.

VIOLETTA, *revenant à elle.*

A toi, Rodolphe, à toi ma vie !
Ami, pardonne, et moi j'oublie
Ce que mon âme, hélas ! a dû souffrir.
Je suis heureuse et vois ton repentir.
Ne me plains pas de ma souffrance,
Car j'ai du moins une espérance,
Un bonheur certain, une foi :
C'est de mourir n'aimant que toi !

D'Orbel emmène son fils ; le baron les suit. — Violetta est entraînée par Clara et le docteur. Les autres se dispersent.

ACTE QUATRIÈME

Chambre à coucher de Violetta.

Au fond, un lit avec des rideaux à moitié tirés; une fenêtre fermée à l'intérieur; près du lit, un guéridon sur lequel se trouvent : une carafe d'eau, un verre et plusieurs médicaments; au milieu du théâtre, une toilette, et, auprès, une causeuse; plus loin, une console sur laquelle brûle une veilleuse; meubles et sièges confortables; une porte à gauche; au fond, une cheminée avec du feu.

SCÈNE PREMIÈRE

VIOLETTA, *dormant sur le lit;* ANNETTE, *sommeillant également, à côté de la cheminée.*

VIOLETTA, *s'éveillant.*

Annette ?

ANNETTE, *se réveillant un peu troublée.*

Me voici.

VIOLETTA

Tu dormais, pauvre fille ?

ANNETTE

Ah ! pardonnez !

VIOLETTA

Apporte un verre d'eau.
Annette lui apporte à boire.
Le ciel est-il bien beau ?

ANNETTE

Oh ! oui, bien beau !

VIOLETTA

Vois si le soleil brille.
Annette va entrouvrir la fenêtre et regarde dans la rue.

ANNETTE

Ah ! le docteur Germont !

VIOLETTA

Germont : un noble ami !
Qu'il entre !... Il me verra... Je veux aller à lui...
*Elle se lève et retombe ; puis, soutenue par Annette, elle
se traîne péniblement vers le canapé. Le docteur, qui
entre au même instant, lui offre son bras et l'aide à se
placer sur le canapé. — Annette apporte des coussins.*

SCÈNE II

LES MÊMES, LE DOCTEUR GERMONT

LE DOCTEUR

Comment vous trouvez-vous ?

VIOLETTA

Docteur, je souffre encore.
Montrant sa poitrine.

Là, le feu me dévore.
Mais mon âme est plus calme, je le sens ;
Car j'ai reçu des secours bien puissants.

LE DOCTEUR

Et cette nuit ?

VIOLETTA

J'ai fait un bien doux rêve.

LE DOCTEUR

Bon ! tout va mieux ; la guérison s'achève !

VIOLETTA, *souriant.*

La charité fait mon ami menteur.

LE DOCTEUR, *se lève et serre la main de Violetta.*

Allons , adieu !...

VIOLETTA

Vous reviendrez ?

ANNETTE, *bas, au docteur, en le reconduisant.*

Docteur ?...

LE DOCTEUR, *bas.*

La mort vient à grands pas ; veille et sois toujours prête.

Il sort.

SCÈNE III

VIOLETTA, ANNETTE

ANNETTE, *à part.*

Pitié, mon Dieu !

VIOLETTA

C'est, je crois, jour de fête.

ANNETTE

Oui, tout est joie aujourd'hui dans Paris.

VIOLETTA

Et la misère en vain fait entendre ses cris...
Ouvre-moi ce tiroir.

Elle indique un meuble du fond.

ANNETTE

Parlez moins... par prudence.

VIOLETTA

Combien y reste-t-il?

ANNETTE, *tirant des billets et de l'or.*

Quatre cents francs, je pense.

VIOLETTA

Prends la moitié pour toi; l'autre est aux malheureux.

ANNETTE

Oh! non!

VIOLETTA

Tu le feras, Annette... Je le veux!

Annette sort.

SCÈNE IV

VIOLETTA, *seule, tirant une lettre de son sein. Elle lit:*

« Vous avez tenu votre promesse. Le duel a eu lieu. Le
baron a été blessé, mais il va mieux. Rodolphe a passé la
frontière; je lui ai moi-même révélé votre sacrifice, et il

viendra vous demander pardon. Moi aussi, je viendrai... Soignez-vous... Vous méritez un avenir meilleur. — GEORGES D'ORBEL. »

    J'attends... j'attends! La mort veut-elle attendre?

Elle se regarde dans un miroir.

Combien je suis changée!... Ils viendront me sur-
[prendre!

   A chaque instant. Oui, je crois les entendre.

Romance

> Adieu, tout ce que j'aime!
> Adieu, mon bien suprême!
> Je le sens, la mort même
> Ne peut nous désunir.
> > Dieu, fais que j'oublie
> > Une ardeur impie;
> > Accepte ma vie
> > Et mon repentir!
> > Seigneur, fais-moi grâce,
> > La mort me menace;
> > Du moins qu'elle efface
> > Mes torts à tes yeux.
> A mon âme, ouvre les cieux!

> > Adieu!... Ta pauvre amie
> > A son amour ravie,
> > Bientôt dans l'autre vie
> > Ira t'aimer encor;
> > Oui, pauvre égarée,
> > Mon âme ulcérée,
> > Dans peu délivrée,
> > Prendra son essor.
> > Entends ma prière,
> > Seigneur, ô mon père!
> > Pour faveur dernière,
> > Permets, ô mon Dieu!
> Que j'emporte son adieu!

*A ce moment, une musique carnavalesque se fait en-
tendre, c'est la* Marche du bœuf gras. *Violetta retombe
anéantie, sous ses fenêtres on chante le chœur suivant:*

CHŒUR, *au-dehors*.

I

C'est le bœuf gras, le héros de la fête!
Place à ce roi dont le règne est d'un jour!
Que, dans sa marche, ici rien ne l'arrête;
N'a-t-elle pas un funeste retour!
    Parisiens, faites-lui place,
    Venez admirer sa grâce;
    Vraiment, il est sans rival,
    Le héros du carnaval!

II

Voyez son front, c'est la majesté même;
Convenez-en, jamais on n'a connu,
Dans notre France et dans l'univers même,
Un bœuf plus beau, plus gras et mieux venu.
    Parisiens, chantez sa gloire,
    Il n'a qu'un jour de victoire;
    Car demain sera fatal
    Au héros du carnaval.

SCÈNE V

VIOLETTA, ANNETTE

ANNETTE, *accourant*.

Madame.

VIOLETTA

Où es-tu donc?

ANNETTE

Ne tremblez pas.

VIOLETTA

A moi ?

ANNETTE

Mais surtout soyez forte.

VIOLETTA

Enfin, pourquoi ?

ANNETTE

Ne devinez-vous pas ?
Monsieur Rodolphe est sur mes pas.

VIOLETTA

Dis-tu vrai ?... dis-tu vrai ?

ANNETTE

Vous me croyez à peine.

VIOLETTA

Il serait en ces lieux ! et bientôt dans mes bras !
*Annette va ouvrir la porte ; Violetta fait de vains efforts
pour aller au-devant de Rodolphe, ses forces la trahis-
sent. Rodolphe paraît sur le seuil de la porte, pâle
d'émotion. Ils se jettent dans les bras l'un de l'autre.*

SCÈNE VI

VIOLETTA, RODOLPHE, ANNETTE

ENSEMBLE

VIOLETTA

Oui, dans mes bras, l'amour seul t'y ramène !

RODOLPHE

Oui, dans tes bras, mon amour m'y ramène !

RODOLPHE

Ah! ma tendresse à toi m'enchaîne!

VIOLETTA

Doux moment, ô faveur soudaine!

RODOLPHE

Ange adoré, pardonne-moi...
Mon cœur avait douté de toi!

VIOLETTA

Le mien te pardonne, et j'oublie,
Car tu viens me rendre la vie.

RODOLPHE

Oui, tu vivras, ô mon amie,
Pour mon bonheur, pour mon amour.

VIOLETTA

Déjà du ciel je suis bénie,
Puisqu'il m'accorde ton retour!

RODOLPHE

Allons chercher un ciel propice,
Où nous vivrons pour nous chérir.

VIOLETTA

Et prions Dieu pour qu'il bénisse
Les nœuds qui doivent nous unir.

RODOLPHE

Loin de Paris, viens, tendre amie.
Partout ton époux te suivra;
Et bientôt fraîche et plus jolie,
La rose à ton front renaîtra.
     Heureux présage!
     Sa douce image
     Sur ton visage
     Refleurira.

VIOLETTA

Je te suivrai partout! je t'aime!
Avec toi mes maux vont finir;
Dieu me donne un bonheur suprême
En faveur de mon repentir.
L'amour m'enivre,
Je vais te suivre,
Et je veux vivre
Pour te bénir.
Partons, partons, une heure fuit si vite.
Point de retard!

*Elle fait quelques pas, chancelle, porte la main à sa
poitrine et dit:*
Quelle douleur subite!...

RODOLPHE

Dieu! tu pâlis!

VIOLETTA

Non, ce n'est rien.
Ami, ton bras... voici le mien.
Je puis marcher, tu le vois bien.

RODOLPHE, *à part.*

Quelle faiblesse!

VIOLETTA

Allons, qu'Annette
Vienne m'aider à ma toilette.

RODOLPHE, *à part.*

Elle chancelle!

VIOLETTA

Oh! non. Ça va finir.

RODOLPHE

Restons, amie.

VIOLETTA

Oh ! je voudrais sortir !

*Annette présente une robe que Violetta essaye de passer ;
vaincue par la douleur, elle rejette la robe et retombe
anéantie sur le canapé.*

Grand Dieu ! J'expire !

RODOLPHE, *épouvanté.*

O ciel, que faire ?

Un médecin !

Annette s'apprête à sortir.

VIOLETTA, *à Annette.*

Va, cours. Son art, j'espère,
Me sauvera ; va, dis-lui bien
Que je veux vivre,
Mais pour le suivre
Lui, mon Rodolphe, mon seul bien !
Surtout, dis-lui que je l'adore ;
Qu'il est auprès de moi, dis-lui qu'il m'aime encore.

Annette sort.

SCÈNE VII

VIOLETTA, RODOLPHE

VIOLETTA

Eh quoi ! si tôt mourir !
A son printemps quitter la vie !
Ne plus voir refleurir
Les frais gazons de la prairie !
Un seul matin vivent les fleurs,
La mort prend les plus belles,
J'aurai vécu comme elles
Et comme elles, je meurs !

RODOLPHE

Non, Dieu ne voudra pas.
Pour te placer parmi les anges,
T'arracher de mes bras
Même pour chanter ses louanges.
S'il faut à son ordre éternel
Qu'ici je me soumette,
Du moins qu'il me permette
De te suivre dans le ciel.

VIOLETTA

Mon Rodolphe... oui... je t'adore !

RODOLPHE

Parle amie... Ah ! parle encore.

VIOLETTA

Que j'embrasse... mon époux...

RODOLPHE

Je te le jure à genoux !...

SCÈNE VIII

LES MÊMES, D'ORBEL, LE DOCTEUR

D'ORBEL, *s'élançant vers Violetta.*
Oui, ma fille !

VIOLETTA, *essayant de se soulever.*
Vous ici ?

RODOLPHE

Mon père !

VIOLETTA

Ah! soyez béni!

D'ORBEL

Je remplis ma promesse,
Chère enfant, ma tendresse
M'a conduit en ces lieux.

VIOLETTA

Oui, je reçois vos adieux;
C'est une pauvre mourante
Qui vous tend aujourd'hui sa main reconnaissante.

D'ORBEL

Ah! vous doublez mes regrets.

RODOLPHE, *montrant Violetta à son père.*

Voilà celle que j'aimais.

D'ORBEL

Oui, le remords m'accable;
Oui, je comprends combien je fus coupable!
Mon orgueil fut implacable,
Quelle était mon erreur?
J'ai méconnu son cœur,
Maudissez-moi! Mais, hélas! j'étais père.

VIOLETTA, *lui tendant la main.*

J'ai pardonné!
*Elle ouvre avec peine un tiroir de sa toilette, et en tire un
médaillon qu'elle présente à Rodolphe.*
Toi, pour grâce dernière,
Prends donc. Ce portrait fut jadis
Ma douce et fraîche image.
A toi ce dernier gage
Dont tu connais le prix.

RODOLPHE

Ah! ne meurs pas. J'espère
De Dieu, par ma prière,

Désarmer la colère
Et te rendre au bonheur !

D'ORBEL

Douce et noble victime,
Mon erreur fut un crime,
Et ton amour sublime
Seul a rempli son cœur.

VIOLETTA, *à Rodolphe.*

Un jour, une autre amie
Embellira ta vie.
Donne-lui, je t'en prie,
Ce que tu tiens de moi.
Peins-lui ma mort cruelle,
Et fais-la bénir celle
Qui priera Dieu pour elle
En le priant pour toi.

D'ORBEL, LE DOCTEUR, ANNETTE

Tant de douceur et tant de charmes
Ne pourront-ils fléchir le sort ?
Tant que mes yeux auront des larmes,
Il me faudra pleurer sa mort.

VIOLETTA

O mes amis, séchez vos larmes ;
Ne dois-je pas bénir le sort ?
    Le trépas a des charmes
Quand le repos est dans la mort.

RODOLPHE

Quoi ! tant d'amour, de douceur et de charmes
Ne pourront-ils, hélas ! vaincre le sort ?
    Dieu qui vois nos alarmes,
    Viens arrêter nos larmes,
Ne permets pas que nous pleurions sa mort.

VIOLETTA, *se soulevant, ranimée.*

Rodolphe !

TOUS

Ciel!

VIOLETTA

Dieu nous entend; à genoux! prie
Oui... mon ami... je crois que je reprends la vie.
Attends... attends... Non... bonheur éternel!
J'expire!

Elle retombe morte.

TOUS

Adieu! adieu! Elle est au ciel!

ANNEXES

PRÉFACE DE JULES JANIN
AU ROMAN
(1851-1852)

MADEMOISELLE MARIE DUPLESSIS

Il y avait en l'an de grâce 1845, dans ces années d'abondance et de paix où toutes les faveurs de l'esprit, du talent, de la beauté et de la fortune entouraient cette France d'un jour, une jeune et belle personne de la figure la plus charmante, qui attirait à elle, par sa seule présence, une certaine admiration mêlée de déférence pour quiconque, la voyant pour la première fois, ne savait ni le nom ni la profession de cette femme. Elle avait en effet, et de la façon la plus naturelle, le regard ingénu, le geste décevant, la démarche hardie et décente tout ensemble, d'une femme du plus grand monde. Son visage était sérieux, son sourire était imposant, et rien qu'à la voir marcher, on pouvait dire ce que disait un jour Elleviou d'une femme de la cour : Évidemment, voici une fille ou une duchesse.

Hélas ! ce n'était pas une duchesse, elle était née au bas de l'échelle difficile, et il avait fallu qu'elle fût en effet belle et charmante pour avoir remonté d'un pied si léger les premiers échelons, dès l'âge de dix-huit ans qu'elle pouvait avoir en ce temps-là. Je me rappelle l'avoir rencontrée un jour, pour la première fois, dans un abominable foyer d'un théâtre du boulevard, mal éclairé et tout rempli de cette foule bourdonnante qui juge d'ordinaire les mélodrames à grand spectacle. Il y avait là plus de blouses que d'habits, plus de bonnets ronds que de chapeaux à plumes, et plus de paletots usés que de frais costumes ; on causait de tout, de l'art dramatique et des pommes de terre frites ; des pièces du Gymnase et de la galette du Gymnase ; eh bien, quand cette femme parut

sur ce seuil étrange, on eût dit qu'elle illuminait toutes
ces choses burlesques ou féroces d'un regard de ses beaux
yeux. Elle touchait du pied ce parquet boueux, comme si
en effet elle eût traversé le boulevard un jour de pluie ;
elle relevait sa robe par instinct, pour ne pas effleurer ces
fanges desséchées, et sans songer à nous montrer, à quoi
bon ? son pied bien chaussé, attaché à une jambe ronde
que recouvrait un bas de soie à petits jours. Tout l'ensemble de sa toilette était en harmonie avec cette taille
souple et jeune ; ce visage d'un bel ovale, un peu pâle,
répondait à la grâce qu'elle répandait autour d'elle
comme un indicible parfum.

Elle entra donc ; elle traversa, la tête haute, cette cohue
étonnée, et nous fûmes très surpris, Liszt et moi, lorsqu'elle vint s'asseoir familièrement sur le banc où nous
étions, car ni moi ni Liszt ne lui avions jamais parlé ; elle
était femme d'esprit, de goût et de bon sens, et elle
s'adressa tout d'abord au grand artiste ; elle lui raconta
qu'elle l'avait entendu naguère, et qu'il l'avait fait rêver.
Lui, cependant, semblable à ces instruments sonores qui
répondent au premier souffle de la brise de mai, il écoutait avec une attention soutenue ce beau langage plein
d'idées, cette langue sonore, éloquente et rêveuse tout
ensemble. Avec cet instinct merveilleux qui est en lui, et
cette grande habitude du plus grand monde officiel, et du
plus grand monde parmi les artistes, il se demandait
quelle était cette femme, si familière et si noble, qui
l'abordait la première et qui, après les premières paroles
échangées, le traitait avec une certaine hauteur, et comme
si ce fût lui-même qui lui eût été présenté, à Londres, au
cercle de la reine ou de la duchesse de Sutherland ?

Cependant les trois coups solennels du régisseur
avaient retenti dans la salle, et le foyer s'était vidé de
toute cette foule de spectateurs et de jugeurs. La dame
inconnue était restée seule avec sa compagne et nous
— elle s'était même approchée du feu, et elle avait posé
ses deux pieds frissonnants à ces bûches avares, si bien
que nous pouvions la voir, tout à notre aise, des plis
brodés de son jupon aux crochets de ses cheveux noirs ; sa
main gantée à faire croire à une peinture, son mouchoir

merveilleusement orné d'une dentelle royale; aux oreilles, deux perles d'Orient à rendre une reine jalouse. Elle portait toutes ces belles choses, comme si elle fût née dans la soie et dans le velours, sous quelque lambris doré des grands faubourgs, une couronne sur la tête, un monde de flatteurs à ses pieds. Ainsi son maintien répondait à son langage, sa pensée à son sourire, sa toilette à sa personne, et l'on eût cherché vainement, dans les plus hauts sommets du monde, une créature qui fût en plus belle et plus complète harmonie avec sa parure, ses habits et ses discours.

Liszt cependant, très étonné de cette merveille en un pareil lieu, de cet entracte galant à un si terrible mélodrame, s'abandonnait à toute sa fantaisie. C'est non seulement un grand artiste, mais encore un homme éloquent. Il sait parler aux femmes, passant comme elles d'une idée à l'autre idée, et choisissant les plus opposées. Il adore le paradoxe, il touche au sérieux, au burlesque, et je ne saurais vous dire avec quel art, quel tact, quel goût infini il parcourut, avec cette femme dont il ne savait pas le nom, toutes les gammes vulgaires et toutes les fioritures élégantes de la conversation de chaque jour.

Ils causèrent ainsi pendant tout le troisième acte du susdit mélodrame, car, pour ma part, je fus à peine interrogé une ou deux fois, par politesse; mais comme j'étais justement dans un de ces moments de mauvaise humeur, où toute espèce d'enthousiasme est défendu à l'âme humaine, je me tins pour assuré que la dame me trouva parfaitement maussade, parfaitement absurde, et qu'elle eut complètement raison.

Cet hiver passa, puis l'été, et à l'automne suivant une fois encore, mais cette fois dans tout l'éclat d'une représentation à bénéfice, en plein Opéra, nous vîmes tout à coup s'ouvrir, avec un certain fracas, une des grandes loges de l'avant-scène, et, sur le devant de cette loge, s'avancer, un bouquet à la main, cette même beauté que j'avais vue au boulevard. C'était elle! mais, cette fois, dans le grand habit d'une femme à la mode, et brillante de toutes les splendeurs de la conquête. Elle était coiffée à ravir, ses beaux cheveux mêlés aux diamants et aux fleurs, et relevés avec cette grâce étudiée qui leur donnait le mouvement et la vie; elle avait les bras nus et la poitrine nue, et des colliers et des bracelets, et des émeraudes. Elle tenait à la main un bouquet: de quelle couleur? je ne saurais le dire; il faut avoir les yeux d'un jeune homme et l'imagination d'un enfant pour bien distinguer la couleur de la fleur sur laquelle se penche un beau visage. A notre âge on ne regarde que la joue et l'éclat du regard, on s'inquiète peu de l'accessoire, et si l'on s'amuse à tirer des conséquences, on les tire de la personne même, et l'on se trouve assez occupé, en vérité.

Ce soir-là Duprez venait d'entrer en lutte avec cette voix rebelle dont il pressentait déjà les révoltes définitives; mais il était seul à les pressentir, et le public ne s'en doutait pas encore. Seulement, dans le public le plus attentif, quelques amateurs devinaient la fatigue sous l'habileté, et l'épuisement de l'artiste sous ses efforts immenses pour se mentir à lui-même. Évidemment, la belle personne dont je parle était un juge habile, et, après les premières minutes d'attention, on put voir qu'elle n'était pas sous le charme habituel, car elle se rejeta violemment au fond de sa loge, et, n'écoutant plus, elle se mit à interroger, sa lorgnette à la main, la physionomie de la salle.

A coup sûr elle connaissait beaucoup de gens parmi les spectateurs les plus choisis. Rien qu'au mouvement de sa lorgnette, on jugeait que la belle spectatrice aurait pu raconter plus d'une histoire, à propos de jeunes gens du plus grand nom; elle regardait tantôt l'un, tantôt l'autre, sans choisir, n'accordant pas à celui-ci plus d'attention qu'à celui-là, indifférente à tous, et chacun lui rendant, d'un sourire ou d'un petit geste très bref, ou d'un regard vif et rapide, l'attention qu'elle lui avait accordée. Du fond des loges obscures et du milieu de l'orchestre, d'autres regards, brûlants comme des volcans, s'élançaient vers la belle personne, mais ceux-là elle ne les voyait pas. Enfin, si par hasard sa lorgnette se portait sur les dames du vrai monde parisien, il y avait soudain, dans son attitude, je ne sais quel air résigné et humilié qui faisait peine. Au contraire, elle détournait la tête avec amertume, si par malheur son regard venait à se poser sur quelqu'une de ces renommées douteuses et de ces têtes charmantes qui usurpent les plus belles stalles du théâtre dans les grands jours.

Son compagnon, car cette fois elle avait un cavalier, était un beau jeune homme à moitié Parisien, et conservant encore quelques reliques opulentes de la maison paternelle qu'il était venu manger, arpent par arpent, dans cette ville de perdition. Le jeune homme, à son aurore, était fier de cette beauté à son apogée, et il n'était pas fâché de s'en faire honneur en montrant qu'elle était bien à lui, et en l'obsédant de ces mille prévenances si chères à une jeune femme quand elles viennent de l'amant aimé, si déplaisantes lorsqu'elles s'adressent à une âme occupée autre part... On l'écoutait sans l'entendre, on le regardait sans le voir... Qu'a-t-il dit? la dame n'en savait rien; mais elle essayait de répondre, et ces quelques paroles, qui n'avaient pas de sens, devenaient pour elle une fatigue.

Ainsi, à leur insu, ils n'étaient pas seuls dans cette loge dont le prix représentait le pain d'une famille pour six mois. Entre elle et lui s'était placé le compagnon assidu des âmes malades, des cœurs blessés, des esprits à bout de tout : l'ennui, cet immense Méphistophélès des Marguerites errantes, des Clarisses perdues, de toutes ces divinités, filles du hasard, qui s'en vont dans la vie, à l'abandon.

Elle s'ennuyait donc, cette pécheresse, entourée des adorations et des hommages de la jeunesse, et cet ennui même doit lui servir de pardon et d'excuse, puisqu'il a été le châtiment de ses prospérités passagères. L'ennui a été le grand mal de sa vie. A force d'avoir vu ses affections brisées, à force d'obéir à la nécessité de ses liaisons éphémères et de passer d'un amour à un autre amour, sans savoir, hélas! pourquoi donc elle étouffait si vite ce penchant qui commençait à naître et ces tendresses à leur aurore, elle était devenue indifférente à toutes choses, oubliant l'amour d'hier et ne songeant guère plus à l'amour d'aujourd'hui qu'à la passion de demain.

L'infortunée! elle avait besoin de solitude..., elle se

voyait obsédée. Elle avait besoin de silence..., elle entendait sans fin et sans cesse les mêmes paroles à son
oreille lassée! Elle voulait être calme!... on la traînait
dans les fêtes et dans les tumultes. Elle eût voulu être
aimée!... on lui disait qu'elle était belle! Aussi s'aban-
donnait-elle, sans résistance, à ce tourbillon qui la dévo-
rait! Quelle jeunesse!... et comme on comprend cette
parole de Mlle de Lenclos, lorsque, arrivée au comble de
ses prospérités, pareilles à des fables, amie du prince de
Condé et de Mme de Maintenon, elle disait avec un
profond soupir de regret: «Qui m'eût proposé une pareille vie, je serais morte d'effroi et de douleur!»

L'opéra achevé, cette belle personne quitta la place; la
soirée était à peine au milieu de son cours. On attendait
Bouffé, Mlle Déjazet et les farceurs du Palais-Royal,
sans compter le ballet où la Carlotta devait danser, légère
et charmante, à ses premiers jours d'enivrement et de
poésie... Elle ne voulut pas attendre le vaudeville; elle
voulut partir tout de suite et rentrer chez elle, quand tant
de gens avaient encore trois heures de plaisir, au son de
ces musiques et sous ces lustres enflammées!

Je la vis sortir de sa loge, et s'envelopper elle-même
dans son manteau doublé de la fourrure d'une hermine
précoce. Le jeune homme qui l'avait amenée là paraissait
contrarié, et comme il n'avait plus à se parer de cette
femme, il ne s'inquiétait plus qu'elle eût froid. Je me
souviens même de lui avoir aidé à relever son manteau
sur son épaule, qui était très blanche, et elle me regarda,
sans me reconnaître, avec un petit sourire douloureux
qu'elle reporta sur le grand jeune homme, qui était occupé en ce moment à payer l'ouvreuse de loges et à lui
faire changer une pièce de cinq francs. — Gardez tout,
madame, dit-elle à l'ouvreuse en lui faisant un beau salut.
Je la vis descendre le grand escalier à droite, sa robe
blanche se détachant de son manteau rouge, et son mouchoir attaché sur sa tête, par-dessous son menton; la
dentelle jalouse retombait un peu sur ses yeux, mais
qu'importe! la dame avait joué son rôle, sa journée était
achevée, et elle ne songeait plus à être belle... Elle a dû
laisser le jeune homme à sa porte ce soir-là.

Une chose digne de remarque et tout à sa louange, c'est que cette jeune femme, qui a dépensé dans les heures de sa jeunesse l'or et l'argent à pleines mains, car elle unissait le caprice à la bienfaisance, et elle estimait peu ce triste argent qui lui coûtait si cher, n'a été l'héroïne d'aucune de ces histoires de ruine et de scandale, de jeu, de dettes et de duels, que tant d'autres femmes, à sa place, eussent soulevées sur leur passage. Au contraire, on n'a parlé autour d'elle que de sa beauté, de ses triomphes, de son goût pour les beaux ajustements, des modes qu'elle savait trouver et de celles qu'elle imposait. On n'a jamais raconté, à son propos, les fortunes disparues, les captivités de la prison pour dettes, et les trahisons, qui sont l'accompagnement ordinaire des ténébreuses amours. Il y avait certainement autour de cette personne, enlevée sitôt par la mort, une certaine tenue, une certaine décence irrésistible. Elle a vécu à part, même dans le monde à part qu'elle habitait, et dans une région plus calme et plus sereine, bien qu'à tout prendre, hélas! elle habitât les régions où tout se perd.

Je l'ai revue une troisième fois, à l'inauguration du chemin de fer du Nord, dans ces fêtes que donna Bruxelles à la France, devenue sa voisine et sa commensale. Dans cette gare, immense rendez-vous des chemins de fer de tout le Nord, la Belgique avait réuni toutes ses splendeurs : les arbustes de ses serres, les fleurs de ses jardins, les diamants de ses couronnes. Une foule incroyable d'uniformes, de cordons, de diamants et de robes de gaze encombraient cet emplacement d'une fête qu'on ne reverra pas. La pairie française et la noblesse allemande, et la Belgique espagnole, et les Flandres et la Hollande parée de ses antiques bijoux, contemporains du roi Louis XIV et de sa cour, toutes les lourdes et massives fortunes de l'industrie, et plus d'une élégante Parisienne, semblables à autant de papillons dans une ruche d'abeilles, étaient accourues à cette fête de l'industrie et du voyage, et du fer dompté et de la flamme obéissant au temps vaincu. Pêle-mêle étrange, où toutes les forces et toutes les grâces de la création étaient représentées, depuis le chêne jusqu'à la fleur, et de la houille à

l'améthyste. Au milieu de ce mouvement des peuples,
des rois, des princes, des artistes, des forgerons et des
grandes coquettes de l'Europe, on vit apparaître, ou plutôt moi seul je vis apparaître, plus pâle encore et plus
blanche que d'habitude, cette charmante personne déjà
frappée du mal invisible qui devait la traîner au tombeau.

Elle était entrée dans ce bal, malgré son nom, et à la
faveur de son éblouissante beauté ! Elle attirait tous les
regards, elle était suivie de tous les hommages. Un murmure flatteur la saluait sur son passage, et ceux même qui
la connaissaient s'inclinaient devant elle ; elle cependant,
toujours aussi calme et retranchée dans son dédain habituel, elle acceptait ces hommages comme si ces hommages lui étaient dus. Elle ne s'étonnait pas, tant s'en faut,
de fouler les tapis que la reine elle-même avait foulés !
Plus d'un prince s'arrêta pour la voir, et ses regards lui
firent entendre ce que les femmes comprennent si bien :
Je vous trouve belle et je m'éloigne à regret ! Elle donnait
le bras, ce soir-là, à un autre étranger, à un nouveau
venu, blond comme un Allemand, impassible comme un
Anglais, très vêtu, très serré dans son habit, très roide, et
qui croyait faire, en ce moment, on le voyait à sa démarche, une de ces hardiesses sans nom que les hommes se
reprochent jusqu'à leur dernier jour.

L'attitude de cet homme était déplaisante certes pour la
sensitive qui lui donnait le bras ; elle le sentait, avec ce
sixième sens qui était en elle, et elle redoublait de hauteur, car son merveilleux instinct lui disait que plus cet
homme était étonné de son action, plus elle-même en
devait être insolente, et fouler d'un pied méprisant les
remords de ce garçon effarouché. Peu de gens ont compris ce qu'elle a dû souffrir en ce moment, femme sans
nom, au bras d'un homme sans nom, cet homme semblant donner le signal de l'improbation, et son attitude
menaçante indiquant suffisamment une âme inquiète, un
cœur indécis, un esprit mal à l'aise. Mais cet Anglo-Al-
lemand fut cruellement châtié de ses angoisses intimes,
lorsqu'au détour d'un grand sentier de lumière et de
verdure, notre Parisienne eut fait la rencontre d'un ami à
elle, d'un ami sans prétention, qui lui demandait, de

temps à autre, un doigt de sa main et un sourire de ses lèvres; un artiste de notre monde, un peintre qui savait mieux que personne, l'ayant si peu vue, à quel point elle était un parfait modèle de toutes les élégances et de toutes les séductions de la jeunesse.

— Ah! vous voilà, lui dit-elle, donnez-moi le bras et dansons! Et, quittant le bras officiel de son cavalier, la voilà qui se met à valser la valse à deux temps, qui est la séduction même, quand elle obéit à l'inspiration de Strauss, et qu'elle arrive tout enamourée des bords du Rhin allemand, sa vraie patrie! Elle dansait à merveille, ni trop vive, ni trop penchée, obéissant à la cadence intérieure autant qu'à la mesure visible, touchant à peine d'un pied léger ce sol élastique, et bondissante et reposée, et les yeux sur les yeux de son danseur.

On fit cercle autour de l'un et de l'autre, et c'était à qui serait touché par ces beaux cheveux qui suivaient le mouvement de la valse rapide, et c'était à qui frôlerait cette robe légère empreinte de ces parfums légers, et peu à peu le cercle se rétrécissant, et les autres danseurs s'arrêtant pour les voir, il advint que le grand jeune homme... celui qui l'avait amenée en ce bal, la perdit dans la foule, et qu'il voulut en vain retrouver ce bras charmant, auquel il avait prêté le sien avec tant de répugnance... Le bras et la personne et l'artiste, on ne put les retrouver.

Le surlendemain de cette fête, elle vint de Bruxelles à Spa, par une belle journée, à l'heure où ces montagnes couvertes de verdure laissent pénétrer le soleil, heure charmante! On voit alors accourir toute sorte de malades heureux, qui viennent se reposer des fêtes de l'hiver passé, afin d'être mieux préparés aux joies de l'hiver à venir. A Spa on ne connaît pas d'autre fièvre que la fièvre du bal, et pas d'autres langueurs que celles de l'absence, et pas d'autres remèdes que la causerie et la danse et la musique, et l'émotion du jeu, le soir, lorsque la Redoute s'illumine de toutes ses clartés, que l'écho des montagnes renvoie en mille éclats les sons enivrants de l'orchestre. A Spa, la Parisienne fut accueillie avec un empressement assez rare dans ce village un peu effarouché, qui abandonne volontiers à Bade, sa rivale, les belles personnes sans nom, sans mari et sans position officielle. A Spa aussi, ce fut un étonnement général quand on apprit qu'une si jeune femme était sérieusement malade, et les médecins affligés avouèrent qu'en effet ils avaient rarement rencontré plus de résignation unie à plus de courage.

Sa santé fut interrogée avec un grand soin, avec un grand zèle, et après une consultation sérieuse on lui conseilla le calme, le repos, le sommeil, le silence, ces beaux rêves de sa vie! A ces conseils elle se prit à sourire en hochant la tête d'un petit air d'incrédulité, car elle savait que tout lui était possible, excepté la possession de ces heures choisies, qui sont le partage de certaines femmes, et qui n'appartiennent qu'à elles seules. Elle promit cependant d'obéir pendant quelques jours, et de s'astreindre à ce régime d'isolement; mais, vains efforts! On la vit quelque temps après, ivre et folle d'une joie factice, franchissant, à cheval, les passages les plus difficiles, étonnant de sa gaieté cette allée de *Sept-Heures* qui l'avait trouvée rêveuse et lisant tout bas sous les arbres.

Bientôt elle devint la lionne de ces beaux lieux. Elle présida à toutes les fêtes; elle donnait le mouvement au bal; elle imposait ses airs favoris à l'orchestre, et, la nuit venue, à l'heure où un peu de somme lui eût fait tant de bien, elle épouvantait les plus intrépides joueurs par les masses d'or qui s'amoncelaient devant elle, et qu'elle perdait tout d'un coup, indifférente au gain, indifférente à la perte. Elle avait appelé le jeu comme un appendice à sa profession, comme un moyen de tuer les heures qui la tuaient. Telle qu'elle était, cependant, elle eut encore cette chance heureuse, dans le jeu cruel de sa vie, qu'elle avait conservé des amis, chose rare! et c'est même un des signes de ces liaisons funestes de ne laisser que cendre et poussière, vanité et néant, après les adorations! — Et que de fois l'amant a passé près de sa maîtresse sans la reconnaître, et que de fois la malheureuse a appelé, mais en vain, à son secours!... Que de fois cette main vouée aux fleurs s'est vainement tendue à l'aumône et au pain dur!

Il n'en fut pas ainsi pour notre héroïne, elle tomba sans se plaindre, et tombée, elle retrouva aide, appui et protection parmi les adorateurs passionnés de ses beaux jours. Ces gens qui avaient été rivaux, et peut-être ennemis, s'entendirent pour veiller au chevet de la malade, pour expier les nuits folles par des nuits sérieuses, quand la mort approche, et que le voile se déchire, et que la victime couchée là et son complice comprennent enfin la vérité de cette parole sérieuse. *Væ ridentibus!* Malheur à celles qui rient! Malheur! c'est-à-dire malheur aux joies profanes, malheur aux amours vagabondes, malheur aux changeantes passions, malheur à la jeunesse qui s'égare dans les sentiers mauvais, car, à certains détours du sentier, il faut nécessairement revenir sur ses pas, et tomber dans les abîmes où l'on tombe à vingt ans.

Elle mourut ainsi, doucement bercée et consolée en mille paroles touchantes, en mille soins fraternels; elle n'avait plus d'amants,... jamais elle n'avait eu tant d'amis, et cependant elle ne regretta pas la vie. Elle savait ce qui l'attendait si elle revenait à la santé, et qu'il faudrait reporter, de nouveau, à ses lèvres décolorées, cette coupe du plaisir dont elle avait touché la lie avant le temps; elle mourut donc en silence, cachée en sa mort encore plus qu'elle ne s'était montrée dans sa vie, et après tant de luxe et tant de scandales, elle eut le bon goût suprême de vouloir être enterrée à la pointe du jour, à quelque place cachée et solitaire, sans embarras, sans bruit, absolument comme une honnête mère de famille qui s'en irait rejoindre son mari, son père, sa mère et ses enfants, et tout ce qu'elle aimait, dans ce cimetière qui est là-bas.

Il arriva cependant, malgré elle, que sa mort fut une espèce d'événement; on en parla trois jours; et c'est beaucoup dans cette ville des passions savantes et des fêtes sans cesse renaissantes et jamais assouvies. On ouvrit, au bout de trois jours, la porte fermée de sa maison. — Les longues fenêtres qui donnaient sur le boulevard, vis-à-vis de l'église de la Madeleine, sa patronne, laissèrent de nouveau pénétrer l'air et le soleil dans ces murailles où elle s'était éteinte. On eût dit que la

jeune femme allait reparaître en ces demeures. Pas une
des senteurs de la mort n'était restée entre ces rideaux
soyeux, dans ces longues draperies aux reflets favorables,
sur ces tapis des Gobelins où la fleur semblait naître,
touchée à peine par ce pied d'enfant.

Chaque meuble de cet appartement somptueux était
encore à la même place ; le lit sur lequel elle était morte,
était à peine affaissé. Au chevet du lit, un tabouret
conservait l'empreinte des genoux de l'homme qui lui
avait fermé les yeux. Cette horloge des temps anciens qui
avait sonné l'heure à Mme de Pompadour et à Mme du
Barry sonnait l'heure encore, comme autrefois ; les can-
délabres d'argent étaient chargés de bougies préparées
pour la dernière causerie du soir ; dans les jardinières, la
rose des quatre saisons et la bruyère durable se débat-
taient, à leur tour, contre la mort. Elles se mouraient faute
d'un peu d'eau..., leur maîtresse était morte faute d'un
peu de bonheur et d'espérance.

Hélas ! aux murailles étaient suspendus les tableaux de
Diaz qu'elle avait adopté une des premières, comme le
peintre véritable du printemps de l'année, et son portrait
que Vidal avait tracé aux trois crayons. Vidal avait fait de
cette belle tête une tête ravissante et chaste, d'une élégance finie, et depuis que cette déesse est morte, il n'a
plus voulu dessiner que d'honnêtes femmes, ayant fait
pour celle-là une exception qui a tant servi à la naissante
renommée du peintre et du modèle !

Tout parlait d'elle encore ! Les oiseaux chantaient dans
leur cage dorée ; dans les meubles de Boule, à travers les
glaces transparentes, on voyait réunis, choix admirable et
digne d'un antiquaire excellent et riche, les plus rares
chefs-d'œuvre de la manufacture de Sèvres, les peintures
les plus exquises de la Saxe, les émaux de Petitot, les
nudités de Klinstadt, les Pampines de Boucher. Elle aimait ce petit art coquet, gracieux, élégant, où le vice
même a son esprit, où l'innocence a ses nudités ; elle
aimait les bergers et les bergères en biscuit, les bronzes
florentins, les terres cuites, les émaux, toutes les recher-
ches du goût et du luxe des sociétés épuisées. Elle y
voyait autant d'emblèmes de sa beauté et de sa vie.

Hélas! elle était, elle aussi, un ornement inutile, une fantaisie, un jouet frivole qui se brise au premier choc, un produit brillant d'une société expirante, un oiseau de passage, une aurore d'un instant.

Elle avait poussé si loin la science du bien-être intérieur et l'adoration du soi-même, que rien ne saurait se comparer à ses habits, à son linge, aux plus petits détails de son service, car la parure de sa beauté était, à tout prendre, la plus chère et la plus charmante occupation de sa jeunesse.

J'ai entendu les plus grandes dames et les plus habiles coquettes de Paris s'étonner de l'art et de la recherche de ses moindres instruments de toilette. Son peigne fut poussé à un prix fou; sa brosse pour les cheveux s'est payée au poids de l'or. On a vendu des gants qui lui avaient servi, tant sa main était belle. On a vendu des bottines qu'elle avait portées, et les honnêtes femmes ont lutté entre elles à qui mettrait ce soulier de Cendrillon. Tout s'est vendu, même son plus vieux châle qui avait déjà trois ans; même son ara au brillant plumage, qui répétait une petite mélodie assez triste que sa maîtresse lui avait apprise; on a vendu ses portraits, on a vendu ses billets d'amour, on a vendu ses cheveux, tout y passa, et sa famille, qui détournait la vue quand cette femme se promenait dans sa voiture armoriée, au grand galop de ses chevaux anglais, se gorgea triomphalement de tout l'or que ces dépouilles avaient produit. Ils n'ont rien gardé de ce qui lui avait appartenu, pour eux-mêmes. Chastes gens!

Telle était cette femme à part, même dans les passions parisiennes, et vous pensez si je fus étonné quand parut ce livre d'un intérêt si vif, et surtout d'une vérité toute récente et toute jeune, intitulé : *La Dame aux camélias*. On en a parlé tout d'abord, comme on parle d'ordinaire des pages empreintes de l'émotion sincère de la jeunesse, et chacun se plaisait à dire que le fils d'Alexandre Dumas, à peine échappé du collège, marchait déjà d'un pas sûr à la trace brillante de son père. Il en avait la vivacité et l'émotion intérieure; il en avait le style vif, rapide, et avec un peu de ce dialogue si naturel, si facile et si varié qui donne aux romans de ce grand inventeur le charme, le goût et l'accent de la comédie.

Ainsi le livre obtint un grand succès, mais bientôt les lecteurs, en revenant sur leur impression fugitive, firent cette observation que *La Dame aux camélias* n'était pas un roman en l'air, que cette femme avait dû vivre et qu'elle avait vécu d'une vie récente ; que ce drame n'était pas un drame imaginé à plaisir, mais au contraire une tragédie intime, dont la représentation était toute vraie et toute saignante. Alors on s'inquiéta fort du nom de l'héroïne, de sa position dans le monde, de la fortune, de l'ornement et du bruit de ses amours. Le public qui veut tout savoir et qui sait tout en fin de compte, apprit l'un après l'autre tous ces détails, et le livre lu, on voulait le relire, et il arriva naturellement que la vérité, étant connue, rejaillit sur l'intérêt du récit.

Or, voilà comme il se fait, par un bonheur extraordinaire, que ce livre imprimé avec le sans-gêne d'un futile roman, à peine destiné à vivre un jour, se réimprime aujourd'hui, avec tous les honneurs d'un livre accepté de tous ! Lisez-le, et vous reconnaîtrez dans ses moindres détails l'histoire touchante dont ce jeune homme si heureusement doué a écrit l'élégie et le drame avec tant de larmes, de succès et de bonheur.

Jules JANIN.

PRÉFACE D'ALEXANDRE DUMAS FILS
A LA PIÈCE

A PROPOS
DE LA DAME AUX CAMÉLIAS [1]

La personne qui m'a servi de modèle pour l'héroïne du roman et du drame *La Dame aux camélias* [2] se nommait Alphonsine Plessis, dont elle avait composé le nom plus euphonique et plus relevé de Marie Duplessis. Elle était grande, très mince, noire de cheveux, rose et blanche de visage. Elle avait la tête petite, de longs yeux d'émail comme une Japonaise, mais vifs et fins, les lèvres du rouge des cerises, les plus belles dents du monde ; on eût dit une figurine de Saxe. En 1844, lorsque je la vis pour la première fois, elle s'épanouissait dans toute son opulence et dans toute sa beauté. Elle mourut en 1847, d'une maladie de poitrine, à l'âge de vingt-trois ans.

Elle fut une des dernières et des seules courtisanes qui eurent du cœur. C'est sans doute pour ce motif qu'elle est morte si jeune. Elle ne manquait ni d'esprit ni de désintéressement. Elle a fini pauvre dans un appartement somptueux, saisi par ses créanciers. Elle possédait une distinction native, s'habillait avec goût, marchait avec grâce, presque avec noblesse. On la prenait quelquefois pour une femme du monde. — Aujourd'hui, on s'y tromperait continuellement. Elle avait été fille de ferme. Théophile Gautier lui consacra quelques lignes d'oraison

---

1. Ce texte figure au tome I du *Théâtre complet* de Dumas fils publié chez Calmann-Lévy en 1868 et plusieurs fois réimprimé.
2. Ce n'est pas pour protester contre l'étymologie du mot *camellia*, que j'écris ce mot avec une seule *l*, c'est parce que je croyais jadis qu'on l'écrivait ainsi ; et, si je me tiens à cette orthographe, malgré les critiques des érudits, c'est que Mme Sand écrivant ce mot comme moi, j'aime mieux mal écrire avec elle que bien écrire avec d'autres.

funèbre, à travers lesquelles on voyait s'évaporer dans le
bleu cette aimable petite âme que devait, comme quelques autres, immortaliser le péché d'amour.

Cependant, Marie Duplessis n'a pas eu toutes les
aventures pathétiques que je prête à Marguerite Gautier,
mais elle ne demandait qu'à les avoir. Si elle n'a rien
sacrifié à Armand, c'est qu Armand ne l'a pas voulu. Elle
n'a pu jouer, à son grand regret, que le premier et le
deuxième acte de la pièce. Elle les recommençait toujours, comme Pénélope sa toile : seulement, c'était le jour
que se défaisait ce qu'elle avait commencé la nuit. Elle
n'a jamais, non plus, de son vivant, été appelée la Dame
aux Camélias. Le surnom que j'ai donné à Marguerite est
de pure invention. Cependant, il est revenu à Marie
Duplessis par ricochet, lorsque le roman a paru, un an
après sa mort. Si, au cimetière Montmartre, vous demandez à voir le tombeau de la Dame aux Camélias, le
gardien vous conduira à un petit monument carré qui
porte sous ces mots : *Alphonsine Plessis,* une couronne de
camélias blancs artificiels, scellée au marbre, dans un
écrin de verre. Cette tombe a maintenant sa légende.
L'art est divin ; il crée ou ressuscite.

Ce drame, écrit en 1849, fut présenté d'abord et reçu
au Théâtre-Historique, dont la fermeture eut lieu avant la
représentation. C'est à l'insistance d'un comédien de ce
théâtre, M. Hippolyte Worms, qui avait assisté à la première lecture, qu'il dut d'être accepté au Vaudeville par
M. Bouffé, devenu directeur de cette scène avec
MM. Lecourt et Cardaillac ; et c'est grâce à M. de Morny
qu'il vit enfin le jour, le 2 février 1852.

Pendant un an, cette pièce avait été défendue par la
censure sous le ministère de M. Léon Faucher.
M. Bouffé connaissait M. Fernand de Montguyon.
M. Fernand de Montguyon était l'ami de M. de Morny,
M. de Morny était l'ami du prince Louis-Napoléon, le
prince Louis était président de la République, M. Léon
Faucher était ministre de l'Intérieur, il y avait peut-être
moyen, en montant cette échelle de recommandations
d'arriver à faire lever l'interdit.

Les recommandations se mirent en mouvement. Rien

n'est facile en France. On se demande où vont tous ces gens qu'on rencontre dans les rues, à pied ou en voiture. Ils vont demander quelque chose à quelqu'un. M. de Montguyon alla trouver M. de Morny, lui exposa notre situation, et M. de Morny, accompagné de M. de Montguyon, trouva le temps d'assister à une de nos répétitions, afin de se rendre compte par lui-même de la valeur de l'œuvre, avant d'en parler au prince. Il ne la jugea pas aussi dangereuse qu'on le disait. Cependant, il me conseilla de communiquer mon manuscrit à deux ou trois de mes confrères, qui adresseraient une demande à l'appui de sa recommandation, afin que le ministre ne cédât pas seulement à l'influence d'un homme du monde, mais aussi à l'intercession d'écrivains compétents. Le conseil était bon et digne. J'allai trouver Jules Janin, qui avait écrit une charmante préface pour la deuxième édition du roman, Léon Gozlan, et Émile Augier, qui venait d'obtenir avec *Gabrielle* le prix de vertu à l'Académie. Tous trois lurent ma pièce et tous trois me signèrent un brevet de moralité que je remis à M. de Morny, qui porta le tout au prince, qui l'envoya à M. Léon Faucher, lequel refusa net et sans appel.

Franchement, on serait porté à croire et il paraîtrait tout naturel et tout simple que, dans un grand pays comme la France dont l'esprit et la littérature alimentent deux mondes, ce grand pays possédant un écrivain populaire, européen, universel, et cet écrivain ayant un jeune fils, qui veut tenter la carrière, on serait porté à croire, dis-je, et il paraîtrait tout naturel, que le père, dès les premières difficultés administratives, n'eût qu'à se montrer pour que l'administration s'inclinât et lui dît : « Comment donc, monsieur Dumas ! trop heureuse de faire quelque chose pour un homme comme vous, qui êtes une des gloires de notre temps. Vous désirez que la pièce de votre fils soit jouée ; vous la trouvez bonne ; vous vous y connaissez mieux que nous ; voici la pièce de votre fils. » Vous feriez cela, vous qui me lisez ; moi aussi. Eh bien, non, les choses ne se passent pas de la sorte. Il faut d'abord que le fils de cet homme illustre suive la filière que je viens de vous montrer, et, quand après ces démar-

ches inutiles, il s'adresse enfin à son père et que celui-ci
demande une audience à M. Léon Faucher, M. Léon
Faucher ne le reçoit pas et le passe à son chef du cabinet,
fort galant homme du reste, lequel accueille très bien le
père et le fils, qui sont venus ensemble, mais leur répond,
à tous les deux, que la chose sera impossible tant que
M. Faucher sera ministre, car il est bon de le taquiner de
temps en temps, cet homme supérieur, et de lui rappeler
qu'il est au-dessous des chefs de division, des préfets et
du ministre. Or, il y avait juste vingt ans que, dans le
même bureau peut-être, M. de Lourdoueix avait fait la
même réponse à M. Alexandre Dumas, à propos d'une
demande semblable. Seulement, en 1829, il s'agissait de
Christine, arrêtée par la censure de la Restauration,
comme *La Dame aux camélias* l'était en 1849 par la
censure de la République ; — ce n'était plus le même
gouvernement, ce n'était plus le même ministre, mais
c'était toujours la même chose. Alors, puisque le passé
peut toujours servir, je me retirai en disant comme mon
père avait dit : « J'attendrai. »

J'attendis — d'autant plus patiemment que M. de
Morny m'avait conseillé de ne pas perdre tout espoir, en
ajoutant : « On ne sait pas ce qui peut arriver », et que
Mme Doche, qui désirait autant jouer son rôle que je
désirais voir jouer ma pièce, m'avait appris en confidence
que M. de Persigny agissait de son côté.

Et, en effet, M. de Persigny, — à la sollicitation de
Mme Doche, — s'était déclaré le coprotecteur de cette
pauvre *Dame aux camélias*.

Le 2 Décembre arriva. M. de Morny remplaça M. Faucher. Ceux qui me connaissent savent que je ne suis
pas très méchant ; mais voir tout à coup remplacer un
ministre qui vous gêne par un ministre qui vous sert, c'est
ce qu'on appelle avoir de la chance, surtout quand on n'a
rien fait pour cela. Je ne crus donc pas devoir verser plus
de larmes qu'il ne fallait sur le sort de M. Faucher, et je
dois même dire que je fus aussi heureux de sa mésaven-
ture qu'on pouvait l'être en ce moment. Trois jours après
sa nomination, M. de Morny autorisa la pièce, sous ma
seule responsabilité ; c'est donc à lui que je dois mon

entrée dans la carrière, car certainement, sans lui, cette
première pièce n'eût jamais été représentée. Ce n'eût été
qu'un malheur personnel, mais c'est justement ces mal-
heurs-là qu'on tient à éviter. M. de Morny n'est plus là
pour recevoir la nouvelle expression de ma reconnaissance, je l'offre donc à sa mémoire au lieu de lui offrir à
lui-même. La mort de celui qui a rendu le service n'ac-
quitte pas celui qui l'a reçu.

La pièce, après un gros succès, fut interrompue par
l'été. Dans l'intervalle, M. de Morny avait quitté le ministère. Lorsqu'au mois d'octobre suivant, le théâtre
voulut la reprendre, elle fut derechef interdite par le
nouveau ministre, qui était, — vous allez rire, — qui
était son ancien protecteur M. de Persigny. M. de Morny
reprit alors le chemin du ministère comme du temps de
M. Léon Faucher, non plus en homme qui sollicite une
grâce, mais en homme qui réclame un droit, et la pièce
nous fut rendue définitivement.

Habent, sicut libelli, sua fata comœdiæ.

Ce serait ici le moment ou jamais de faire pour la
millième fois une sortie contre la censure. Dieu m'en
garde ! pour trois raisons au moins. — La première, c'est
que je me suis promis et vous ai promis aussi, dans ma
préface, d'éviter autant que possible le ton solennel et
certains grands mots trop lourds pour moi. La seconde,
c'est que cette tirade est inutile, et que, dans un temps
rapide comme le nôtre, il ne faut dire que ce qui peut
servir à quelque chose. La troisième, c'est que la censure
n'a jamais pu ni arrêter ni dénaturer une œuvre de mérite
depuis *Tartufe* jusqu'au *Mariage de Figaro,* depuis *Le
Mariage de Figaro* jusqu'à *Marion Delorme,* depuis *Marion Delorme* jusqu'au *Fils de Giboyer.* L'œuvre a toujours passé par-dessus, par-dessous, ou au travers. Les
gouvernements se figurent qu'ils ont encore besoin de
cette institution des vieux âges; ils se croient bien à
couvert derrière cette palissade de bois blanc, qui leur
coûte une cinquantaine de mille francs par année et qui
fournit à la vie de cinq ou six personnes, lesquelles font le
plus convenablement possible cette besogne difficile et

ennuyeuse ; respectons cette manie des gouvernements.
Les jardiniers continuent à mettre dans les cerisiers trois
ou quatre vieux chiffons pour empêcher les moineaux d'y
venir ; c'est une tradition qui les tranquillise ; les moineaux, qui savent que ce ne sont là que des chiffons,
viennent tout de même dans les arbres et mangent les
fruits. Tout le monde est content, il y a toujours sur la
route un passant qui rit du jardinier. Voilà l'important.
C'est si bon de rire ! Ne prenons donc au sérieux que ce
qui est sérieux, et la censure n'est pas sérieuse ; elle est
même pour nous une complice de première qualité.

Exemple : Nous voulons mettre en scène, ce qui est
notre droit et notre devoir, depuis que la comédie a été
inventée, nous voulons mettre en scène un aventurier
quelconque de l'un ou l'autre sexe, un coquin titré ou une
drôlesse en *de :* que fait la censure ? Elle arrête la pièce.
« C'est impossible ! crie-t-elle et crie-t-elle très haut : on
dira que c'est M. X*** ou Mme Z***. » Et elle nomme
deux gros personnages. La chose s'ébruite. L'auteur
proteste. Les journaux font des sous-entendus. Le public
s'intéresse, et prend parti. Vous ne trouvez pas ça déjà
très amusant : un gouvernement qui paye quelques personnes pour nous renseigner, nous auteurs dramatiques,
sur les concussions, les secrets et les tares des hautes
classes, pour nous fournir des sujets de pièces à venir sur
nos contemporains les plus glorifiés, ce n'est donc pas là
du bon comique ? Enfin la pièce est rendue, grâce à
quelques modifications *toujours insignifiantes, quelquefois utiles*. La foule se précipite. Le bureau de location ne
désemplit pas ; — tout le monde veut voir les coquins en
question, qui n'existent le plus souvent que dans l'imagination des censeurs trop zélés. La jeunesse, qui est toujours pour le mouvement, le bruit et le progrès, se déclare
pour vous ; votre parti vous acclame, votre fortune est
faite. Et vous voulez la mort de cette amie-là ? On vous
tire un coup de fusil, le fusil crève parce qu'il est mauvais, il emporte le nez de celui qui vous visait, et vous ne
pouffez pas de rire ? Qu'est donc devenue la bonne gaieté
française, celle de Rabelais, de Lesage, de Voltaire, et de
quoi la nourrirez-vous, si ce n'est de la bêtise des grands ?

Non, non, non; respectons la censure; mettons-la dans du coton; c'est une fausse ennemie. Si elle nuit à quelqu'un, ce n'est pas à nous. Elle n'existerait pas qu'il faudrait l'inventer. Nous avons le droit de crier contre elle, ce qui est excellent pour les poumons français, qui ont besoin de cet exercice; mais, au fond, elle fait mieux nos affaires que nous ne les ferions nous-mêmes. Elle nous garantit. Une fois qu'elle a donné son visa, qu'elle finit toujours par donner, quelle sécurité! Comme nous dormons sur nos deux oreilles! La censure a permis la pièce, donc la pièce est sans danger; et, si le gouvernement dit quelque chose, nous lui répondons: «Cela ne nous regarde pas. Prenez-vous-en à votre censure qui est là pour prévoir.»

Mais le droit imprescriptible de la pensée! mais l'indépendance de l'esprit humain! mais la dignité du génie forcé de se courber devant des esprits médiocres et routiniers, vous me demanderez ce que j'en fais et si je les compte pour rien! «Comment! depuis quinze ans, l'admirable répertoire de Victor Hugo est mis à l'index! *Lucrèce,* le meilleur ouvrage de Ponsard, ne peut plus voir le jour! *Le Chevalier de Maison-Rouge,* de votre père, est condamné au silence. Legouvé a été forcé de faire imprimer *Les Deux Reines,* et Barrière *Malheur aux vaincus!* Vous voyez bien que la censure arrête définitivement. Parce que toutes vos pièces ont fini par être représentées, grâce à vos protections, ou à vos concessions, vous trouvez que tout est pour le mieux; mais les autres, qui ne sont ni aussi protégés, ni aussi conciliants que vous, les autres qui voient leur carrière, leur fortune, leur renommée, entravées par cette institution despotique, les autres, monsieur, qui ont le respect de leur œuvre, la conscience de leur mission et l'inflexibilité de leur conscience, les autres enfin...»

Assez! qu'est-ce que ça prouve? Que les gouvernements, élus du peuple ou élus de Dieu, n'importe où ils prennent leur appui, et tout en faisant grand tapage de leur force, de leur intimité avec la nation, de leur confiance en elle, ont peur de nous, qu'ils tremblent devant un mot, qu'ils admettent que nous pouvons les renverser ou les ébranler en une soirée, qu'ils reconnais-

sent enfin une puissance supérieure à la leur, celle de la
pensée du premier venu, qui n'a ni droit divin, ni élec-
teurs, ni préfets, ni liste civile, ni police, ni canon à son
service. — Ça nous coûte quelques billets de mille francs
que nous regagnons au centuple sous le gouvernement qui
succède, car il y en a toujours un qui succède, et qui est
forcé, pendant quelque temps, de faire le contraire de ce
que faisait son prédécesseur. Bénissons ces puissants qui
redoutent un personnage fictif, une tirade ou une facétie,
qui nous constituent une si grande autorité dans l'État, à
la face du monde, et qui ne savent pas encore, après tant
d'expériences, que nous ne pouvons rien contre eux,
comme ils ne peuvent rien contre nous, qu'une allusion
n'est jamais qu'un total, et que, si tout le monde comprend et saisit l'allusion qui est dans notre drame ou notre
comédie, c'est que, depuis longtemps, cette allusion est
dans la pensée et sur les lèvres du public ; que ce n'est pas
nous alors qui avons l'opinion pour nous, que c'est eux
qui ont l'opinion contre eux ; — que ce n'est pas enfin
parce que Beaumarchais a écrit *Le Mariage de Figaro*
que l'ancien système a croulé, mais bien parce que l'ancien système croulait de toutes parts, au vu et au su de
tous, que Beaumarchais a écrit *Le Mariage de Figaro,* et
bâti un chef-d'œuvre sur des ruines ; que les gouvernements ne peuvent être renversés que lorsqu'ils n'ont plus
de bases, et que, lorsqu'en secouant un arbre nous en
faisons tomber les fruits, ce n'est pas parce que nous
sommes forts, c'est parce qu'ils sont mûrs.

Criez contre la censure, mais priez Dieu qu'on vous la
laisse. La plus mauvaise plaisanterie qu'on pourrait vous
faire, ce serait de la supprimer. Le lendemain (voilà qui
serait humiliant !), vous vous trouveriez sous la juridic-
tion de la police. Vos théâtres seraient assimilés à tous les
lieux publics, et, au premier scandale, on fermerait la
boutique et on confisquerait la marchandise. Vous passe-
riez des mains d'un administrateur toujours bienveillant
aux mains de mouchards toujours brutaux, et, le jour où
le gouvernement aurait besoin d'un scandale de théâtre, il
enverrait à votre pièce cinquante de ces messieurs, en
bourgeois, qui feraient naître ce scandale, et vous seriez

mis à pied comme un cocher en contravention. « Mais, au moins, j'aurais dit ma pensée une fois. » Non, car les directeurs, toujours sous la menace de cette mesure de sûreté, se seraient faits censeurs à leur tour. Vous auriez trouvé dans leurs intérêts matériels de bien autres adversaires que dans les routines administratives, et ils vous auraient envoyé promener, vous et votre pensée, si vous aviez été trop récalcitrants. — C'est alors que vous auriez regretté cette bonne vieille censure, avec ses lunettes sans verre et ses ciseaux mal affilés, dont on raconte les bévues, le soir au coin du feu, duègne somnolente dont la Muse vole si facilement les clefs quand elle veut courir la campagne.

Ce qu'il faudrait, ce que vous voudriez, ce que je voudrais, ce qui serait plus simple, plus digne et plus honorable pour tout le monde, ce serait la liberté absolue, loyale, sans restrictions ni surprises, qui laisserait au spectateur, ce dont il s'acquitterait fort bien, le droit de censurer tout seul, et qui ne mettrait pas un tiers entre le producteur et le consommateur de la pensée. Malheureusement, c'est un rêve.

« Eh bien, et l'Angleterre, où le mot censure n'existe même pas ? »

L'Angleterre ! c'est vrai ! quel peuple ! quelle liberté ! Il y a quinze ans que la France, pays flétri par la censure, a laissé représenter *La Dame aux camélias,* je vous défie de faire représenter cette pièce à Londres. Elle y est défendue depuis le même temps. Par qui ? On n'en sait rien. Quand la censure n'est plus faite par quelqu'un, elle est faite par tout le monde. Des mots ! des mots ! des mots ! comme dit *Hamlet,* né comme tous les chefs-d'œuvre sous un gouvernement despotique. Savez-vous ce qui est difficile, quel que soit le gouvernement ? Ce n'est pas de faire jouer une bonne pièce, c'est de la faire. Commençons par là. Chef-d'œuvre écrit a le temps d'attendre [1].

_____

1. Au moment où j'imprime ces lignes, j'apprends que *Ruy Blas* est de nouveau et définitivement interdit en France. C'est une faute dont l'auteur bénéficiera plus tard et que le gouvernement regrettera bientôt ; mais au moins le gouvernement français croit-il avoir de bonnes raisons

Tout à la joie du succès et à l'enthousiasme de la reconnaissance, j'écrivis, en tête de la première édition du drame *La Dame aux camélias,* les lignes suivantes, que je réimprime avec plaisir au moment où Mme Doche vient de reprendre le rôle de Marguerite avec le même talent qu'autrefois :

« Madame Doche a incarné le rôle de telle façon, que son nom est à jamais inséparable du titre de la pièce. Il fallait toute la distinction, toute la grâce, toute la fantaisie qu'elle a montrées sans effort pour que le type difficile et franc de Marguerite Gautier fût accepté sans discussion. Rien qu'en voyant paraître l'actrice, le spectateur s'est senti prêt à tout pardonner à l'héroïne. Je ne crois pas qu'une autre personne, à quelque théâtre qu'elle appartînt et quelque talent qu'elle eût, aurait pu, comme elle, réunir toutes les sympathies autour de cette nouvelle création. Gaieté fine, élégante, nerveuse, abandon familier, câlinerie mélancolique, dévouement, passion, résignation, douleur, extase, sérénité, pudeur dans la mort, rien ne lui a manqué, sans compter la jeunesse, l'éclat, la beauté, le brio, qui devaient compléter le rôle et qui en sont le corps et la plastique indispensable. Il n'y a pas eu un conseil à lui donner, pas une observation à lui faire ; c'est au point qu'en jouant le rôle de cette façon elle avait l'air de l'avoir écrit. Une pareille artiste n'est plus un interprète, c'est un collaborateur. »

*
* *

Maintenant, avais-je ou n'avais-je pas, moralement, le droit de mettre en lumière et de présenter sur la scène cette classe de femmes ? Évidemment oui, j'avais ce droit. Toutes les classes de la société appartiennent au

---

à donner pour expliquer politiquement ses rigueurs. Quelles raisons pourrait donner le gouvernement anglais qui ne veut laisser représenter *Ruy Blas,* à Londres, que si Ruy Blas est majordome au lieu d'être laquais, et si la reine est veuve au lieu d'être mariée *(sic)* ? Ce qui est bien flatteur pour la reine d'Angleterre, qui est veuve !

Théâtre et principalement celles, qui, aux époques de transformation, surgissent tout à coup et impriment à une société un caractère d'exception. Parmi celles-ci, il faut ranger nécessairement les femmes entretenues qui ont sur les mœurs actuelles une influence indiscutable.

Molière, vivant de nos jours, n'eût pas laissé ce monde nouveau commencer ses évolutions sans l'arrêter un instant au passage, sans le visiter et sans dire au public : « Prenez garde ! il y a là un phénomène, et un danger sérieux. »

Cependant, il n'eût pas marqué la coupable avec le fer dont il s'est servi contre Tartufe. Tartufe, c'est le mal volontaire ; c'est l'intelligence, l'instruction, le respect des choses saintes, la bonne foi humaine, Dieu lui-même mis au service du mensonge, de la convoitise et du libertinage. Le mal produit par la courtisane, mal aussi redoutable dans son genre que celui que peut faire Tartufe, est cependant sans préméditation et surtout sans hypocrisie. Il s'étale au grand jour, il ouvre une boutique, il accroche une enseigne à sa maison, il y cloue un numéro. Il faut être bien niais pour s'y laisser tromper, ou bien corrompu pour s'y plaire ; mais ce mal a une excuse dans la misère, dans la faim, dans l'absence d'instruction, dans les mauvais exemples, dans l'hérédité fatale du vice, dans l'égoïsme de la société, dans l'excès de la civilisation, dans cet éternel argument : l'amour. La coupable appelle plutôt la consolation et l'appui que le châtiment et la flétrissure. Son crime est notre crime et nous ne pouvons être bons juges là où nous avons été si mauvais conseillers. Molière fût donc resté la main en l'air au moment de frapper, et son grand bon sens lui eût dit : « Prends garde ! le crime de cette femme n'est pas aussi grand qu'il paraît. Veux-tu une vraie coupable, retourne-toi et regarde celle-ci ! » Et le moraliste eût pu voir une créature sereine qui, n'ayant d'excuse ni dans la misère, ni dans le mauvais exemple, ni dans l'ignorance, foule sous ses pieds, tranquillement et impunément, le mariage, la famille, la pudeur au profit de son seul plaisir. Celle-ci est vraiment criminelle ; celle-ci est vraiment dangereuse ; celle-ci enfin mérite la colère du poète et l'indignation du spectateur; et cependant c'est à celle-ci qu'on veut pardonner, sous prétexte qu'elle a succombé à l'amour, au sentiment, à la nature, qu'elle s'est donnée enfin, mais qu'elle ne s'est pas vendue.

Vendue! voilà la cause de réprobation éternelle.

Expliquons-nous une bonne fois sur ce honteux trafic de l'amour! Nous sommes ici pour causer, n'est-ce pas? nous sommes tous gens qui savons plus ou moins à quoi nous en tenir sur la vie, car je pense que vous n'avez pas plus donné ce livre à vos filles que vous ne les avez conduites à mes pièces; nous pouvons donc parler librement, sincèrement surtout. J'en profiterai pour vous dire ce que personne ne dit, peut-être parce que tout le monde le pense et que l'on aurait honte de s'avouer publiquement ses turpitudes secrètes. Il est bien plus commode de les jeter dans une classe spéciale, sorte d'égout collecteur, et de se pavaner, sur le trottoir qui le couvre, dans l'estime de soi.

Une fille sans éducation, sans famille, sans profession, sans pain, n'ayant pour tout bien que sa jeunesse, son cœur et sa beauté, vend le tout à un homme assez bête pour conclure le marché. Cette fille a signé son déshonneur et la société l'exclut à tout jamais.

Une fille bien élevée, née de famille régulière, ayant à peu près de quoi vivre, habile et résolue, se fait épouser par un homme qui pourrait être son père, son grand-père même, qu'elle n'aime pas, bien entendu, immensément riche. Elle l'enterre au bout d'un mois (exemples récents). Cette fille a fait un beau mariage, et la société l'accueille à bras ouverts, femme et veuve.

Un homme, c'est-à-dire un être fort, créé pour protéger, secourir, travailler, issu de grande famille, mais pauvre, au lieu d'embrasser une carrière quelconque qui lui donnerait un pain honorable, troque son nom, son titre et ses armes contre la fille ou plutôt contre la fortune d'un cabaretier quelconque, enrichi dans la vente et la sophistication des alcools! Ce gentilhomme a fait une bonne affaire et personne ne lui dit rien.

En bonne conscience, les trois personnes se valent, et

je ne vois pas où les deux autres prendraient le droit de
mépriser la première.

Maintenant, supposez que la fille qui s'est vendue, au
lieu de se vendre, ait résisté aux tentations, qu'elle soit
demeurée honnête, qu'elle ait travaillé dans un magasin
et se soit contentée de trente sous par jour, vivant, elle et
sa mère, de pain, de pommes de terre, d'un peu de
charcuterie et d'eau.

C'est héroïque, n'est-ce pas? Vous connaissez ce sacrifice, vous, madame***, et vous avez un fils qui
l'aime, cette fille. De cette fille, ferez-vous votre bru?
Non. Vous n'avez pas de fils, vous ne courez donc aucun
danger, mais vous êtes une femme du monde; cette fille,
la ferez-vous asseoir à votre table? de cette fille, qui vous
est supérieure puisqu'elle lutte et triomphe, ferez-vous
votre amie, votre égale seulement? Non. Qu'est-ce
qu'elle gagne donc à rester honnête? L'estime d'elle-
même, soit, et l'hôpital, au bout de quinze jours de
chômage, ou, de guerre lasse, un ouvrier qui l'épouse, se
grise et la bat. Supposons, puisque nous sommes dans les
hypothèses, que cet ouvrier, au lieu de se griser et de la
battre, soit intelligent, fasse fortune, qu'il lui naisse une
fille de cette femme et qu'il donne à cette fille un million
de dot, sans compter les espérances. Lui donnerez-vous
votre fils, à cette riche prolétaire? Répondez, chère madame***? Parfaitement. L'argent est donc la bonne raison pour vous. Eh bien, pourquoi ne voulez-vous pas
qu'il soit une bonne raison pour cette créature sans famille, sans éducation, sans exemples, sans conseils et
sans pain?

« Qu'elle se vende, me direz-vous, chère madame***,
je ne l'en empêche pas, mais vous ne pouvez pas m'empêcher de la mépriser et de l'exclure. »

Soit. La lutte commence, alors. Eh bien, surveillez
attentivement votre fils et vos actions de la Banque, chère
madame***! car cette fille ne va plus avoir qu'une idée,
c'est de s'emparer de l'un et des autres, et, si elle y
arrive, ce sera de bonne guerre, voilà tout.

En refusant à la vertu le droit d'être un capital, vous
avez donné au vice le droit d'en être un.

Maladroits! quand une nation chrétienne, catholique même, pratique ou prétend pratiquer une religion d'humilité, de charité, de pardon, religion qui a déifié la femme en supposant une vierge mère d'un Dieu, en absolvant Madeleine et en pardonnant à la femme adultère; quand un peuple qui invoque toujours sa révolution de 89, qui veut la justice, la liberté, l'égalité non seulement pour lui, mais pour les autres; quand un peuple qui a trouvé le moyen de se faire appeler le peuple le plus brave, le plus chevaleresque, le plus spirituel de tous les peuples est assez hypocrite, assez lâche et assez stupide pour permettre que des milliers de filles jeunes, saines, belles, dont il pourrait faire des auxiliaires intelligentes, des compagnes fidèles, des mères fécondes, ne soient bonnes qu'à faire des prostituées aviries, dangereuses, stériles, ce peuple mérite que la prostitution le dévore complètement, et c'est ce qui lui arrivera [1].

Retournez-vous et regardez le chemin que vous avez laissé parcourir à cette formidable ennemie.

Mettons de côté la prostitution légale, celle que la loi autorise, encourage presque, car la loi encourage tout ce qu'elle tolère, mettons de côté cette prostitution que la civilisation déclare nécessaire, indispensable même dans une société comme la nôtre, ne fût-ce que pour MM. les militaires, qui ne peuvent pas s'en passer dans les loisirs de la garnison (conséquence immorale de cette autre immoralité qu'on appelle la guerre), et ne nous occupons que de la prostitution élégante, sentant bon, sur laquelle je vous ai fait pleurer: vous allez voir ce que vous avez permis et où nous allons.

Une femme galante, car il y a trente ans on ne disait pas encore une femme entretenue, ni une lorette, ni une biche, ni une petite dame, ni une cocotte, tant il faut de noms différents pour désigner aujourd'hui cette vaste famille, une femme galante n'était pas un accident rare, mais un accident secret. Un homme du monde, un homme marié, un fils de famille, un gros négociant, un banquier, un vieux général entretenait une femme qui,

---

1. *Les Idées de madame Aubray.*

presque toujours assez bien élevée, avait été séduite par un ami de la famille, quelquefois par un parent, puis abandonnée comme de raison, et qui vivait dans une demi-honnêteté de cette espèce de demi-mariage. Elle ne compromettait pas l'homme qui lui venait en aide, elle ne s'affichait pas outre mesure, et elle était souvent assez distinguée pour qu'il pût lui donner le bras et répondre aux honnêtes femmes qui lui demandaient : *Quelle est cette dame avec qui je vous ai rencontré ?* « C'est une dame. » Si ces femmes avaient un certain luxe, ce luxe était tout intérieur, tout intime. Une femme galante possédant une voiture, *une demi-fortune,* faisait révolution dans son quartier. Ces dames employaient, pour tromper l'homme à qui elles devaient leur bien-être, les mêmes ruses qu'une véritable femme mariée pour tromper son mari ; car elles risquaient autant, plus même que l'épouse légitime, n'ayant pas comme celle-ci une dot à réclamer judiciairement. Ces hommes qui les gardaient dix ans, quinze ans, toute leur vie quelquefois, ne les quittaient jamais ou ne mouraient pas sans leur assurer une fortune modeste mais définitive. Ils les épousaient quelquefois, et cela ne paraissait pas très extraordinaire.

La plupart de ces femmes, faut-il le dire ? sortaient de Saint-Denis. Filles de pauvres officiers tués dans les dernières guerres de l'Empire, elles avaient reçu une instruction et une éducation au-dessus de leur fortune, et, lorsqu'il s'était agi de les marier, on n'avait pas trouvé le mari qu'il aurait fallu à cette éducation, à cette pauvreté, à cette beauté et à ces rêves. L'habitude de vivre au compte d'autrui, l'ennui, l'occasion, le cœur quelquefois, amenaient la première chute. On trouvait donc encore dans ces femmes de l'intelligence, de la noblesse, de l'esprit, du dévouement, une âme. C'étaient les dernières incarnations de Phryné, de Marion Delorme et de Ninon de Lenclos. Elles pouvaient causer, tenir une maison et donner à leur amant plus et mieux que des plaisirs grossiers.

Une de ces femmes de trente à trente-cinq ans était ce qu'un père, homme du monde, ambitionnait pour initier son fils à cette vie de l'amour que tout jeune homme, je

ne sais pas pourquoi, doit, selon nos mœurs, avoir
connue avant de se marier. Enfin, il y avait des fautes
dans la vie de ces femmes et des fautes nombreuses ;
mais, si l'amour y était sans pudeur, il n'y était pas sans
décence.

Les grisettes qui, après de véritables amours tout à fait
désintéressées avec des commis ou des étudiants, amours
dont le quartier Latin a été le dernier nid, Paul de Kock le
dernier historien et Murger le dernier poète, les grisettes
furent les premières qui grossirent le nombre des femmes
galantes, et, en introduisant dans cette classe un élément
nouveau, constituèrent les femmes entretenues. Après
des excès de confiance, des désenchantements, des luttes
avec la misère, des abandons, des déceptions, des tentati-
ves de suicide, ces pauvres filles s'écriaient : « Ma foi, je
suis trop bonne d'avoir tant de cœur ! » Et elles commençaient à accepter des bijoux, des robes, un cachemire
carré, quelques meubles, de l'argent enfin, non plus de
l'homme, mais du *monsieur* qu'elles aimaient. Toute
cette dépense se réduisait à trois ou quatre cents francs
par mois. Les dîners aux *Vendanges de Bourgogne,* les
petites loges grillées de l'Ambigu, les soirées de Tivoli,
telles étaient leurs grandes dépenses, et encore ces modestes orgies n'avaient-elles lieu que le dimanche, car ces
demoiselles continuaient presque toujours à travailler
dans un magasin, à moins que le *monsieur* ne fût assez
généreux pour les mettre elles-mêmes à la tête d'un magasin de modes ou de lingerie.

L'amour, le travail, étaient donc encore de la partie.
Marguerite Gautier ou Marie Duplessis, comme vous
voudrez, sortait des rangs de ces femmes. Elle avait été
grisette, voilà pourquoi elle avait encore du cœur.

On créa les chemins de fer. Les premières fortunes
rapides faites par les premiers agioteurs se jetèrent sur le
plaisir, donc l'amour instantané est un des premiers besoins. Ce qui, chez les filles pauvres, n'était qu'une
conséquence finale, devint une cause première. Les faci-
lités nouvelles de transport amenèrent à Paris une foule de
jeunes gens riches de la province et de l'étranger. Les
nouveaux enrichis, dont le plus grand nombre était sorti

des plus basses classes, ne craignaient pas de se compromettre avec telle ou telle fille à surnom à qui le bal
Mabille et le *Château des Fleurs* avaient acquis une
grande célébrité. Il fallut fournir à la consommation sensuelle d'une population progressante, comme à son ali-
mentation physique : la liberté de la boucherie, dans un
autre genre.

La femme fut un luxe public, comme les meutes, les
chevaux et les équipages. On s'amusait à couvrir de
velours et à secouer dans une voiture une fille qui vendait
du poisson à la halle huit jours auparavant, ou qui versait
des petits verres aux maçons matineux ; on ne tint plus ni
à l'esprit, ni à la gaieté, ni à l'orthographe ; enrichi
aujourd'hui, on pouvait être ruiné demain : il fallait dans
l'intervalle avoir soupé avec telle ou telle renommée.
Dans ce tohu-bohu d'entreprises toutes fraîches et de
bénéfices quand même, la beauté devint une mise de
fonds, la virginité une valeur, l'impudeur un placement.
Les magasins se vidèrent ; les grisettes disparurent, les
entremetteuses se mirent en campagne. Il s'établit des
correspondances entre la province, l'étranger et Paris. On
faisait des commandes sur mesure ; on s'expédiait ces
colis humains. Il fallait bien nourrir ce minotaure rugis-
sant et satisfaire à cette boulimie érotique. On se plut à
découvrir des beautés bizarres et singulières. On les excitait les unes contre les autres comme des coqs anglais,
on montrait leurs jambes dans des pièces *ad hoc,* ou, si
elles étaient trop bêtes pour parler devant le monde, on
les plantait à demi-nues, avec une tringle dans le dos, sur
les chars branlants de l'Hippodrome, et on vous les montrait de bas en haut. Des hommes du monde, blasés,
épuisés, usés, pour se distraire un moment, se firent les
contrôleurs de ce métal impur. La corruption eut ses jurés
assermentés. Ces malheureuses sollicitaient l'honneur de
leur couche froide, afin de pouvoir dire le lendemain :
« J'ai vécu avec un tel », ce qui haussait leur prix pour les
parvenus de la veille, tout fiers de posséder une créature
sortant non pas des bras, mais des mains du comte X***
ou du marquis Z***. — On les façonnait, on les rensei-
gnait, on leur apprenait le grand art de ruiner les imbéci-

les, et on les lançait dans la carrière. La *Maison d'Or,* les
Provençaux, le *Moulin Rouge,* flambèrent du matin au
soir et du soir au matin. Le lansquenet et le baccara se
ruèrent à travers la ronde; on se ruina, on se battit, on
tricha, on se déshonora, on vola ces filles, on les épousa.
Bref, elles devinrent une classe, elles s'érigèrent puissance; ce qu'elles auraient dû cacher comme un ulcère,
elles l'arborèrent comme un plumet. Elles prirent le pas
sur les honnêtes femmes, elles achevèrent les femmes
coupables, dont les amants étaient assez lâches pour raconter les histoires, elles firent le vide dans les salons et
dans les chambres à coucher des meilleures familles. Les
femmes du monde, étourdies, ébahies, épouvantées, hu-
miliées de la désertion des hommes, acceptèrent la lutte
avec ces dames sur le terrain où celles-ci l'avaient placée.
Elles se mirent à rivaliser de luxe, de dépenses, d'excen-
tricités extérieures avec des créatures dont elles n'eussent
jamais dû connaître le nom. Il y eut communion volontaire entre les filles des portières et les descendantes des
preux sous les espèces de la crinoline, du maquillage et
du roux vénitien. On se prêta des patrons de robes entre
courtisanes et femmes du monde, par l'entremise d'un
frère, d'un ami, d'un amant, d'un mari quelquefois. Non
seulement on eut les mêmes toilettes, mais on eut le
même langage, les mêmes danses, les mêmes aventures,
les mêmes amours, disons tout, les mêmes spécialités.

Voilà ce que les mères et les épouses ont laissé faire.
Voilà où nous sommes tombés. Je vais vous dire maintenant où nous allons.

Nous allons à la prostitution universelle. Ne criez pas!
je sais ce que je dis.

Le cœur a complètement disparu de ce commerce clan-
destin des amours vénales. *La Dame aux camélias,* écrite
il y a quinze ans, ne pourrait plus être écrite aujourd'hui.
Non seulement elle ne serait plus vraie, mais elle ne serait
même pas possible. On chercherait vainement autour de
soi une fille donnant raison à ce développement d'amour,
de repentir et de sacrifice. Ce serait un paradoxe. Cette
pièce vit sur sa réputation passée, mais elle rentre déjà
dans l'archéologie. Les jeunes gens de vingt ans qui la

lisent par hasard ou la voient représenter doivent se dire : « Est-ce qu'il y a eu des filles comme celle-là ? » Et ces demoiselles doivent s'écrier : « En voilà une qui était bête ! » Ce n'est plus une pièce, c'est une légende ; quelques-uns disent une complainte. J'aime mieux légende.

Le cœur a donc complètement disparu de cette transaction entre l'homme libre et la femme libre, et cette transaction se réduit à ces termes : « J'ai de la beauté, tu as de l'argent, donne-moi de ce que tu as, je te donnerai de ce que j'ai. Tu n'as plus rien ? Adieu ! je ne fais pas plus de crédit que le boulanger. »

L'amour est parti, mais la fortune est venue. L'affaire a réussi, l'entreprise est bonne, elle est sûre même, ayant pour base un capital éternel, inépuisable : l'oisiveté, l'orgueil, la vanité, la sottise, la passion, le vice de l'homme.

Il est telle de ces dames à qui quelques années de patience et de sang-froid ont donné un ou deux millions placés en bonnes valeurs, actions de la Banque, terrains, obligations garanties par l'État. Elles ne sont même plus prodigues. Un beau jour, elles se séparent du luxe qui n'était pour elles qu'une mise en scène ou une mise en train, et, comme le comédien qui se retire du théâtre, elles vendent leurs oripeaux devenus inutiles. Nous voyons alors passer sur la table du commissaire-priseur des colliers de perles et des rivières de diamants qu'une fortune princière peut seule acquérir. Nous pourrions nommer de ces femmes, dont la fortune réalisable monte à quinze ou vingt millions. Avouez que voilà un exemple tentant et que l'honnête fille qui n'a pour dot que sa jeunesse et son innocence, et qui ne trouve ni appui ni alliance dans le monde qui l'entoure, peut bien avoir envie de suivre cet exemple, de jeter la pudeur aux orties, et de prendre une action dans cette loterie dont presque tous les numéros gagnent.

Ces fortunes acquises rapidement, malhonnêtement, mais régulièrement placées, que deviennent-elles ? Ces dames ne les donnent pas à des établissements de bienfaisance.

Ou elles s'en servent pour acheter un mari quelconque, ou elles l'augmentent par des opérations heureuses que leurs amis leur conseillent, et dont bénéficient parfois leurs amants; l'argent, quelle que soit son origine, trouvant toujours quelqu'un pour l'utiliser. Ce capital immense ne peut rester inactif. Des entreprises viennent au-devant de lui pour en canaliser le cours et féconder des intelligences impuissantes et stériles faute de pluie. Tous les fumiers sont bons pour féconder la terre. La Danaé se fait Jupiter à son tour, et voilà l'argent du vice pénétrant dans l'industrie, dans le commerce, dans les affaires, et venant aider, alimenter, créer des fortunes nouvelles à de très honnêtes gens. Comment exclure de l'intimité une bailleresse de fonds à qui l'on doit le repos de son ménage, sa quiétude d'esprit, l'avenir de ses enfants? Ce ne sont plus d'anciennes courtisanes, ce sont de riches négociantes, d'opulentes propriétaires dont la signature vaut de l'or.

Ces femmes meurent, quelqu'un hérite d'elles, filles, fils, neveux, nièces, cousins, parents, amis. Hélas! on est bien indulgent dans tous les pays du monde, et surtout dans le nôtre, pour ces hasards de l'héritage, et, si nous voyons qu'on ne demande pas compte à tel ou tel grand seigneur d'une fortune issue, il y a un ou deux siècles, d'une spoliation ou d'un assassinat, nos petits-fils ne seront pas plus exigeants que nous, et ils ne demanderont pas à M. X***, ou à Mlle Z*** d'où leur sont venus leurs millions, M. X*** et Mlle Z*** auront des millions, voilà tout. Qu'importe la source d'un fleuve, pourvu qu'il coule et qu'il arrose! Monsieur tel ou tel sera un beau parti et il trouvera une honnête fille de bonne maison, mais pauvre, qui ne demandera pas mieux que de porter son nom; à moins qu'il en préfère une riche qui le choisira entre vingt autres pour s'arrondir et se donner quelques diamants et quelques chevaux de plus. Et *vice versa* pour Mlle Z***.

Voilà donc l'argent de la prostitution se glissant dans la famille, comme il s'est glissé déjà dans les affaires. Pourquoi pas, après tout? Du moment que vous prêchez la croisade de l'argent, toutes les armes sont bonnes. Gloire aux vainqueurs! Malheur aux vaincus! L'importance est de s'enrichir vite, et croyez bien qu'on n'attendra pas deux ou trois générations pour en arriver là et que beaucoup de ces créatrices de leur propre patrimoine trouveront pour elles-mêmes les unions que nous faisons au respect humain de ce siècle l'honneur de reporter à cinquante ans du point de départ. N'avez-vous pas déjà vu, dans ces derniers temps, des hommes du monde, et du meilleur monde, épouser les femmes qui les avaient ruinés, pour rentrer dans leur argent, des négociants fonder de grandes industries renommées et prospères, bénites par le clergé, avec ces dots étranges ? Ne vous rappelez-vous pas ce procès d'hier où l'on eût le spectacle d'un jeune grand seigneur qui avait consenti, moyennant une somme de..., à donner son nom au fils d'une de ces demoiselles qui faisait ce sacrifice pour que ce fils eût enfin un père.

Donc, en l'an deux mille, « date qu'on peut débattre », comme disait Béranger, si les choses continuent, la prostitution par l'héritage, par les habitudes, par l'exemple, par l'intérêt, par l'indifférence, et parce qu'elle apportera l'argent avec elle, aura pénétré fatalement dans toutes les familles. Le mal ne sera plus aigu, il sera constitutionnel. Il aura passé dans le sang de la France.

Pour empêcher le mal, quel moyen ont trouvé les femmes, les mères, les pères et les jeunes filles ?

Jadis les hommes disaient, quand on leur proposait une jeune fille : « Combien a-t-elle ? » Aujourd'hui, les jeunes filles et leurs parents, quand on leur parle d'un mari, disent : « Combien a-t-il ? » Qu'il soit noble ou roturier, spirituel ou sot, laid ou beau, jeune ou vieux, peu importe. Qu'il soit riche, voilà la grande affaire. Ces vierges savent ce que coûte une maison. Notre confrère Léon Laya a touché gaiement et finement à ce vice moderne, dans *Le Duc Job*, et le public a compris. Il y a sept ou huit ans de cela. Quel progrès depuis lors !

Eh bien, qu'on fasse le nœud avec l'écharpe du maire ou avec la ceinture de Vénus, quand il n'entre plus que de l'argent dans le rapprochement de l'homme et de la femme, il y a trafic, et ce trafic-là, mesdemoiselles, c'est de la belle et bonne prostitution, plus chère que l'autre, parce que le Code la garantit, que la famille la consacre et que le nom de l'acquéreur la couvre. Restez-vous fidèles, au moins au nom que vous avez reçu, au contrat que vous avez signé, à l'affaire que vous avez faite ? Je ne le pense guère, si j'en crois ce que j'entends, ce que je sais, ce que je vois.

Cependant, prenez garde, l'homme n'est pas aussi bête que les femmes s'obstinent à le croire ; — il sent bien où on le mène, et il se fait ce raisonnement très simple :

« Voyons, j'ai dix ou cinquante ou cent mille livres de rente (prenez la proportion que vous voudrez) ; supposons que je me marie. Du moment que ma femme ne m'apporte que son corps, que je connais à moitié, grâce aux toilettes du jour, mais que tout le monde, par suite, connaît aussi bien que moi, je la trouve un peu chère. Le mariage, c'est le repos, l'intimité, la famille, la dignité, l'amour... Le repos ! Il me faudra mener ma femme aux courses, aux Italiens, aux bals, aux Eaux. L'intimité ! Elle n'aura pas de trop des heures où nous serons ensemble pour se reposer seule. La famille ! Où prendrons-nous le temps d'avoir des enfants, en admettant que la fécondité concorde avec cette vie comparable aux toupies d'Allemagne qui tournent si vite, qu'on ne voit plus que le trou qui fait le bruit ? La dignité ! Où est la dignité d'une femme qui se décollète jusqu'aux reins, qui se fait habiller par un homme, qui a sa loge à l'Alcazar, et à qui ses petits amis donnent un surnom comme aux danseuses de *Mabille* ? L'amour ! Inutile d'en parler, puisqu'il vit de toutes ces choses-là. Ma femme sera donc à tout le monde, excepté à moi. J'aime bien mieux prendre la femme de tout le monde ; elle me reviendra meilleur marché, pour ma part ; elle ne pourra pas me déshonorer, je ne serai pas forcé de donner mon nom aux enfants qu'elle fera, et je la planterai là quand j'en aurais assez. Voilà. »

Et les jeunes gens ne veulent plus se marier. Et il y en a même, qui, par découragement, ou par économie, essayent de devenir des femmes, ce qui simplifie bien les choses, et qui finissent, dit-on, par y arriver. Ils ne veulent même plus porter des noms d'homme. Sous Henri III, on les appelait des *mignons ;* aujourd'hui, on les appelle des *duchesses.* Ils ont formé une association. Ils ont levé contre le sexe faible, le drapeau de l'indépendance, ils ont prouvé qu'ils pouvaient se passer de lui, et, pour que leurs enfants ne les désavouent pas plus tard, ils font, dit-on, comme Saturne, ils les mangent! Je me trompe. Saturne ne mangeait que les siens!

Où allons-nous?

«Tout cela est local, disent les optimistes, ce sont les mœurs de Paris et encore d'un Paris dans Paris.» Soit; mais Paris, c'est le cerveau de la France, et, quand il y a tumeur au cerveau, toute l'économie est ébranlée et tôt ou tard la paralysie arrive. Non, ce mal n'est pas local. Ces virus-là, une fois inoculés dans une partie, pénètrent dans la masse du sang. Le mal vient de loin, et il y a longtemps qu'il s'annonce. Ce n'est pas comme le croyait ou plutôt comme le disait M. Dupin, car un homme de son âge et de son expérience ne pouvait pas croire à une si petite cause, ce n'est pas une question de luxe et de crinoline; c'est une question sociale. Il y a longtemps que la femme se plaint, qu'elle crie, qu'elle appelle au secours. Personne ne lui a répondu. Elle fait enfin sa révolution, en plein soleil, avec les armes qu'elle a reçues de la nature, la Ruse et la Beauté. *Elle a retourné l'autel pour en faire une alcôve. Elle a remplacé le dieu par je ne sais quelle guillotine dorée, et elle exécute l'homme au milieu des rires et des danses* [1].

Que faire?

Il faut reconstituer l'amour en France et, par conséquent, dans le monde.

Mais l'amour ne se reconstitue pas comme une perte de sang, ou comme un État allemand. L'amour est un sentiment.
— Erreur. L'amour est un besoin. C'est une force de la nature, c'est la plus grande et la plus nécessaire, et, comme toutes les forces naturelles, comme la foudre, la vapeur et l'électricité, elle peut être dirigée, utilisée, perfectionnée.

Pour nous restreindre à la seule question de l'amour entre hommes et femmes, en laissant de côté les autres manifestations de l'amour, l'amour de l'humanité, de la liberté, de la science, de la gloire, etc., qui sont les

1. *Les Idées de madame Aubray.*

corollaires de ce besoin d'aimer né avec l'homme, quelles sont les deux conséquences immédiates de l'amour ? — La génération et la famille. De la génération et de la famille doivent résulter ces deux autres conséquences : le travail et la morale. Du travail et de la morale : les sociétés partielles et en définitive la communion de l'humanité tout entière dans les mêmes intérêts, les mêmes sentiments, le même idéal.

Or, du moment qu'une cause naturelle, physique ou morale, a des résultats sociaux, la société a le droit d'intervenir pour le développement, la direction et la perfection de ces résultats. C'est ce qu'elle a fait en instituant le mariage, dont découlent la solidarité de la famille et l'hérédité des noms et des biens. Ce n'est plus assez, elle n'a pas le droit de s'arrêter à moitié de son œuvre et rien n'est fait tant qu'il reste à faire.

Disons nettement les choses. En France surtout, on a peur des mots, et c'est cette peur qui empêche les idées d'avancer. Les choses n'étant jamais appelées par leur nom, les coupables ont le droit de dire : « Je ne savais pas que c'était ça. » Supprimons cette excuse en disant la vérité absolue.

A l'état de nature, qu'est-ce que c'est que l'amour chez les hommes et chez les animaux ?

Ne vous blessez pas du rapprochement. Les hommes ont inventé la pudeur, la poésie, le sacrifice, le dévouement dans l'amour ; mais ils ont aussi inventé l'excès, le trafic, la débauche, l'hypocrisie, ce qu'aucun animal n'a inventé. La nature a fait l'animal indécent ; la société a fait l'homme immoral. Partant, quittes pour le physiologiste.

A l'état de nature, chez l'homme et chez les animaux, l'amour est un besoin physique qui se manifeste à l'âge de la puberté, besoin qui pousse un être conformé d'une certaine façon vers un être conformé d'une autre manière. De ce contact naturel, volontaire, indispensable dans et pour l'harmonie du monde, naît un autre individu — qui participe presque toujours, comme tempérament, comme forme, comme caractère, de ses deux générateurs, comme sexe de l'un d'eux.

Les hommes s'étant formés en sociétés, et les plus

éclairés, les plus sages, les plus divins ayant reconnu en eux-mêmes, d'abord, et dans les autres par déduction, une essence supérieure à celle des animaux purement instinctifs, ces hommes, ayant supposé à l'humanité une destinée d'un ordre supérieur, ont fait un sentiment du besoin, un engagement de la réunion, et un devoir du résultat. Ce sentiment, c'est l'amour, cet engagement, c'est le mariage, ce devoir, c'est la famille.

Si l'humanité est d'essence supérieure, tous les hommes ne sont pas supérieurs comme elle. Ils ont des goûts, des tempéraments, des caractères, des passions d'une variété infinie. Il y eut donc des hommes qui voulurent se soustraire à la règle établie ou s'en faire un moyen pour leurs intérêts particuliers. Ceux qui avaient des passions, et à qui une seule femme ne suffisait pas, cherchèrent naturellement à se donner le plaisir de l'amour sans les engagements du mariage et sans les devoirs de la famille; ceux qui ne cherchaient que le bien-être matériel acceptèrent l'amour en apparence et le mariage en réalité, moyennant une rétribution de... apportée par la femme. Dans le premier cas, le libertinage; dans le second, le trafic. Parmi les filles qui s'étaient dispensées du mariage ou qui ne pouvaient y atteindre, quelques-unes demandèrent une compensation à l'argent; parmi les femmes à qui l'on n'avait donné que le mariage, quelques-unes demandèrent une consolation à l'amour.

D'un côté, la prostitution se fit jour.

De l'autre côté, l'adultère prit naissance.

La société, que ces conventions particulières et malsaines gênaient dans son développement ascensionnel, se crut forcée d'intervenir de nouveau, non seulement au point de vue de la morale, mais au point de vue de la salubrité. Elle dit aux filles libres: «Puisque vous avez fait de l'amour un commerce, vous serez astreintes, d'abord aux charges des commerçants: vous aurez une boutique, une patente et une carte, et puis vous serez méprisables.» Elle dit aux femmes adultères: «Puisque vous avez manqué aux stipulations du traité matrimonial, je donne le droit à votre mari de vous exclure, et vous serez méprisées.» Dans les deux camps, il n'y eut que les filles bêtes ou les femmes maladroites qui se laissèrent parquer. Parmi les courtisanes, les plus fines évitèrent la carte; parmi les femmes mariées, les plus habiles esquivèrent la loi. Aujourd'hui, la prostitution illustre et enrichit les unes, et l'adultère console et quelquefois enrichit les autres.

Voilà où nous en sommes.

Cette fois, la société n'ose plus intervenir; c'est ici qu'elle a tort, car jamais le mal n'a été si grand, et cependant il est réparable. Voyons les moyens.

Quelles sont les excuses, vraies ou fausses, de la courtisane? Quelles sont les excuses, vraies ou fausses, de la femme adultère?

Les excuses de la courtisane sont: l'ignorance, la famille absente ou vicieuse, les mauvais exemples, le manque d'éducation, de religion, de principes, *et surtout et toujours une première faute* commise, souvent avec un parent, quelquefois avec le frère ou le père (voir les statistiques à la préfecture de police), une mère qui les a vendues, la misère enfin et tout ce qui l'accompagne.

Les excuses de la femme adultère sont le mari qui néglige, trompe ou ruine sa femme, l'oisiveté, l'impuissance de l'homme, la stérilité de la femme, le besoin d'appui, de solidarité et d'amour.

Quels sont les moyens de mettre les femmes, mariées ou non, dans l'impossibilité de donner ces excuses, de manière qu'il ne leur reste plus que celles qu'elles ne donnent jamais (justement parce que la société les met en droit de donner les autres), lesquelles non données sont la paresse, l'ennui, la curiosité et le tempérament?

Ma lectrice rougit et je la scandalise!

Que voulez-vous, madame! il me va d'ôter leurs voiles aux choses comme aux gens, et je sais bien que le mot seul vous fait peur et non la chose. Quand on vous aura bien montré les ignominies qui se dérobent sous les périphrases élastiques dont vous les enveloppez, vous vous laisserez peut-être un peu moins prendre à ces périphrases. Quand on aura contracté l'excellente habitude d'appliquer la même épithète à la femme mariée, mère de famille, aimée de son mari et de ses enfants, qui trompe son mari et se livre à un autre homme, qu'à la courtisane qui se vend, la femme mariée hésitera plus longtemps et elle reculera peut-être. Quand la femme adultère saura qu'au lieu de dire d'elle : « Madame une telle s'occupe de monsieur un tel ; » ou — « a une intimité avec monsieur un tel ; » — ou « se compromet un peu trop avec monsieur un tel ; » — on dira : « Madame une telle... (grâce encore pour cette fois) avec monsieur un tel ! » ah ! diable ! la femme y regardera à deux fois avant d'être adultère ; et cependant, le fait est le même sous la périphrase ou sous le mot technique. Seulement, les femmes du monde, qui ne souilleraient pas leur bouche, même pour la défense de la vertu, d'un mot de caserne ou de lupanar, imposent à leur corps, au nom de l'amour, l'acte le plus humiliant que le corps puisse subir, et qui les assimile, même pour l'homme qui en profite, aux plus vulgaires prostituées.

Puisque nous avons ouvert cette parenthèse, ne la fermons pas sans tout dire, et finissons-en avec cette question de l'adultère que nous acceptons si facilement, quand il s'agit de la femme des autres, et qui nous révolte, nous déshonore, nous désespère et nous tue, quand c'est de la nôtre qu'il s'agit. En vérité, nous sommes un drôle de peuple. Notre seul esprit est d'avoir fait croire que nous en avions, car du véritable esprit de conduite et d'appréciation, de justice, de bon sens enfin, il n'y a trace ni dans nos mœurs, ni dans nos actes, ni même dans nos lois. De quoi rions-nous le plus au théâtre ? Du mari trompé. De quoi souffrons-nous le plus dans la vie privée ? D'être ce mari. Qu'est-ce que nous racontons le plus légèrement, le plus gaiement, le plus spirituellement ? Ce sont les mésaventures matrimoniales de nos amis. Qu'est-ce que nous redoutons le plus ? C'est qu'on ne raconte les mêmes histoires sur nous-mêmes. A celui qui nous aura appelé imbécile, nous nous contenterons de demander des excuses ou de donner un petit coup d'épée ; de celui qui nous aura appelé cocu, nous boirons le sang si nous pouvons. L'honneur de notre femme est donc ce qu'il y a de plus sacré pour nous, parce que notre femme, c'est notre nom, notre amour, notre plaisir, notre confident, la mère de nos enfants, la dépositaire de nos secrets, de nos faiblesses, de nos espérances, notre propriété enfin (voilà le vrai mot), et que celui-là est le plus méprisable de tous les hommes, qui fait bon marché de cet honneur et commerce de cette propriété. Alors, déclarons publiquement que l'adultère n'est pas risible, que c'est un crime auquel il faut appliquer les châtiments les plus sévères, au lieu, comme fait la loi, de se contenter de séparer les deux époux ou d'emprisonner quelques mois la femme. Quant à celle-ci, disons-lui en même temps qu'elle n'a pas d'excuses, et que, si, quand elle nous en donne, nous avons l'air d'y croire, c'est que nous sommes bien élevés, qu'elle est belle, que nous pensons que notre tour viendra, ou que nous sommes dans le même cas et que nous ne pouvons rien dire.

Du temps que la femme était mariée sans le savoir, par des engagements antérieurs entre les deux familles, à un individu qu'elle ne connaissait pas, laid, vieux, malpropre, libertin, et qu'il lui fallait choisir entre le mariage ou le couvent, elle avait un argument en réserve, et le galant était une revanche; mais aujourd'hui que rien dans le monde, excepté sa propre volonté, ne peut contraindre une jeune fille à épouser un homme qui ne lui convient pas, aujourd'hui qu'au dernier moment elle peut encore dire: «Non», et trouve la loi qui la protège contre ses parents mêmes, si jusque-là elle avait subi leur influence; aujourd'hui que la femme contracte sciemment, soit qu'elle demande au mariage l'amour ou la fortune, ou la noblesse, ou le plaisir, ou le bonheur, comme elle connaît parfaitement les termes du contrat, le jour où elle y manque, elle n'a pas d'excuse et elle est... Faut-il le dire?

«Soit, répliquent les femmes: nous ne subissons plus l'autorité directe de nos parents; mais leur autorité morale, nous la subissons toujours. Nous sommes sans expérience; nous ne nous défions pas, nous ne connaissons pas le Code; nous ignorons nos droits; et, d'ailleurs, où puiserions-nous le courage de les faire valoir? Nous sommes élevées dans le respect et l'obéissance, nos parents eux-mêmes se trompent quelquefois avec les meilleures intentions du monde. On nous présente un jeune homme qui paraît réunir toutes les qualités requises, bonne famille, bonne naissance, bonne éducation, fortune, esprit, talents, élégance, beauté même; il nous plaît, nous l'aimons, c'est si facile de plaire à une jeune fille! nous l'épousons de tout cœur, et, six mois après, quelquefois le lendemain, le masque tombe, et nous nous trouvons en face d'un débauché, d'un joueur, d'un homme qui nous ruine et nous bat, qui nous abandonne, et qui empoisonne non seulement notre cœur, mais quelquefois notre corps, alors — alors...

— Alors, quoi, madame?

— Alors, comme nous sommes des êtres faibles, comme nous poursuivons toujours un idéal, comme nous ne voulons pas renoncer à notre rêve, comme nous voulons aimer enfin, nous nous laissons aller à aimer un autre homme, prenez-vous-en au mari qui nous trompe et à la loi qui nous opprime!»

A mon tour.

J'accepte toute votre histoire et toutes vos raisons; j'admets que vous soyez unie à un être repoussant et méprisable, que vous éprouviez le besoin de verser vos chagrins, vos rêves, vos déceptions, vos douleurs dans le cœur d'un ami. Je vais plus loin. Je comprends que vous aimiez un autre homme que votre mari, et que vous vous désespériez de ne pas avoir rencontré celui-là avant celui-ci. Eh bien, à quoi vous mène logiquement cette situation? Au mépris, à la colère, à la vengeance, à la résignation, au suicide, à exécrer cet homme et peut-être les enfants qui sont issus de lui et dans lesquels vous le retrouvez, à être Hermione et à faire tuer Pyrrhus, à être Médée et à égorger vos fils? Mais il n'y a aucun enchaînement admissible entre vos douleurs, vos jalousies, vos déceptions, vos désespoirs, et le petit acte spasmodique qui constitue l'adultère, qui est si peu dans vos droits, que vous le tenez aussi secret que possible, qui n'est que libertinage, puisque la maternité en est violemment arrachée, puisqu'il ne vous est pas permis de vous y oublier un instant, puisque votre présence d'esprit, armée de tout son sang-froid, est forcée de monter la garde autour de vos sens.

« L'entraînement, dites-vous. Un jour, pendant une confidence, pendant un aveu, notre corps, auquel nous ne songions même pas, a suivi notre âme ; nous ne sommes pas de marbre, nous sommes faites de chair et d'os, et, du moment que nous aimons, nous aimons selon les lois de la nature, et nous avons continué par plaisir, par habitude, par amour, ce que nous avions commencé par faiblesse. »

Voilà tout ce que je voulais entendre ; ne venez donc pas toujours invoquer les besoins de votre âme seule, et sachons définitivement que vous voulez en même temps donner pâture à vos sens. Eh bien, j'en suis désolé pour vous, madame, mais je ne vois pas de différence entre la femme qui, en dehors du mariage, se donne à un homme pour amuser son corps, et celle qui se donne pour nourrir ou parer le sien, si ce n'est que celle-ci ne dispose que d'elle-même, ne trompe personne, tandis que celle-là manque à la foi jurée, trahit son époux, compromet ses enfants et joue avec l'infanticide. Elle ne coûte rien, voilà son seul avantage.

Une jeune fille qui n'a aucune notion de la vie réelle, et que la nature pousse en avant, peut être entraînée par l'expérience ou la passion d'un homme qui sait comment on s'empare d'une femme ; mais une femme mariée, hélas ! madame, je suis forcé de vous le dire, n'eût-elle été mariée qu'un jour et une nuit, du moment qu'elle sait à quoi s'en tenir sur les conséquences charnelles du mariage, ne peut plus être entraînée. A la minute même où un homme lui dit pour la première fois et le plus respectueusement possible, qu'il l'aime, elle sait parfaitement à quoi tend cet homme. Ne pas le congédier dès le premier mot, c'est lui dire clairement : « Patience, monsieur ; vous avez des chances de vous amuser avec moi. »

Maintenant, madame, je vais tout vous dire pendant que j'y suis ; et je vais pour cela trahir mon sexe, car c'est votre salut que je veux : celui-là seul est digne de votre amour qui vous a jugée digne de son respect. Dire à une femme qui appartient à un autre qu'on l'aime et qu'on voudrait être aimé d'elle, c'est lui jeter à la face la plus grosse des insultes, c'est lui dire : « Je vous trouve bonne pour mes moments perdus, suffisante pour mes plaisirs, mais je garde mon nom, ma fortune, mon estime, ma liberté pour une plus honnête que vous, qui exigera de moi d'autres preuves d'amour que les petites convulsions que je viens vous offrir. » Rappelez-vous bien ceci, madame, et ne venez plus nous dire que vous l'ignorez, maintenant que c'est imprimé et que tout le monde peut le lire ; l'homme n'aime que la femme qu'il estime, et il n'estime jamais la femme qui ne peut se donner à lui qu'en se partageant. Au moment même où elle s'abandonne, alors qu'il est le plus passionné et le plus sincèrement à elle, il se fait à son insu dans son esprit, dans sa conscience, dans sa justice, un petit travail de décomposition qu'il trouve en rentrant chez lui, et après lequel la femme ne lui apparaît déjà plus telle qu'elle était auparavant. C'est le mépris qui est entré dans l'amour à dose infinitésimale, soit, mais qui augmentera tous les jours, et le mépris est le plus puissant dissolvant des sentiments humains. La rupture de la liaison n'eût-elle lieu que dix ans après, elle date du jour de la chute. Rappelez-vous donc bien ceci : ce qui vous fait coupables, ce n'est pas d'avoir aimé, c'est d'avoir servi ; le jour où vous vous donnez, vous êtes inférieure à la courtisane, vous commettez une action aussi honteuse qu'elle, mais plus bête, car elle y gagne quelque chose, ne fût-ce qu'un morceau de pain, et vous y perdez tout, l'estime des autres, votre propre estime et celle de votre amant. Métier de dupes !

O femmes ! qui croyez que l'amour est le plus beau tribut que l'homme puisse vous payer, dans quelle erreur vous êtes ! Si vous saviez combien est plus grand l'hommage silencieux de l'estime secrète que votre pudeur inspire, non seulement aux gens de bien, aux vieillards et aux sages, mais aux plus jeunes, aux plus fous, aux plus libertins, qui, au lieu de vous associer dans leur esprit et dans leurs souvenirs à telle ou telle fille perdue (il vient un moment où ils n'établissent plus grande différence entre toutes les femmes dont ils ont obtenu les mêmes résultats), vous associent dans leur estime, dans leur vénération, dans le tabernacle de ces équités intérieures qui n'est jamais complètement envahi par le vice, à leurs

mères, à leurs sœurs, à la jeune fille qu'ils avaient rêvée
pour compagne, aux filles qu'ils auraient voulu avoir
d'elle, car nous avons tous été bercés du même rêve.
Non, le libertin ne vous parlera ni de votre beauté, ni de
l'amour avec l'éloquence, les transports et les tremble-
ments que la circulation plus rapide du sang prête au
langage, aux gestes, à tout l'organisme de l'homme en
proie au désir ; mais, quand il vous abordera, une émotion
sacrée s'emparera de lui, dont vous verrez la lueur céleste
apparaître sur son front et dans ses yeux, comme le
premier rayon de l'aube sur le sommet d'un glacier ; son
attitude sera noble, sa parole sera ferme, ses yeux senti-
ront les larmes tout près de les mouiller, son cœur sera
bien à l'aise dans sa poitrine, et vous n'aurez qu'un mot à
lui dire pour qu'il mette son dévouement à vos ordres, sa
vie peut-être. Si vous aimez les jouissances excessives,
madame, donnez-vous celle-là, il n'y en aura pas de plus
élevée.

Je ne songe pas, vous le pensez bien, à détruire
l'amour, ni l'adultère, ni la galanterie, ni même la prostitution dans ce beau pays de France, qui leur doit le plus
clair de sa célébrité : je ne nie pas non plus qu'il n'y ait,
en dehors du mariage, de ces passions irrésistibles, fatales, qu'aucune loi ne peut combattre, qu'aucun raisonnement ne peut vaincre, qui emportent ceux et celles qui
les subissent non seulement au-delà des règles du monde,
mais au-delà même des bornes de la terre. Ces passions-là
portent avec elles leur catastrophe, leur châtiment, leur
renommée, leur pardon. Elles prennent toute la vie de
leurs victimes. C'est Héloïse et Abailard dans la réalité,
c'est Roméo et Juliette dans la fiction ; mais ces légendes
d'amour sont rares. Toutes les femmes les ambitionnent
pour elles-mêmes ; cependant, elles savent bien que ce
n'est pas dans leur boudoir, ou dans leur salon, entre le
café et le thé, qu'elle trouveront le héros de Vérone ou le
philosophe du Paraclet. Aussi n'est-ce ni aux Juliettes, ni
aux Héloïses, s'il s'en trouve encore, que ce discours
s'adresse. Celles-là connaissent et connaîtront des émotions contre lesquelles mes arguments et tous ceux de la
philosophie ont la valeur et la résistance d'un fétu de

paille. Je les honore d'ailleurs et suis prêt à les chanter.
L'amour à cette puissance est presque l'égal de la vertu.
Je vise moins haut et ne m'occupe que de l'amour courant, qui va en voiture, au spectacle, au bal, qui rit
pendant, qui se plaint après, qui recommence et qui, sous
cette double forme, — prostitution — adultère, — mine
peu à peu la famille, sans qu'on s'en aperçoive, comme
les rats minent une maison à l'insu des locataires. Je suis
las aussi, je l'avoue, d'entendre toujours répéter les mêmes subtilités, les mêmes sophismes, touchant cette
vieille question; et j'ai voulu, avant de mourir, me donner la joie d'imprimer la vérité toute vive. L'occasion
s'est présentée, je l'ai saisie. Faites-en votre profit, madame, je vous le conseille, — s'il en est temps encore.

Où en étions-nous avant cette parenthèse? Aux moyens
pratiques que je promettais, sinon pour détruire le mal, du
moins pour l'atténuer, pour le modifier, pour l'utiliser
peut-être. Les conventions actuelles de la société et les
pratiques banales de la religion ayant suffisamment dé-
montré leur insuffisance, voyons ce que la Nécessité nous
conseille et ce que le Droit nous offre. Quand on a la
force pour soi et qu'on veut absolument le bien, si l'on ne
peut convaincre, il faut contraindre.

Partons d'abord de ce principe élémentaire que : si
tous les voleurs et toutes les courtisanes avaient trouvé,
en venant au monde, une famille honnête, une fortune
assurée et une éducation saine, il n'y aurait ni voleurs, ni
courtisanes; ceux qui auraient embrassé quand même
cette carrière dangereuse, eussent été des maniaques;
celles qui eussent choisi ce métier de rebut eussent été des
malades.

Nous voyons des hommes et des femmes qui, nés de
parents malhonnêtes, ou placés dans un milieu délétère,
échappent à l'influence néfaste, se dégagent de l'atmosphère morbide, veulent et se sauvent. Donc, la transformation est possible, même dans les plus mauvaises
conditions.

Aidons les hommes sans ressources, et protégeons les
femmes sans défense.

Quels sont les refuges que la société leur offre, aux uns et aux autres ? Aux hommes actifs, jeunes et sains, privés de moyens d'existence, elle offre l'engagement militaire, c'est-à-dire la sécurité matérielle dans la vie et la gloire dans la mort ; aux filles actives, jeunes et saines, privées de moyens d'existence, elle offre le libertinage, c'est-à-dire l'infamie pendant et après la vie ; aux uns et aux autres, quand ils commettent un délit, la prison ou la mort, selon la gravité du délit ; à tous, quand ils sont mourants, l'hospice, quand ils sont morts, la fosse commune, quand ils seront guéris, le pavé.

Très bien.

L'homme est encore et toujours le mieux partagé dans cette distribution sociale. Laissons de côté la charité privée, les établissements de bienfaisance, les crèches qui sont des secours volontaires et qui n'existent justement qu'à cause du défaut de prévoyance et de garanties supérieures.

Le législateur, qui, en sa qualité d'homme, a dû admettre que l'homme pouvait avoir du tempérament et n'y pourrait pas résister, et qui, en même temps, devait interdire au soldat de contracter le mariage, non seulement pendant les sept années qu'il reste sous les drapeaux, les sept années de sa plus grande force, mais encore pendant les années qui précèdent la conscription à moins qu'il n'ait le moyen de s'acheter un homme, le législateur s'est trouvé pris entre ces trois nécessités, le recrutement, le célibat et l'*amour*. Il a donc fallu ouvrir un déversoir au délire érotique sur lequel la Nature, qui n'a pas prévu la conscription, comptait pour la reproduction de l'espèce, l'homme de dix-huit à vingt-huit ans étant plutôt destiné à créer des hommes qu'à en détruire.

Voyez un peu la logique de la société disant à l'homme : « De dix-huit à vingt-huit ans, non seulement tu ne mettras pas d'enfants au monde, mais tu en retireras le plus grand nombre possible d'hommes parmi ceux qui se portent bien. » Heureux calcul qui, dans un temps donné, amènerait nécessairement, si la guerre devait se perpétuer sur la terre, l'abaissement, l'amoindrissement et définitivement la destruction de la famille et de la race humaine.

Le déversoir nécessaire, indispensable, on l'a trouvé dans la prostitution de la femme. Moyennant une somme qui va de dix francs à quatre sous, tout homme, militaire ou non, peut posséder le corps d'une femme vivante qu'il ne connaît pas, pendant le temps nécessaire à son besoin, à son plaisir, à sa passion, à sa bestialité. (Regardez ça bien en face, c'est monstrueux !) Cette femme est inscrite à la préfecture de police ; elle a un numéro, elle est soumise à certains règlements de police et de salubrité. De son âme, il n'est pas question bien entendu. Si elle devient mère, dans un de ces hasards de chairs, elle a à sa disposition l'hôpital ou l'infanticide ; mais les physiologistes et les statisticiens vous diront que la prostitution n'engendre que la stérilité.

Quel bonheur !

Eh bien, et Dieu ? ce Dieu à qui vous élevez des églises dans tous les carrefours, que vous invoquez dans toutes vos proclamations, pour qui vous nourrissez, entretenez et protégez des ministres dans tous les pays, dont vous maintenez de force le représentant à Rome, ce Dieu qui veut la création incessante, qui en a besoin pour son œuvre à lui, bien autrement importante que la vôtre, ce Dieu qui ordonne la charité, l'alliance, la communion fraternelle, qu'est-ce qu'il devient dans tout ça ? Il est donc vrai que vous n'y croyez pas ? Et la morale, et la pudeur, et toutes les vertus que vous prêchez dans vos temples, dans vos assemblées, que vous voulez nous faire prêcher même sur le théâtre, il est donc vrai que vous vous en moquez ?

Si MM. les militaires, qui n'ont guère en moyenne que de un à quatre sous par jour, l'un dans l'autre, trouvent encore, avec si peu d'argent, le moyen de se procurer des femmes, les bourgeois mieux rentés s'en procurent à plus forte raison ; seulement, comme étant plus riches, ils sont plus difficiles que les fils de Mars, ils ne veulent pas partager avec eux la faveur des Vénus de caserne, et ils ont inventé la prostitution libre, qui constitue cette cohue formidable nommée « les femmes entretenues », laquelle

cohue grossit et se répand tellement, qu'elle va faire
craquer les mœurs et les lois, comme Paris, sa patrie, a
fait craquer ses barrières.

Entre ces deux catégories, l'une trop basse, l'autre trop
chère pour que tout le monde veuille ou puisse en user,
flotte et grouille toute la tourbe des pauvres filles, ser-
vantes de tous les étages, ouvrières de toutes les sortes,
forcées de gagner leur vie et sur qui se ruent les ouvriers,
les domestiques, les commis de magasin, et MM. les
militaires déjà gradés, qui veulent être aimés gratis, pour
eux-mêmes, sans se compromettre, et qui sèment dans ce
terrain, dont rien ne gêne, la fécondité, cette population
d'enfants naturels qui donne 28 pour 100 et qui défraye
plus tard, pour les quatre cinquièmes, les hospices, les
bagnes, les lupanars et l'échafaud.

Donc, pourquoi l'homme déshonore-t-il si facilement
la femme ?

Parce que rien ne protège la femme !

Pourquoi abandonne-t-il si facilement l'enfant qu'il a
fait à une femme ?

Parce que rien ne protège l'enfant.

Quelle est la raison sans réplique que la femme la
plus dégradée peut donner de sa dégradation ? Un premier homme. C'est donc contre ce premier homme
qu'il faut assurer la femme. Eh bien, voici ce que je
proposerais pour détruire cette excuse, et qu'il n'y eût
plus que la prostitution volontaire, qui ne nous regarde
pas, chacun étant libre de faire de sa personne ce que
bon lui semble, et n'ayant le droit de se plaindre que
lorsqu'on le force d'en faire un usage qui lui répugne
et le déshonore :

La conscription pour les femmes comme pour les
hommes. La femme ayant envers la société des devoirs à
remplir, le jour où elle réclame des droits, il faut, par ses
droits et par ses devoirs, la rallier à l'action commune.

Toute fille de quinze ans devra faire constater son
identité, comme l'homme de vingt et un ans est forcé de
faire constater la sienne ; assistée ou de sa famille ou de
deux témoins patentés, elle prouvera qu'elle a des

moyens d'existence quelconques, soit dans un revenu, soit dans une profession.

Celle qui n'en aura pas, si elle sait un métier, trouvera de droit à exercer son métier dans les ateliers de l'État, qui seront les casernes du travail et qui ne coûteront jamais aussi cher que l'armée, puisqu'ils rapporteront quelque chose.

Si elle ne sait pas de métier, elle entrera comme apprentie au lieu d'entrer comme ouvrière.

Si elle est riche et qu'elle ne veuille pas travailler, elle achètera une remplaçante qui travaillera pour elle. Si elle n'a pas de ressources et qu'elle ne veuille pas travailler, elle sera sous la surveillance de la police, et, au premier délit grave, on l'exportera dans les colonies où les déportés ont besoin de femmes et où la terre a besoin de bras. Puisqu'elles n'auront pas voulu être des femmes, elles seront des femelles.

En échange de ces devoirs, voici quels seront les droits des filles non mariées. Ils seront renfermés dans ce seul paragraphe :

La loi, en reconnaissant l'homme de vingt et un ans libre, l'a reconnu responsable ; donc, tout homme ayant vingt et un ans qui sera convaincu d'avoir possédé une vierge sera condamné à donner à cette fille un capital ou une rente, selon sa position personnelle de fortune. S'il est dans l'impossibilité de fournir cette indemnité pécuniaire, il sera passible d'un emprisonnement de cinq ans ; s'il a rendu mère cette jeune fille et qu'il ait refusé de l'épouser, la condamnation pourra être portée à dix ans ; le fait d'avoir mis *volontairement* au monde un de ses semblables, sans aucune garantie de morale, d'éducation, ni de ressources matérielles, étant envers la société un délit plus grave que celui d'avoir volé nuitamment et avec effraction, égal à celui d'avoir tué. Donner la vie dans de certaines conditions est même plus barbare que de donner la mort.

Tout enfant naturel dont le père sera parvenu à se dérober à la justice ou à ses devoirs, et que sa mère aura élevé honnêtement par son seul travail, sera exempté du service militaire, la société n'ayant le droit, sous aucun prétexte, de prendre à une femme, qui a travaillé pour lui, son unique enfant, au moment où, devenu son unique soutien, il va travailler pour elle.

« Autrement dit, la recherche de la paternité ? »

Parfaitement.

« Mais les coquines détourneront les jeunes gens, les compromettront, les exploiteront, etc., etc. ? »

A vingt et un ans, un homme est électeur, garde national et soldat. Il n'est plus un enfant, il sait ce qu'il fait.

Et puis, que les honnêtes mères élèvent bien leurs fils, et que les pères les gardent mieux !

Et puis, si l'homme est le sexe faible, qu'il l'avoue et qu'il laisse les femmes gouverner les empires et livrer les batailles.

« Mais une pareille loi est impossible en France. »

Pourquoi ?

« Parce que le peuple français est léger, amoureux, coureur, indépendant, insubordonné, etc., etc. »

Les lois ne sont pas faites pour aider, mais pour refréner les passions des hommes.

D'ailleurs, le peuple français n'est rien de ce que vous dites. C'est le peuple le plus soumis qui existe.

Entrez dans n'importe quelle gare de chemin de fer, et voyez avec quelle patience il attend ses billets avant le départ, et ses bagages au retour, et vous reconnaîtrez que ce peuple indépendant est le peuple le plus obéissant du monde et qu'avec un sergent de ville on lui fait faire tout ce qu'on veut, et avec deux tout ce qu'il ne veut pas.

« Mais l'amour est une passion, et la passion... »

L'argent aussi est une passion, et la faim est plus qu'une passion, c'est un besoin ; et manger est plus qu'un besoin, c'est un droit.

Cependant, il y a tous les jours des milliers d'affamés qui travaillent au lieu de prendre l'argent des changeurs ou de dérober les côtelettes des bouchers, parce qu'il y a une loi qui leur dit que s'approprier l'argent sans travail et les côtelettes sans argent, c'est voler, et que le vol est passible d'une peine.

Le jour où la société déclarera que l'honneur d'une femme et la vie d'un enfant sont des valeurs comme une douzaine de couverts ou un rouleau d'or, les hommes les regarderont à travers les vitres sans oser les prendre, et l'idée leur viendra de les acquérir et non de les voler. Au lieu de déshonorer les filles, on les épousera ; au lieu d'en faire des victimes, on en fera des alliées. De la condescendance des lois naît la facilité des mœurs.

Comment avez-vous pu établir entre les biens matériels et l'honneur de vos filles, de vos sœurs et de vos femmes, de la femme enfin, une si grande différence au désavantage de celle-ci !

Il faut que vous soyez aveugles, méchants ou fous.

Je conclus, je crois qu'il est temps.

Toute fille vient au monde vierge. Pour faire cesser cet état de virginité, il faut l'intervention de l'homme. Une fois cette virginité détruite autrement que par le mariage, le déshonneur commence pour elle et la prostitution se présente. Protégez la femme contre l'homme, et protégez-les ensuite l'un contre l'autre. Mettez la recherche de la paternité dans l'amour, et le divorce dans le mariage.

« Oh ! oh !... »

Mes moyens sont impraticables ? Trouvez-en d'autres, je ne tiens qu'aux résultats ; mais dépêchez-vous, parce que la maison brûle.

Vous ne voulez pas ? vous trouvez que *ça* peut aller *comme ça,* et que, pourvu qu'on s'occupe des hommes — qui feraient des révolutions si on ne s'occupait pas d'eux — tout est pour le mieux dans le meilleur des mondes possible ? *Va bene!* Amusons-nous ! Vive l'amour ! Laissons la femme faire ce qu'elle fait, et, dans cinquante ans au plus, nos neveux (on n'aura plus d'enfants, on n'aura plus que des neveux), nos neveux verront ce qui restera de la famille, de la religion, de la vertu, de la morale et du mariage dans votre beau pays de France, dont toutes les villes auront de grandes rues, et dont toutes les places auront des squares, au milieu de l'un desquels il sera bon d'élever une statue aux Vérités inutiles.

Décembre 1867.

LA DAME AUX CAMÉLIAS AU CINÉMA

Plus de vingt films (cinéma et télévision) ont été tournés depuis 1909. Le premier (à cette date) est du Danois Viggo Larsen. Citons les plus importants : avec Sarah Bernhardt (1913); avec Pola Negri, metteur en scène Ernst Lubitsch (1920); avec Alla Nazimova et Rudolf Valentino (1922); avec Yvonne Printemps et Pierre Fresnay, metteur en scène Abel Gance (1934); avec Greta Garbo et Robert Taylor (1937), metteur en scène Georges Cukor, sous le titre *Camille ;* avec Micheline Presle et Roland Alexandre, metteur en scène Raymond Bernard (1946). Adaptation de Marcel Pagnol pour la télévision (1962). Dernier en date, citons le film de Bolognini (1981) avec Isabelle Huppert.

De toutes ces adaptations, la plus intéressante est assurément l'excellent film de George Cukor. Le visage et le maintien de Garbo sont parfaitement appropriés pour incarner l'héroïne de Dumas fils (« grande et mince jusqu'à l'exagération », « sa maigreur m'était une grâce »), et ce grand fétiche creux qu'est le personnage fonctionne remarquablement, redoublé dans les gestes larges d'une diva légendaire. Cukor ajoute la vigueur d'une mise en scène qui mêle les larmes et le champagne dans un rythme puissant. Au spectacle endiablé, entre Offenbach et Renoir, succède le lyrisme calme et lumineux de la fuite à la campagne ; mais la noirceur cerne peu à peu le visage neigeux de Camille, et le film se clôt dans un *Addio* d'éternité.

Le film de Bolognini n'a pas cette grandeur; si la couleur lui permet d'insister sur les fleurs rouges, dont le sang se dissémine ailleurs, son œuvre se perd dans l'accumulation décorative. Isabelle Huppert compose une enfant triste, plus proche de la créature historique que du mythe.

Bibl. On lira l'article de J.-C. Bonnet dans *Cinématographe* n° 66.

TABLE DES MATIÈRES

DERNIÈRES PARUTIONS

GF-CORPUS